DENKENDE WOLLUST

DIE ANDERE BIBLIOTHEK

Herausgegeben

von

Hans Magnus Enzensberger

DENKENDE WOLLUST

ROBERT DARNTON
Denkende Wollust
oder Die sexuelle Aufklärung
der Aufklärung
Aus dem Englischen
von Jens Hagestedt

JEAN-CHARLES GERVAISE
DE LATOUCHE
Die Geschichte des Dom Bougre,
Pförtner der Kartäuser
Aus dem Französischen
von Eva Moldenhauer

JEAN-BAPTISTE D'ARGENS
Thérèse philosophe
oder Memoiren zu Ehren der Geschichte
von Pater Dirrag und Mademoiselle Eradice
Aus dem Französischen
von Eva Moldenhauer

Eichborn Verlag
Frankfurt am Main
1996

Robert Darnton

Denkende Wollust

oder

Die sexuelle Aufklärung der Aufklärung

Die Pornographie gerät erst jetzt ins Blickfeld historischer Forschung[1]. Anscheinend ist die Thematik ein zu heißes Eisen; sie ist nämlich zum Spielball von Politikern geworden, der in der Gegend herumgestoßen wird, um ihren Respekt vor den Werten der Familie unter Beweis zu stellen, und ebenfalls von radikalen Feministinnen, die ausrotten wollen, was sie für die Wurzel allen Übels halten. Es mag Schlimmes geben in obszönen Texten und Bildern, die Frauen, Kinder und auch Männer in entwürdigender Weise darstellen. Dennoch enthält die Pornographie oder erotische Literatur, die als Tabu behandelt wurde, eine Menge Wertvolles. Wie die meisten verbotenen Früchte hat sie als Nahrung fürs Denken gedient — ein Aspekt ihrer Geschichte, der nie ernst genommen worden ist, obwohl er es verdient hätte, sofern man diesem Element der westlichen Kultur Bedeutung beimessen will.

Was in der derzeitigen Debatte über die Pornographie fehlt, läßt sich in einer Bemerkung formulieren, die von Claude Lévi-Strauss stammen könnte: Sex ist gut fürs Denken; oder, mit einer etwas salonfähigeren Wendung: Sex liefert hervorragendes Material zur Übung des Geistes. In *La Pensée Sauvage* und anderen seiner Werke argumentiert Lévi-Strauss, daß viele Völker nicht nach Art der Philosophen, also abstrakt, denken, sondern durch die Dinge, d. h. konkrete Dinge des Alltagslebens, wie Schabrackenmuster und Tätowierungen, oder erdachte Dinge aus Mythos und Folklore, wie die Gestalten in Fabeln und Märchen. So wie es besonders gute Arbeitsmaterialien gibt, gibt es auch besonders gutes Denkmaterial. Sie lassen sich in Strukturen bringen, die ungeahnte Zusammenhänge aufdecken und unklare Grenzen festlegen.

Sex, so möchte ich behaupten, ist eines dieser Dinge. Die Bewußtwerdung der Sexualität und ihr Niederschlag in der Kultur liefert endloses Denkmaterial, vor allem, wenn es in narrativer Form — in schmutzigen Witzen, männlicher Prahlerei, Weiberklatsch, zotigen Liedern und erotischen Romanen — erscheint. In all diesen Formen ist Sex nicht einfach nur Thema, sondern auch ein Instrument, um Dinge aufzubrechen und ihr Inneres zu erkunden. Sex ist für das Volk vom gleichen Nutzen wie die Logik für die Philosophen: sie erklärt Sachen. Nie war diese Wirkung mächtiger als im Goldenen Zeitalter der Pornographie, von 1650 bis 1800, vor allem in Frankreich.

1.

Glücklicherweise läßt sich diese Behauptung überprüfen, da französische Verlage in den letzten zehn Jahren ganze Regale von im höchsten Maße verbotenen erotischen Werken aus der Zeit des *Ancien régime* nachgedruckt haben. Sie haben von der freizügigeren Einstellung gegenüber dem Sex auf seiten der Öffentlichkeit und der Polizei profitiert und konnten dabei auf den endlosen Bestand der berühmten Abteilung *Enfer* (Hölle) der Bibliothèque Nationale zurückgreifen.

Die Bibliothekare hatten *l'Enfer* irgendwann zwischen 1836 und 1844 eingerichtet, um einen Widerspruch zu bewältigen. Einerseits hatten sie die größtmögliche Dokumentation des gedruckten Wortes zu erstellen, andererseits wollten sie die Leser davor bewahren, von schlechten Büchern verdorben zu werden. Die Lösung lag darin, die anstößigsten erotischen Werke aus den diversen Sammlungen der Bibliothek auszusortieren und an einem Ort unter Verschluß zu halten, zu dem der gewöhnliche Leser keinen Zutritt hatte.[2]

Diese Politik gehörte zu jener Säuberung der Welt, die im neunzehnten Jahrhundert um sich griff. Als Teil des allgemeinen Zuknöpfens und Wegschließens brachten die Bibliothekare überall bestimmte Buchgenres außer Reichweite der Leser und erfanden Geheimcodes, um sie zu klassifizieren: die »Privatangelegenheiten« des British Museum, das Delta der Library of Congress, die ***** der New York Public Library und das griechische Phi der Bodleian Library, das in Oxford-Englisch ausgesprochen wie »Pfui!« klang.[3]

Die größte Sammlung wurde allgemein in der Bibliothèque Nationale vermutet, weil Paris, das unzüchtige Paris des *Ancien régime* und des Rokoko, als die Hauptstadt der Pornographie galt. Unten in der höhlenartigen *Salle des Imprimés* (Lesesaal) der Bibliothèque Nationale erlaubten Leser ihren Gedanken manchmal, nach oben zu wandern, wo — seltsamerweise — die »Hölle« untergebracht war. Sie stellten sich vor, wie sie, statt sich durch die Predigten Bourdaloues oder die Geschichtsbeschreibungen Rollins zu quälen, zwei Treppen hinauf in ein Baudelairesches Reich von *luxe, calme et volupté* stiegen. Die »Hölle« war daher mehr als ein Depot, das mit Signaturen gekennzeichnet war — wie z. B. die Abteilung D 2, die im Jahre 1702 eingerichtet wurde, und die besondere Abteilung Y 2, die auf das Jahr 1750 zurückgeht. Die »Hölle« war der Himmel, eine eskapistische Phantasie, die mit poetischer Energie geladen war.

Im Jahr 1911 besuchte sie einer der größten Dichter Frankreichs, Guillaume Apollinaire, und katalogisierte ihre Bestände: 930 Werke, von denen eines offenkundig delikater als das andere war. Ein wissenschaftlicher Katalog, den Pascal Pia 1978 erstellt hat, listet 1730 Titel auf, worunter jedoch viele moderne Reprints sind, da die Originale in der langen Zeit seit dem siebzehnten Jahrhundert aus den Regalen verschwunden sind. Offensichtlich barg die »Hölle« einen riesigen Vorrat an verbotenen Früchten, von denen die meisten aber bis 1980, als *l'Enfer* aufgelöst wurde und die Verlage die Bestände nachzudrucken begannen, außer Reichweite der gewöhnlichen Leser blieben.[4]

Heute ist diese Literatur urheberrechtlich nicht mehr geschützt. In jeder Pariser Buchhandlung kann man dergleichen finden, eine reichhaltige Kostprobe etwa in der siebenbändigen Auswahl aus *l'Enfer*, die Fayard herausgebracht hat: neunundzwanzig Romane mit Illustrationen und gelehrten Einführungen. Von den bedeutendsten Werken wie *Margot la ravaudeuse, Les Lauriers ecclésiastiques* und *La Chandelle d'Arras*, die auf dem schwarzen Buchmarkt des *Ancien régime* Bestseller waren, enthält die Reihe von Fayard nur wenige. Einige davon sind aber in einer exzellenten Anthologie zu finden, die unter dem Titel *Romans libertins du XVIIIe siècle* im letzten Jahr von Raymond Trousson veröffentlicht wurde: ein Dutzend Romane und Erzählungen, auf 1300 Seiten zwischen zwei Buchdeckel gezwängt. So kann man nun endlich eine halbwegs repräsentative Reise durch die literarische Hölle Frankreichs unternehmen. Was lehrt sie uns über Geschichte und Ort der Pornographie in der Geschichte des Denkens?

Wie über die Sache, so wird auch über das Wort gestritten. Die einen sind der Ansicht, die Bedeutung von »Pornographie« sollte auf den etymologischen Ursprung beschränkt bleiben, nämlich das Schreiben über Prostitution und nicht über Erotik im allgemeinen. Für die anderen beinhaltet »Pornographie« Beschreibungen sexueller Aktivitäten, die den Leser oder Betrachter erregen sollen und gegen die konventionelle Moral verstoßen. Ein Anhänger der Postmoderne könnte behaupten, daß es die Sache erst gegeben habe, als das Wort geprägt war, d.h. nicht vor der ersten Hälfte des neunzehnten Jahrhunderts (die früheste Verwendung eines damit zusammenhängenden Terminus dürfte in Restif de la Bretonnes Traktat über öffentliche Prostitution, *Le Pornographe*, aus dem Jahre 1769 vorliegen). Erst danach, und zwar durch Maßnahmen wie die Einrichtung des *Enfer*, wurde durch die öffentliche Diskussion über Sex eine Kategorie von Erotika festgeschrieben, die sich der Unterdrückung in besonderem Maße empfehle.[5]

Das Problem solcher Definitionen liegt darin, daß Sexualpraktiken und kulturelle Tabus sich laufend verändern. Und gerade diese Veränderlichkeit hat den Sex fürs Denken so geeignet gemacht, weil er die Möglichkeit eröffnete, Zweideutigkeiten zu erkunden und Grenzen zu bestimmen. Im sechzehnten und frühen siebzehnten Jahrhundert dachte niemand daran, Bücher aufgrund ihrer Unsittlichkeit, die man heute als pornographisch betrachten würde, zu verbieten. Religion — und nicht die Sexualität — setzte die Hauptgrenzlinien zum streng Verbotenen. Bei den frühesten Werken der Pornographie der Neuzeit ist es freilich unmöglich, Sexualität und Religion zu trennen: Aretinos *Ragionamenti* (1536), in denen die laszivsten Szenen in einem Kloster spielen; *L'Ecole des filles* (1655) und *L'Académie des dames* (1680), in denen Aretinos Themen dem französischen Antiklerikalismus dienstbar gemacht werden; und *Vénus dans le cloître* (ca. 1682), wo freie Liebe Freidenkerei befördert. In der Blütezeit der Pornographie im achtzehnten Jahrhundert machten Bestseller wie *Thérèse philosophe* (1748) für die Sache der Aufklärung von der Erotik Gebrauch, und am Vorabend der Revolution dienten Sexbücher wie *Correspondance d'Eulalie* (1784) vor allem als Vehikel der Sozialkritik.

Nach 1789 stellte die Pornographie ein ganzes Arsenal von Waffen zur Verfügung, um Aristokraten, Klerikern und der Monarchie Prügel angedeihen zu lassen. Nachdem sie nun politisch geworden war (etwa in *Dom Bougre aux Etats-Généraux,* einer Anklage gegen Deputierte der Generalstände), wurde sie jedoch trivial (so in *Les Quarante manières de foutre,* einem Pseudo-Sexhandbuch, das sich wie ein Rezeptbuch — und größtenteils für Fast food — liest: »Man nehme einen Schenkel, gebe Butter hinzu, decke das Ganze ab und erhitze es bis zum Siedepunkt . . .«). Das Jahrhundert endete zwar mit dem Marquis de Sade, den manche als einen Propheten der modernen Avantgarde begrüßt haben, aber die endlosen Variationen kopulierender Körper im Werk eines typischeren Autors, André-Robert Andréa de Nerciat, lassen auf ein Genre schließen, das sich erschöpft hatte. Im neunzehnten und zwanzigsten Jahrhundert haben Baudelaire und Bataille den Eros auf neue Art dem Denken dienstbar gemacht, und die neue Zeit der Massenliteratur und Massenproduktion hat die Pornographie zu einem Phänomen des Massenkonsums werden lassen.[6]

Kurz gesagt, die Pornographie hat eine Geschichte. Sie entwickelte sich innerhalb eines Korpus der Literatur, der sich in seinen Konturen fortwährend veränderte, jedoch eine gewisse Kohärenz behielt. Die Werke im *Enfer* führen immer wieder auf dieselben Quellen zurück, vor allem auf Aretino und den antiken priapeischen Phalluskult. Sie zitieren sich gegenseitig, indem sie etwa »galante Bibliotheken« beschreiben, die als Sexualkulissen verwendet werden. Sie machen von denselben Mustern, vor allem vom Voyeurismus, Gebrauch (der Leser schaut gleichsam jemandem über die Schulter, der durch ein Schlüsselloch ein Paar beobachtet, das vor einem Spiegel oder unter Bildern mit kopulierenden Paaren selbst kopuliert). Sie verwenden dieselben Erzählstrategien, sind fiktive Autobiographien von Kurtisanen oder Dialoge zwischen alten Hasen und unschuldigen Anfängern, Pseudo-Sexhandbücher oder Reisen durch Klöster und Bordelle (die immer als zwei Versionen ein und derselben Sache dargestellt werden, eine Gepflogenheit, die in dem Jargonausdruck *abbaye* — Abtei — für Freudenhaus erhalten geblieben ist). In vielen Fällen geben sie ihren Figuren sogar dieselben Namen — Nana, Agnès, Suzon waren besonders beliebt — und werben für ihre Erzeugnisse mit denselben falschen Adressen auf den Titelseiten: »à Rome, de l'imprimerie du Saint Père«; »à Gratte-mon-con, chez Henri Branle-Motte«, »à Tribaldis, de l'imprimerie de Priape«, »à Cythère, au Temple de la Volupté«, »à Lèchecon, et se trouve dans les coulisses de tous les théâtres«.

Doch trotz dieser Konventionen, die den Leser in die Rolle eines Voyeurs drängten und seine Erwartungen auf ein erotisches Erlebnis hin ausrichten, war die frühneuzeitliche Pornographie in den Augen der Zeitgenossen kein klar umrissenes literarisches Genre. Sie gehörte vielmehr zu einer übergreifenden Kategorie, die man damals als »philosophisch« bezeichnete. Verleger und Buchhändler des achtzehnten Jahrhunderts gebrauchten den Ausdruck »philosophische Bücher«, um illegale Handelsware zu bezeichnen, ganz gleich, ob sie irreligiöser, umstürzlerischer oder obszöner Art war. An feineren Unterscheidungen war ihnen nicht gelegen, weil die meisten verbotenen Bücher in mehrerlei Hinsicht anstößig waren. *Libre* hieß in ihrem Handelsjargon manchmal soviel wie lasziv, evozierte aber auch den Libertinismus des siebzehnten Jahrhunderts, d.h. das Freidenkertum. Um 1750 schließlich umfaßte der Libertinismus Körper und Geist, Pornographie und Philosophie. Die Leser konnten ein Sexbuch als solches erkennen, wenn sie eines erblickten, aber sie erwarteten, daß die Erotik darin als Vehikel für Angriffe auf die Kirche, die Krone und alle Formen sozialen Unrechts dienen werde.[7]

Nehmen wir zum Beispiel *Thérèse philosophe*, eines der zwei oder drei bedeutendsten pornographischen Werke des achtzehnten Jahrhunderts. Das Buch beginnt mit einer fiktiven Version eines bekannten Skandals, bei dem ein Jesuitenpriester eine junge Frau verführte, die um geistlichen Beistand zu ihm gekommen war. Im Roman predigt der Jesuit eine radikale Version des Cartesianismus. Er macht von Descartes' Dichotomie von Geist und Materie Gebrauch, indem er seine Schülerin, Mlle. Eradice, instruiert, durch geistliche Exerzitien ihre Seele vom Körper zu lösen, etwa dadurch, daß sie ihre Röcke hebt und sich auf den Heiligen Geist konzentriert, während er ihr den Hintern geißelt. Wenn sie sich stark genug konzentriere, so versichert er ihr, werde sie keinen Schmerz verspüren. Vielmehr werde ihre Seele den Körper verlassen und auf einer Welle spiritueller Ekstase zum Himmel emporschweben.

Nach einer gehörigen Tracht Prügel ist Eradice für das höchste geistliche Exerzitium vorbereitet: für den Geschlechtsverkehr. Der Jesuit erklärt ihr, daß sie dank einer Reliquie — eines steifen Überbleibsels der Kordel, die der hl. Franziskus um seine Kutte gebunden hatte — einer reinen Form spiritueller Penetration teilhaftig werden würde. Als sie dann auf den Knien liegend betet, besteigt er sie von hinten. Die Szene wird von Thérèse, der Heldin und Ich-Erzählerin des Romans, beschrieben, so wie sie sie aus einem Versteck heraus bezeugte:

»O mein Vater!« rief Eradice aus, »welche Lust stachelt mich an! Ja, ich genieße himmlisches Glück; ich fühle, daß mein Geist vollkommen von der Materie losgelöst ist. Weiter, mein Vater, vertreiben Sie alles Unreine, das noch in mir ist. Ich sehe ... die ... En ... gel. Stoßen Sie zu ... stoßen Sie nur ... Ah! ... Ah! Guter... heiliger Franziskus! Verlaß mich nicht! Verlaß mich nicht! Ich fühle den ... Strick ... den Strick ... ich kann nicht mehr ... ich vergehe!«[8]

Für Thérèse ist diese Episode mehr als eine Lektion über die Gefahren der Pfaffenlist. Sie ist der erste Schritt in ihrer Erziehung. Von nun an, da sie gelernt hat, die Autorität der Kirche abzuwerfen, folgt sie dem Lustprinzip, das sie über Physik, Metaphysik und Ethik zu einem glücklichen Ende im Bett eines philosophierenden Grafen führt. Und obwohl es dem heutigen Leser befremdlich erscheinen wird, gehen Sex und Philosophie den ganzen Roman hindurch Hand in Hand. Die Figuren masturbieren und kopulieren und diskutieren dann über Ontologie und Moral, um für die nächste Runde des Genießens wieder Kräfte zu tanken. 1748 war diese Erzählstrategie vollkommen sinnvoll, weil sie zeigte, wie die Wollust den Weg zur Aufklärung — zur radikalen Aufklärung von La Mettrie, Helvétius, Diderot und d'Holbach — ebnen konnte.

Schließlich wird Thérèse zur *philosophe* (Philosophin) derselben Schule. Sie lernt, daß sich alles auf Materie in Bewegung zurückführen läßt, daß alles Wissen aus den Sinnen kommt und daß alles Tun von einem hedonistischen Kalkül geleitet werden sollte: den Genuß zu maximieren und den Schmerz zu minimieren. Thérèse ist aber ein weiblicher *philosophe.* Der größte Schmerz, den sie sich vorstellen kann, ist das Gebären, und dies umso mehr, als sowohl ihre Mutter als auch ihre treue Ratgeberin beinahe in den Wehen gestorben wären. Daher kommt sie zu dem Ergebnis, daß Geschlechtsverkehr, auch wenn sie den Sex genießt und mit einem Grafen, der ihr den Hof macht, schlafen will, das Risiko nicht wert ist. Setzt man den Stand von Demographie und Geburtshilfe des achtzehnten Jahrhunderts als gegeben voraus, dann ist Thérèsens Überlegung vollkommen sinnvoll, ebenso wie ihre Lösung:

erstens Masturbation, zweitens Schwangerschaftsverhütung durch *coitus interruptus*.

Weil Thérèse eine arme Bürgerliche ist, ihr Liebhaber aber ein Graf, kann sie nicht erwarten, von ihm geheiratet zu werden. Sie macht aber ein gutes Geschäft: eine großzügige Apanage von 2000 Livres jährlich und freies Logis in seinem Château. Beim Liebesspiel gibt sie sogar den Ton an, und in einer früheren Episode erwehrt sie sich eines Frauenschänders, indem sie ihn an der Kehle packt. Statt einfach ihr Los im Leben hinzunehmen, verweigert sich Thérèse der Rolle als Ehefrau und Mutter und sucht ihr Glück auf eigene Faust — als materialistische, atheistische und emanzipierte Frau.

Auch sie war freilich eine Ausgeburt der männlichen Phantasie, da *Thérèse philosophe* wie der größte Teil des pornographischen Schrifttums von einem Mann verfaßt wurde — wahrscheinlich von Jean-Baptiste de Boyer, Marquis d'Argens, vielleicht aber auch von einem gewissen D'Arles de Montigny oder gar von Diderot. Thérèse selbst gehört zu einer langen Reihe weiblicher Ich-Erzähler, die bis zu Aretinos Nanna zurückreicht. Diese weiblichen Erzähler bringen Männerphantasien zum Ausdruck und nicht etwa die lange Zeit nicht existierende Stimme eines frühen Feminismus. Als Prostituierte, Mätressen und Nonnen setzen sie den Mythos von der wollüstigen Frau fort, die ihrer Unterwerfung zustimmt, um ihrer Laszivität freien Lauf zu lassen. Nichts konnte von den Schrecken der Prostitution weiter entfernt sein als die Vorstellung von der glücklichen Hure.

Allerdings stellten diese fiktiven Frauengestalten hinsichtlich der realen Unterordnung von Frauen zur Zeit des *Ancien régime* eine Herausforderung dar, vor allem für die Autorität der Kirche, die mehr als jede andere Institution dazu beitrug, die Frauen in ihrer Stellung zu belassen. Die Pornographie aber ist so durchsetzt von Antiklerikalismus, daß es oft scheinbar eher um das Religiöse ging als um das Obszöne — sie ist in der Tat religionsfeindlicher, als es die Freveleien sind, die sich verstreut in einigen Standardwerken der Aufklärung, wie Montesquieus *De l'Esprit des Lois* und Diderots *Encyclopédie,* finden. Es ist üblich, daß Priester die Beichte mißbrauchen, um ihre weiblichen Gemeindemitglieder zu verführen. Mönche verwandeln jedes Kloster in einen Harem. Alle Landgeistlichen vergehen sich am Landvolk, indem sie ihre Opfer deflorieren, zum Hahnrei machen und in die Städte schicken, wo sie die Beute der Prälaten werden. Bischöfe und Äbte haben eigene Strichjungen und Freudenhäuser. Und dennoch gelingt es ihnen nicht, sich vor Geschlechtskrankheiten zu schützen, die den oberen Klerus ebenso wie den Hochadel dahinraffen.

Abstrakt lassen sich diese Zustände als Thematisierung von Korruption und Ausbeutung darstellen, die Pornographie aber verleiht ihnen Sprengkraft, indem sie sie in pralle Obszönitäten verpackt. Die Heldin von *Vénus en rut ou vie d'une célèbre libertine* (1771?) zitiert die berühmte Bemerkung, die Mme. de Pompadour über keinen Geringeren als den Bischof von Condom äußerte, der sich die Syphilis zugezogen hatte: »Warum ist er nicht in seiner Diözese geblieben?« Und dann verrät sie, was sie mit einem »eigenen« Bischof gemacht hat, als sie ihn in den Laken hatte. Um ihn glauben zu machen, daß er ein großer Liebhaber sei, habe sie, als er gerade schwer an der Arbeit war, gerufen: »Ah, Monseigneur, welche Lust!« — »Halten Sie den Mund«, habe er geantwortet, »sonst komme ich nicht zum Höhepunkt.« Und nachdem er sich zum Orgasmus gequält hatte, habe er erklärt, daß jede Erwähnung seines Titels — Monseigneur — genüge, um seiner Erektion für den Rest des Abends den Garaus zu machen. »Sogar ein ›Monsieur‹ ist schon zuviel.«[9]

In *Correspondance d'Eulalie* kauft sich ein Bischof ein paar Nächte mit der Mätresse eines Marquis. Dem Tip eines Spitzels folgend, überrascht der Marquis die beiden im Bett. Statt aber in Rage zu geraten, präsentiert er dem Bischof mit der Drohung, seinen Lebenswandel publik zu machen, wenn er sich zu zahlen weigere, eine Rechnung über 15000 Livres, die Summe, die er in den letzten drei Monaten für die Frau verauslagt hat (und die dem Dreihundertfachen des Jahreseinkommens eines fähigen Handwerkers entspricht). Der Bischof rückt mit dem Geld heraus, wird aber trotzdem in der Pariser Gerüchteküche zur Zielscheibe des Spotts und ist gezwungen, sich auf seinen Bischofssitz zurückzuziehen. Margot in *Margot la ravaudeuse* nimmt einem Prälaten sogar noch mehr ab: 24000 Livres in zwei Wochen, dann schickt sie ihn zu seinen Schäfchen zurück, und zwar geschlechtskrank, womit er, wie sie behauptet, seinen gerechten Lohn dafür empfangen hat, daß er das Geld den einfachen Leuten abgepreßt hatte.

Ähnliche Anekdoten ließen sich zwar auch schon beim früheren Antiklerikalismus finden, insbesondere im unzüchtigen Teil der Werke von Boccaccio, Rabelais und Aretino. Diese Autoren blieben aber im Grunde immer Christen — Aretino wurde beinahe Kardinal und schrieb Heiligenviten ebenso wie Pornographie —, während die Pornographen des achtzehnten Jahrhunderts die Erotik benutzten, um alle zentralen Ideen der Aufklärung zu thematisieren: Natur, Glück, Freiheit und Gleichheit. Wie Margot, so stellt auch die Erzählerin von *Vénus en rut*, eine Kurtisane, die Künstlichkeit der sozialen Unterscheidungen heraus, indem sie sich durch alle Betten vom Bodensatz der Gesellschaft bis zu Spitze schläft. Sie lernt, daß alle Männer gleich sind, wenn man sie einmal ins Bett bekommen hat, oder daß sie sich nach den Gaben, die sie von der Natur empfangen haben, unterscheiden: in puncto »Temperament« (wobei aber die unteren Klassen die oberen immer übertreffen; drei Orgasmen eines Dieners sind mehr wert als acht eines Grafen) und in puncto Körperbau (wobei aber Penisse nicht nach ihrer Länge beurteilt werden sollten; »sieben bis acht Zoll sollten jede Frau von Geschmack delektieren«). Was daraus folgt, ist klar: »Im Naturzustand — und das ist auch der der Kurtisane — sind alle Menschen gleich.« Als These war dieser Gedanke nur allzu gewöhnlich; hier aber wurde er mit ungewöhnlicher Überzeugungskraft dargelegt, weil er in Erzählungen mit starker Fabel eingebunden war. Auf diese Weise machte der Sex es den Lesern leichter, in einer von Ungleichheit stark geprägten Gesellschaft über Gleichheit nachzudenken.[10]

Dasselbe Denkschema paßte auch auf die Beziehungen zwischen Mann und Frau. Die Pornographie entblößte die Menschen von ihren sozialen Merkmalen und stellte so Ähnlichkeiten und Unterschiede in der Sexualität der beiden Geschlechter heraus — zumindest so, wie sie von männlichen Autoren, die als weibliche Ich-Erzähler schrieben, gesehen wurden. Letzten Endes erwiesen sich die Unterschiede, in *Thérèse philosophe* beispielsweise, als gering oder als überhaupt nicht bestehend, weil alle Menschen »Maschinen« seien, die sich aus denselben winzigen Materieteilchen zusammensetzten. Die Lust setzte die Materie nur in Bewegung, zuerst als Stimulus der Sinnesorgane, dann als Reiz, der durch das Nervensystem weitergeleitet wurde, schließlich als Idee, die im Hirn gespeichert wurde und mit anderen Gedanken zusammenwirkte.

Auch schon in der Pornographie des siebzehnten Jahrhunderts, die auf Galenus und Descartes Bezug nahm, um eine physiologische Betrachtungsweise der Wollust einzuführen, waren die Unterschiede zwischen Mann und Frau minimal. In *L'Ecole des filles* ist die Vagina ein invertierter, mit »Hoden« und »Samenleitern« ausgestatteter Penis, und genau wie die Männer, so ejakulieren auch die Frauen eine »dicke, weiße Flüssigkeit«. Zur Befruchtung kommt es aufgrund eines beiderseitigen Orgasmus, wenn die beiden Flüssigkeiten sich miteinander verbinden. Daher ist auch die Lust der Frau für die Fortpflanzung entscheidend. Die Frau kann sogar die Empfängnis verhüten, indem sie »den Kampf von Samen gegen Samen« durch Bewegungen ihrer Schenkel und Pobacken unter Kontrolle hält. Sie soll die Führung übernehmen und den Mann besteigen, wenn es ihr gefällt, sowohl um ihren Genuß zu maximieren, als auch um den Mann »ergeben« zu machen.[11] Rittlings auf ihrem Liebhaber sitzend, »ejakulierte« die Heldin der *Histoire de Marguerite* (1784) »so überströmend, daß sie mich mit ihrem köstlichen Samen vom Bauchnabel bis halb auf die Oberschenkel überschwemmte«.[12]

Hinter der Mechanik und Hydraulik dieser Sexologie stand eine utopische Vorstellung von endlos und vollkommen synchron kopulierenden und ejakulierenden Männern und Frauen. *L'Ecole des filles* belebte sogar den alten Mythos wieder, wonach Mann und Frau Hälften desselben androgynen Ganzen seien, das sich in alle Ewigkeit wiederzuvereinen sucht. Der Roman bezeichnete die Sexuallehre der katholischen Kirche als großen Unsinn, erdacht von Männern, um Frauen zu beherrschen, obwohl ihr offensichtliche Wahrheiten der natürlichen Ordnung entgegenstanden. Anderthalb Jahrhunderte später behandelte *Eléonore ou l'heureuse personne* (1798) dasselbe Thema in einer Geschichte des Hermaphroditen, der einmal im Jahr sein Geschlecht wechselte und mehrmals Männer- mit Frauenklöstern vertauschte, um es mit allen denkbaren sexuellen Kombinationen zu versuchen. Sowohl mit ihren wildesten Phantasien als auch mit ihren wissenschaftlichsten Fiktionen hat Pornographie folglich dazu angeregt, über sexuelle Gleichheit nachzudenken, und zwar so, daß die grundlegenden Werte des *Ancien régime* angefochten wurden.[13]

In einigen Fällen waren diese Gedankenexperimente sogar nahe daran, Fragen des modernen Feminismus aufzuwerfen. Im Jahre 1680 protestierte *L'Académie des Dames* gegen den einseitigen gesellschaftlichen Kodex, der die Frauen »der Unmenschlichkeit der Männer« unterwarf. Obwohl Frauen größeren Sexualgenusses fähig seien, werde den Männern größere Freiheit zugebilligt, ihm zu frönen. Daher sollten die Frauen sich rächen, indem sie in der Öffentlichkeit so täten, als ob sie die absurden Konventionen der Gesellschaft respektierten, insgeheim aber ihren natürlichen Instinkten freien Lauf lassen — mit anderen Worten, ihre Gatten betrügen. Tullie, die welterfahrene Matrone, warnt Octavie, die naive angehende Braut, daß in der Ehe »die bürgerlichen Gesetze denen der Natur zuwiderlaufen«. Die Frau könne sich aber Gerechtigkeit verschaffen, indem sie beim Sex mit ihrem Liebhaber mache, was ihr Gatte mit ihr macht: »Dieser [der Gatte] kommandiert mich herum — also kommandiere ich jenen herum. Mein Gatte genießt meinen Körper — also genieße ich den meines Liebhabers.«

Im Jahre 1740 prangert *Histoire de Dom B...* die »Gefangenschaft« an, »in der unser [das weibliche] Geschlecht gehalten wird«.[14] Die Mutter des Helden hält eine bemerkenswerte Rede über das Freien und Heiraten, in der sie die konventionelle Moral als Vehikel zur Unterwerfung der Frauen unter die Männer brandmarkt. 1784 schließlich spielt *Correspondance d'Eulalie* mit einer phantasievollen Lösung des Problems der männlichen Dominanz: Frauen könnten sich in autarke lesbische Gemeinschaften auf dem Land zurückziehen. Der Roman nimmt das abgedroschene Thema der größeren Befähigung der Frau zum mehrfachen Orgasmus auf und feiert ihre generelle Überlegenheit in Versen:

Par des raisons, prouvons aux hommes
Combien au-dessus d'eux nous sommes
Et quel est leur triste destin.
Nargue du genre masculin.
Démontrons quel est leur caprice,
Leur trahison, leur injustice.
Chantons et répétons sans fin:
Honneur au sexe feminin.[15]

2.

Nachdem ich mich durch 150 Jahre frühneuzeitlicher Pornographie hindurchgelesen hatte, konnte ich mich des Eindrucks nicht erwehren, daß ein paar Feministinnen sie mißverstanden haben müssen. Statt nämlich jedwede Pornographie sofort zu verdammen, könnten sie sich einiges davon zunutze machen, um ihre Sache voranzutreiben. Catharine MacKinnon mag recht haben, wenn sie die Aussage, daß »Sex dem Denken diametral entgegengesetzt«[16] sei, mit modernen Pornographen in Verbindung bringt. Aber diese Behauptung steht im Widerspruch zu Thesen, die drei Jahrhunderte zuvor in »philosophischen Büchern« dargelegt wurden und nach denen Sex »eine unerschöpfliche Quelle für das Denken« ist.[17] Und Andrea Dworkins Anklage gegen Pornographie basiert auf einer atemberaubend ahistorischen Anschauung von Kultur:

> Der Intimbereich von Mann und Frau ist Mitte des zwanzigsten Jahrhunderts nicht anders beschaffen als in irgendeinem anderen Jahrhundert. Es sind immer noch die alten Wertvorstellungen: die Frauen sind dazu da, erobert zu werden, wobei die Mittel dazu von den Männern bestimmt sind. Das ist alt und gleichzeitig modern; es ist feudalistisch, kapitalistisch und sozialistisch; es ist Höhlenmensch und Astronaut, Ackerbau und Industrie, Großstadt und Land. Für Männer ist das Recht, Frauen zu mißbrauchen, elementar, erstes Prinzip ... In der Pornographie bringen die Männer die Grundsätze ihrer unwandelbaren Überzeugung zum Ausdruck; was sie zu glauben gezwungen sind, gilt für Frauen und für sie selbst, damit sie bleiben können, wie sie sind ...[18]

Statt historische Reflexionen zurückzuweisen und die Argumente auf kulturell gebundene Vorstellungen von der Geschlechtlichkeit zu beschränken, könnten die Feministinnen auf die Geschichte der Pronographie rekurrieren, um zu zeigen, wie Männer ihre Dominanz jahrhundertelang ausgeübt und erhalten haben. Die frühneuzeitliche Pornographie betonte das Recht der Frauen auf Verteidigung gegen Männer und stellte so das männliche Tier oft als Raubwesen dar, das jedes weibliche Tier in Reichweite betatschte und bei Vergewaltigungen keinerlei Gewissensbisse hatte. Dom B ... masturbiert, während er die Beichte abnimmt, und vergewaltigt dann sein molligstes Schäfchen. Seine Gewaltsamkeit und ihr Widerstand werden mit allen anstößigen Details beschrieben. Sobald er aber in sie eindringt, wird sie leidenschaftlich und übertrifft ihn sogar in puncto Laszivität. Indem sie ihn abwehrte, hatte sie ihn nur aufstacheln wollen, sie hatte also ja gemeint, als sie nein sagte; dies ist ein anderes Dauerthema dieser Literatur, das aber keineswegs anklingt, um die Gewaltgier der Männer milder darzustellen. Als der erste Liebhaber der Heldin in *La cauchoise* sie mit einem anderen Mann ertappt, rächt er sich, indem er für sie eine Massenvergewaltigung durch acht von ihm dabei angefeuerte Freunde arrangiert. Die Frauen in den

Prostituiertengeschichten werden oft vergewaltigt; eine von ihnen, Mlle. Rosalie in *Correspondance d'Eulalie*, wird sogar im Bois de Boulogne gefunden — aufgeknüpft und mit abgeschnittenen Brüsten.

Einige dieser Episoden scheinen von der damaligen Sensationspresse *(canards, feuilles volantes)* inspiriert zu sein. Man sollte sie nicht allzu wörtlich nehmen, so wie man *Fanny Hill* (*La Fille de joie* in unzulänglicher französischer Übersetzung) nicht als klinischen Bericht über die weibliche Sexualität lesen sollte. Als Literatur aber insinuierte die Pornographie, daß Frauen permanent in Gefahr seien, vergewaltigt zu werden, vor allem, wenn sie Männern mit mehr Kraft und höherem gesellschaftlichen Status ausgeliefert wären. In den Texten findet man daher häufig gewaltsame Metaphern. Die Jungfräulichkeit einer Braut war eine Festung, die zu stürmen war, das Bett ein Schlachtfeld, die Defloration ein Gemetzel. *L'Académie des Dames* beschreibt das Hymen als »ein Opfer [...], das unter viel Blutvergießen massakriert und in Stücke gerissen werden muß«. Ein Knecht befiehlt seiner Braut, ihm »jenen Teil deines Körpers auszuliefern, der nun nicht mehr der deine, sondern der meine ist«; und indem er in ihre Vagina eindringt, nimmt er »von etwas Besitz, das nunmehr mir gehört«.[19]

Männliche Herrschaft könnte kaum derber zum Ausdruck kommen. Die Sexbücher scheinen in der Tat die brutale Behandlung von Frauen oft ebensosehr zu übergehen wie anzuprangern, und es wäre töricht, ein modernes Argument für die Befreiung der Frauen in alte Texte hineinzulesen, die in erster Linie geschrieben wurden, um Männer zu erregen. Die Texte bringen aber auch Ideen zur Geltung, die allzu einfache Vorstellungen von der Phallokratie unterlaufen. Nach dem Verlust ihrer Jungfernschaft erringen die Heldinnen der frühneuzeitlichen Pornographie oft eine bestimmte Art der Unabhängigkeit: zwar keine legale, professionelle oder soziale Autonomie — unter den Umständen des *Ancien régime* war das praktisch unmöglich —, aber ein Selbstbewußtsein intellektueller Art, weil sie, sobald sie einmal entdeckt haben, daß Sex gut fürs Denken ist, mit dem eigenen Kopf denken lernen. In *L'Ecole des filles* ist Fanchon so lange dumm und unterwürfig, bis sie anfängt, Liebe zu machen. Dann aber erwacht eine neue Kraft in ihr:

> Bisher war ich nur gut, um zu nähen und den Mund zu halten, jetzt aber kann ich alle möglichen Dinge tun. Und wenn ich jetzt mit meiner Mutter spreche, dann fallen mir Argumente ein, mit denen ich stützen kann, was ich sage. Ich halte Reden, als ob ich ein anderer Mensch wäre, und habe anders als früher keine Angst mehr, den Mund aufzumachen. Ich bin fast schon ein bißchen klug und stecke meine Nase in Dinge, die mir bisher fast unbekannt waren.[20]

In *L'Académie des dames* gelangt die *ingénue* (unschuldige) Octavie mit dem Verlust ihrer Jungfernschaft zur intellektuellen Reife: denn das Öffnen der Vulva entspricht, wie sie beobachtet, dem Öffnen des Geistes.[21] In den folgenden hundert Jahren erging sich die pornographische Literatur in immer neuen Variationen über dieses große Thema.

In *Vénus dans le cloître* geißelt Schwester Dosithée, eine religiöse Fanatikerin, sich so heftig, daß sie ejakuliert und dabei ihr Hymen mit einem Sekret, das aus der Tiefe ihrer Gebärmutter kommt, zerreißt. Da plötzlich klärt sich ihr Gemüt, sie erkennt den Aberglauben im Kern des Katholizismus und tritt zum Deismus über. In *Histoire de Dom B. . .* streift Schwester Monique durch Masturbieren ihre Unwissenheit ab und öffnet sich dem Licht der Vernunft. Dem Dom B. . . selbst geht die rationale Ordnung der Natur erstmals auf, als er ein kopulierendes Paar beobachtet. In *Thérèse philosophe* schließlich hat die Titelheldin es dem Voyeurismus und der Masturbation zu verdanken, daß sie den Klimbim der Religion hinter sich zu lassen und Philosophin zu werden vermag.[22]

Das Thema taucht überall in der frühneuzeitlichen Pornographie auf. Die Literatur des *Enfer* hat sogar ein eigenes Wort dafür: *déniaiser,* die eigene Torheit durch sinnliche Erfahrung hinter sich lassen. Am anderen Ende des Prozesses werden die Heldinnen der sexuellen Erfolgsgeschichten zu *savantes* — nicht nach Art der *femmes savantes,* die Molière zum Gegenstand der Satire gemacht hat, und auch nicht unbedingt gebildet, aber kritisch und intellektuell unabhängig. »Ich wurde *savante*«, erklärt die Erzählerin von *La Cauchoise,* nachdem sie von ihrer Initiation in die Mysterien der Erotik erzählt hat. Sie will daher von Religion nichts wissen und weigert sich, »irgendeine andere Autorität als die Natur selbst« anzuerkennen.[23]

Noch weiter in der Erkenntnis der Natur kommt die Erzählerin von *Vénus en rut,* indem sie einen Doktor verführt und ihn nötigt, sie in Physiologie zu unterrichten, und das sogar mit Wachsmodellen, die das Funktionieren der Sexualorgane anschaulich machen. Die Heldinnen von *Margot la ravaudeuse* und *La Correspondance d'Eulalie* halten Salons und herrschen über die literarische Welt. Sie setzen sich nicht alle für die Sache der Aufklärung ein, aber sie folgen alle ihrem aufgeklärten Eigeninteresse und kämpfen sich bis zur Spitze des *Ancien régime* vor, indem sie sich zum einen weigern, den gängigen Vorurteilen Tribut zu zollen, und indem sie sich zum anderen die Korruptheit des Systems zunutze machen.

Somit erweist sich Sex letztlich nicht nur als gut fürs Denken, um der Ausbeutung von Frauen durch Männer, sondern um der Ausbeutung überhaupt Widerstand leisten zu können. Die Pornographie ist eine umfassende Anklage gegen das *Ancien régime,* gegen seine Höflinge, seine Grundbesitzer, Finanziers, Steuereintreiber und Richter ebenso wie gegen seine Priester. Jeder, der von der Arbeit der einfachen Leute lebt, bekommt an dem einen oder anderen Punkt seine Prügel. Das soll nicht heißen, daß die Sexbücher zur Revolution aufrufen. Einige von ihnen, *Lucette ou les progrès du libertinage* beispielsweise, machen sich sogar über Freidenker und Philosophen lustig. Indem sie aber Standardthemen wie den Aufstieg einer Hure und die Verderbtheit der Landjugend behandeln, decken sie den Filz von Reichtum und Einfluß auf, der *le monde,* die allmächtige Elite Frankreichs, bildete. *La Correspondance d'Eulalie* läßt sich als Landkarte dieses *monde* lesen, oder auch als *chronique scandaleuse* oder als

Untergrundjournal. Der Roman ist, parallel zur Schilderung des Sexuallebens der Reichen und Mächtigen, ein fortlaufender Kommentar zu Schauspielen und Opern, zu Gemäldeausstellungen, Amtsintrigen, auswärtigen Angelegenheiten und allen Arten alltäglicher Vorkommnisse. Der Sex dient nur als Vehikel für Sozialkritik, und die zielt in diverse Richtungen, nicht nur entlang der großen Scheidelinie, die Mann und Frau voneinander trennt.

Da die feministischen Kritikerinnen der Pornographie sich ausschließlich auf die Opferrolle der Frauen konzentrieren, entgeht ihnen die Rolle, die sie dabei gespielt hat, andere Formen sozialen Unrechts aufzudecken. Ihre Geschichte bestätigt freilich auch einige ihrer zentralen Thesen, etwa die Behauptung, daß »Pornographie Masturbationsstoff« sei.[24] Werke wie *Thérèse philosophe* behandelten die Masturbation nicht nur als eines ihrer Hauptthemen, sie luden den Leser sogar dazu ein, gemeinsam mit den Figuren der Geschichten zu masturbieren. Der Comte de Mirabeau drückt es in der Einleitung zu *Ma conversion ou le libertin de qualité* (1783) ganz ungeschminkt aus: »Möge die Lektüre [dieses Buches] das ganze Universum zum Orgasmus bringen.«[25]

Solche Bemerkungen scheinen von einer männlichen Leserschaft auszugehen, obwohl sie Frauen nicht unbedingt ausschließen. Zwar suchen *L'Ecole des filles* und *Lucette ou les progrès du libertinage*, auch wenn sie vorgeben, daß sie zur Erbauung von Mädchen geschrieben seien, nur die Phantasie von Männern zu kitzeln; *La Cauchoise* jedoch berücksichtigt in einer freimütigeren Beschreibung des lesenden Publikums auch Dienerinnen,[26] und die Erzählerin von *Eléonore ou l'heureuse personne* spricht gelegentlich zu »meinen Leserinnen«, als erwartete sie, welche zu haben.[27] Ikonographisches Material wie der bekannte Kupferstich *Le Midi* von Emmanuel de Ghendt zeigt Frauen, die masturbieren und sich dafür mit der Lektüre eines Buches stimulieren, und auch die Texte selbst bringen die weibliche Masturbation oft mit dem Lesen in Zusammenhang. In *Vénus dans le cloître* erregen sich die Nonnen, indem sie *L'Académie des dames* lesen; die Prostituierten in *Correspondance d'Eulalie* lesen zu diesem

Zwecke Aretino, die Philosophinnen in *Thérèse philosophe* die *Histoire de Dom B . . .*, und die Lesbierinnen in *Les Progrès du libertinage* lesen *Thérèse philosophe*. In den Romanen werden oft »galante Bibliotheken« beschrieben.[28] Die Querverbindungen innerhalb der Texte treten sehr geballt auf und sind mit Autoerotik gespickt; sie ist auf jeder Seite spürbar, aber kann sich nicht ausschließlich auf Männer beziehen.

3.

Die Frage ist nicht, ob Pornographie das sexuelle Begehren, gar nur das der Männer, wecken sollte, sondern ob man sie auf ihre Funktion als Masturbationsstoff reduzieren darf. Die Feministinnen könnten auf dem Gebiet der Literaturtheorie ein paar unerwartete Verbündete finden, die es ihnen erlauben würden, ihre Sache wirkungsvoller zu verfechten. Sie sollten vor allem das Werk von Jean Marie Goulemot zu Rate ziehen, das wohl das Beste enthält, was die gegenwärtige Debatte über Pornographie zu bieten hat.

Goulemot behauptet, daß die Pornographie des achtzehnten Jahrhunderts dem Ziel aller Literatur vor Mallarmé näher als jedes andere Genre gekommen sei: nämlich einen »Realitätseffekt« zu erzielen, der so stark wäre, daß er den Unterschied zwischen Literatur und Leben zu verwischen schiene.[29] In pornographischen Romanen hätten, anders als bei anderen Formen des Erzählerischen, die gedruckten Wörter im Körper des Lesers unmittelbare, unwillkürliche Reaktionen hervorgerufen. Die Fiktion habe auf physischem Wege gewirkt, als könne sie langsam in Fleisch und Blut eindringen, wobei sie Zeit und Sprache, ja alles, was das Lesen von der Wirklichkeit trennt, habe vergessen lassen. Goulemots Gedanke verträgt sich aufs beste mit Catharine MacKinnons These, daß »Pornographie oft sexuell ansprechender als die Realitäten, die sie darstellt, sexuell realer als die Realität ist«.[30] Goulemots Gedanke hat aber einen Haken.

Er verbindet, indem er sich allein auf die Libido des Lesers bezieht, Rezeptions- und Gattungstheorie, um die

Vorstellung von einem Idealtyp dessen, was man als »reine« Pornographie bezeichnen könnte, herauszuarbeiten. Jede Störung (*brouillage*) in Form von Handlung, psychologischer Komplexität, Philosophie, Humor, Gefühl oder sozialem Kommentar schmälert, so Goulemot, den Effekt und tut der Reinheit der Pornographie Abbruch. Zum Nachteil dieser Theorie hat aber die frühmoderne Pornographie vor allem aus *brouillage,* also aus eben jenen Ingredientien, die demnach zu Verunreinigungen führten, bestanden. Die erfolgreichsten Romane, *Histoire de Dom B . . .* und *Thérèse philosophe,* gingen so weit wie nur denkbar darin, den Leser durch narrative und philosophische Komplexitäten hindurchzuführen, und der Begründer der Pornographie, Aretino, ging in seinen *Ragionamenti* mehr und mehr von der Erotik zur Sozialkritik über.

Aretino war in der Tat für die explizite Beschreibung von Kopulationstechniken in seinen *Sonetti lussuriosi* berühmt. Es ist aber nicht anzunehmen, daß die Sonette in Frankreich viel gelesen wurden, und es ist unpräzise, wenn Goulemot behauptet, daß Aretino im *Ancien régime* »unermüdlich ins Französische übersetzt« worden sei.[31] Abgesehen von einigen seiner religiösen Schriften und einem Fragment der *Ragionamenti* haben die Franzosen zwischen 1660 und 1800 keine einzige Übersetzung seines Werkes herausgebracht.[32] Statt dessen druckten sie immer wieder *L'Arrétin moderne* von Henri-Joseph du Laurens (erste Auflage 1763; mindestens dreizehn weitere bis 1789), ein Skandalblatt, das zu drei Vierteln Klatsch und zu einem Viertel Erotik enthielt.[33] Der »moderne Aretino« im Frankreich des achtzehnten Jahrhunderts hatte zwar tatsächlich viel mit seinem italienischen Ahnherrn aus dem sechzehnten Jahrhundert gemein, er war aber vor allem ein *libelliste,* d.h. darauf aus, herausragende Figuren von Staat und Kirche zu verunglimpfen. Ebenso wie die Religionslosigkeit können auch die Schmähschriften in den »philosophischen« Werken des *Ancien régime* kaum von der Pornographie unterschieden werden. Wenn Pornographie ein literarisches Genre war, dann ein so gemischtes, daß es jedem Versuch standhielt, sich in reiner

Form darzustellen. Gerade die Verunreinigungen enthielten die Elemente, die den Sex so gut fürs Denken machten.

Letztlich wird also die Literaturtheorie den wesentlichen Charakteristika der frühneuzeitlichen Pornographie nicht gerecht. Jean Marie Goulemot kommt der Einsicht in dieses Ungenügen im Schlußkapitel seines Buches nahe. Dort spielt er nämlich mit dem Phantasiegebilde eines »Goldenen Zeitalters des Lesens«[34]. Er lokalisiert es im Frankreich des achtzehnten Jahrhunderts, einer Zeit, in der die Leser, unverbildet vom Wissen um kritisches Lesen, sich wie junge Leseratten in Texte stürzen konnten. Dank ihres leidenschaftlichen Primitivismus, so stellt Goulemot sich vor, hätten sie die Pornographie vielleicht als Möglichkeit genutzt, dem Ruf des Wilden, Ungebändigten in ihnen nahezukommen. Tatsächlich sollen einige Bibliothekare Spuren von Sperma auf den Seiten der Sexbücher des achtzehnten Jahrhunderts gefunden haben — vielleicht sogar aus eben diesem Jahrhundert. Ob es einem heutigen Forscher möglich wäre, den Spuren jener längst vergessenen Leser zu folgen und, nachdem er sich seiner Gelehrsamkeit entledigt hat, in derselben Weise zu reagieren? Der Beweis für den Erfolg wäre, um es frei heraus zu sagen — Goulemot freilich geht bei seinem Gedankengang all solchen Derbheiten aus dem Wege —, ein Orgasmus. In diesem Fall könnten die Bücher der »Hölle« als Zeitmaschinen fungieren, indem sie ihre Leser zu Empfindungen führten, die zweihundert Jahre zuvor gelodert haben. Und den Historikern könnte die Pornographie eine Erfahrung vermitteln, die ihnen bisher nie zuteil geworden ist: der unmittelbare Zugang zu Leidenschaften der Vergangenheit.

4.

Dieser Gedanke sollte nicht allzu ernst genommen werden, er veranschaulicht aber ein wesentliches Hindernis, das dem Verständnis der Geschichte der Pornographie im Wege steht: die Illusion, von Anachronismen frei zu sein.

Wie erotisch ein Text auch immer sein mag, er kann Leser heute kaum in derselben Weise entfachen, wie er es vor Jahrhunderten tat, weil das Lesen heute von einer geistigen Welt umgeben ist, die sich in ihren Voraussetzungen, in ihren Werten und ihren kulturellen Normen grundlegend von der Welt des *Ancien régime* unterscheidet. Statt in der frühneuzeitlichen Pornographie nach Parallelen zu modernen Spielarten männlicher Herrschaft zu suchen, könnte man umgekehrt sie daraufhin studieren, was sie über Geisteshaltungen aussagt, die nicht mehr existieren. Man werfe nur einen einzigen Blick in einen obszönen Roman aus dem Frankreich des siebzehnten oder achtzehnten Jahrhunderts, und man wird sich in unbekannter Umgebung befinden. Man lese ein paar Meter dieser Literatur, und man wird sich wie auf einem ethnographischen Rundgang durch ein riesiges Museum für fremdartige Denkweisen fühlen. Auch in dieser Hinsicht ist Sex gut fürs Denken — nicht nur für die Zeitgenossen des *Ancien régime,* sondern auch für jeden, der sie verstehen möchte.

Nehmen wir doch das Schönheitsideal. Wie die Eingeborenen in vielen Entwicklungsländern haben die Figuren in der frühneuzeitlichen Pornographie eine Vorliebe für Körperfülle — Fülle im allgemeinen und auch an besonderen Stellen, an den Armen etwa oder an den Hüften. Üppige Hüften führten zu Grübchen an der *chute de reins,* einem sensiblen Punkt direkt über den Gesäßhälften, den Boucher in Porträts seines berühmten Modells, der Mademoiselle O'Murphy, unsterblich gemacht hat. Es war Eradicens bewundernswerte *chute de reins,* die sie, in *Thérèse philosophe*[35], für ihren jesuitischen Beichtvater so unwiderstehlich machte; und es waren Lucettes Arme, mit denen sie, in *Les progrès du libertinage,* ihr Glück als Kurtisane machte: »Ihre rundlichen Arme lassen Cupido lächeln; man sehnt sich danach, den Mund darauf zu pressen und in ihrer sanften fesselnden Umarmung gedrückt zu werden.«[36] Die Frauen setzten eher ihre Arme als Mittel der Verführung ein denn ihre Beine. »Der gnädige Herr sieht wohl gerne, wie ein nackter Arm sich bewegt?« fragt

Mme. C..., um in *Thérèse philosophe,* ihren Liebhaber zu erregen.[37] Aber auch die Beine waren wichtig, vor allem bei den Männern, weil die Hosen die Waden frei ließen und allzu dünne Waden die Frauen abstießen. Daher rührt in *Margot la ravaudeuse* Margots Spott über die Beine eines ihrer Kunden: »Er hatte die Beine eines Mannes aus gutem Hause — nur Haut und Knochen.«[38] Auch Männer stieß »furchtbare Magerkeit« ab.[39] Sie fanden Brüste und Hinterteile verführerisch, aber nur, wenn sie üppig waren: je mehr Fleisch, um so besser, wobei Üppigkeit à la Boucher (*embonpoint*) der Korpulenz à la Rubens vorgezogen wurde. Die Heldin von *Vénus en rut* bringt das Ideal prägnant zum Ausdruck, wenn sie sich als »Fettklößchen« beschreibt.[40]

Man muß natürlich auch literarische Konventionen bei den Beschreibungen schöner Frauen berücksichtigen. So überrascht es nicht, daß die Erzählerin von *Vénus en rut* sich dem Leser als eine Frau darstellt, die die »Frische einer eben erblühten Rose«[41] hat; dann aber preist sie ihre Zähne an. Die Zähne sind in den Beschreibungen besonders wichtig, vermutlich weil faulige Münder und stinkender Atem in der damaligen Gesellschaft die Regel waren. In *Le Rut ou la pudeur éteinte* (1676) hat Dorimène eine Haut wie eine Lilie, einen Mund wie eine Rose, und:

> Ihre Zähne waren weiß und so gleichmäßig aufgereiht, daß dieser Teil von ihr allein schon genügt hätte, in einer weniger sensiblen Seele als der seinen [Celadons] Liebe zu entfachen.[42]

Was treiben sie, die beiden sensiblen Seelen, wenn sie Vorstellung und Vorspiel hinter sich haben? Sie organisieren eine Orgie mit zwei anderen Paaren, und zwar in einem Gefängnis, wo der Held, Celadon, hofhält, nachdem er von einem widerlichen Justizbeamten eingesperrt worden ist. Um seine Stöße kraftvoller zu gestalten, stemmt einer der Galane die Füße gegen einen Schrank, dies aber so heftig, daß der Schrank auf eine der Damen, Hiante, stürzt, die auf dem Fußboden kopuliert — und einige Probleme hat, weil ihr Liebhaber, Le Rocher, seine Erektion nicht halten kann und sie selbst hochschwanger ist. Der Schrank beschert ihr dort eine Totgeburt. Die Damen ziehen sich dann zurück, und die Kavaliere widmen sich einem Wettstreit im Dichten.

Den gewinnt Le Rocher, indem er sich in allen Arten von Versen versucht, darunter einem Sonett auf die klägliche Vorstellung seines Penis. Der sei erschlafft, so erläutert er in vollkommenem Petrarca-Stil, weil er, nachdem er in Hiante eingedrungen war, ganz tief in ihrer Gebärmutter den Tod auf sich habe warten sehen. Während die Poeten um die Muse werben, frißt der Wachhund des Gefängnisses das Neugeborene mit Ausnahme des Kopfes und stirbt prompt an Verdauungsstörung. Als die Poeten die Katze, die zum Gefängnis gehört, mit dem besagten Kopf wie mit einem Ball spielen sehen, begreifen sie, was geschehen ist. »Dieses Schauspiel machte ihnen großes Vergnügen«, bemerkt die Erzählerin.[43] Es regt ihren Appetit und ihre Kreativität an, so daß sie sich zu einem herzhaften Mahl setzen und Epitaphe auf den Hund dichten, für die sie Reime zum Thema von Geburt und Tod schmieden. Dann beauftragen sie einen Lakaien, den Kopf des Babys an die Haustür des Beamten zu nageln.

Als der am nächsten Morgen aus dem Fenster schaut, erblickt er eine Menge, die sich vor seiner Haustür versammelt hat. Da er glaubt, daß sie gekommen sind, um ihn zu lynchen, gesteht er all die Vergehen, die er sich auf Kosten der ansässigen Bauern hat zuschulden kommen lassen. Dann aber bemerkt er den Kopf und begreift, daß es sich bei der Menge um eine Ansammlung von Bauernlümmeln handelt, die bloß ihrem »Spaß« beim Anblick von etwas Ungewöhnlichem freien Lauf lassen.[44] Er widerruft daher sein Geständnis und erklärt, daß der Kopf von einem Affen stamme, den sein Bruder im Wald getötet habe — von einem Geschöpf, das sich seltsamerweise draußen vor Alençon durch die Bäume geschwungen habe. Schließlich zerstreuen sich die Lümmel, erfreut, für nichts eine jener Kuriositäten gesehen zu haben, für die sie auf dem Jahrmarkt einen Sou zahlen müssen.

Was den modernen Leser an dieser Episode so befremdet, ist nicht ihre Grausamkeit — wir haben mehr als genug davon in der heutigen Pornographie —, sondern ihr Humor. Das, was da erzählt wird, soll wohl lustig sein. Der Text reiht Horror an Horror, beschreibt die Vorfälle aber als »komisch«, »lustig« und »buffonesk«.[45] Wenn man eine gewisse Anzahl an Schelmenromanen gelesen hat, dann erkennt man ein paar immer wiederkehrende Themen. Wenn man genug Shakespeare und Cervantes bewältigt hat, dann wird man sich darin zurechtfinden. Über jene Späße aber kann heute niemand mehr lachen. Unsere Unfähigkeit, dergleichen zu verstehen, führt uns die Schwierigkeit vor Augen, eine Kultur zu begreifen, die fundamental anders als die unsrige war, so sehr sie uns auf trügerische Weise vertraut vorkommen mag, wenn sie in einer Beschreibung der westlichen Kultur unter dem Kapitel »Renaissance« oder »Barock« erscheint.

Die frühneuzeitliche Pornographie erwuchs aus einer Kultur, die heute ebenso unvorstellbar ist, wie den Forschern in drei Jahrhunderten die Autokarambolagen und die Schießereien im Fernsehen von heute ein Rätsel sein werden. Im siebzehnten Jahrhundert waren Werke wie *Le Rut ou la pudeur éteinte* Teil einer Rabelaisschen Welt, in der sich die Grobheit und das Getümmel der Straße mit der höfischen Verfeinerung verband. Auch im achtzehnten Jahrhundert hinterließ die Kultur der Straße noch ihre Spuren in unzüchtigen Büchern, sie hatte nun aber einen anderen Charakter. Sie konzentrierte sich auf die Boulevards, die die mittelalterlichen Mauern von Paris ersetzt hatten und den Hintergrund für eine neue Spielart des Volkstheaters und der Prostituierten abgaben: für die *grisette*, die von den Nähstuben an der Rue Saint-Honoré zu schicken Mietwohnungen jenseits der Boulevards in der Rue de Cléry und der Rue Tiquetonne avancierte.

Alle Prostituiertengeschichten nach 1750 führen ihre Leser durch dieses Gebiet, beschreiben den Verzehr in den Schenken, die Möblierung der Bordelle, die Musik der Tanzlokale, die Gebärden der Pantomimenbühnen und die Possen im Theater. *La Correspondance d'Eulalie* liest sich stellenweise wie ein mit Fußnoten versehener Führer zur Erbauung der ahnungslosen Provinzler. An einer

Stelle amüsiert sich Mlle. Julie, eine Spitzenkurtisane, indem sie sich einen Mann aus den Niederungen von Nicolets Vaudeville-Theater herauspickt. Sie spiegelt ihm vor, »daß ich eines jener Mädchen sei, das sich für seine Dienste mit einem Abendessen in einer guten Boulevardschenke abspeisen läßt«. So schickt sie ihn fort, ein Essen *chez Bancelin* zu bestellen, und macht sich dann aus dem Staube. Eine Fußnote erläutert, daß *Bancelin* die bekannteste Taverne auf dem Boulevard sei und daß man, um das Essen pikanter zu machen, bei den *joueuses de veille* — Straßensängerinnen, die sich mit einem Leierkasten begleiten und im übrigen auch sexuelle Dienste leisten — frivole Lieder bestellen kann.[46] An anderer Stelle geht Julie auf dem Boulevard essen und bestellt eine Reihe schlüpfriger Balladen, deren Text sie dann in ihre Erzählung einbringt; so werden die Memoiren der Prostituierten für einen Augenblick zu einer Anthologie der Straßenmusik.

Dies ist das Milieu, das später zur Balzacschen Welt von *Splendeurs et misères des courtisanes*, zur Bohèmewelt von *La Bohème* und zur poetischen Welt von *Les Enfants du paradis* werden sollte. Es weckte im achtzehnten Jahrhundert aber noch nicht jene Empfindungen, die sich heute damit verbinden. Suzon in den *Mémoires de Suzon* wird Tänzerin in einer Boulevardschenke. Eines Nachts auf dem Heimweg läuft sie zwei Soldaten über den Weg, die sie auf ein Feld an der Straße, die zum Montmartre führt, verschleppen und dort vergewaltigen. Das ist ein ganz gewöhnlicher Vorgang, abgesehen von der Tatsache, daß einer der Soldaten einen derart monströsen Penis hat, daß er nicht in sie eindringen kann. Auf dem Rückweg fällt ihnen ein Schleifstein in einer Schubkarre ins Auge, die ein wandernder Scherenschleifer vor einer Taverne abgestellt hat, und Suzon schlägt eine Lösung für das Problem des Soldaten vor. Sie steigt auf die Schubkarre und uriniert auf den Schleifstein, um die Reibungshitze zu reduzieren, während der Soldat seinen Penis auf eine brauchbare Größe schleift. Diese »lustige Szene«, wie Suzon sie bezeichnet, vergnügt die Menge von zweihundert Zuschauern, wirkt auf den modernen Leser aber gar nicht lustig,[47] ebensowenig wie Suzons andere Erlebnisse auf den Boulevards: gymnastischer Gruppensex mit ein paar spanischen Akrobaten und »komisches« Kopulieren mit dem Harlekin und dem Pierrot einer Pantomime hinter der Bühne.[48]

Auch die Deflorationen, die komische Abwechslung in die sexuelle Spannung dieser Literatur bringen sollen, sind nicht gerade lustig. Die Huren amüsieren sich immer wieder darüber, daß sie Adstringentien verwenden, um ihre Jungfernschaft vorzutäuschen, und so ihre Kunden dazu bringen, Aufschläge zu zahlen. Eine von ihnen, Mlle. Felmé in *Correspondance d'Eulalie,* zieht sich unter falschem Namen in die Provinz zurück, ehelicht einen Beamten und beschreibt professionell und kenntnisreich ihre burleske Hochzeitsnacht: das winzige, in die Vagina geschobene Päckchen Blut, die Behandlung mit Essig, das schamhafte Sich-Zudecken, das Bestehen darauf, daß die Kerzen gelöscht werden, den vorgetäuschten Widerstand, die vorgetäuschte Frigidität und den Triumphschrei des Bräutigams am Morgen danach, als er das falsche Blut in der Bettwäsche findet: »Ah! Meine Frau war noch Jungfrau! Wie glücklich ich bin!«[49]

Man kann sich die Szene vorstellen, aber man kann nicht wirklich darüber lachen — genausowenig, wie man über das Hörnen des Ehemanns und die Übertragung von Geschlechtskrankheiten, zwei andere unerschöpfliche Quellen der Heiterkeit in den Sexbüchern, lachen kann. Um tieferen Einblick in diesen Humor zu gewinnen, ist es nötig, mehr über die todernsten Szenarien für Hochzeitsnächte zu wissen, und auch die finden sich in der Pornographie. Das beste vieler Beispiele kommt in *L'Académie des dames* vor. Die Hochzeitsnacht wird im Haus der Eltern der Braut begangen. Die Mutter entkleidet diese vor dem Bräutigam, legt sie nackt ins Bett, folgt dem Rest der Familie in den Nebenraum und verriegelt die Tür hinter sich. Der Bräutigam schlägt, nachdem er sich ausgezogen hat, die Bettdecke zurück und vergewissert sich der Jungfräulichkeit der Braut, indem er ihr den Finger in die Vagina steckt. Sie erstarrt und wehrt sich, als er sie streichelt und küßt. So öffnet er ihr gewaltsam die Schenkel und besteigt sie. Während er sich in sie vorzukämpfen versucht, schreit sie vor Schmerz und Schrecken — sehr zur Befriedigung der Familie, die an der Tür lauscht.

Ein vorzeitiger Erguß läßt den Bräutigam erschlaffen, bevor er in die Braut eingedrungen ist. Mit seiner zweiten »Attacke« aber dringt er schon weiter vor, und die dritte durchstößt das Hymen, so daß die »Festung« genommen ist. Der Bräutigam verlangt, daß die Vagina, nunmehr »aufgerissen und erbrochen«, seinen Penis »als ihren Herrscher« anerkenne. Dann attackiert er noch einmal, daß das Bett kracht und die Braut laut zu schreien beginnt. Als es dann wieder still wird im Zimmer, kommt die Mutter herein. Sie beschenkt den Bräutigam mit gewürztem Wein und erkennt ihn in aller Form als ihren Sohn an: »Mein Sohn«, sagt sie, »wie tapfer habt Ihr gekämpft! Ihr seid ein Held! Die Schreie meiner Tochter bezeugen unwiderruflich ihre Niederlage. Ich gratuliere Euch zu Eurem Sieg.«[50]

Eine andere Hochzeitsnacht in diesem Buch läuft nach demselben Szenario ab, das wieder mit einer Fülle von militärischen Metaphern beschrieben wird. Als die Mutter mit dem Trank erscheint, sagt sie: »Tapferer Soldat ... nun erkenne ich Euch als meinen Sohn und Schwiegersohn an.«[51] Noch später defloriert ein dritter Bräutigam seine Braut nach demselben Ritual, das diesmal aber parodiert wird. Sie ist ein einfaches Bauernmädchen, er der Diener einer adligen Dame, die ihn als Deckhengst benutzt. Um von ihrer Macht Gebrauch zu machen und um sich an einem Spaß zu delektieren, gibt die Dame dem Mädchen falsche Anweisungen, wie sie sich zu benehmen habe. Statt zu erstarren, greift die Braut sich den Penis des Bräutigams, wackelt wild mit dem Hinterteil und streckt die Beine in die Luft. Sie gibt diese falschen Zeichen, als ob sie eher Prostituierte denn Jungfrau sei. Das ist der Witz, aber lustig ist er nur für diejenigen, die die gleichen kulturellen Normen teilen.

L'Académie des dames ist sicherlich ein Sexbuch und nicht der Feldforschungsbericht eines Ethnographen, welcher eine literarische Version der idealen Hochzeitsnacht übermittelt, wie man sie sich im siebzehnten Jahrhundert vorstellte. Das ist natürlich keine verläßliche Beschreibung dessen, wie die Menschen sich damals wirklich im Bett verhalten haben. Aber noch hundert Jahre später diente dieses Ideal als Hintergrund für Witzeleien. Selbst wenn es nicht genau mit dem wirklichen Verhalten übereinstimmte, kennzeichnete es doch eine bestimmte Mentalität, d.h. eine Welt, die für uns (glücklicherweise) verschwunden ist, und zwar so total, daß wir die Pornographie studieren müssen, um einen Einblick in diese Welt zu gewinnen.

Als letztes Beispiel für die Fremdheit dieser Literatur mag *Histoire de Dom B . . .*, das großartigste und verruchteste aller Bücher der »Hölle«, dienen. Ausnahmsweise erzählt hier ein Mann, der Mönch Dom B . . . (das B . . . steht für *bougre,* Päderast, der wirkliche Name ist Saturnin). Als frühreifer, hypersexualisierter Jüngling beobachtet Saturnin durch ein Loch in der Wand seines Schlafzimmers, wie seine Mutter mit einem Mönch kopuliert. Das möchte er auch mit seiner Schwester, Suzon, machen. (Später stellt sich heraus, daß all diese Personen nicht miteinander blutsverwandt sind, der Text spielt aber gleichwohl mit allen Spielarten des Inzesttabus.) Um Suzon zu erregen, läßt er sie durch das Loch in der Wand gucken; und während sie nun die nächste Kopulationsrunde verfolgt, legt er sich auf den Fußboden und schaut ihr unter den Rock. Dann läßt er seine Hand an ihrem Bein hinaufgleiten, höher und immer höher, in jenem Rhythmus, in dem die Muskeln ihrer Schenkel als Antwort auf das Gestoße im Nebenraum sich anspannen und lösen. Schließlich dringt er in sie ein: »Jetzt hab' ich dich, Suzon, jetzt hab' ich dich!«[52]

Während Suzon weiter am Guckloch klebt, befriedigt Saturnin sie mit der Hand und zieht sie dabei aus. Sie spreizt ihre Beine, und er versucht, sie von hinten zu nehmen. Aber diese Stellung ist unmöglich, und so dreht er sie um und zieht sie zum Bett hin. Er dringt in sie ein, doch in dem Moment, in dem sie völlig enthemmt loslegen, bricht das Bett unter ihnen zusammen. Die Mutter stürzt, außer sich, herein. Als sie aber Saturnins Erektion sieht, erhellt sich ihre Miene; sie zieht ihn hin zum Bett im Nebenraum, währenddessen der Mönch seinen Platz bei Suzon einnimmt. So macht Saturnin, nachdem er seine Schwester entjungfert hat, seinen Vater zum Hahnrei; zuletzt wendet er sich keck an den Leser:

> Welche Fülle von Betrachtungen für jene Leser, deren kaltes Temperament noch niemals die Rasereien der Liebe empfunden hat! Stellen Sie diese Betrachtungen an, meine Herren, lassen Sie Ihrer Moral die Zügel schießen, ich lasse Ihnen freies Spiel und sage Ihnen nur eines: werden Sie so geil, wie ich es war, und Sie können ficken. Wen? Den Teufel.[53]

Der heutige Leser mag einwenden: Nun ja, das ist ein Hardcore-Porno des achtzehnten Jahrhunderts; aber was ist daran so erstaunlich? Der Rest des Romans geht in atemberaubender Geschwindigkeit so weiter und läßt Sozialkritik auf Kirchenkritik folgen, so wie eine Orgie der anderen folgt. Jede Episode überbietet die vorige, bis es keinerlei Hemmungen mehr zu geben scheint. Die sexuelle Eskalation wischt alles Vergangene fort, und am Ende führt sie den Helden in ein besonders verruchtes Bordell. Dort trifft er, nach Jahren der Trennung, Suzon wieder. Sie war von einem Priester verführt worden, der sie später auf die Straße stieß. Sie hatte dann eine Fehlgeburt mit beinahe tödlichem Ausgang; anschließend verbrachte sie eine Zeit in einem von der Pest heimgesuchten Armenhaus und erlebte einen gräßlichen Abstieg als Nutte. Nun ist sie im Endstadium einer schweren Syphilis.

Aber Saturnin liebt sie. Er hat sie immer geliebt, und zwar mit einer tiefinneren Leidenschaft, die seine Seele nie losgelassen hat. Daher möchte er noch einmal mit ihr Liebe machen. Sie weigert sich, weil sie weiß, daß sie ihn mit ihrer Krankheit umbringen würde. Er besteht aber darauf, und so vereinigen sie sich ein letztes Mal, die ganze Nacht hindurch im tiefen Dunkel eines heruntergekommenen Bordells. Hier findet sich kein zotiges Wort im Text und keine Spur von Laszivität.

Plötzlich stürmt die Polizei herein. Sie ergreifen Suzon. Saturnin streckt einen von ihnen durch einen Stoß mit dem Kaminbock nieder, die anderen aber schleifen ihn die Treppe hinunter und schlagen ihn bewußtlos. Suzon verschwindet in einem Gefängnis, wo sie unmittelbar darauf ihrer Krankheit erliegt. Saturnin wacht in einem anderen auf — fiebernd, weil er sich angesteckt hat. Er wird von neuem ohnmächtig. Dann kommt er wieder zu Bewußtsein, diesmal geweckt von einem Schmerz zwischen den Beinen. Er betastet die Stelle mit seiner Hand und entdeckt, daß er kastriert worden ist. Aus der Tiefe der Gedärme steigt in ihm ein Laut empor, dringt durch die Kehle und bricht als Schrei hervor, der gegen die Decke schlägt: Saturnin ist kein Mann mehr, er hat nichts mehr, für das zu leben sich lohnte.

Der chirurgische Eingriff rettet ihm das Leben, obwohl er sterben möchte, als er von Suzons Tod erfährt. Er weiß nicht, wohin er sich wenden, was er mit seiner neuen Freiheit anfangen soll. So führt er ein Leben auf der Straße und überläßt sich seinem Schicksal. Er kommt zu einem Kartäuserkloster und hat plötzlich eine Vision von einem Leben jenseits schmerzlicher Leidenschaften. Der Superior hört sich seine Geschichte an und nimmt ihn dann auf. Saturnin wird Dom B . . ., Pförtner bei den Kartäusern:

> Hier warte ich auf den Tod, den ich weder fürchte noch herbeisehne, und wenn er mich aus der Zahl der Lebenden getilgt hat, soll man in goldenen Lettern auf meinen Grabstein meißeln: *Hic situs est Dom Bougre, fututus, futuit.* [Hier liegt Dom Bougre, er fickte und wurde gefickt.][56]

Dies ist eine erstaunliche Geschichte, die einen Platz neben *Manon Lescaut* und *La Nouvelle Héloïse* verdient. Hier ist Erotik in Askese und Pornographie in Religiosität eingegangen. Die skurrile Grabinschrift läßt natürlich alles offen. Der Hinweis auf die Leidenschaft am Ende könnte ein weiterer Trick von Pfaffenlist, die Moral könnte eine trügerische sein. Die Zweideutigkeit der

Geschichte gehört aber zur Pointe. Sex kann zu Liebe führen, Liebe zu Erlösung und Erlösung zum Eingehen in eine Erzählung von sich gegenseitig überbietenden Überraschungen. Vielleicht ist aber auch alles gar nicht ernst gemeint. Der Roman ist so reich, daß er viele Interpretationen erlaubt. Aber wenn das alles nur ein Spaß ist, dann vermag ihn nur zu verstehen, wer einmal mit augustinischer Frömmigkeit, vor allem mit jener Form, die das siebzehnte und achtzehnte Jahrhundert als Jansenismus kannte, in Berührung gekommen ist.

In diesem Licht betrachtet, führt die ganze Geschichte zu einem spektakulären Paradox: Das Kloster stellt sich, statt Bordell zu sein, als wahrhaftes Refugium vor den Martern des Fleisches heraus, und Saturnin findet, nachdem er jede denkbare Form sexueller Sündhaftigkeit durchgemacht hat, im Mönchsein seine wahrhafte Berufung. Ist er erlöst, oder ist er nur, wie die Grabinschrift sagt, »gefickt«? Ganz gleich aber, ob seine Geschichte die Religion parodiert oder stützt, sie verdeutlicht, wie sehr das Ringen um einen verläßlichen Sinn des Lebens mit Anfechtungen zu kämpfen hat — Mitte des achtzehnten Jahrhunderts, als Janesenismus und Aufklärung sich gegenseitig aufzuheben drohten, aber auch heute. Ein pornographisches Meisterwerk wie *Histoire de Dom B . . .* nämlich kann man nicht ohne den Eindruck zuklappen, daß Sex gut für das Denkvermögen ist.

Bibliographie

Dieser Essay ist die erweiterte Fassung eines Essays, der in *The New York Review of Books* erschienen ist (22. Dezember 1994, S. 65–74). Er basiert auf den folgenden französischen Texten aus dem siebzehnten und achtzehnten Jahrhundert, die — mit vollständigen bibliographischen Nachweisen — in *L'Enfer de la Bibliothèque Nationale* (7 Bände, Paris 1984–88) wieder abgedruckt worden sind:

L'Enfer de la Bibliothèque Nationale. Paris: Fayard 1984 bis 88, 7 Bände.

Bd. I: *Oeuvres érotiques de Mirabeau*

Ma Conversion ou le libertin de qualité
L'Abbé IL-ET-ELLE (HIC-ET-HAEC) ou l'Elève des Révérends Pères Jésuites d'Avignon
Le Rideau Levé ou l'éducation de Laure
Erotika Biblion

Bd. II: *Oeuvres érotiques de Restif de la Bretonne*

Le Pornographe ou idées d'un honnête homme sur un projet de règlement pour les prostituées
L'Anti-Justine ou les délices de l'amour
Dom Bougre aux Etats-Généraux ou doléances du Portier des Chartreux
Les Revies, histoires refaites sous une autre hypothèse du cœur humain dévoilé

Bd. III: *Oeuvres anonymes du XVIIIe siècle (I)*

Histoire de Dom B..., portier des Chartreux, écrite par lui-même
Mémoires de Suzon, sœur de D.. B..., portier des Chartreux, écrits par elle-même
*Histoire de Marguerite, fille de Suzon, nièce de D** B******
La Cauchoise ou Mémoires d'une courtisane célèbre

Bd. IV: *Oeuvres anonymes du XVIIIe siècle (II)*

La courtisane anaphrodite ou la pucelle libertine
Correspondance d'Eulalie, ou tableau du libertinage de Paris
Lucette ou les progrès du libertinage

Bd. V: *Oeuvres anonymes du XVIIIe siècle (III)*

Thérèse philosophe, ou Mémoires pour servir à l'histoire du Père Dirrag et de Mademoiselle Eradice
Le Triomphe des religieuses ou les nones babillardes
Lettres galantes et philosophiques de deux nones
La Messaline française, ou les nuits de la duchesse de Pol... et aventures mystérieuses de la princesse d'H... et de la ...

La Liberté ou Mlle Raucour
Les Quarante Manières de foutre, dédiées au clergé de France

Bd. VI: *Oeuvres anonymes du XVIIIe siècle (IV)*
Eléonore ou l'heureuse personne
Vénus en rut ou vie d'une célèbre libertine
Décrets des sens sanctionnés par la volupté
Requête et décret en faveur des putains, des fouteuses, des maquerelles et de branleuses contre les bougres, les bardaches et les brûleurs de paillasses
Ordonnance de police de Messieurs les officiers et gouverneurs du Palais Royal
Le Degré des âges du plaisir ou jouissances voluptueuses de deux personnes de sexes différents, aux différentes époques de la vie

Bd. VII: *Oeuvres érotiques du XVIIe siècle*
Le Rut ou la pudeur éteinte
L'Ecole des filles ou la philosophie des dames
Vénus dans le cloître ou la religieuse en chemise
L'Académie des dames

Anmerkungen

[1] Zur Beschränktheit der pornographiegeschichtlichen Forschung vgl. Peter Gay, *The Bourgeois Experience: Victoria to Freud.* Band I, *The Education of the Senses,* New York 1984, S. 495; dt. Ausg.: *Erziehung der Sinne. Sexualität im bürgerlichen Zeitalter,* München 1986.

[2] Jeanne Veyrin-Forrer, »L'Enfer vu d'ici«, in: Dies., *La lettre et le texte. Trente années de recherches sur l'histoire du livre,* Paris 1987, S. 393 bis 421. Vgl. auch Annie Stora-Lamarre, *L'Enfer de la IIIe République. Censeurs et pornographes (1881–1914),* Paris 1990.

[3] Patrick J. Kearny, *The Private Case,* London 1981; Walter Kendrick, *The Secret Museum: Pornography in Modern Culture,* New York 1987.

[4] Guillaume Apollinaire, Fernand Fleuret und Louis Perceau, *L'Enfer de la Bibliothèque Nationale,* Paris 1919; Pascal Pia, *Les livres de l'Enfer du XVIe siècle à nos jours,* Paris 1978.

[5] Zusätzlich zu den in Anm. 3 angeführten Arbeiten von Kearney und Kendrick vgl. Peter Wagner, *Eros Revived, Erotica of the Enlightenment in England and America,* London 1988, S. 5–7;

sowie die Einführung von Lynn Hunt zu *The Invention of Pornography. Obscenity and the Origins of Modernity 1500–1800,* hrsg. von L. Hunt, New York 1993, S. 13–16.

[6] Die beste allgemeine Darstellung ist immer noch Paul Englisch, *Geschichte der erotischen Literatur,* Stuttgart 1927. Als Beispiel für die gegenwärtige Forschung siehe Lynn Hunt (Hg.), *The Invention of Pornography* und Carolin Fischer, *Education érotique. Pietro Aretinos »Ragionamenti« im libertinen Roman Frankreichs,* Stuttgart 1994.

[7] Robert Darnton, *The Forbidden Best-Sellers of Pre-Revolutionary France,* New York 1995; Darnton, *The Corpus of Clandestine Literature in France 1769–1789,* New York 1995; Michel Delon, »De *Thérèse philosophe* à *La Philosophie dans le boudoir,* la place de la philosophie«, in: *Romanistische Zeitschrift für Literaturgeschichte* VII, 1983, S. 76–88; Roland Mortier, »Libertinage littéraire et tensions sociales dans la littérature de l'ancien régime: de la *Picara* à la *Fille de joie*« und »Les Voies obliques de la propagande ›philosophique‹«, in: Mortier, *Le Coeur et la Raison. Recueil d'études sur le dix-huitième siècle,* Oxford 1990, S. 43–413 und 414–426.

[8] *Thérèse philosophe, ou Mémoires pour servir à l'histoire du Père Dirrag et de Mademoiselle Eradice,* in: *L'Enfer de la Bibliotheque Nationale,* V, Paris 1986, S. 69. Einfachheitshalber werden dieser und die folgenden Texte nach den in der Bibliographie angeführten Reprints dieser Serie (fortan als *L'Enfer* gekennzeichneten) zitiert.

[9] *L'Enfer,* VI, S. 198–199.

[10] *L'Enfer,* VI, Zitate von S. 147 und S. 207. Die Erzählerin, eine reiche Kurtisane bescheidener Herkunft, gibt ihrer Zofe vor dem Beischlaf mit einem Aristokraten die folgenden Instruktionen: »Du stehst kurz vor der Vereinigung des dritten Standes mit der Aristokratie: halte die Fahne deines Standes hoch und ... zeige, daß du das Zeug zum Kampf mit ihm hast.« (S. 196).

[11] *L'Enfer,* VII, vgl. S. 267–269 und 263–264.

[12] *L'Enfer,* III, S. 362.

[13] *L'Enfer,* VII, S. 638.

[14] *L'Enfer,* III, S. 57.

[15] *L'Enfer,* IV, S. 140. — Wortgetreu übersetzt: »Laßt uns den Männern mit Gründen zeigen / Wie überlegen wir ihnen sind / Und was ihr trauriges Los ist. / Pfui auf das männliche Geschlecht. / Laßt uns ihre Launenhaftigkeit darlegen. / Ihren Verrat, ihre Ungerechtigkeit. / Singt immerzu: / Ehre sei dem weiblichen Geschlecht.«

[16] Catharine MacKinnon, *Only Words,* Cambridge, Mass., 1993, S. 17.

[17] *L'Ecole des filles* in *L'Enfer,* VII, S. 274.

[18] Andrea Dworkin, *Pornography. Men Possessing Women,* New York 1981, S. 68.

[19] *L'Enfer,* VII, S. 460f.

[20] *L'Enfer,* VII, S. 224.

[21] *L'Enfer,* VII, S. 468f.

[22] Thérèse notiert, nachdem sie die Masturbation in ihr Leben integriert hat: »Die Finsternis meines Geistes zerstreute sich, und allmählich lernte ich, folgerichtig zu denken und zu urteilen.« *L'Enfer,* V, S. 87.

[23] *L'Enfer,* III, S. 409 und 394.
[24] Catharine MacKinnon, *Only Words,* S. 17.
[25] *L'Enfer,* I, S. 38.
[26] Vgl. *L'Enfer,* III, S. 387: »Landpfarrer, Mönche, Ärzte, Schreiber, Schüler, *petits bourgeois,* Handwerker, Arbeiter, Kammerzofen, Lakaien, Stallburschen, Pförtner, das Küchenpersonal und Dienerschaft aller Art wollen lesen, entweder um sich zu amüsieren oder um ihren Verstand auszubilden.«
[27] *L'Enfer,* VI, S. 35.
[28] Vgl. als ein Beispiel unter vielen die ausgefeilte Beschreibung der Bibliothek in *La Cauchoise, L'Enfer,* III, S. 436–441.
[29] Jean Marie Goulemot, *Ces Livres qu'on ne lit que d'une main: Lecture et lecteurs de livres pornographiques au XVIIIe siècle,* Paris 1991, S. 134 und S. 153–155.
[30] MacKinnon, *Only Words,* S. 24.
[31] Goulemot, *Ces livres qu'on ne lit que d'une main,* S. 24.
[32] Carolin Fischer, *Education érotique,* S. 16–22.
[33] Darnton, *The Corpus of Clandestine Literature,* S. 21f. und S. 191–208.
[34] Goulemot, *Ces livres qu'on ne lit que d'une main,* S. 54.
[35] *L'Enfer,* V, S. 62. Vgl. auch *La Messaline française,* in: *L'Enfer,* V, S. 310: »die bewundernswerte *chute de reins*«; und *Eléonore ou l'heureuse personne,* in: *L'Enfer,* VI, S. 86: »Er bewunderte ihre üppige und füllige Rückseite, küßte eins nach dem andern die Grübchen, die die Liebe, auf der Suche nach einem Nistplatz, dort hinterlassen hatte . . .«.
[36] *L'Enfer,* IV, S. 279.
[37] *L'Enfer,* IV, S. 96; vgl. ferner *Les Progrès du libertinage, L'Enfer,* IV, S. 285, wo ein lüsterner Priester, der versucht, ein junges Landmädchen zu verführen, ausruft: »Was für Augen! Was für ein Mund! In welch wundervollen Farben du erstrahlst. Ich könnte deine Arme auffressen.«
[38] *Margot la Ravaudeuse,* in: Raymond Trousson (Hg.), *Romans libertins du XVIIIe siècle,* Paris 1993, S. 732.
[39] *Les Progrès du libertinage, L'Enfer,* IV, S. 373.
[40] *L'Enfer,* VI, S. 119. — Die Vorliebe für Körperfülle bezog sich auf alle Partien des Körpers, besonders auf die Hände. Daher das Schönheitsideal, wie es in *Eléonore ou l'heureuse personne, L'Enfer,* VI, S. 41 beschrieben wird: »Frische Farbe, strahlende Zähne, eine kleine, weiße, fleischige Hand, ein bißchen dicklich rundherum und Embonpoint . . .«
[41] *L'Enfer,* VI, S. 113.
[42] *L'Enfer,* VI, S. 37. Vgl. auch *Histoire de Marguerite, fille de Suzon, nièce de D** B*****, L'Enfer,* VI, S. 357, wo ein räuberischer Edelmann ein Bauernmädchen belagert und erklärt: »Deine Zähne, weißer als Elfenbein, verleihen dir eine makellose Schönheit.«
[43] *L'Enfer,* VII, S. 113.
[44] *L'Enfer,* VII, S. 120.
[45] *L'Enfer,* VII, S. 120.
[46] *L'Enfer,* IV, S. 103.
[47] *L'Enfer,* III, S. 318.
[48] *L'Enfer,* III, S. 328.
[49] *L'Enfer,* IV, S. 254.

[50] *L'Enfer*, VII, S. 435–447.
[51] *L'Enfer*, VII, S. 478.
[52] *L'Enfer*, III, S. 96.
[53] *L'Enfer*, III, S. 102.
[54] *L'Enfer*, III, S. 236.

Jean-Charles Gervaise de Latouche

Die Geschichte des Dom Bougre, Pförtner der Kartäuser

ERSTER TEIL

Welch süße Genugtuung ist es für ein Herz, wenn es sich losgesagt hat von den schalen Vergnügungen, dem frivolen Zeitvertreib und den gefährlichen Sinnenfreuden, die es an die Welt fesselten! Nach vielen Verirrungen sich selbst wiedergegeben, fühlt es in der Ruhe, die ihm der Verlust dessen beschert, was einst Gegenstand seiner Begierden war, noch immer jenen Schauder, den die Erinnerung an die Gefahren, denen es entronnen ist, im Geist zurückläßt. Aber es fühlt ihn nur, um sich zu der Sicherheit zu beglückwünschen, in der es sich heute befindet: diese Gefühlsregungen sind ihm teuer, weil sie ihm die Annehmlichkeiten der Ruhe, deren es sich erfreut, um so kostbarer machen.

Dies ist, lieber Leser, die Lage meines Herzens. Welchen Dank schulde ich doch dem Allmächtigen, dessen Barmherzigkeit mich dem Abgrund der Ausschweifung entrissen hat und mir heute die Kraft gibt, meine Verirrungen zur Erbauung meiner Brüder niederzuschreiben.

Ich bin die Frucht der Unkeuschheit der ehrwürdigen Zölestinermönche der Stadt R. Ich sage *der* Mönche, weil alle sich rühmten, an der Entstehung meiner Person mitgewirkt zu haben. Doch was läßt mich plötzlich innehalten? Mein Herz ist aufgewühlt. Ist es die Furcht, man könnte mir vorwerfen, die Geheimnisse der Kirche zu enthüllen? Ah! überwinden wir diese Schwäche: weiß man denn nicht, *daß jeder Mann ein Mann ist, und ein Mönch erst recht?* Sie alle haben daher die Fähigkeit, an der Vermehrung unserer Gattung mitzuarbeiten. Warum es ihnen verbieten? Sie entledigen sich ihrer Aufgabe doch so gut.

Vielleicht erwarten Sie, verehrter Leser, mit Ungeduld, daß ich Ihnen eine ausführliche Schilderung meiner Geburt gebe. Es tut mir leid, daß ich Sie in diesem Punkte nicht zufriedenstellen kann, und so werden Sie mich ohne Umschweife bei einem braven Bauern sehen, den ich lange für meinen Vater hielt.

Ambroise, so hieß der brave Mann, war der Gärtner eines Landhauses, das die Zölestiner in einem kleinen Dorf einige Meilen von der Stadt entfernt besaßen. Seine Frau Toinette wurde zu meiner Amme erwählt. Ein Sohn, den sie zur Welt gebracht hatte und der im Augenblick meiner Geburt starb, half das Geheimnis meiner Geburt zu verschleiern. Heimlich beerdigte man den Sohn des Gärtners, und der Sohn der Mönche nahm seine Stelle ein. Mit Geld ist alles möglich.

Ich wuchs heran und war für alle, auch für mich selbst, der Sohn des Gärtners. Dennoch wage ich zu behaupten (man verzeihe mir diese kleine Eitelkeit), daß meine Neigungen meine wahre Abstammung verrieten. Ich weiß nicht, welch göttlicher Segen auf den Werken der Mönche ruht: es scheint, als übertrügen sich die Eigenschaften der Kutte auf alles, was sie berührt. Toinette war ein Beweis dafür. Sie war bestimmt das keckste Frauenzimmer, das ich je gesehen habe, und es waren ihrer nicht wenige. Sie war dick, doch appetitlich: kleine schwarze Augen, eine Stupsnase, lebhaft, verliebt, mehr herausgeputzt, als Bäuerinnen es gewöhnlich sind. Sie wäre ein prächtiger Notbehelf für einen ehrbaren Mann gewesen. Und erst recht für Mönche.

Wenn die Spitzbübin in ihrem Sonntagsmieder erschien, das einen Busen einschnürte, den keine Sonne je gebräunt hatte, und zwei schwellende Brüste sehen ließ, ah! dann fühlte ich wohl, daß ich nicht ihr Sohn war oder diese Eigenschaft gern übergangen hätte!

Ich hatte alle Anlagen eines Mönchs. Allein vom Instinkt geleitet, konnte ich kein Mädchen sehen, ohne es zu umarmen, ohne meine Hand überall hinzuführen, wo sie es zuließ. Und auch wenn ich nicht genau wußte, was alles ich hätte tun können, so sagte mir doch mein Herz, daß ich weit mehr getan hätte, wäre mir nicht Einhalt geboten worden.

Eines Tages, als man mich in der Schule vermutete, war ich in meiner kleinen Schlafkammer geblieben. Eine dünne Wand trennte sie von Ambroisens Kammer, und dessen Bett stand genau an dieser Wand. Ich schlief, es war Hochsommer und sehr heiß. Plötzlich wurde ich durch heftige Stöße gegen die Wand geweckt. Ich wußte nicht, was ich von diesem Lärm halten sollte. Er nahm zu. Ich horchte auf und vernahm erregte und bebende Laute, undeutliche Wörter, die keinen Sinn ergaben:

»Ah! . . . sachte, meine liebe Toinette, nicht so schnell! Ah! du kleines Luder! . . . ich sterbe vor Lust, mach schnell! Los, schnell! Ah! . . . ich vergehe!«

Überrascht, solche Ausrufe zu hören, deren ganze Kraft ich nicht ermessen konnte, setzte ich mich auf. Kaum wagte ich mich zu rühren: wenn man bemerkt hätte, daß ich hier war, hätte ich alles zu befürchten gehabt. Ich wußte nicht, was ich denken sollte, und war ganz aufgeregt. Doch bald wich meine Besorgnis der Neugierde. Wieder hörte ich dasselbe Geräusch, und mir war, als wiederholten ein Mann und Toinette abwechselnd die Worte, die ich bereits vernommen hatte. Ich lauschte genauso aufmerksam wie zuvor, und der Wunsch zu erfahren, was in diesem Zimmer vor sich ging, wurde schließlich so stark, daß er meine Furcht erstickte. Ich beschloß, in Erfahrung zu bringen, worum es sich handelte. Ich glaube, ich wäre bereitwillig in Ambroisens Zimmer gegangen, um nachzusehen, trotz allem, was hätte passieren können. Aber ich kam gar nicht in diese Verlegenheit: als ich nämlich behutsam die Wand nach irgendeinem Loch abtastete, fühlte ich eines, das durch ein großes Bild verdeckt war. Ich durchstieß es, so daß ich hindurchsehen konnte. Welch ein Schauspiel! Toinette, nackt wie die Hand, lag auf ihrem Bett ausgestreckt, und Pater Polycarpe, der Vorsteher des Klosters, der erst seit einiger Zeit da war, nackt wie Toinette, machte . . . Was? Das, was unsere Ureltern machten, als Gott ihnen befahl, die Erde zu bevölkern, wenn auch unter weniger schlüpfrigen Umständen.

Dieser Anblick rief Überraschung in mir hervor, in die sich Freude mischte und ein lebhaftes, köstliches Gefühl, das ich unmöglich hätte beschreiben können. Ich fühlte, daß ich mein Blut dafür gegeben hätte, an der Stelle des

Mönchs zu sein. Wie beneidete ich ihn! Wie groß erschien mir sein Glück! Ein unbekanntes Feuer strömte durch meine Adern, mein Gesicht glühte, mein Herz pochte, ich hielt den Atem an, und der Speer der Venus, den ich in die Hand nahm, war so kräftig und steif, daß ich die Wand damit hätte umstoßen können. Der Pater beendete seinen Ritt, und als er sich von Toinette zurückzog, bot sie sich in all ihrer Pracht meinen gierigen Blicken dar. Ihre Augen waren die einer Sterbenden, und ihr Gesicht hatte sich mit tiefem Rot überzogen. Sie war völlig außer Atem, ihre Arme hingen herab, ihre Brust hob und senkte sich mit erstaunlicher Schnelligkeit. Von Zeit zu Zeit zuckte sie mit dem Hintern, wobei sie sich straffte und tiefe Seufzer ausstieß. Mit unerhörter Geschwindigkeit überflogen meine Augen alle Teile ihres Körpers; da war kein einziger, auf den meine Einbildung nicht tausend feurige Küsse drückte. Ich saugte an ihren Brüsten, an ihrem Bauch. Doch der köstlichste Ort, von dem meine Augen sich nicht mehr losreißen konnten, sobald sie sich darauf geheftet hatten, war . . . Sie verstehen schon! Wie viele Reize hatte diese Muschel für mich! Ah! welch liebliche Färbung! Wiewohl mit einem leichten weißen Schaum bedeckt, verlor sie in meinen Augen nichts von ihrer lebhaften Farbe. An dem Vergnügen, das ich empfand, erkannte ich in ihr den Mittelpunkt der Wollust. Er war von dichten und gekräuselten schwarzen Haaren umschattet. Toinettes Beine waren gespreizt. Ihre Unzucht schien meiner Neugier entgegenzukommen, um mir keinen Wunsch zu versagen.

Wieder zu Kräften gekommen, stellte sich der Mönch erneut dem Kampf. Mit frischem Eifer fiel er abermals über Toinette her. Aber seine Kräfte ließen seinen Mut im Stich, und ich sah, wie er nach vergeblichen Mühen, sein Reittier anzuspornen, sein Instrument aus Toinettes Muschel herauszog, schlaff und gesenkten Hauptes. Toinette, die über den Rückzug erbost war, nahm es in die Hand und schüttelte es. Der Mönch zuckte an allen Gliedern und schien die Lust, die er verspürte, kaum noch ertragen zu können. Ich beobachtete alle ihre Bewegungen, ohne anderen Führer als die Natur und ohne andere

Belehrung als das Beispiel, und da ich wissen wollte, was diese krampfhaften Bewegungen des Paters hervorrufen mochte, suchte ich deren Ursache bei mir selbst. Ich war überrascht, ein unbekanntes Vergnügen zu empfinden, das allmählich zunahm und schließlich so stark wurde, daß ich halb ohnmächtig auf mein Bett sank. Die Natur unternahm unglaubliche Anstrengungen, und alle Teile meines Körpers schienen zur Lust jenes Teils beizutragen, den ich streichelte. Endlich floß jener weiße Saft, den ich so reichlich auf Toinettes Schenkeln gesehen hatte. Ich erwachte aus meiner Ekstase und kehrte zu dem Loch in der Wand zurück. Zu spät: der letzte Stich war gemacht, das Spiel war zu Ende. Toinette zog sich wieder an, der Pater war bereits angekleidet.

Ich blieb noch einige Zeit, Kopf und Herz voll des Abenteuers, dessen Zeuge ich gewesen war, in jener Art Betäubung, die ein Mensch empfindet, der vom Strahl eines unbekannten Lichts erleuchtet wird. Ich fiel von einer Überraschung in die andere: die Kenntnisse, welche die Natur in mein Herz gelegt hatte, begannen sich zu entwickeln; die Wolken, mit denen sie bedeckt waren, hatten sich verzogen. Ich begriff die Ursache der verschiedenen Gefühle, die mich alle Tage beim Anblick von Frauen heimsuchten. Der unmerkliche Übergang von der Ruhe zur lebhaftesten Erregung, von der Gleichgültigkeit zur Begierde war mir nun kein Rätsel mehr.

»Ah!« rief ich aus, »wie glücklich waren sie! Beide waren außer sich vor Freude! Das Vergnügen, das sie empfanden, muß sehr groß gewesen sein! Ah! . . . wie glücklich sie waren!«

Der Gedanke an dieses Glück verzehrte mich: er nahm mir für einen Augenblick jede Fähigkeit, darüber nachzudenken. Tiefes Schweigen folgte meinem Ausruf.

»Ah!« hob ich bald wieder an, »werde ich denn niemals groß sein, um einer Frau das gleiche zu machen?« Ich würde vor Wonne auf ihr sterben, da ich schon jetzt so viel Lust empfunden habe. Aber das ist ohne Zweifel nur ein schwaches Bild jener Wollust, die Pater Polycarpe mit meiner Mutter erlebte. »Aber«, fuhr ich fort, »ich bin doch recht töricht! Muß man denn unbedingt groß sein, um diese Lust zu genießen? Wahrhaftig! mir scheint, die Lust bemißt sich nicht nach der Größe; wenn man erst aufeinanderliegt, geht das bestimmt ganz von selbst.«

Sogleich kam mir der Gedanke, meiner Schwester Suzon die neuen Entdeckungen mitzuteilen. Sie war einige Jahre älter als ich, eine sehr hübsche kleine Blondine mit jenem offenen Gesichtsausdruck, den man für einfältig halten könnte, weil er so gleichgültig wirkt. Sie hatte schöne blaue Augen voller Sanftmut, die ohne Absicht auf dir zu ruhen scheinen, deren Wirkung jedoch nicht geringer ist als die glänzenden Augen einer pikanten Brünetten, die dir leidenschaftliche Blicke zuwirft. Warum das? Ich weiß es nicht, denn ich habe mich immer nur mit dem Gefühl begnügt, ohne nach der Ursache zu fragen. Liegt es etwa daran, daß eine schöne Blondine mit ihren schmachtenden Blicken dich zu bitten scheint, ihr dein Herz zu schenken, während die einer Brünetten es dir mit Gewalt rauben wollen? Die Blonde verlangt nur ein wenig Mitgefühl für ihre Schwäche, und diese Art zu bitten ist sehr verführerisch: du glaubst, nur Mitgefühl zu geben, und du gibst Liebe. Die Dunkle dagegen will, daß du schwach bist, ohne dir zu versprechen, daß auch sie es sein wird. Gegen diese wappnet sich das Herz, nicht wahr?

Zu meiner Schande muß ich es gestehen: es war mir noch nie in den Sinn gekommen, auf Suzon einen begehrlichen Blick zu werfen, was bei mir selten vorkam, da ich alle Mädchen begehrte, die ich sah. Freilich war sie das Patenkind der Dame des Dorfes, die sie gern hatte und bei sich aufziehen ließ, so daß ich sie nicht oft sah. Sie war sogar seit einem Jahr im Kloster und erst vor acht Tagen dort weggegangen, da ihre Patin, die einige Zeit auf dem Land verbringen wollte, ihr erlaubt hatte, Ambroise zu besuchen. Mit einemmal fühlte ich den brennenden Wunsch, meine liebe Schwester zu belehren und mit ihr die Wonnen auszukosten, die ich soeben den Pater mit Toinette hatte genießen sehen. Ich war ihr gegenüber nicht mehr derselbe. Meine Augen entdeckten tausend Reize an ihr, die ich früher nicht bemerkt hatte. Ihr aufkeimender Busen erschien mir weißer als die Lilien, fest, prall. Schon saugte ich mit unbeschreiblichem Entzücken an den beiden kleinen Erdbeeren, die ich an der Spitze ihrer Brüste sah. Aber wenn ich mir ihre Reize ausmalte, vergaß ich vor allem das Zentrum nicht, jenen Abgrund der Lüste, von dem ich mir so betörende Bilder entwarf. Von dem lodernden Feuer belebt, das bei diesen Vorstellungen durch meinen ganzen Körper strömte, verließ ich das Haus und suchte Suzon. Die Sonne war gerade untergegangen, Nebel stieg auf. Ich wiegte mich in der Hoffnung, daß ich im Schutz der Dunkelheit bald auf dem Gipfel meiner Wünsche sein würde, wenn ich sie fände. Von weitem sah ich sie Blumen pflücken. Sie ahnte nicht, daß ich darauf sann, die kostbarste Blume ihres Straußes zu pflücken. Ich flog zu ihr, als ich sie in diese so unschuldige Beschäftigung vertieft sah. Ich schwankte einen Augenblick, ob ich ihr mein Vorhaben mitteilen sollte: mit jedem Schritt, den ich ihr näherkam, verlangsamte sich mein Lauf; ein jähes Zittern schien mir meine Absicht vorzuwerfen; ich glaubte, ihre Unschuld respektieren zu müssen, und nur die Ungewißheit des Erfolgs hielt mich zurück. Als ich bei ihr ankam, klopfte mein Herz so stark, daß ich keine zwei Worte sagen konnte, ohne Atem zu holen.

»Was machst du denn da, Suzon?« sagte ich zu ihr, indem ich auf sie zutrat. Und als ich sie umarmen wollte, entzog sie sich lachend und antwortete:

»Wie? Siehst du denn nicht, daß ich Blumen pflücke?«

»Ach so!« erwiderte ich, »du pflückst Blumen?«

»Ja, wirklich«, versetzte sie. »Weißt du denn nicht, daß morgen der Namenstag meiner Patin ist?«

Dieser Name ließ mich erbeben, als befürchtete ich, Suzon könnte mir entwischen. Mein Herz hatte sich bereits daran gewöhnt (wenn ich mich dieses Ausdrucks bedienen darf), sie als sichere Beute zu betrachten, und der Gedanke an ihr Fortgehen schien mir mit dem Verlust eines Vergnügens zu drohen, das ich als sicher betrachtete, obgleich ich es noch nicht genossen hatte.

»Ich sehe dich also nicht mehr, Suzon?« fragte ich mit trauriger Miene.

»Warum denn nicht?« antwortete sie. »Komme ich denn nicht immer hierher? Aber komm doch«, fuhr sie mit reizender Miene fort, »und hilf mit meinen Strauß pflükken.«

Als Antwort warf ich ihr ein paar Blumen ins Gesicht. Sofort warf sie mir welche zurück.

»Gib acht, Suzon«, sagte ich, »wenn du mich noch mal bewirfst, dann ... Du wirst es mir bezahlen!«

Um mir zu zeigen, was sie von meinen Drohungen hielt, warf sie eine ganze Handvoll auf mich. In diesem Augenblick verließ mich meine Schüchternheit. Ich hatte keine Angst, gesehen zu werden: der Nebel, der verhinderte, daß man auf eine gewisse Entfernung etwas sah, begünstigte meine Kühnheit. Ich werfe mich auf Suzon, sie stößt mich zurück, ich umarme sie, sie gibt mir eine Ohrfeige, ich werfe sie ins Gras ... Sie will aufstehen: ich hindere sie daran, ich halte sie mit meinen Armen fest und küsse sie auf den Hals. Sie schlägt um sich. Ich versuche, ihr die Hand unter den Rock zu schieben, sie schreit wie ein kleiner Dämon. Sie setzt sich so stark zur Wehr, daß ich befürchte, nichts zuwege zu bringen, und es könnten Leute kommen. Lachend erhob ich mich, und ich glaubte, sie würde sich nichts Schlimmeres dabei denken, als mir lieb war. Wie täuschte ich mich!

»Na komm, Suzon«, sagte ich, »damit du siehst, daß ich dir nicht weh tun wollte, will ich dir gerne helfen.«

»Ja, ja«, antwortete sie mindestens ebenso erregt wie ich, »da kommt meine Mutter, und ich ...«

»Ach! Suzon«, unterbrach ich sie lebhaft, »meine liebe Suzon, sag ihr nichts, ich gebe dir ... alles was du willst.«

Ein weiterer Kuß war das Pfand meiner Worte. Sie lachte darüber. Toinette kam an, und ich fürchtete, Suzon würde plaudern, aber sie sagte kein Wort, und wir gingen alle gemeinsam zum Abendessen.

Seit seiner Ankunft hatte Pater Polycarpe neuerliche Beweise der Zuneigung des Klosters für Ambroisens vermeintlichen Sohn gegeben: ich war völlig neu gekleidet worden. In Wahrheit hatte Hochwürden dabei weniger die klösterliche Wohltätigkeit befragt, die sehr enge Grenzen hat, als vielmehr die väterliche Zärtlichkeit, die oft keine kennt. Durch eine derartige Verschwendung setzte der gute Pater die Legitimität meiner Geburt starken

Verdächtigungen aus. Aber unsere Bauern waren brave Leute und merkten davon nicht mehr, als sie sollten. Wer hätte es zudem gewagt, den Grund für die Großzügigkeit der ehrwürdigen Patres mit kritischem und boshaftem Blick zu betrachten? Diese Leute waren doch so ehrenhaft und gut: im Dorf betete man sie an, sie taten den Männern nur Gutes und achteten die Ehre der Frauen, alle Welt war zufrieden. Doch kehren wir zu meiner Person zurück, denn ich werde ein glänzendes Abenteuer erleben.

Was diese Person angeht, so hatte ich eine pfiffige Miene, die nicht gegen mich einnahm. Ich war sauber gekleidet. Ich hatte spitzbübische Augen, lange schwarze Locken fielen mir auf die Schultern und betonten vortrefflich die lebhaften Farben meines Gesichts, das, obgleich ein wenig dunkel, nicht unbedeutend war. Das ist ein authentisches Zeugnis, das ich dem Urteil mehrerer sehr ehrenwerter und sehr tugendhafter Personen verdanke, denen ich meine Aufwartung gemacht habe.

Suzon hatte, wie ich bereits sagte, einen Strauß für Madame d'Inville gepflückt — dies war der Name ihrer Patin —, die Frau eines Ratsherrn der benachbarten Stadt, die auf ihr Landgut kam, um Milch zu trinken und damit ihre durch den Champagner und etliche andere Dinge geschwächte Brust zu kurieren.

Suzon hatte sich herausgeputzt, was sie in meinen Augen noch liebenswerter machte, und ich sollte sie begleiten. Wir begaben uns zum Schloß. Dort fanden wir die Dame in einem ihrer Sommergemächer, wo sie frische Luft schöpfte. Denken Sie sich eine Frau von mittlerer Größe mit braunem Haar und weißer Haut, einem häßlichen, vom Champagner geröteten Gesicht, jedoch munteren, sanften Augen und zwei Brüsten wie je nur eine Frau auf der Welt. Dies war die erste gute Eigenschaft, die ich an ihr bemerkte; diese beiden Kugeln waren immer meine Schwäche gewesen. Es ist ja auch etwas Hübsches, wenn man so was in der Hand hält, wenn man . . . ah! jedem seine Schwäche, man sehe mir diese nach.

Sobald uns die Dame bemerkte, warf sie uns einen gnädigen Blick zu, ohne ihre Haltung zu verändern. Sie lag auf einem Kanapee, ein Bein heraufgezogen, das andere auf dem Fußboden. Sie hatte nur einen einfachen weißen Rock an, kurz genug, um ein Knie sehen zu lassen, das nicht genug bedeckt war, um den Gedanken aufkommen zu lassen, daß es schwierig wäre, auch das übrige zu sehen. Ein kleines Mieder derselben Farbe und eine leichte Hausjacke aus rosa Taft, gepflegt, ein etwas lässiges Gebaren — und die Hand unter dem Rock, raten Sie, wozu . . . Meine Phantasie war sofort bei der Sache, und mein Herz folgte ihr sogleich. Fortan war es mein Schicksal, mich in alle Frauen zu verlieben, die mir vor Augen kamen. Die Enthüllungen des gestrigen Tages hatten diese löblichen Anlagen zum Erblühen gebracht.

»Ah! guten Tag, mein liebes Kind«, sagte Madame d'Inville zu Suzon. »Du kommst also zu mir zurück! Ah . . . du bringst mir einen Strauß. Wirklich, ich bin dir sehr dankbar, mein liebes Mädchen. Umarme mich doch.«

Umarmungen von seiten Suzons.

»Aber«, fuhr sie fort, wobei sie einen Blick auf mich warf, »wer ist denn dieser schöne kräftige Knabe? Wie, kleines Fräulein, Sie lassen sich von einem Mann begleiten? Das ist ja reizend!«

Ich senkte die Augen. Suzon sagte, ich sei ihr Bruder. Verbeugung meinerseits.

»Dein Bruder?« erwiderte Madame d'Inville. »Also dann«, fuhr sie fort, indem sie mich ansah und das Wort an mich richtete, »küsse mich, mein Sohn. Oh! ich möchte, daß wir Bekanntschaft machen.«

Um die Bekanntschaft anzuknüpfen, drückt sie mir sogleich einen Kuß auf den Mund. Ich spüre, wie sich eine kleine Zunge zwischen meine Lippen schiebt und eine Hand mit meinen Locken spielt. Diese Art des Küssens kannte ich noch nicht: sie versetzte mich in seltsame Erregung. Ich warf der Dame einen schüchternen Blick zu und begegnete ihren leuchtenden, feurigen Augen, die den meinigen auflauerten und dafür sorgten, daß ich sie niederschlug. Erneuter Kuß derselben Sorte, worauf mir die Freiheit gewährt wurde, mich zurückzuziehen, denn durch die Art, wie sie mich umfangen hielt, war ich dazu kaum imstande gewesen. Doch war ich darüber nicht verärgert, denn mir schien, das verkürze die Zeremonie der Bekanntschaft, die sie mit mir schließen wollte. Ich verdankte meine Freiheit wohl nur ihrer Überlegung, daß die Lebhaftigkeit ihrer Zärtlichkeiten, die schon bei einem ersten Besuch so unbekümmert erwiesen wurden, einen schlechten Eindruck hervorrufen könnte. Aber ihre Überlegungen waren nicht von langer Dauer. Sie begann wieder ein Gespräch mit Suzon, und der Refrain eines jeden Satzes lautete:

»Suzon, kommen Sie und küssen Sie mich.«

Zuerst hielt mich der Respekt zurück.

»Na?« sagte sie, sich von neuem an mich wendend, »will der große Junge mich nicht auch küssen?«

Ich trat vor und drückte einen Kuß auf ihre Wange, denn an den Mund wagte ich mich noch nicht heran. Der Kuß war etwas dreister als der erste. Ich blieb ihr lediglich etwas von der Leidenschaft schuldig, die sie in den ihrigen legte. So teilte sie ihre Zärtlichkeiten zwischen mir und meiner Schwester, um mich über den Grund derer, die sie mir erwies, irrezuführen. Ihre List ließ mir Gerechtigkeit widerfahren: ich war geschickter, als meine Gestalt vermuten ließ. Allmählich gewöhnte ich mich so gut an dieses Treiben, daß ich den Refrain gar nicht mehr abwartete, um mir meinen Teil zu nehmen. Nach und nach fand sich meine Schwester des ihrigen beraubt: ich erhielt das auschließliche Privileg ihrer Gunstbezeigungen. Suzon mußte sich mit Worten begnügen.

Wir saßen auf dem Kanapee und schwatzten, denn Madame d'Inville war eine große Plaudertasche. Suzon befand sich an ihrer rechten, ich an ihrer linken Seite. Suzon sah in den Garten, und Madame d'Inville sah mich an: sie vergnügte sich damit, mein Haar zu zerzausen, mich in die Wange zu kneifen, mir leichte Backenstreiche zu geben. Und ich vergnügte mich damit, sie anzusehen und meine anfangs zitternde Hand auf ihren Hals zu legen. Ihr ungezwungenes Betragen gab mir leichtes Spiel, ich wurde keck. Die Dame sagte kein Wort, sah mich an und ließ mich gewähren. Meine zuerst zaghafte, dann jedoch durch die Leichtigkeit, mit der sie ihre Wünsche befriedigen konnte, kühner gewordene Hand glitt unmerklich vom Hals zum Busen und berührte dann mit Entzücken eine der Brüste, deren elastische Festigkeit sie ein wenig abprallen ließ. Mein Herz schwamm in Freude, schon hielt ich eine dieser bezaubernden Kugeln in der Hand und betastete sie, wie es mir beliebte: wer nicht nachläßt, kommt ans Ziel. Ich glaube, ich hätte mein unverhofftes Glück bis zum Ende ausgekostet, hätte sich nicht ein vermaledeiter Störenfried, der Amtmann des Dorfes, ein alter Affe, den ein auf mein Glück eifersüchtiger Dämon geschickt hatte, im Vorzimmer vernehmen lassen. Vom Lärm aufgeschreckt, den dieser Kauz bei seiner Ankunft machte, sagte Madame d'Inville zu mir:

»Was tun Sie da, kleiner Schlingel?«

Hastig zog ich meine Hand zurück. Einem solchen Vorwurf konnte meine Dreistigkeit nicht standhalten, ich errötete, ich glaubte mich verloren. Madame d'Inville sah meine Verlegenheit und gab mir durch einen leichten Backenstreich, den sie mit einem reizenden Lächeln verband, zu verstehen, daß ihr Zorn nur gespielt sei, und ihre Blicke bestätigten mir, daß meine Kühnheit ihr weniger mißfiel als die Ankunft dieses garstigen Amtmanns.

Der lästige Kerl trat ein! Nachdem er gehustet, gespuckt, geniest und sich geschneuzt hatte, hielt er seine Ansprache, die noch langweiliger war als seine Person. Hätten wir damit alles überstanden gehabt, so wäre es nur halb so schlimm gewesen. Aber der Lump schien sich mit allen Störenfrieden des Dorfes abgesprochen zu haben, die nacheinander kamen, um ihre Bücklinge zu machen. Ich schäumte vor Wut. Nachdem Madame d'Inville viele törichte Komplimente beantwortet hatte, drehte sie sich zu uns um und sagte:

»Ach, meine lieben Kinder, kommt morgen wieder und eßt mit mir zu Mittag, da werden wir allein sein.«

Mir schien, als heftete sie bei diesen Worten ihre Augen auf mich. Mein Herz kam bei dieser Versicherung auf seine Kosten, und ohne mich herabsetzen zu wollen, fühlte ich, daß meine kleine Eigenliebe geschmeichelt war.

»Sie werden doch kommen, Suzon?« fuhr Madame d'Inville fort, »und bringen Sie Saturnin mit.«

Dies war der Name, den ich damals trug.

»Adieu, Saturnin«, sagte sie, indem sie mich umarmte.

Diesmal blieb ich ihr nichts mehr schuldig. Wir verließen das Haus.

Ich fühlte mich in einer Verfassung, in der ich ohne den unerwarteten Besuch jener langweiligen Lobhudler bei Madame d'Inville gewiß Ehre eingelegt hätte. Doch was ich für sie empfand, war nicht Liebe, es war das heftige Verlangen, mit einer Frau das gleiche zu tun, was ich Pater Polycarpe mit Toinette hatte tun sehen. Die Frist von einem Tag, die mir Madame d'Inville gesetzt hatte, kam mir wie eine Ewigkeit vor. Unterwegs versuchte ich, Suzon wieder auf das Thema zu bringen, indem ich ihr das Abenteuer des vorigen Abends in Erinnerung rief.

»Wie einfältig du bist, Suzon!« sagte ich. »Glaubst du denn, ich wollte dir gestern weh tun?«

»Was wolltest du denn tun?« antwortete sie.

»Dir große Freude bereiten.«

»Wie«, erwiderte sie scheinbar überrascht, wobei sie meine Hand unter ihren Rock schob, »damit hättest du mir eine große Freude bereitet?«

»Gewiß. Wenn du willst, daß ich es dir beweise«, sagte ich, »dann komm mit mir an einen abgeschiedenen Ort.«

Ich beobachtete sie ängstlich. Ich suchte auf ihrem Gesicht nach irgendwelchen Anzeichen für die Wirkung meiner Worte. Es lag keine größere Lebhaftigkeit darin als sonst.

»Sag, willst du es, meine liebe Suzon?« fuhr ich unter Liebkosungen fort.

»Aber«, erwiderte sie, ohne auf meinen Vorschlag einzugehen, »was ist das denn für eine Freude, die du so rühmst?«

»Es ist die Vereinigung eines Mannes und einer Frau«, antwortete ich, »die sich umarmen, sich fest aneinanderdrücken, bis ihnen die Sinne schwinden.«

Die Augen noch immer auf das Gesicht meiner Schwester gerichtet, ließ ich mir keine ihrer Bewegungen entgehen. Und ich sah, wie ihre Begierden wuchsen. Ihr Busen wogte.

»Aber«, sagte sie mit sonderbarer Naivität, die mir verheißungsvoll vorkam, »mein Vater hat mich manchmal so gehalten, wie du sagst, und dennoch spürte ich nicht das Vergnügen, das du mir versprichst.«

»Das kommt daher«, erwiderte ich, »daß er nicht tat, war ich mit dir tun möchte.«

»Und was möchtest du mit mir tun?« fragte sie mit bebender Stimme.

»Ich würde dir«, antwortete ich dreist, »etwas zwischen die Schenkel stecken, was er nicht wagte.«

Sie errötete und ließ mich in ihrer Verwirrung fortfahren:

»Siehst du, Suzon, du hast hier ein kleines Loch«, sagte ich und zeigte ihr die Stelle, wo ich Toinettes Spalte gesehen hatte.

»He! wer hat dir das gesagt?« fragte sie, ohne die Augen zu heben.

»Wer es mir gesagt hat?« erwiderte ich verlegen, »nun, weil . . . Weil alle Frauen eines haben.«

»Und die Männer?« fuhr sie fort.

»Die Männer«, antwortete ich, »haben ein Ding an der Stelle, wo ihr eine Spalte habt. Dieses Ding schiebt sich in diese Spalte, und das bereitet das Vergnügen, das eine Frau mit einem Mann empfindet. Soll ich dir meines zeigen? Aber nur wenn du mich deine kleine Spalte anfassen läßt. Wir werden uns kitzeln und uns sehr wohl befinden.«

Suzon war ganz rot geworden. Meine Worte schienen sie zu überraschen, und sie schien ihnen keinen Glauben zu schenken. Sie wollte nicht, daß ich meine Hand unter ihren Rock schob, aus Angst, wie sie sagte, ich würde sie täuschen und alles ausplaudern. Ich versicherte ihr, daß nichts auf der Welt mir je ein Geständnis entreißen könnte. Und um sie von dem Unterschied zwischen uns zu überzeugen, von dem ich gesprochen hatte, versuchte ich, ihre Hand zu ergreifen . . . Sie zog sie zurück, und wir setzten unser Gespräch bis zum Hause fort.

Ich sah wohl, daß die kleine Spitzbübin Gefallen an meinen Belehrungen fand und daß es mir nicht schwerfallen würde, sie am Schreien zu hindern, wenn ich sie noch einmal beim Blumenpflücken anträfe. Ich brannte darauf, letzte Hand an meine Unterweisungen zu legen und sie mit der Praxis zu verbinden.

Kaum hatten wir das Haus betreten, als wir Pater Polycarpe kommen sahen. Ich erriet den Grund für seinen Besuch und zweifelte nicht mehr daran, als Hochwürden mit ungezwungener Miene erklärte, er komme, um mit der Famile zu speisen: man glaubte Ambroise weit weg. Zwar störte er sie kaum, aber man freut sich doch immer, von der Anwesenheit eines Ehemannes befreit zu sein, so nachlässig er auch sein mag. Er ist immer ein Unglücksprophet.

Ich zweifelte nicht daran, daß ich diesen Nachmittag das gleiche Schauspiel wie tags zuvor zu sehen bekäme, und entwarf sogleich den Plan, Suzon daran teilnehmen zu lassen. Mit Recht dachte ich, daß ein derartiger Anblick ein vortreffliches Mittel wäre, meine kleinen Liebeshändel mit ihr zu befördern. Ich sprach nicht mit ihr darüber und verschob diese Prüfung auf den Nachmittag, fest entschlossen, mich dieses Mittels nur im äußersten Fall zu bedienen.

Der Mönch und Toinette genierten sich nicht in unserer Gegenwart: sie hielten uns für wenig gefährliche Zeugen. Ich sah die linke Hand des Paters geheimnisvoll unter dem Tisch verschwinden und in den Röcken von Toinette wühlen, die ihm zulächelte und, wie mir schien, die Schenkel spreizte, um den wollüstigen Fingern des geilen Mönchs den Weg zu erleichtern.

Toinette ihrerseits hatte eine Hand auf dem Tisch, die andere jedoch darunter und vergalt dem Pater offenbar Gleiches mit Gleichem. Ich wußte Bescheid: ein aufgeklärter Geist bemerkt die kleinsten Dinge. Der ehrwürdige Pater zechte tüchtig, und Toinette stand ihm nicht nach. Bald erreichten ihre Begierden einen Punkt, an dem unsere Gegenwart sie störte. Sie gab es uns zu verstehen, indem sie meiner Schwester und mir empfahl, einen Spaziergang im Garten zu machen: ich begriff, was sie damit sagen wollte. Wir standen sofort auf und gaben ihnen damit die Möglichkeit, etwas anderes zu tun, als die Hände unter den Tisch zu stecken. Neidisch auf das Glück, das zu genießen wir ihnen erlaubten, versuchte ich noch einmal, bei Suzon ans Ziel zu kommen, auch ohne die Hilfe des Bildes, das ich ihr vor Augen führen wollte.

Ich geleitete sie zu einer Baumallee, deren dichtes Laub eine Dunkelheit bot, die meinen Wünschen vorteilhaft erschien. Sie durchschaute meine Absicht und wollte mir nicht folgen.

»Hör zu, Saturnin«, sagte sie unschuldig, »ich sehe, du willst wieder darüber reden. Nun gut, reden wir darüber.«

»Es macht dir also Spaß«, antwortete ich, »wenn ich darüber rede?«

Sie räumte es ein.

»So schließe, meine liebe Suzon«, sagte ich, »nach dem Vergnügen, das meine Worte dir bereiten, auf das Vergnügen, das du haben würdest, wenn . . .«

Mehr sagte ich nicht. Ich sah sie nur an und drückte ihre Hand an meine Brust.

»Aber, Saturnin«, sagte sie, »wenn . . . es mir nun Schmerzen bereitet?«

»Welchen Schmerz kann es denn bereiten?« antwortete ich, entzückt, daß nur noch ein so schwaches Hindernis zu überwinden war. »Gar keinen, meine liebe Kleine, im Gegenteil.«

»Gar keine?« versetzte sie errötend und senkte die Augen. »Und wenn ich schwanger werde?«

Dieser Einwand überraschte mich: ich hatte Suzon nicht für so gut unterrichtet gehalten, und ich gestehe, daß ich nicht in der Lage war, ihr eine befriedigende Antwort zu geben.

»Wie denn, schwanger?« sagte ich. »Werden die Frauen denn auf diese Weise schwanger, Suzon?«

»Zweifellos«, antwortete sie mit einer Bestimmtheit, die mich erschreckte.

»Und woher weißt du das?« fragte ich sie, denn ich fühlte wohl, daß nun sie an der Reihe war, mich zu belehren.

Sie erwiderte, sie wolle es mir gerne sagen, doch nur unter der Bedingung, daß ich niemals darüber sprechen dürfe.

»Ich halte dich für verschwiegen, Saturnin«, setzte sie hinzu, »und solltest du jemals den Mund öffnen und weitersagen, was ich dir anvertraue, so würde ich dich bis zum Tode hassen.«

Ich schwor ihr, daß ich niemals darüber reden würde.

»Setzen wir uns hierher«, fuhr sie fort und zeigte auf ein Rasenstück, wo man plaudern konnte, ohne gehört zu werden.

Die Allee wäre mir lieber gewesen, denn dort hätte man uns weder hören noch sehen können. Ich schlug sie ihr von neuem vor: sie wollte nicht.

Zu meinem großen Bedauern setzten wir uns auf den Rasen. Um das Unglück vollständig zu machen, sah ich Ambroise kommen. Da ich für diesmal keine Hoffnung mehr hatte, schickte ich mich in mein Los. Aber der brennende Wunsch zu erfahren, was Suzon mir zu sagen hatte, zerstreute meinen Kummer.

Bevor sie begann, verlangte Suzon erneute Gelübde meiner Verschwiegenheit. Ich schwor. Sie zögerte, wagte noch immer nicht zu sprechen. Ich drängte sie so sehr, daß sie sich endlich entschloß.

»Also gut«, sagte sie, »ich glaube dir, Saturnin, hör zu: du wirst erstaunt sein, was ich alles weiß; das sage ich dir im voraus. Du glaubtest, mir etwas beizubringen? Ich weiß mehr darüber als du, wie du gleich sehen wirst. Aber glaube nicht, ich hätte darum weniger Gefallen gefunden an dem, was du mir erzählt hast: was einem schmeichelt, hört man immer gern.«

»Wie das, Suzon! du sprichst in Rätseln. Man merkt, daß du im Kloster warst. Wie das ein Mädchen bildet!«

»O ja!« antwortete sie. »Wenn ich nicht dort gewesen wäre, wüßte ich so manches nicht, was ich weiß.«

»So sage es mir doch«, entgegnete ich lebhaft, »ich sterbe vor Verlangen, es zu erfahren!«

Suzons Erzählung

»Es ist noch nicht lange her«, fuhr Suzon fort, »daß ich in einer sehr dunklen Nacht in tiefem Schlaf lag. Ich wurde von einem völlig nackten Körper geweckt, der in mein Bett schlüpfte. Ich wollte schreien, aber man legte mir die Hand auf den Mund und sagte:

›Sei still, Suzon, ich will dir nicht weh tun. Erkennst du denn Schwester Monique nicht?‹

Diese Schwester hatte vor kurzem den Novizenschleier genommen; sie war meine beste Freundin.

›Jesus!‹ sagte ich, ›meine Liebe! warum kommen Sie zu mir ins Bett?‹

›Weil ich dich liebe‹, antwortete sie, indem sie mich umarmte.

›Und warum sind Sie ganz nackt?‹

›Weil es so heiß ist, daß mir sogar das Hemd zu schwer ist. Es regnet schrecklich, ich hörte den Donner, und ich fürchtete mich sehr. Hörst du ihn nicht auch? Welchen Lärm er macht! Ah! drücke mich fest, mein kleines Herz, zieh uns die Decke über den Kopf, damit wir die garstigen Blitze nicht sehen. So ist es gut. Ah! meine liebe Suzon, wie ich mich fürchte!‹

Da ich keine Angst vor dem Donner habe, versuchte ich, die Schwester zu beruhigen, die unterdessen ihren rechten Schenkel zwischen die meinen schob. In dieser Lage rieb sie sich an meinem rechten Schenkel, wobei sie mir ihre Zunge in den Mund steckte und mir leicht auf den Hintern schlug. Nachdem sie sich auf diese Weise etwas hin und her bewegt hatte, glaubte ich zu spüren, daß sie meinen Schenkel naß machte. Sie stieß Seufzer aus, die ich auf die Angst vor dem Donner schob. Ich bedauerte sie. Doch bald nahm sie wieder ihre natürliche Stellung ein. Ich glaubte, sie würde einschlafen, und schickte mich an, ein gleiches zu tun, als sie zu mir sagte:

›Schläfst du, Suzon?‹

Ich antwortete mit Nein, daß ich es aber bald täte.

›Du willst mich also vor Angst sterben lassen?‹ versetzte sie. ›Ja, ich sterbe, wenn du wieder einschläfst. Gib mir deine Hand, meine liebe Kleine, gib sie mir.‹

Ich überließ ihr die Hand, die sie sogleich an ihre Spalte führte. Und sie bat mich, sie mit meinem Finger oben an dieser Stelle zu kitzeln. Ich tat es aus Freundschaft zu ihr. Ich wartete, daß sie mich aufhören hieße, aber sie sagte kein Wort, spreizte lediglich die Beine und atmete ein wenig schneller als gewöhnlich. Ich glaubte, ihr sei übel, und hörte auf, den Finger zu bewegen.

›Ah! Suzon‹, stammelte sie. ›Mach weiter, ich bitte dich, mach weiter!‹

Ich tat es.

›Ah! ah!‹ rief sie, wobei sie sich heftig bewegte und sich fest an mich drückte, ›beeile dich, meine kleine Königin, beeile dich! Ah! schnell! Ah! ich vergehe . . .‹

In dem Augenblick, da sie das sagte, wurde ihr Körper steif, und ich fühlte von neuem, daß meine Hand naß war. Endlich stieß sie einen tiefen Seufzer aus und blieb regungslos liegen

Ich versichere dir, Saturnin, daß ich über all dies sehr erstaunt war.«

»Und du warst nicht erregt?« fragte ich.

»O doch!« antwortete sie. »Ich sah wohl, daß alles, was ich ihr getan hatte, ihr großes Vergnügen bereitete und daß es mir ebenso ergehen würde, wenn sie mir das gleiche täte, aber ich wagte nicht, ihr den Vorschlag zu machen. Indes hatte sie mich in einen sehr mißlichen Zustand versetzt: ich begehrte und wagte ihr nicht zu sagen, was ich begehrte; mit Vergnügen legte ich erneut meine Hand auf ihre Spalte, ergriff ihre Hand und legte sie auf verschiedene Stellen meines Körpers, nur nicht dorthin, wo ich sie nötig hatte. Die Schwester, die ebensogut wußte wie ich, wonach mich verlangte, und die so maliziös war, mich gewähren zu lassen, hatte endlich Mitleid mit meiner Verlegenheit und sagte, mich umarmend:

›Ich sehe wohl, kleine Spitzbübin, was du willst.‹

Sogleich legte sie sich auf mich, und ich empfing sie in meinen Armen.

›Öffne die Schenkel ein wenig‹, sagte sie.

Ich gehorchte. Sie steckte mir ihren Finger dorthin, wo der meine ihr solche Lust bereitet hatte. Sie wiederholte selber die Lektionen, die sie mir gegeben hatte, ich fühlte, wie die Lust allmählich zunahm und bei jeder Bewegung ihres Fingers größer wurde. Gleichzeitig erwies ich ihr denselben Dienst. Ihre Hände trafen unter meinen Hinterbacken zusammen. Sie hatte mir geraten, im Rhythmus ihrer Stöße ein wenig den Hintern zu bewegen. Ah! welche Wonnen bescherte sie mir bei dieser bezaubernden Tändelei, aber das war erst das Vorspiel dessen, was dann folgte. Das Entzücken verwirrte meine Sinne, erschöpft lag ich in den Armen meiner lieben Monique. Sie befand sich in dem gleichen Zustand; wir rührten uns nicht. Endlich erwachte ich aus meiner Ekstase. Ich war ebenso naß wie die Schwester, und da ich nicht wußte, was ein solches Wunder bewirkt haben mochte, glaubte ich, es sei Blut, das ich vergossen hätte. Doch war ich darüber nicht erschrocken, im Gegenteil, mir schien, als hätte mich die Lust, die ich genossen hatte, in Raserei versetzt, so begierig war ich, von neuem zu beginnen. Ich sagte es Monique. Sie antwortete, sie sei müde und man müsse ein wenig warten. Dazu hatte ich nicht die Geduld, und ich legte mich auf sie, wie sie sich auf mich gelegt hatte: ich schlang meine Schenkel um die ihrigen, und indem ich mich an ihnen rieb, wie sie es getan hatte, geriet ich erneut in Ekstase.

›Nun, Suzon‹, sagte die Schwester, entzückt über die Beweise meiner Lust, ›bist du böse, daß ich in dein Bett gekommen bin? Ja, ich wette, du verwünschst mich, weil ich dich geweckt habe.‹

›Ah!‹ antwortete ich, ›Sie wissen genau, daß das Gegenteil zutrifft! Womit könnte ich Ihnen eine so bezaubernde Nacht vergelten?‹

›Kleines Luder‹, erwiderte sie und küßte mich, ›ich verlange nichts. Hatte ich nicht ebensoviel Vergnügen wie du? Ah! wie hast du mich beglückt! Sag mir, meine liebe Suzon‹, fuhr sie fort, ›verschweige mir nichts: hast du noch nie an das gedacht, was wir soeben taten?‹

Ich verneinte es.

›Wie‹, fuhr sie fort, ›du hast dir noch nie den Finger in dein Fötzchen gesteckt?‹

Ich unterbrach sie, um zu fragen, was sie mit diesem Wort meinte.

›Na, das ist die Spalte‹, antwortete sie, ›wo wir uns gekitzelt haben. Was! Das wußtest du nicht? Ah! Suzon, in deinem Alter wußte ich schon mehr als du!‹

›Wirklich‹, antwortete ich, ›ich hütete mich, dieses Vergnügen zu genießen. Sie kennen doch Pater Jérôme, unseren Beichtvater. Er hat mich immer daran gehindert: ich zittere, wenn ich zur Beichte gehe. Er vergißt nie, mich eingehend zu fragen, ob ich nicht unreine Handlungen mit meinen Gefährtinnen begehe, und insbesondere verbietet er mir, sie an mir selber vorzunehmen. Ich war immer so töricht, ihm zu glauben, doch jetzt weiß ich, was ich von seinen Verboten zu halten habe.‹

›Und wie erklärt er dir diese unreinen Handlungen‹, sagte Monique, ›wenn er dir verbietet, sie an dir selber vorzunehmen?‹

›Er sagt zum Beispiel‹, antwortete ich, ›unrein sei, wenn man sich den Finger dahin steckt, Sie wissen schon wo, wenn man seine Schenkel oder seinen Busen betrachtet. Er fragt mich, ob ich mir im Spiegel nicht etwas anderes ansähe als das Gesicht. Er stellt mir noch tausend ähnliche Fragen.‹

›Ah! der alte Spitzbube‹, rief Monique aus, ›ich wette, er spricht fortwährend mit dir darüber.‹

›Du machst mich auf gewisse Dinge aufmerksam‹, sagte ich zu der Schwester, ›die er tut, wenn ich in seinem Beichtstuhl bin, und die ich törichterweise für Freundschaftsbeweise gehalten habe. Der alte Schurke! Jetzt kenne ich deren Ursache.‹

›Was denn für Dinge?‹ fragte die Schwester lebhaft.

›Er küßt mich auf den Mund‹, antwortete ich, ›indem er mir sagt, ich solle näherrücken, damit er mich besser verstehe; während ich zu ihm spreche, betrachtet er aufmerksam meinen Busen, legt seine Hand darauf und verbietet mir, ihn zu zeigen, weil das ein Beweis für Koketterie sei. Trotz seinen Ermahnungen nimmt er die Hand nicht weg, sondern schiebt sie immer weiter vor, manchmal sogar bis zu meinen Brustwarzen. Wenn er sie endlich wegnimmt, steckt er sie sogleich unter seine Kutte, die sich dann ruckartig bewegt. Dabei preßt er mich zwischen seine Knie, er zieht mich mit der linken Hand an sich, er seufzt, seine Augen verdrehen sich, er küßt mich stärker als gewöhnlich, seine Worte sind ohne Zusammenhang, er sagt mir Schmeicheleien und macht mir gleichzeitig Vorhaltungen. Ich erinnere mich, daß er einmal, als er die Hand unter seiner Kutte hervorzog, um mir die Absolution zu erteilen, meine ganze Brust mit etwas Warmen übergoß, das sich in kleinen Tropfen ausbreitete. Ich wischte es so schnell wie möglich mit meinem Taschentuch ab, das ich seitdem nicht mehr benutzen konnte. Der Pater war ganz betreten und sagte mir, das sei Schweiß, der von seinen Fingern tropfe. Was halten Sie davon, meine liebe Monique?‹

›Gleich werde ich dir sagen, was das war‹, antwortete sie. ›Ah! der alte Sünder! Aber weißt du, Suzon, daß du mir soeben genau das erzählt hast, was mir mit ihm passiert ist?‹

›Wie‹, sagte ich, ›hat er auch Ihnen etwas getan?‹

›Nein, bestimmt nicht‹, antwortete sie, ›denn ich hasse ihn auf den Tod, und seit ich klüger geworden bin, gehe ich nicht mehr zu ihm.‹

›Wie haben Sie denn herausgefunden‹, fragte ich, ›was er mit Ihnen machte?‹

›Ich will es dir sagen‹, antwortete die Schwester, ›aber sei verschwiegen, denn sonst würdest du mich ins Verderben stürzen, meine liebe Suzon.‹«

»Ich weiß nicht, Saturnin«, fuhr meine Schwester nach kurzem Schweigen fort, »ob ich dir alles verraten darf, was sie mir anvertraut hat.«

Das Verlangen, eine Geschichte zu erfahren, deren Einleitung mich schon entzückte, verlieh mir Worte, Suzons Unschlüssigkeit zu besiegen. Mit Zärtlichkeiten und Beteuerungen gelang es mir, sie zu überreden.

Es ist Schwester Monique, die jetzt durch Suzons Mund sprechen wird. Wie hitzig der Charakter dieser Schwester auch erscheinen mag, ich fürchte, meine Worte bleiben weit hinter der Wirklichkeit zurück: die kurze Zeit, die ich mit ihr verbracht habe, hat mir eine Vorstellung von ihr gegeben, die ich kaum getreulich wiederzugeben vermag.

Die Geschichte der Schwester Monique

»Wir haben keine Macht über die Regungen unseres Herzens: von Geburt an durch die Verlockungen des Vergnügens verführt, schenken wir ihm unsere ersten Gefühle. Glücklich diejenigen, deren Temperament vor den strengen Ratschlägen der Vernunft nicht zurückschreckt: sie finden in ihnen eine Hilfe gegen die Neigung ihres Herzens. Doch soll man sie um ihr Glück beneiden? Nein! Mögen sie die Früchte ihrer Sittsamkeit genießen, sie erkaufen sie teuer genug, da sie die Lust nicht kennen. Denn was ist im Grunde diese Sittsamkeit, mit der man uns in den Ohren liegt? Eine Chimäre, ein Wort, das die Gefangenschaft ausdrückt, in der unser Geschlecht gehalten wird. Das Lob, das man dieser eingebildeten Tugend zollt, ist für uns das, was einem Kind die Klapper ist, die es belustigt und vom Schreien abhält. Alte Frauen, die ihr Alter unemfindlich für das Vergnügen gemacht hat oder denen es ihre Zurückgezogenheit untersagt, glauben, sich für ihr Unvermögen, es zu genießen, durch die abscheulichen Bilder, die sie von uns malen, entschädigen zu können. Lassen wir sie reden, Suzon: wenn man jung ist, soll man keinen anderen Herrn anerkennen als sein Herz, nur auf das Herz soll man hören, nur seine Ratschläge befolgen.

Du kannst dir denken, daß es bei solchen Neigungen nicht weniger als des Zwangs eines Klosters bedurfte, um mich davon abzuhalten, mich ihnen hinzugeben. Aber gerade an diesem Ort, wo man meine Begierden ersticken wollte, fand ich die Möglichkeit, sie zu befriedigen.

Obgleich ich noch sehr jung war, als meine Mutter nach dem Tod ihres vierten Gatten in dieses Kloster kam, um hier als Pensionärin zu wohnen, war ich über ihren Entschluß doch sehr erschrocken; ohne den Grund meines Schreckens erkennen zu können, fühlte ich, daß man mich unglücklich machen würde. Das Alter, das mich allmählich aufklärte, zeigte mir auch den Grund meiner Abneigung gegen das Kloster. Ich fühlte, daß mir etwas fehlte: der Anblick eines Mannes. Vom bloßen Bedauern, ihn zu entbehren, ging ich bald dazu über, nachzudenken, was mich diese Entbehrung so schmerzhaft empfinden ließ. Was ist denn ein Mann? fragte ich mich. Vielleicht ein ganz anderes Geschöpf als wir? Was ist die Ursache der Erregungen, die sein Anblick in meinem Herzen hervorruft? Vielleicht ein Gesicht, das liebenswürdiger ist als ein anderes? Nein, denn dessen mehr oder weniger anziehenden Züge verursachen nur mehr oder weniger starke Gefühle. Die Erregung meines Herzens ist unabhängig von diesen Anreizen, da sogar Pater Jérôme, so abstoßend er ist, mich erregt, wenn ich in seiner Nähe bin. Also ruft ein Mann nur in seiner Eigenschaft als Mann diese Verwirrung hervor. Aber warum? Ich ahnte in meinem Herzen den Grund, aber ich kannte ihn nicht. Die Vernunft machte Anstrengungen, die Fesseln zu sprengen, die meine Unwissenheit ihr anlegte. Vergeblich! Jede neue Erkenntnis brachte mich in neue Verwirrung.

Manchmal schloß ich mich in mein Zimmer ein und überließ mich meinen Gedanken; sie ersetzten mir die Gesellschaft, in der ich mich am wohlsten fühlte. Wen sah ich dort? Frauen. Und wenn ich allein war, dachte ich nur an Männer. Ich erforschte mein Herz, ich befragte es nach dem Grund seiner Gefühle, ich entkleidete mich bis auf die Haut, ich untersuchte mich mit einem Gefühl der Wollust, ich warf glühende Blicke auf alle Teile meines Körpers, ich brannte, ich spreizte die Schenkel, ich seufzte, meine erhitzte Phantasie zeigte mir einen Mann, ich breitete die Arme aus, ihn zu umfangen, mein Fötzchen war von einem verzehrenden Feuer ergriffen. Aber nie hatte ich den Mut, den Finger darauf zu legen: stets von der Furcht zurückgehalten, mir weh zu tun, verspürte ich die lebhaftesten Gelüste, ohne daß ich wagte, sie zu stillen. Einige Male war ich nahe daran, zu erliegen, aber über meine Absicht erschrocken, legte ich nur die Spitze eines Fingers darauf und zog sie rasch wieder zurück; ich bedeckte es mit der hohlen Hand, ich drückte es. Endlich überließ ich mich der Leidenschaft: ich steckte den Finger hinein und betäubte den Schmerz, um nur die Lust zu empfinden. Sie war so groß, daß ich glaubte zu sterben. Ich kam wieder zu mir und hatte von neuem Verlangen danach, und ich tat es so viele Male, wie meine Kräfte es erlaubten.

Ich war entzückt über die Entdeckung, die ich gemacht hatte, sie hatte meinen Geist erleuchtet. Da mein Finger mir einen so köstlichen Augenblick beschert hatte, dachte ich mir, daß die Männer mit uns täten, was ich soeben allein getan hatte, und daß sie eine Art Finger besäßen, der ihnen dazu diente, ihn dorthin zu stecken, wohin ich den meinen gesteckt hatte. Denn ich zweifelte nicht daran, daß dies der richtige Weg des Vergnügens war. Zu dieser Erkenntnis gelangt, fühlte ich mich von dem heftigen Wunsch erfüllt, an einem Mann das Original eines Dinges zu sehen, dessen Kopie mir so große Freude bereitet hatte.

Da ich von meinen eigenen Gefühlen auf jene schloß, die der Anblick einer Frau im Herzen der Männer wecken muß, erhöhte ich meine Reize durch all die kleinen Koketterien, deren Gebrauch die Gefallsucht ersonnen hat: mit Anmut die Lippen zusammenkneifen, geheimnisvoll lächeln, neugierige, bescheidene, verliebte, gleichgültige Blicke werfen, absichtlich das Brusttuch ordnen oder in Unordnung bringen, um die Augen auf den Busen zu lenken, dessen Bewegungen geschickt beschleunigen, sich bücken, sich erheben: alle diese kleinen Talente besaß ich in höchstem Maße. Ich übte mich beständig darin, aber hier war ihr Besitz ganz nutzlos. Mein Herz sehnte sich nach jemandem, der den Wert meines Wissens kannte und mir die Wirkung gezeigt hätte, die es auf ihn macht.

Immerfort am Sprechgitter, wartete ich darauf, daß mir das Glück schicken möge, wonach ich mich schon so lange vergeblich sehnte. Ich freundete mich mit allen Pensionärinnen an, die Besuche von ihren Brüdern erhielten. Fragte man nach einer von ihnen, so versäumte ich nicht, ohne Geziertheit an dem Sprechzimmer vorbeizugehen. Man rief mich, ich eilte hin, und ich wage zu behaupten, daß jene, die ich dort traf, mich nicht ungestraft sahen.

Eines Tages beobachtete ich hier einen schönen jungen Mann, dessen lebhafte schwarze Augen mir meine Blicke reichlich vergalten. Ein köstliches und prickelndes Gefühl, das von meinem gewöhnlichen Vergnügen an der Gegenwart der Männer abwich, zog in angenehmer Weise meine Aufmerksamkeit auf ihn. Die Beharrlichkeit meiner Blicke, die er zuerst recht gleichgültig aufgenommen hatte, belebte die seinen: er wandte sie nicht mehr von mir ab. Er war durchaus nicht schüchtern, oder vielmehr, er war von einer Kühnheit, die ihm neben seiner einnehmenden Gestalt für den Erfolg bei allen Frauen bürgte, die zu bestürmen ihm gefiele. Er benutzte den Augenblick, da seine Schwester wegsah, um mir Zeichen zu geben, die ich zwar nicht verstand, aber in meiner kleinen Eitelkeit zu verstehen vorgab und durch ein Lächeln guthieß, das ihn zu weiteren Gesten ermutigte, welche ich diesmal sehr gut verstand: er legte die Hand zwischen seine Schenkel. Ich errötete und folgte ihrer Bewegung wider Willen aus dem Augenwinkel. Er streckte sie, wobei er mir mit der linken Hand zuwinkte und sie auf das Handgelenk der rechten drückte. Man brauchte nicht eben gelehrt zu sein, um zu ahnen, daß er damit sagen wollte, das, was er berührte, sei von dieser Länge. Sein Tun hatte mich erhitzt. Die Schamhaftigkeit gebot, daß ich mich entferne, aber die Scham leistet nur geringen Widerstand, wenn das Herz entschlossen ist, sie zu verraten. Die Liebe hieß mich bleiben. Ängstlich senkte ich die Augen, aber bald richtete ich sie wieder auf Verland (das war sein Name) und sah ihn mit Blicken an, die erzürnt wirken sollten, die die Lust jedoch sehnsüchtig machte. Er fühlte es; er sah, daß ich ihn verstanden hatte, er sah, daß ich nicht die Kraft besaß, ihn zurechtzuweisen, er zog Vorteil aus meiner Schwäche, und um mir keinen Zweifel über das Feuer zu lassen, das seine Blicke mir zu erkennen gaben, legte er den Zeigefinger seiner linken Hand an den Daumen und steckte den Mittelfinger seiner rechten Hand in diese Art von Spalte: er stieß ihn hinein, zog ihn zurück und seufzte. Dadurch rief mir der Schlingel Bilder in Erinnerung, die viel zu bezaubernd waren, als daß ich die Kraft gehabt hätte, ihn den Zorn fühlen zu lassen, den diese erneute Respektlosigkeit verdiente. Ah! Suzon, wie war ich mit ihm zufrieden! Und ich malte mir aus, daß ich noch weit zufriedener wäre, wenn wir uns allein befänden. Doch auch wenn wir es gewesen wären, so hätte ein unüberwindbares Gitter unseren Vergnügungen Einhalt geboten.

In diesem Augenblick rief man meine Gefährtin. Sie sagte uns, daß sie nachsehen wolle, was man von ihr wünsche, und gleich zurückkäme. Ihr Bruder nutzte diesen Augenblick, sich deutlicher zu erklären. Er hielt keine langen Reden, aber sie sagten viel. Obwohl seine Worte nicht eben höflich waren, kamen sie mir doch so natürlich vor, daß ich mich ihrer gern erinnere. Wir Frauen fühlen uns mehr geschmeichelt von einer Rede, aus der allein die Natur spricht, so wenig maßvoll ihre Ausdrücke auch sein mögen, als von jenen faden Galanterien, die das Herz mißbilligt und die der Wind davonträgt. Kommen wir auf Verlands Worte zurück:

›Wir haben keine Zeit zu verlieren: Sie sind bezaubernd, ich spanne wie ein Karmeliter, ich sterbe vor Verlangen, es Ihnen zu besorgen. Sagen Sie mir, wie ich in Ihr Kloster gelangen kann.‹

Ich war von seinen Worten und der Art, wie er sie sagte, so benommen, daß ich wie erstarrt dastand; und so fand er die Zeit, seine Hand durch das Gitter zu schieben, meine Brüste zu ergreifen, sie zu streicheln und mir weitere Schmeicheleien dieser Art zu sagen, bevor ich mich von meiner Überraschung erholt hatte. Und als ich wieder zu mir kam, fühlte ich mich so wenig imstande, seinem Treiben Einhalt zu gebieten, daß seine Schwester uns dabei ertappte. Sie gebärdete sich wie ein kleiner Teufel, warf mir Beleidigungen an den Kopf, ebenso ihrem Bruder, und ich sah ihn nicht wieder.

Bald wußte das ganze Kloster von meinem Abenteuer. Man tuschelte, man starrte mich an, man lachte, man redete, man spottete. Ich scherte mich sehr wenig darum, solange das Gerede nicht über den Kreis der Pensionärinnen hinausging. Der Verschwiegenheit der Hübschen war ich mir sicher, der der Häßlichen jedoch nicht allzusehr. Und gerade diese, die wußten, daß sich ihnen derartige Gelegenheiten zu sündigen niemals bieten würden, entrüsteten sich, zuerst leise, dann laut, und zwar so laut, daß auch die Alten es erfuhren. Anfangs hatte ich darüber gelacht, jetzt zitterte ich. Und ich hatte allen Grund zu zittern, denn die Ehrenmütter beriefen den Rat ein, um untereinander zu beraten, wie mit einer Schamlosen zu verfahren sei, die sich die Brüste berühren ließ. Ein unverzeihliches Verbrechen in den Augen einer Meute alter Mumien, die nur noch Hängetitten über ihre Schultern werfen konnten. Man hielt den Fall für schwer, jede andere wäre verstoßen worden. Wie hätte ich es mir gewünscht! Aber ich sollte eine große Mitgift bekommen. Meine Mutter hatte ihnen versichert, sie werde dafür sorgen, daß ich den Schleier nehme: man schonte mich, und das Ergebnis des Rates war, daß man mich züchtigen werde. Man schickte sich an, es zu tun. Ich hatte es vorausgesehen und mich in meinem Zimmer verschanzt. Man brach meine Tür auf, man griff mich an: die eine biß ich, die andere kratzte ich; ich trat mit den Füßen, zerriß Nonnenschleier, riß Hauben herunter und verteidigte mich so gut, daß meine Feindinnen müde wurden und ihr Unternehmen aufgaben. Ihr Gefecht trug ihnen lediglich die Schande ein, daß sechs Mütter ein junges Mädchen nicht hatten bändigen können. In diesem Augenblick war ich eine Löwin.

Bis dahin hatten mich die Wut und die Sorge um meine Verteidigung völlig in Anspruch genommen; ich dachte nur daran, die Alten in Schach zu halten. Bald aber wurde ich ebenso schwach, wie ich kurz zuvor kühn und stark gewesen war. Mein Zorn wich der Verzweiflung: weniger froh, mich in Sicherheit zu wissen, als wütend über den Schimpf, den man mir hatte zufügen wollen, vergoß ich bittere Tränen. Wie kann ich mich je wieder im Kloster sehen lassen? fragte ich mich. Man wird mich verhöhnen, wenige werden mich bedauern, alle werden mich fliehen. Ah! so bin ich mit Schande bedeckt! Aber ich will meine Mutter aufsuchen, fuhr ich fort, sie kann mich tadeln, aber vielleicht verzeiht sie mir. Ein junger Mann hat mich ... Nun, wo ist das große Verbrechen? Habe ich ihm etwa zugestimmt? So war meine Überlegung. Ja, fuhr ich fort, ich werde sie aufsuchen. In dieser Absicht erhob ich mich von meinem Bett. Und ich hätte sie auch ausgeführt, wäre ich nicht, als ich die auf Tür zuging, auf etwas getreten,was wegrollte und mich hinfallen ließ.

Ich wollte nachsehen, was diesen Sturz verursacht haben mochte: ich suchte und fand. Stell dir vor, wie mir zumute war, als ich etwas sah, was naturgetreu ein Ding darstellte, das meine Einbildung mir so oft vorgegaukelt hatte: einen Schwanz.«

»Einen Schwanz? Was ist denn das?« fragte ich die Schwester.

»Ah!« sagte sie, »es liegt nur an dir, ob du darüber noch länger in Unwissenheit bleibst: hübsch, wie du bist, werden sich liebenswürdige Kavaliere glücklich schätzen, dich belehren zu dürfen! Aber diesen Ruhm werden sie nicht haben, denn er gebührt mir. Ein Schwanz, meine liebe Suzon, ist das Glied des Mannes. Man nennt es das Glied schlechthin, weil es der Herrscher aller anderen ist. Ah! wie sehr es diesen Namen verdient! Doch ließen die Frauen ihm die Gerechtigkeit widerfahren, die es verdient, würden sie es ihren Gott nennen. Ja, er ist ein Gott, die Fotze ist sein Reich, die Wollust sein Element; er sucht sie in den verborgensten Winkeln, er dringt überall ein, er klopft an, er findet sie, er senkt sich hinein, er kostet sie aus, er wird darin geboren, er lebt und stirbt darin und ersteht alsbald wieder auf, um sie von neuem zu genießen. Aber nicht sich allein hat er alles zu verdanken. Den Gesetzen der Einbildungskraft und des Sehens unterworfen, vermag er nichts ohne sie; ohne sie ist er schlaff, feige, klein und wagt nicht, sich zu zeigen. Aber mit ihnen ist er stolz, feurig, ungestüm, er droht, stürmt voran, zerstört, wirft alles nieder, was ihm zu widerstehen wagt.«

»Warten Sie«, unterbrach ich die Schwester, »Sie vergessen, daß Sie zu einer Novizin sprechen, meine Gedanken verlieren sich in Ihrem Lobgesang. Ich fühle, daß ich diesen Gott, von dem Sie sprechen, eines Tages anbeten werde, aber noch ist er mir fremd. Bevor man jemanden lieben kann, muß man ihn doch kennen. Passen Sie Ihre Worte meinen geringen Kenntnissen an und erklären Sie mir in einfacher Weise, was Sie mir soeben gesagt haben.«

»Das will ich gerne tun«, antwortete die Schwester. »Der Schwanz ist schlaff, feige und klein, wenn er untätig ist, das heißt, wenn die Männer nicht erregt sind, sei es durch den Anblick einer Frau oder durch die Gedanken, die ihnen dabei kommen. Doch sobald wir uns ihren Blicken zeigen, den Busen entblößen, unsere Brüste sehen lassen, ihnen eine schmale Taille, ein unverhülltes Bein vor Augen führen ... Nicht immer bedarf es eines hübschen Gesichts, ein Nichts beeindruckt sie, ihre Phantasie arbeitet, sie übt sich, sie bricht sich Bahn, sie dringt in alle Teile unseres Körpers ein, sie malt sich die schönsten Bilder aus, sie verleiht Brüsten Festigkeit, die oft keine haben, sie sieht einen appetitlichen Busen, einen glatten weißen Bauch, runde und feste Schenkel, einen prallen kleinen Hügel, ein mit allen Reizen der Jugend umgebenes Fötzchen. Und dann meinen sie, sie würden unbeschreibliche Wonnen genießen, wenn sie ihren Schwanz hineinstecken könnten. In diesem Augenblick wird der Schwanz dick, lang und hart, und je dicker, je länger und je härter er ist, desto mehr Vergnügen bereitet er einer Frau, weil er sie besser ausfüllt, weit tiefer vordringt und Wonnen auslöst, die dich entzücken.«

»Ah!« sagte ich zu Monique, »was verdanke ich Ihnen nicht alles. Nun weiß ich, was man tun muß, um zu gefallen, und ich werde nicht verfehlen, bei Gelegenheit meinen Busen zu entblößen und meine Brüste zu zeigen.«

»Sieh dich vor«, sagte die Schwester, »nicht dies ist das richtige Mittel, Wohlgefallen zu erregen; dazu bedarf es einer größeren Kunst, als du denkst. Die Männer sind sonderbar in ihren Wünschen; sie wären verärgert, wenn sie die Lust, die sie ohne uns gar nicht zu genießen vermögen, nur unserer Gefälligkeit verdankten. Ihre Eifersucht nimmt sie gegen alles ein, was nicht von ihnen selbst ausgeht; sie möchten, daß man ihnen die Dinge nur mit leichter Gaze verhüllt zeige, die ihrer Einbildungskraft noch etwas zu tun läßt. Und die Frauen verlieren nichts dabei, sie können auf die Phantasie der Männer bauen, sich ihre Reize auszumalen: freigebig gegenüber allem, was ihr schmeichelt, wird sie dies nicht zu ihrem Nachteil tun. Du weißt nicht, daß dieses Gemälde, das sich die Männer machen, ihre Begierden weckt — oder ihre Liebe, das kommt auf dasselbe hinaus. Denn wenn man sagt: Monsieur ist in Madame verliebt, so ist dies das gleiche, wie wenn man sagte: Monsieur hat Madame gesehen, ihr Anblick hat Begierden in seinem Herzen geweckt, er brennt darauf, seinen Schwanz in ihre Möse zu stecken. Genau das will man in Wahrheit damit sagen. Aber da die Schicklichkeit nicht will, daß man diese Dinge ausspricht, ist man übereingekommen zu sagen: Monsieur ist verliebt.«

Entzückt von allem, was die Schwester mir sagte, war ich um so ungeduldiger, den Rest ihrer Geschichte zu erfahren. Ich drängte sie, fortzufahren.

»Sehr gern«, erwiderte sie, »wir haben uns ein wenig aufgehalten, aber diese ausführliche Beschreibung war für deine Unterweisung notwendig. Kehren wir zu der Überraschung zurück, die mir der Anblick jenes Dings bereitete, das ich gefunden hatte.

Tausendmal hatte ich von Godemichés reden hören, ich wußte, daß dieses Instrument unseren frommen Müttern half, sich über die strengen Vorschriften des Zölibats zu trösten. Dieses Ding bildet den Schwanz nach und ist dazu bestimmt, seine Aufgaben zu übernehmen. Es ist hohl und wird mit warmer Milch gefüllt, um die Ähnlichkeit vollkommener zu machen und durch diese künstliche Milch jene zu ersetzen, welche dic Natur aus dem Glied eines Mannes fließen läßt. Wenn jene, die es benutzen, sich durch wiederholtes Reiben in eine Stimmung versetzt haben, in der sie noch etwas anderes brauchen, lockern sie eine kleine Feder, die Milch spritzt heraus und überschwemmt sie. Auf diese Weise täuschen sie ihre Begierden durch eine List, deren Süße sie die Wirklichkeit vergessen läßt.

Ich vermutete, daß dieses kostbare Kleinod einer der Mütter, die zu meiner Bestrafung gekommen waren, bei einer heftigen Bewegung aus der Tasche gefallen war. Zwar war ich mir nicht ganz sicher, ob es sich wirklich um einen Godemiché handelte, aber mein Herz sagte es mir. Dieser Anblick verscheuchte alle meine Schmerzen, ich dachte nur noch an den Gegenstand, den ich in Händen hielt, und ich wollte ihn auf der Stelle ausprobieren. Um die Wahrheit zu sagen, seine Dicke erschreckte mich, aber sie beflügelte mich auch. Bald wich meine Furcht dem Verlangen, das sein Anblick mir einflößte. Eine süße Wärme, Vorbote der Lust, die mich erwartete, durchströmte meinen Körper. Ich zitterte vor Erregung und stieß tiefe Seufzer aus.

Zuerst schloß ich meine Türe gut zu, aus Angst vor einer weiteren Überraschung. Und ohne den Godemiché aus den Augen zu lassen, entkleidete ich mich dann mit dem Ungestüm einer jungen Braut, die man ins Hochzeitsbett legt. Der Gedanke an das Geheimnis, das die Freuden, an denen ich mich berauschen würde, umgeben mußte, verlieh ihnen eine Lebhaftigkeit, die mich entzückte. Ich warf mich auf mein Bett, den geliebten Godemiché in der Hand. Aber, meine liebe Suzon, wie groß war mein Schmerz, als ich sah, daß ich ihn nicht einführen konnte! Ich geriet in Verzweiflung, ich machte Anstrengungen, die mein armes Fötzchen hätten zerreißen können; ich öffnete es ein wenig, und als ich den Godemiché hineindrückte, fügte ich mir unerträgliche Schmerzen zu. Ich ließ mich nicht abschrecken. Ich glaubte, wenn ich mich mit Pomade einriebe, würde es sich mehr öffnen. Ich tat es. Ich war blutüberströmt, und dieses Blut, vermischt mit der Pomade und dem, was die Leidenschaft unter Wonneschauern, die mich entrückten, aus meiner Möse fließen ließ, hätte sicherlich den Weg geebnet, wäre das Instrument nicht so ungeheuer dick gewesen. Ich sah die Wollust vor mir und konnte sie nicht erreichen; ich raste, ich verdoppelte meine Anstrengungen, doch vergebens: der verwünschte Godemiché prallte ab und ließ mir nur den Schmerz. Ah! rief ich, wäre Verland doch hier! Ich fühlte mich mutig genug, ihn zu ertragen, und wenn er einen noch dickeren hätte! Ja, ich würde ihn ertragen, ich würde ihm helfen, selbst wenn er mich zerrisse und wenn ich daran sterben müßte! Ich würde mit Freuden sterben, wenn er ihn mir nur reinsteckt. Und sollte er mir Schmerzen bereiten, fuhr ich fort, wie würde die Wonne, die er mir bescherte, diesen Schmerz versüßen! Ich würde ihn in meinen Armen halten und ihn fest an mich pressen, er würde das gleiche tun, ich würde heiße Küsse auf seinen Purpurmund drücken, auch auf seine Augen, seine schönen und feurigen schwarzen Augen, er würde mich in seinen Armen halten! welche Seligkeit! er würde meine Verzükkungen mit ebenso lebhaften Verzückungen beantworten! ich würde ihn zu meinem Idol machen! Ja, ich würde ihn anbeten! ein schöner Knabe wie er verdient es; unsere Seelen würden verschmelzen und sich auf unseren glühenden Lippen vereinigen! Ah! lieber Verland, warum bist du nicht hier? Welche Wonnen würde die Liebe für uns erfinden! Ich würde mich allem hingeben, was meine Leidenschaft mir eingäbe. Aber ach, fuhr ich fort, warum mich in einer so süßen Illusion wiegen? Ich bin allein, ach! ich bin allein, und um den Schmerz voll zu machen, halte ich einen Schatten in Händen, ein Trugbild der Lust, das nur dazu dient, meine Verzweiflung zu erhöhen, und das mir Begierden eingibt, ohne sie befriedigen zu können. Verwünschtes Instrument! beschimpfte ich den Godemiché und warf ihn wutentbrannt mitten ins Zimmer, soll eine Unglückliche, der du dienen kannst, Freude an dir haben, meine Freude wirst du nie sein, mein Finger ist tausendmal mehr wert als du! Augenblicks nahm ich meine Zuflucht zu ihm und verschaffte mir so viel Vergnügen, daß ich den Verlust derer vergaß, die mir der Godemiché verheißen hatte. Erschöpft sank ich zurück, und mit dem Gedanken an Verland schlief ich ein.

Am andern Tag erwachte ich erst spät. Der Schlaf hatte mein Liebessehnen gelindert, aber nichts an meinem Entschluß geändert, das Kloster zu verlassen. Die Gründe, die mich zu diesem Entschluß bestimmt hatten, ließen mich auch die Notwendigkeit fühlen, ihn auszuführen. Von nun an betrachtete ich mich als frei, und der erste Gebrauch, den ich von meiner Freiheit machte, war, bis zehn Uhr im Bett zu bleiben. Die Glocke mochte läuten, soviel sie wollte, ich erschien nicht. Ich beglückwünschte mich zu dem Verdruß, den mein Ungehorsam bei unseren Alten hervorrufen mußte. Endlich stand ich auf und kleidete mich an. Um mich zu zwingen, meinen Plan zu verfolgen, zerriß ich meinen Klosterschleier, den ich als ein Zeichen der Knechtschaft ansah. Mein Herz schlug freier, mir war, als hätte ich eine Schranke durchbrochen, die sich bislang meiner Freiheit widersetzt hatte. Doch wie ich in meinem Zimmer auf und ab gehe, kommt mir der verfluchte Godemiché abermals unter die Augen. Dieser Anblick läßt mich erstarren, ich bleibe stehen, ich ergreife ihn, ich setze mich auf mein Bett und betrachte das Instrument. Wie schön es ist! sagte ich und nahm es wohlgefällig in die Hand. Wie lang es ist! wie sanft! schade, daß es so dick ist: kaum kann meine Hand es umspannen. Aber es ist mir zu nichts nütze ... Nein, nie wird es mir dienen können, fuhr ich fort, während ich meinen Rock hob und von neuem versuchte, ihn dort einzuführen, wo ich, wie bei der Anstrengung, die ich am Tag zuvor unternommen hatte, wieder einen brennenden Schmerz empfand. Ich traf auf die gleiche Schwierigkeit und mußte mich erneut mit meinem Finger begnügen. Ich arbeitete mit all dem Mut, den der Anblick des Instruments mir einflößte, und trieb die Dinge so weit, daß meine Kräfte erlahmten und ich sogar für die Lust, die ich mir verschaffte, unempfindlich blieb: meine Hand bewegte sich nur noch mechanisch, und mein Herz fühlte nichts. Dieser momentane Widerwille brachte mich auf eine Idee, die mir sehr gefiel: ich werde gehen, sagte ich mir, ich brauche keine Rücksichten mehr zu nehmen, gehen wir also mit Eklat. Ich will dieses Instrument der Oberin bringen, wir werden sehen, wie sie den Anblick erträgt.

Ich weidete mich schon im voraus, als ich zur Wohnung der Oberin ging, an der Verwirrung, in die ich sie stürzen würde, wenn ich ihr den Godemiché zeigte. Ich fand sie allein und sprach sie freimütig an.

›Ich weiß wohl, Madame‹, sagte ich zu ihr, ›daß ich nach allem, was gestern vorgefallen ist, und nach dem Schimpf, den Sie mir antun wollten, nicht mehr ehrenvoll in Ihrem Kloster bleiben kann.‹

Sie sah mich überrascht an, ohne mir zu antworten, was es mir erlaubte, fortzufahren:

›Aber, Madame, Sie brauchten nicht bis zum Äußersten zu gehen; wenn ich einen Fehler begangen hätte, was ich bestreite, weil mir die Gewalt, die der unwürdige Verland mir antat, die Möglichkeit nahm, mich zu verteidigen, so hätten Sie sich damit begnügen können, mir einen Verweis zu erteilen. Obgleich ich ihn nicht verdient hätte, hätte ich ihn ertragen und mich darauf beschränkt, zu seufzen, ohne mich zu beklagen, denn der Schein war gegen mich.‹

›Einen Verweis! Mademoiselle‹, erwiderte sie schroff, ›einen Verweis für eine Tat wie die Ihrige . . . Sie verdienten eine exemplarische Strafe, und ohne die Rücksicht, die wir auf Ihre Frau Mutter nehmen, die eine fromme Dame ist, wären Sie . . .‹

›Sie strafen nicht alle Schuldigen‹, unterbrach ich sie lebhaft, ›und Sie haben welche im Kloster, die noch ganz andere Dinge treiben.‹

›Ganz andere Dinge‹, erwiderte sie, ›nennen Sie sie mir, ich werde sie züchtigen.‹

›Ich werde sie Ihnen nicht nennen‹, antwortete ich, ›aber ich weiß, daß sich eine unter denen befand, die mich gestern so abscheulich behandelt haben.‹

›Ah!‹ rief sie aus, ›das heißt die Frechheit zu weit treiben! Das treibt die Herzensverderbnis und die Geistesverwirrung denn doch auf die Spitze! Gerechter Himmel! Zu den verbrecherischsten Handlungen auch noch Verleumdung fügen, die frömmsten unserer Mütter anklagen, Muster an Tugend, Keuschheit und Bußfertigkeit! Welche Verderbtheit des Herzens!‹

Gelassen ließ ich sie ihre Lobrede beenden, und als ich sah, daß sie innehielt, zog ich kaltblütig den Godemiché unter meinem Gewand hervor und zeigte ihn ihr.

›Hier‹, sagte ich, ›ein Beweis ihrer Heiligkeit, ihrer Tugend, ihrer Keuschheit — zumindest einer von ihnen.‹

Währenddessen beobachtete ich das Gesicht unserer guten Oberin. Sie sah mich an, sie errötete, sie war bestürzt. Diese unfreiwilligen Zeichen ließen mich nicht daran zweifeln, daß der Godemiché ihr gehörte. Davon wurde ich noch mehr überzeugt durch den Eifer, mit dem sie versuchte, ihn mir aus der Hand zu reißen.

›Ah! mein liebes Kind‹, sagte sie (die Rückgabe des Instruments hatte sie mit mir ausgesöhnt), ›ah! meine liebe Tochter, ist es möglich, daß sich in einem Hause, wo es so viele Beispiele an Erbauung gibt, Seelen finden, die so von Gott verlassen sind, daß sie von einem solch ruchlosen Ding Gebrauch machen? O mein Gott, ich bin völlig außer mir! Aber, meine liebe Tochter, sagen Sie niemandem, daß Sie es gefunden haben, ich wäre gezwungen, Untersuchungen anzustellen und mit Strenge zu verfahren, und ich will den Weg der Sanftmut gehen. Aber Sie, mein liebes Kind, warum wollen Sie uns verlassen? Gehen Sie auf Ihr Zimmer zurück, ich werde alles in Ordnung bringen, ich werde sagen, daß man sich geirrt hat. Zählen Sie auf meine Zuneigung, denn ich liebe Sie sehr. Seien Sie versichert, daß man Sie trotz allem, was vorgefallen ist, nicht mehr schief ansehen wird. Ich sehe ein, daß wir wirklich unrecht hatten, Sie so zu behandeln; Sie waren nicht schuldig. Ich werde in strengem Ton mit Mademoiselle Verland sprechen. Jesus, mein Gott!‹ fuhr sie fort, den Godemiché betrachtend, ›wie hinterlistig der Teufel ist! Ich glaube, der Himmel möge mir vergeben, das ist ein . . . Ah! das garstige Ding!‹

Als die Oberin mit diesen Worten schloß, trat meine Mutter ein.

›Was habe ich erfahren müssen, Madame?‹ sagte sie zu der Oberin, und sich an mich wendend:

›Und Sie, Mademoiselle, warum sind Sie hier?‹

Man mußte antworten, ich war verwirrt, ich errötete, ich schlug die Augen nieder. Man drängte mich, ich stotterte. Die Oberin ergriff das Wort für mich; sie tat es mit Geist: so wie sie mir nicht die ganze Schuld an dem Betragen gab, das man sich mir gegenüber erlaubt hatte, so belastete sie mich auch nicht genug, um mich sehr schuldig erscheinen zu lassen. Mein Fehler wurde als Unvorsichtigkeit angesehen, an der das Herz keinen Anteil hatte, als die Gewalttat eines jungen Draufgängers, den man nicht mehr an das Gitter heranlassen werde, und man kam zu dem Schluß, daß nur Mademoiselle Verland schuldig sei, da sie eine Sache ruchbar gemacht habe, über die sie Stillschweigen hätte bewahren müssen, wenn nicht mit Rücksicht auf die Ehre ihres Bruders, so doch auf die meine, die darunter indes nicht leiden werde, weil sie, sagte die Oberin, den Schimpf, den man mir angetan hatte, wiedergutmachen wolle. Mehr konnte ich mir nicht wünschen: weiß wie Schnee ging ich aus einem Abenteuer hervor, für das man mir, ohne mir unrecht zu tun, die Schuld hätte geben können. Aber ich hütete mich, das einzugestehen. Meine Mutter bedauerte mich und sprach mit einer Sanftmut zu mir, die mich rührte.

Die für Gottes Ruhm eifernden Seelen wissen aus allem Nutzen zu ziehen. Zwischen der Oberin und meiner Mutter wurde vereinbart, daß ich mich, da ich, wenn auch unwillentlich, das Pech gehabt hatte, meine Mitmenschen zu verärgern, mit dem Barmherzigen aussöhnen und an das heilige Sakrament der Buße herantreten müßte. Hierüber gab man mir viele Ermahnungen, die ich übergehe, um dich nicht zu langweilen.

Meine Mutter hatte mich mit ihren Reden fast bekehrt. Aber das Widerstreben, das ich empfand, meine Fehler zu gestehen, hätte mich an meiner Bekehrung zweifeln lassen müssen, und Pater Jérôme entriß mir die Beichte eher, als daß ich sie ablegte. Gott weiß, welches Vergnügen er dabei hatte, der alte Sünder! Noch nie hatte ich ihm so viel erzählt. Dennoch erfuhr er nicht alles, denn ich glaube nicht, daß Gott es einem armen Mädchen als großes Verbrechen anrechnen kann, wenn sie sich in ihrer Bedrängnis zu erleichtern sucht; sie hat sich ja nicht selbst erschaffen. Ist es ihre Schuld, wenn sie Begierden hat, wenn sie verliebt ist? Ist es ihre Schuld, wenn sie keinen Ehemann hat, der sie befriedigt? Sie sucht die Begierden zu stillen, die sie verzehren, dieses Feuer zu ersticken, das sie verbrennt; sie bedient sich der Mittel, welche die Natur ihr gibt. Nichts ist weniger verbrecherisch.

Trotz den kleinen Geheimnissen, die ich vor Pater Jérôme gehütet hatte, durchschaute er mich. War das Reue? Nein, die wahre Ursache war die Weigerung des Paters, mir Absolution zu erteilen. Ich fürchtete, er werde der Verleumdung neue Nahrung geben, und das trieb mir Tränen in die Augen. Ich fürchtete, ich würde meinen Feindinnen, wenn ich ihnen meine Verwirrung zeigte, von neuem Anlaß bieten zu triumphieren. Ich ließ mich auf einem Beichtstuhl gegenüber dem Altar nieder, meine Tränen beruhigten mich, ich schlief ein. Während meines Schlafs hatte ich den bezauberndsten Traum: ich träumte, daß ich mit Verland zusammen war, daß er mich in seinen Armen hielt und seine Schenkel an mich drückte. Ich spreizte die meinigen, ich ließ mir alle seine Bewegungen gefallen, verzückt liebkoste er meine Brüste, preßte und küßte sie. Das Übermaß der Lust weckte mich auf: ich lag tatsächlich in den Armen eines Mannes. Noch ganz in den Wonnen meines Traums versunken, glaubte ich, mein Glück verwandelte die Illusion in Wirklichkeit; ich glaubte, mit meinem Geliebten zusammen zu sein. Aber es war nicht er. Man hielt mich von hinten eng umschlungen. Im selben Augenblick, da ich die Augen öffnete, schloß ich sie wieder vor Wollust; ich hatte nicht die Kraft, denjenigen anzusehen, der sie mir bereitete. Ich spürte, wie eine warme Flüssigkeit mich überschwemmte und daß man etwas Hartes und Heißes in mich hineinstieß und dabei seufzte. Ich seufzte ebenfalls, und alsbald ließ mich eine ähnliche Flüssigkeit, die ich unter Wonneschauern allen Teilen meines Körpers entweichen fühlte und die sich mit der anderen vermischte, die man ein zweitesmal verströmte, regungslos auf meinen Betstuhl sinken.

Wenn diese Lust ewig währte, wäre sie tausendmal prickelnder als die des himmlischen Lebens. Aber leider nahm sie bald ein Ende. Entsetzen packte mich bei dem Gedanken, daß ich nachts allein in einer Kirche war. Mit wem? Ich wußte es nicht, ich wagte nicht, mir darüber Klarheit zu verschaffen, ich wagte nicht, mich zu rühren, ich schloß die Augen, ich zitterte. Mein Zittern nahm noch zu, als ich spürte, daß man meine Hand drückte und sie küßte. Da man sie festhielt, konnte ich sie nicht zurückziehen, dazu fehlte mir der Mut. Aber ich beruhigte mich ein wenig, als ich an meinem Ohr eine leise Stimme vernahm:

›Fürchten Sie nichts, ich bin es.‹

Bei dieser Stimme, die schon einmal gehört zu haben ich mich dunkel erinnerte, faßte ich wieder Mut und fragte, wer das sei, ohne die Kraft aufzubringen, hinzuschauen.

›Ei, das ist Martin‹, antwortete man, ›der Kammerdiener von Pater Jérôme.‹

Diese Erklärung verscheuchte meine Furcht; ich hatte keine Angst mehr, die Augen zu heben, ich erkannte ihn. Martin war ein kleiner Blondschopf, aufgeweckt, hübsch, verliebt. Ah! und wie! Er zitterte seinerseits und wartete auf meine Antwort, um Reißaus zu nehmen oder mich nochmals zu küssen. Ich gab ihm keine Antwort, sondern sah ihn nur freundlich an, mit Augen, in denen sich noch das Vergnügen spiegelte, das ich soeben genossen hatte. Er sah wohl, daß dies kein Zeichen von Zorn war: leidenschaftlich warf er sich in meine Arme. Ebenso empfing ich ihn, ohne daran zu denken, daß jemand, der meine Abwesenheit im Kloster bemerkt hätte, kommen und uns zusammen antreffen könnte. Soll ich es dir sagen? Die Liebe entschuldigt alles. Ohne Ehrfurcht vor dem Altar, auf dessen Stufen wir lagen, bog mich Martin ein wenig vor, hob meine Röcke und ließ seine Hand überall herumwandern. Ebenso erregt wie er, faßte ich seinen Schwanz an, und zum ersten Mal in meinem Leben hatte ich das Vergnügen, einen in der Hand zu haben. Ah! wie hübsch der seine war! Klein, aber lang, so wie ich ihn brauchte. Welches Feuer, welch wollüstiger Schauer floß durch meinen Körper! Ich war stumm, ich preßte diesen teuren Schwanz in meiner Hand, ich betrachtete ihn, ich streichelte ihn, ich drückte ihn an meinen Busen, ich führte ihn an meinen Mund, ich saugte an ihm, am liebsten hätte ich ihn verschlungen. Martin hatte seinen Finger in meiner Möse, bewegte ihn sanft, zog ihn heraus, schob ihn wieder hinein und steigerte auf diese Weise meine Lust in jedem Augenblick. Er küßte mich, saugte an meinem Bauch, meinem Hügel und meinen Schenkeln. Er löste sich von ihnen, um seine glühenden Lippen auf meinen Busen zu pressen. Im Nu war ich mit Küssen bedeckt, ich konnte dem Ansturm der Wollust nicht standhalten, ich ließ mich niedersinken, wobei ich ihn mit meinem rechten Arm liebevoll umschlang und an mich zog. Ich küßte ihn auf den Mund, indes ich mit der linken Hand, die den Gegenstand aller meiner Wünsche hielt, ihn in mich einzuführen versuchte, um mir noch stärkere Lust zu verschaffen. Die gleiche Verzückung bewog ihn, sich auf mich zu legen, und er begann zu stoßen.

›Halt ein‹, sagte ich keuchend, ›halt ein, mein lieber Martin, nicht so schnell, laß uns einen Augenblick so bleiben.‹

Sogleich schob ich mich unter ihn, spreizte die Schenkel so weit wie möglich und legte meine Beine auf seine Lenden: wir lagen Schenkel an Schenkel, Leib an Leib, Mund an Mund, unsere Zungen waren vereint, unsere Seufzer vermischten sich. Ah! Suzon, welch wunderbare Lage! Ich dachte an nichts in der Welt, nicht einmal an meine Lust: ich war einzig damit beschäftigt, sie zu fühlen. Die Ungeduld verwehrte es mir, sie noch länger zu genießen, ich bäumte mich auf, Martin tat ein Gleiches, und unser Glück zerrann. Doch bevor wir es verloren, fühlten wir, wie groß es war, es schien seine lebhaftesten und betörendsten Strahlen versammelt zu haben, um uns zu überwältigen. Wir blieben wie bewußtlos liegen und öffneten die Augen nur, um uns von neuem aneinanderzupressen. Aber die Lust versagte sich unseren Bemühungen.

Es ist nun an der Zeit, liebe Suzon«, fuhr Monique fort, »dir zu erklären, was das für ein Weihwasser war, mit dem Pater Jérôme dir damals die Brust benetzte, als er dir Absolution erteilte.

Nachdem Martin aus meinen Armen geglitten war, bestand meine erste Handlung darin, meine Hand auf die Stelle zu legen, wo ich die heftigsten Stöße empfangen hatte: innen wie außen war alles mit jener Flüssigkeit bedeckt, deren Erguß mir solches Vergnügen bereitet hatte. Aber sie hatte all ihre Wärme verloren und war nun kalt wie Eis. Es war Lebenssaft: so nennt man die weiße, dickflüssige Materie, die aus dem Schwanz oder der Fotze fließt, wenn die Lust uns überwältigt. Der Erguß ist der Akt, der dem wollüstigen Reiben folgt, mit dem man beginnt.«

»Wie«, sagte ich zu Monique, »das war es also, was Sie vorhin verströmt haben?«

»Ja«, sagte sie, »und auch du hast mir welchen gegeben, kleine Spitzbübin. Hast du nicht gespürt, daß dein Fötzchen ganz naß war? Das war dieser Saft. Aber, meine liebe Kleine, die Lust, die du empfunden hast, ist tausendmal geringer als die, die man in den Armen eines Mannes empfindet. Denn das, was er uns gibt, vermischt sich mit dem, was wir ihm geben, es durchdringt uns, entflammt uns, erfrischt und verbrennt uns. Welche Wonne, Suzon! Ah! meine liebe Suzon, sie übersteigen jeden Ausdruck, ja sogar die Einbildungskraft! Doch höre das Ende meines Abenteuers«, fuhr sie fort.

»Wie du dir denken kannst, war ich nach dieser Liebesübung arg zerzaust. Ich brachte mich so gut wie möglich in Ordnung und fragte Martin nach der Zeit.

›Oh, es ist noch nicht spät‹, antwortete er, ›gerade habe ich die Glocke zum Abendessen gehört.‹

›Darauf kann ich gut verzichten‹, erwiderte ich, ›ich will mich schnell schlafen legen. Aber bevor ich dich verasse, sage mir, mein lieber Martin, durch welchen Zufall du mich hier getroffen hast. Wie konntest du es wagen, mich zu . . .?‹

›Du meine Güte‹, antwortete er, ›an Mut fehlt's mir bestimmt nicht, aber das war so: Ich bin gekommen, um die Kirche zu schmücken, denn morgen ist doch ein großes Fest, wie Sie wissen. Da hab' ich Sie gesehen. Nanu, hab' ich zu mir selber gesagt, da ist eine Demoiselle, die recht lieb zu Gott betet! Potztausend, muß die aber fromm sein, wenn sie um diese Zeit in die Kirche geht, wo doch alle andern sich den Wanst vollschlagen. Aber schläft sie nicht auch? hab' ich mich gefragt, als ich sah, daß Sie weder Hand noch Fuß rührten, bei Gott, das möchte wohl sein. Schauen wir doch mal nach. Ich bin ganz leise an Sie rangeschlichen und hab' gesehen, daß Sie schlafen. So blieb ich ein Weilchen und hab' Sie beäugt, und dabei machte mein Herz ticktack, ticktack. Der Teufel ist gar schlau: Martin, hat er mir ins Ohr geblasen, die ist doch recht hübsch, da ist ein guter Stoß zu führen, mein Kind, wenn du dir die Gelegenheit entgehen läßt, findest du sie nie wieder, mach zu, Martin. Potztausend, das tat ich auch gleich: ganz sachte hab' ich Ihre Halskrause hochgehoben und zwei ganz weiße kleine Brüste gesehen. Potztausend, da hab' ich die Hand draufgelegt und sie ganz sanft geküßt, und als ich dann gesehen hab', daß Sie schlafen wie ein Ratz, da kriegte ich Lust, noch was andres zu machen, und das hab' ich dann gemacht: ich hab' wacker Ihren Unterrock hochgehoben, dann hab' ich gestoßen und dann, sackerlot, den Rest wissen Sie.‹

Trotz der derben Sprache bezauberte mich die unbefangene Art, in der Martin sich ausdrückte.

›Nun, mein lieber Freund‹, sagte ich zu ihm, ›hast du Spaß dabei gehabt?‹

›Und wie!‹ antwortete er, indem er mich umarmte, ›ich hab' so viel gehabt, daß ich gleich nochmal anfangen täte, wenn Sie wollen.‹

›Nein, nicht jetzt‹, sagte ich, ›man könnte etwas merken. Aber du hast ja den Schlüssel zur Kirche. Wenn du morgen um Mitternacht kommen willst, dann laß die Tür offen, ich werde zu dir kommen, hörst du, Martin?‹

›Oh, zum Henker‹, antwortete er, ›das ist gut, wir werden uns verlustigen, um diese Zeit gibt's keine Lauscher.‹

Ich versicherte ihm, daß ich mich einfinden würde. Aus Besonnenheit widerstand ich meinen Wünschen und den Bitten Martins, der wollte, daß wir es noch ein kleines Mal treiben, wie er sagte, bevor wir uns trennten. Meine Weigerung hätte ihn traurig gestimmt, wenn ich ihn nicht mit der Hoffnung auf den morgigen Tag getröstet hätte. Wir umarmten uns, ich ging ins Kloster zurück und gelangte glücklich in mein Zimmer, ohne gesehen zu werden.

Du wirst dir denken können, daß ich vor Ungeduld starb, mich in Augenschein zu nehmen, um zu erfahren, in welchem Zustand ich mich nach den erlittenen Angriffen befand. Ich spürte ein lebhaftes Brennen und konnte kaum gehen. Aus dem Schlafsaal hatte ich ein Licht mitgenommen; dann setzte ich mich auf einen Stuhl, ein Bein auf dem Bett, das andere auf dem Fußboden, und untersuchte mich. Wie groß war meine Überraschung, als ich sah, daß meine Schamlippen, die vorher so fest und prall waren, nun ganz weich und welk geworden waren. Die Haare, die sie hier und da bedeckten, bildeten, wiewohl noch feucht, tausend kleine Locken. Das Innere war hochrot und entzündet und von äußerster Empfindlichkeit: das Jucken veranlaßte mich, den Finger darauf zu legen, aber sofort zwang mich der Schmerz, ihn zurückzuziehen. Ich rieb mich an der Armlehne meines Lehnstuhls und bedeckte sie mit den Spuren von Martins Manneskraft. Die Lust kämpfte gegen die Müdigkeit. Aber meine Lider wurden immer schwerer. Ich legte mich hin und sank in einen Schlaf, der nur von zauberhaften Träumen unterbrochen wurde, die mir die genossenen Wonnen in Erinnerung riefen.

Man sagte mir am andern Tag nichts über meine Abwesenheit, man hielt sie für einen Rest des Grolls, den ich wegen der erlittenen Behandlung wohl noch hegte. Ich setzte eine stolze Miene auf, die diese Meinung bestärkte. Wie die anderen wohnte ich dem Gottesdienst bei; alle meine Gefährtinnen kommunizierten, ich tat es nicht; um die Wahrheit zu sagen, ich fühlte mich erhaben über die Schande, ihrem Beispiel nicht zu folgen. Die Liebe vertreibt so manche Vorurteile: die Anwesenheit meines kleinen Geliebten, den ich in der Kirche herumstreichen sah, entschädigte mich reichlich. Mehr als eine meiner Gefährtinnen hätte die geistige Nahrung, zu der sie eilten, um diesen Preis stehenlassen.

Ich warf meinem Geliebten mehr Blicke der Liebe zu, als ich Blicke der Andacht auf den Altar warf. In den Augen einer Frau von Welt wäre Martin nichts weiter als ein liederlicher Bengel gewesen, in den meinen jedoch war er die Liebe selbst; er besaß ihre Jugend und alle ihre Reize. Die Kenntnis seiner verborgenen Vorzüge ließ mich über die Nachlässigkeit seines Äußeren leicht hinwegsehen. Indes bemerkte ich, daß er sich an diesem Tag feingemacht hatte und sich bemühte, besser auszusehen als sonst. Ich wußte ihm Dank für diese Aufmerksamkeit, die ich eher dem Bestreben zuschrieb, mir zu gefallen, als dem Fest, das man feierte: nichts entgeht den Augen einer Liebenden. Ich sah, wie er die Augen den Pensionärinnen zuwandte und mich zu entdecken suchte. Aber ich wollte nicht, daß er mich erkannte, und so verbarg ich mich; dennoch wäre ich verärgert gewesen, wenn er sich diese vergebliche Mühe nicht gemacht hätte. Was willst du, ich war in ihn verliebt, bis zum Wahnsinn verliebt. Du kannst dir denken, mit welcher Ungeduld ich die Nacht erwartete, um das gegebene Wort zu halten.

Endlich kam sie, diese so heiß ersehnte Nacht. Es schlug Mitternacht. Ah! wie verwirrt ich mich fühlte! Zitternd ging ich durch den Flur, und obgleich alle Welt in tiefem Schlaf lag, glaubte ich aller Augen auf mich gerichtet. Kein anderes Licht leitete mich als das Licht meiner Liebe. Ah! sagte ich, als ich in die Dunkelheit tappte, wenn Martin sein Wort nicht hält, dann sterbe ich vor Schmerz! Er war pünktlich zur Stelle, mein lieber Martin, ebenso verliebt, ebenso ungeduldig wie ich. Ich war sehr leicht gekleidet, denn es war heiß, und am Tag zuvor hatte ich gemerkt, daß die Röcke, die Mieder, die Brusttücher sehr hinderlich waren. Sobald ich fühlte, daß die Tür offen war, raubte mir ein freudiges Beben die

Sprache. Ich fand sie nur wieder, um leise meinen lieben Martin zu rufen. Er erwartete mich, er eilte in meine Arme, er küßte mich, und ich gab ihm Liebkosung um Liebkosung zurück. Lange hielten wir uns umschlungen, doch nach diesen ersten Regungen der Freude suchten wir uns gegenseitig noch größere zu bereiten. Ich legte die Hand auf die Quelle meiner Lust, er legte die seinige dorthin, wo er wußte, daß ich ihn voll Ungeduld erwartete. Bald war er imstande, sie zu befriedigen. Er zog sich aus, bereitete mir ein Lager aus seinen Kleidern, und ich legte mich darauf. Zwei Stunden lang folgte Wonne auf Wonne mit einer Geschwindigkeit und stets erneuter Lebhaftigkeit, daß mir keine Zeit blieb, sie herbeizuwünschen. Wir gaben uns ihnen hin, als hätten wir sie noch nie genossen, als sollten wir sie nie wieder genießen. Im Feuer der Wollust denkt man kaum daran, mit den Mitteln ihrer Erhaltung behutsam umzugehen. Martins Glut entsprach nicht länger der meinen, man mußte sich den Armen der Liebe entreißen und sich zurückziehen.

Unser Glück währte kaum einen Monat, einschließlich der Zeit, die wir notgedrungen ruhen mußten. Auch wenn sie nicht durch das Vergnügen ausgefüllt wurde, meinen Geliebten zu sehen, so war sie es doch durch die Freude, an ihn zu denken, und die angenehmen Träumereien, die mein Herz auf die Wonnen vorbereiteten, die mir seine Gegenwart erneut bescherte. Ah! wie rasch sind die glücklichen Nächte dahingeflogen, die ich in seinen Armen verbrachte, und wie lang waren jene, die ihnen folgten!

Verdoppele deine Aufmerksamkeit, meine liebe Suzon, wiederhole dein Versprechen, mir immer treu zu sein und niemals ein Geheimnis zu lüften, das ich nur dir anvertraut habe. Ah! Suzon, wie gefährlich ist es, einer nur allzu schmeichlerischen Neigung zu gehorchen und sich ihr unüberlegt hinzugeben! Wenn die Vergnügen, die ich genossen habe, auch köstlich waren, so ließ die Unruhe, die darauf folgte, sie mich teuer genug bezahlen. Wie bereute ich es, zu verliebt gewesen zu sein! Die Folgen meiner Schwäche zeigten sich meiner Phantasie in den schrecklichsten Bildern, ich weinte, ich seufzte . . .«

»Was ist Ihnen denn zugestoßen?« fragte ich sie.

»Ich merkte«, antwortete sie, »daß meine Regel nicht mehr kam. Es war schon acht Tage über die Zeit, wo ich sie hätte bekommen müssen, sie stellte sich nicht ein. Ich war bestürzt. Ich hatte oft sagen hören, daß eine solche Unterbrechung das Zeichen einer Schwangerschaft sei. Fortwährend wurde ich von Herzbeklemmungen und Schwächegefühlen geplagt. Ah! rief ich, es ist nur zu wahr! Ich Unglückliche! Ach, ich bin schwanger, daran besteht kein Zweifel mehr! Diesen bedrückenden Gedanken folgte ein Strom von Tränen.«

»Sie waren schwanger?« fragte ich erstaunt. »Ah! liebe Monique, wie haben Sie es angestellt, es vor neugierigen Blicken zu verbergen?«

»Ich hatte nur den Schmerz«, erwiderte sie, »mein Unglück zu kennen, aber nicht den, die Folgen tragen zu müssen. Martin hatte ihn verursacht, er befreite mich auch davon. Die Entdeckung, die ich gemacht hatte, hielt mich nicht davon ab, mich weiterhin zu unseren Zusammenkünften zu begeben. Ich war beunruhigt, ich zitterte, aber ich war noch verliebter als vorher. Die unbesiegbare Anziehungskraft der Wollust riß mich fort. Was kann mir noch passieren? sagte ich zu mir, größer kann mein Unglück nicht mehr werden. Möge das, was es verursacht hat, wenigstens dazu dienen, mich darüber hinwegzutrösten.

Eines Nachts, nachdem ich von Martin alle Bezeigungen einer nicht nachlassenden Liebe empfangen hatte, bemerkte er, daß ich traurig seufzte und daß meine Hand, die er in der seinigen hielt, zitterte (wenn meine Leidenschaft gestillt war, nahm die Unruhe in meinem Herzen wieder den Platz ein, den einen Augenblick zuvor die Liebe eingenommen hatte). Besorgt fragte er nach der Ursache meiner Erregung und beklagte sich zärtlich darüber, daß ich ihm meinen Kummer verheimlichte.

›Ach, Martin‹, sagte ich, ›mein lieber Martin, du hast mich ins Unglück gestürzt! Sage nicht, daß meine Liebe nicht mehr dieselbe ist, ich trage unter meinem Herzen einen Beweis meiner Liebe, der mich zur Verzweiflung bringt: ich bin schwanger!‹

Diese Nachricht bestürzte ihn. Die Verwunderung wich tiefem Grübeln; ich wußte nicht, was ich davon halten sollte. In diesem grausamen Zustand war Martin meine ganze Hoffnung. Er schwankte. Was sollte ich davon halten? Vielleicht, sagte ich mir, niedergeschlagen durch sein Schweigen, vielleicht denkt er über seine Flucht nach, er wird mich meiner Verzweiflung überlassen. Oh! daß er bleiben möge, lieber will ich in Liebe zu ihm das Leben verlieren, als im Haß auf ihn sterben! Ich vergoß Tränen, er bemerkte es. Ebenso zärtlich, ebenso treu, wie ich ihn niederträchtig vermutet hatte, als ich ihn mit dem Gedanken beschäftigt glaubte, sich meiner Liebe zu entziehen, hatte er sich darum gesorgt, wie er meine Tränen trocknen könnte, indem er deren Ursache beseitigte. Mich zärtlich umarmend, sagte er, er habe das Mittel dazu gefunden. Meine Freude über dieses Versprechen war lange nicht so groß wie die, mich in meinem Verdacht getäuscht zu sehen; er gab mir das Leben wieder. Entzückt von seinen Versicherungen, wurde ich neugierig auf das Mittel, das er anwenden wollte, um mich von meiner Last zu befreien. Er sagte, er werde mir ein Getränk geben, das sich im Kabinett seines Herrn befinde und das Mutter Angélique vor mir ausprobiert habe. Ich wollte wissen, was Pater Jérôme mit dieser Mutter zu schaffen haben mochte: ich haßte sie tödlich, weil sie am Tag des Abenteuers vor dem Gitter eine der Feindseligsten gegen mich gewesen war. Ich hatte sie immer für eine Vestalin gehalten. Wie ich mich täuschte! Hinter ihrem strengen Gebaren verbarg sie einen lasterhaften Charakter und verhüllte ihre verderbten Neigungen mit dem Schleier der Tugend, indes sie mit Pater Jérôme eine Liebschaft unterhielt. Martin erzählte mir alle Einzelheiten. Er sagte mir, er habe, als er in den Papieren seines Herrn stöberte, einen Brief gefunden, in dem sie ihm schrieb, daß sie sich, weil sie zu sehr auf ihn gehört habe, in der gleichen Verlegenheit befinde, in der ich mich heute befand, weil ich zu sehr auf Martin gehört hatte. Daß der Pater ihr eine kleine Phiole mit eben dem Likör geschickt habe, den jetzt ich einnehmen sollte. Daß die Mutter, als sie das Geschenk erhielt, vor Freude anscheinend außer sich gewesen sei und daß er einen zweiten Brief gefunden habe, in dem sie ihrem alten Liebhaber schrieb, daß der Likör Wunder gewirkt habe, daß sie keine Unpäßlichkeiten mehr verspüre und bereit sei, von neuem zu beginnen.

›Ah! mein lieber Freund‹, sagte ich zu Martin, ›bring mir gleich morgen von diesem Likör, du wirst mich damit von all meinen Sorgen befreien.‹

Und weiterblickend glaubte ich, daß ich mit Hilfe dieser Briefe Rache nehmen und meinen Haß auf Mutter Angélique kühlen könnte. Ich erbat die Briefe von Martin, der nicht ahnte, wie teuer uns diese Unvorsichtigkeit zu stehen kommen würde, sondern glaubte, mir seine Liebe dadurch zu beweisen, daß er sie mir am nächsten Tag brachte, nebst dem, was er versprochen hatte.

Ich hatte überlegt, daß mich das Licht verraten könnte, wenn man es zu solcher Stunde in meinem Zimmer sähe. Ich zähmte also meine Ungeduld, die Briefe der Mutter zu lesen; ich wartete, bis der Tag anbrach; er kam, ich las. Sie waren in leidenschaftlichem Stil geschrieben und zeigten ebensowenig Maß wie das Gesicht und das Gebaren derjenigen, die sie verfaßt hatte. Sie schilderte darin ihre Liebeswut mit Bildern und Ausdrücken, deren ich sie nicht für fähig gehalten hätte. Sie tat sich auch deshalb keinen Zwang an, weil sie damit rechnete, daß Pater Jérôme so vorsichtig wäre, die Briefe zu verbrennen, worum sie ihn gebeten hatte. Er war so unklug, es nicht zu tun, und ich triumphierte. Ich dachte lange darüber nach, wie ich mich dieser Briefe bedienen sollte, um meine Feindin zu vernichten. Sie selber der Oberin übergeben? Das wäre zu gefährlich für mich: ich hätte sagen müssen, woher ich sie habe. Sie durch irgend jemand anderen zurückgeben? Das hätte bedeutet, ihn Fragen auszusetzen, denen er sich vielleicht nicht ehrenvoll entzogen hätte und die meinen Untergang hätten herbeiführen können. Ich wählte einen anderen Weg, der darin bestand, sie eigenhändig vor die Tür der Oberin zu legen, kurz bevor sie zurückkehren mußte. Unklug, wie ich war, blieb ich bei dieser Idee; ich hätte die Briefe verbrennen sollen. Welchen Kummer bereitete ich mir! Ich beraubte mich meines Geliebten! Wäre mir dieser Gedanke gekommen, so hätte er meinen Groll erstickt. Hätte die Rache, so süß sie sich zeigen mochte, auch nur einen Augenblick den Schmerz aufgewogen, Martin zu verlieren? Nein, er war mir tausendmal teurer als das, was mir im Moment am besten gefiel. Ich verschob die Ausführung meines Plans lediglich auf die Zeit, da ich außer Gefahr wäre. Das war ich bald. Ich hatte Martin um eine Waffenruhe von acht Tagen gebeten. Sie war noch nicht verstrichen, und ich glaubte nun, meinen Plan ausführen zu können. Er hatte ganz die erhoffte Wirkung: die Oberin fand die Briefe, ließ Mutter Angélique kommen und überführte sie. Vielleicht hätte sie nach reiflicher Überlegung Gnade walten lassen, wäre nicht durch ein noch größeres Verbrechen, das Frauen nie vergeben, nämlich die Rivalität, für die Seelenruhe der Oberin eine Bestrafung nötig gewesen. Denn obgleich es ihr, wie ich dir bereits sagte, nicht an Hilfsmitteln fehlte, die Nadelstiche der Fleischeslust abzumildern, so ist es, wenn man großen Appetit hat, doch recht schwierig, sich mit jener künstlichen Nahrung zu begnügen, die den Hunger vertreibt, ohne ihn zu stillen.

Denn genau genommen ist ein Godemiché doch nur ein geheimes Mittel, das Temperament einzuschläfern. Aber dessen Schlaf ist nicht von langer Dauer, es wacht wieder auf, und wütend über den Betrug, beruhigt es sich nur durch den Genuß der Wirklichkeit.

In dieser Lage befand sich die Oberin: ein Mädchen, das einige Kenntnisse in den Geheimnissen der Liebe erworben hat, ist sich über eine Liebschaft im klaren. Fehlen ihr die Gegenstände, so werden sie durch die Einbildung ersetzt; sie ärgert sich über die Schwierigkeiten, die man ihr entgegensetzt, sie überwindet sie und geht weiter, als die Wirklichkeit es erlaubt. Aber bei einem Mann vom Charakter des Paters Jérôme und einer Frau vom Charakter der Oberin fürchtete ich eher, ihnen zu wenig als zu viel zu unterstellen. Die Liebschaft, die zwischen ihnen bestand, ließ mich nicht daran zweifeln, daß der Beichtvater seine geistigen Tröstungen insgeheim zwischen ihr und Mutter Angélique teilte. Die Promptheit, mit der letztere bestraft wurde, bestätigte meinen Verdacht: bald büßte sie in der Einsamkeit einer dunklen Kammer das Verbrechen, mir mißfallen zu haben und der Oberin das Herz eines Liebhabers zu rauben, dem sie gewogen war.

Es dauerte nicht lange, bis ich meine Tat bereute. Ich hatte mir immer eingebildet, das Unwetter würde nur über Mutter Angélique hereinbrechen: es zog weiter. Der Pater, der außer sich war, daß man ihm seine Lieblingsmätresse genommen hatte, verdächtigte meinen Geliebten, sein Unglück verursacht zu haben. Nur ihn konnte er seinem Groll opfern: er tat es, jagte ihn fort, und seither habe ich ihn nicht wiedergesehen.

Da hast du meine Geschichte, liebe Suzon«, fuhr Schwester Monique fort. »Ich ermahne dich nicht, das Geheimnis zu wahren: es ist jetzt in deinem eigenen Interesse, es zu hüten, da du an meinen Vergnügungen beteiligt bist. Ach! ich habe sie kaum genossen, seit ich meinen Geliebten verloren habe. Wäre er doch hier!« fuhr sie fort, indem sie mich umarmte, »ich würde ihn aufessen vor Zärtlichkeit!«

Die Erinnerung an Martin belebte sie, und ihre Worte hatten auf mich dieselbe Wirkung. Ohne es zu beabsichtigen, waren wir in einer Verfassung, die es uns nicht erlaubte, bis zum nächsten Tag zu warten, um den Verlust des teuren Geliebten zu feiern. Ich rief Monique die Seligkeiten in Erinnerung, die sie einst mit ihm durchlebt hatte. Durch meine Liebkosungen getäuscht, vergaß sie, daß ich nur ein Mädchen war, sie gab mir dieselben Namen, die sie in ihrer Verzückung damals ihm gegeben hatte, ich war ihr Engel, ihr Gott. Ich ahnte noch nicht, daß es ein größeres Glück geben könne als das, welches ich in Moniques Armen genoß, die meine höchsten Wünsche erfüllte. Die Einbildungskraft geht stets über das hinaus, was man besitzt: Monique dachte an das Vergnügen, das ihr das Reiben von Martins Haaren bereitet hatte, als sie diese in jener abenteuerlichen Nacht des Betstuhls an ihren Hinterbacken gespürt hatte, und sie versprach mir ein ebensolches Vergnügen, wenn ich es ihr noch einmal verschaffen wollte. Ich willigte ein. Sie legte sich auf den Bauch, ich trat in Aktion, und wir erhitzten uns so sehr, daß wir bei dem Versuch, es uns beiden zur gleichen Zeit zu bereiten, in unserer Erregung in eine Lage gerieten, in der die eine von uns ihren Kopf am oberen Ende des Bettes und die andere an dessen Fußende hatte. In dieser Lage näherten wir uns einander. Einer meiner Schenkel lag auf Moniques Bauch, der andere unter ihrem Hintern, mein Bauch und mein Hintern waren zwischen ihren Schenkeln. Eng aneinandergeschmiegt, drückten wir uns seufzend, rieben uns gegenseitig und verströmten uns immer wieder. Die Quellen unserer Lust, angeschwollen durch einen fortwährenden Erguß, der keinen anderen Ausweg fand, als von einer in die andere zu fließen, waren wie zwei Behältnisse der Lüste, worin wir bewußtlos versanken und nur durch ein Übermaß an Wollust wiedererwachten. Allein die Erschöpfung bereitete unserer Leidenschaft ein Ende. Voneinander entzückt, trennten wir uns unter dem Versprechen, am nächsten Tag erneut zusammen zu schlafen. Sie kam wieder und machte mich bei dieser zweiten Zusammenkunft noch wissender. Diese bezaubernden Nächte wurden nur dadurch unterbrochen, daß ich das Kloster verließ und hierher kam.«

(Ende der Geschichte von Schwester Monique und Ende der Erzählung von Suzon)

Was Suzon mir soeben erzählt hatte, hatte meine Phantasie so in Aufruhr versetzt, daß ich die Wirkung, die ihre starken Worte in mir hervorriefen, nicht zu unterdrücken vermochte. Obgleich ich so getan hatte, als wollte ich ihr den Anblick der Tränen ersparen, die sie mir entlockte, so hatten mich doch das Vergnügen, sie zu vergießen, und die leidenschaftlichen Blicke verraten, die ich ihr dabei zuwarf. Sie hatte meine Aufregung bemerkt. Doch entzückt, den beabsichtigten Eindruck auf mich gemacht zu haben, verheimlichte sie mir geschickt ihre Befriedigung und kämpfte in einer schlecht verstandenen Politik noch gegen die süße Neigung, die sie selbst verspürte und die wohl auch der Preis des Feuers war, das sie in mir entfachte. Sosehr ihre Worte mich in Erstaunen gesetzt hatten, so viele Hoffnungen machten sie mir: diese so lebhaften Beschreibungen der Situationen und der Gefühle der Schwester Monique in einer Lage, die derjenigen, in der wir uns befanden, recht ähnlich war, konnten nur aus einem ergriffenen Herzen kommen. Sie hatte mir nichts von ihren eigenen Handlungen verborgen, sie hatte mir ihre Empfänglichkeit für die Freuden der Liebe nicht verschwiegen, sie hatte alle Worte offen ausgesprochen, nichts war geschminkt. Wären wir in der Allee gewesen, so hätte sie nicht einen Ton gesagt, den ich nicht ausgenützt hätte; sie hätte kein Bild entworfen, dem ich nicht die Darstellung nach der Natur hinzugefügt hätte. Aber sie hatte nicht dorthin gehen wollen. Was sollte ich von diesem Widerstand halten, wie ihn mit dem Gehörten in Einklang bringen? Ah! wieviel Unruhe hätte ich mir erspart, wenn ich in ihrem Herzen hätte lesen können. Fest entschlossen, meinen Plan zu verfolgen, aber auf der Hut vor einer Übereilung, die Suzon hätte abschrecken können, ergriff ich meine Maßnahmen auf andere Weise: ich suchte in ihrer Erzählung selbst nach Waffen, sie zu besiegen. Ich begnügte mich also damit, sie zuerst mit gleichgültiger Miene zu fragen, ob Schwester Monique hübsch sei.

»Wie ein Engel«, antwortete sie. »Ich weiß nicht, was nötig ist, damit ein Mädchen gefällt, aber ich stelle mir vor, daß es, um zu gefallen, wie Schwester Monique beschaffen sein muß: ihre Gestalt ist zierlich und wohlgeformt, ihre Haut ist von blendender Weiße und vollkommener Sanftheit, sie hat den schönsten Busen der Welt, ein etwas blasses, aber hübsches Gesicht, von einer Form, daß ihr die schönsten Farben weniger gut stünden als diese Blässe; ihre Augen sind schwarz und schön geschwungen, doch anders als sonst bei Brünetten sind sie schmachtend, und es bleibt gerade noch so viel Feuer darin, um ahnen zu lassen, daß sie glänzen würden, hätte sie nicht eine so verliebte Natur.«

»Du weckst in mir Mitgefühl für sie«, sagte ich, »ihre Leidenschaft für die Männer wird sie für ihr ganzes Leben unglücklich machen.«

»O nein«, antwortete Suzon, »wie ich dir schon sagte, hat sie erst vor kurzem den Schleier genommen, und sie hat es nur aus Gefälligkeit für ihre Mutter getan. Die Zeit, ihr Gelübde abzulegen, ist noch nicht gekommen: ihr Glück hängt vom Tod eines Bruders ab, den ihre Mutter vergöttert. Es besteht die große Gefahr, daß er nicht mehr so lange lebt, wie seine Schwester es wünscht. Er hat sich bereits in Paris verwunden lassen, in einem Bordell . . .«

»Ein Bordell? Was ist das für ein Ort?« fragte ich Suzon, wohl in Vorahnung dessen, was mir eines Tages widerfahren sollte.

»Ich will dir sagen«, antwortete sie, »was ich darüber von Schwester Monique erfahren habe, die alles weiß, was mit ihren Neigungen zusammenhängt. Es ist ein Ort, wo sich zärtliche und leichtfertige Mädchen zusammenfinden, deren Beruf es ist, willfährig die Huldigungen der Libertins entgegenzunehmen und in der Hoffnung auf Bezahlung auf deren Wünsche einzugehen: ihre Neigung führt sie dorthin, und die Lust hält sie dort fest.«

»Ah!« unterbrach ich sie, »wie gern wäre ich in einer Stadt, wo es solche Orte gibt! Und du, Suzon?«

Sie antwortete nicht, und ich entnahm ihrem Schweigen, daß sie ihrem Temperament gegenüber nicht grausamer sein würde als eine andere und daß dieses Vergnügen nicht weniger Macht über ihr Herz ausüben würde als über das jener zärtlichen Mädchen, die der Eifer der Männer zu öffentlichen Idolen erhob.

»Ich glaube«, setzte ich hinzu, »Schwester Monique ginge ebensogern dorthin wie ihr Bruder.«

»Dafür stehe ich ein«, sagte sie, »dieses arme Mädchen liebt die Männer bis zum Wahnsinn, schon der Gedanke an sie entzückt sie.«

»Und du, kleine Spitzbübin«, erwiderte ich, »liebst du sie denn nicht?«

»Ich verhehle dir nicht«, antwortete sie, »daß ich sie lieben würde, wenn das, was man mit ihnen macht, nicht so gefährlich wäre.«

»Das glaubst du nur«, sagte ich, »es ist nicht so schlimm, wie du denkst. Davon wird eine Frau nicht immer schwanger. Sieh dir doch unsere Nachbarin an, Suzon: sie ist schon lange verheiratet, sie macht es mit ihrem Ehemann, und doch hat sie keine Kinder.«

Dieses Beispiel schien sie zu verwirren.

»Hör zu, meine liebe Suzon«, fuhr ich fort, wie von einer Einsicht beseelt, die über mein Alter hinausging und die mich in die Geheimnisse der Natur eindringen ließ, »Schwester Monique hat dir gesagt, daß sie ganz erfüllt war von dem, was Martin ihr gab, wenn er es ihr machte. Sicherlich hatte das ihr ein Kind beschert.«

»Nun«, sagte Suzon, indem sie mich fest ansah, als suchte sie in meinen Augen nach einem Mittel, ihr Verlangen zu befriedigen, ohne sich den Zufällen auszusetzen, »was willst du damit sagen?«

»Damit will ich sagen«, erwiderte ich, »wenn das, was der Mann verströmt, diese Wirkung hat, dann kann man sie dadurch vermeiden, daß man sich zurückzieht, wenn man fühlt, daß es kommt.«

»Oh, und das kann man?« unterbrach Suzon lebhaft. »Hast du noch nie zwei Hunde gesehen, den einen auf dem andern? Man kann sie schlagen, soviel man will, um sie zu trennen, sie bellen, sie zappeln, sie möchten sich losreißen und können es nicht. Vermutlich sind sie derart aneinandergefesselt, daß ihnen das unmöglich ist. Sag mir, wenn ein Mann derart an eine Frau gefesselt wäre, und es käme jemand und überraschte sie?«

Dieser Einwand brachte mich aus der Fassung, das Beispiel war einleuchtend; es schien, als hätte Suzon vorausgesehen, was ich ihr vorschlagen würde; das Beispiel paßte auf uns: wir befänden uns in der gleichen Lage, wenn Suzon sich ergab. Sie schien meine Antwort mit Ungeduld zu erwarten, und wenn ich hätte erkennen können, was in ihrer Seele vorging, so hätte ich gesehen, daß sie bereute, einen Einwand vorgebracht zu haben, den ich nicht zu entkräften vermochte. Um so begieriger, ihr Vorurteil zu zerstreuen, als ich nicht daran zweifelte, daß mein Glück von meiner Antwort abhing, suchte ich nach Gründen, um sie zu überzeugen. Ich erinnerte mich genau, daß Pater Polycarpe tags zuvor keine Schwierigkeit gehabt hatte, sich von Toinette zurückzuziehen. Gerne hätte ich ihr dieses Beispiel genannt, aber ich wollte es ihr lieber vor Augen führen. Meine Argumente überzeugten sie nicht, aber ihre Begierden glichen deren Mängel aus. Dennoch schützte sie noch immer Widerstände vor, und ich fühlte, daß es keine andere Möglichkeit gab, sie zu überzeugen, als ihr ein Gegenbeispiel zu zeigen.

In diesem Augenblick sah ich den braven Ambroise das Haus verlassen und zur Straße gehen. Ich nahm seinen Weggang für die günstigste Gelegenheit, die sich bieten konnte, denn ich zweifelte nicht daran, daß der Pater und Toinette die Freiheit, die seine Gutmütigkeit ihnen gewährte, ausnützen würden, um nachzuholen, was sie durch seine Anwesenheit versäumt hatten. In bestimmtem Ton sagte ich zu Suzon:

»Komm, ich will dir zeigen, daß du dich irrst.«

Sogleich erhob ich mich und half auch Suzon aufzustehen, nicht ohne ihr zuvor eine Hand unter den Rock geschoben zu haben, die sie scherzend zurückstieß.

»Wo willst du mich denn hinführen?« fragte sie, als sie sah, daß ich den Weg zum Haus einschlug.

Die kleine Schelmin glaubte, ich wollte sie zur Allee führen, und sie wäre mir bereitwillig gefolgt. Hätte ich es doch getan! Aber ich war nicht erfahren genug, um zu erkennen, daß ihr nichts lieber gewesen wäre; ich fürchtete, auf ihren Widerstand zu stoßen, und mein Schicksal riß mich fort. Also antwortete ich, daß ich sie an einen Ort führen wolle, wo sie etwas sehen könnte, was ihr Spaß machen würde.

»Wohin denn?« erwiderte sie ungeduldig, als sie sah, daß ich immer noch auf das Haus zuging.

»In mein Zimmer«, erwiderte ich.

»In dein Zimmer?« sagte sie. »O nein, da will ich nicht hin. Sieh, Saturnin, das ist ganz nutzlos, du wirst mir etwas antun!«

Ich schwor ihr, daß dem nicht so sei, und an der Miene, mit der sie zustimmte, mir zu folgen, merkte ich, daß sie darüber weniger verärgert war, als sie es gewesen wäre, wenn ich ihr durch mein Versprechen, artig zu sein, nicht einen Vorwand geliefert hätte, mitzukommen. Mit Vergnügen erinnere ich mich an diese bezaubernden Szenen meiner Kindheit! Weder die Gewohnheit, meinen Leidenschaften alles zu gewähren, noch der maßloseste Genuß aller Freuden haben in meinem Herzen die Empfindung für diese köstlichen Augenblicke meines Lebens abgestumpft.

Ohne bemerkt zu werden, betraten wir mein Zimmer. Ich hielt Suzon an der Hand, sie zitterte; ich ging auf Zehenspitzen, sie tat es ebenso. Ich bedeutete ihr, nicht zu sprechen, ließ sie auf meinem Bett Platz nehmen und näherte mich sachte der Wand: es war noch niemand da. Leise sagte ich zu Suzon, man werde gleich kommen.

»Was willst du mir denn zeigen?« fragte sie, durch meine Geheimnistuerei neugierig geworden.

»Das wirst du gleich sehen«, antwortete ich.

Und sogleich warf ich sie, als Vorschuß auf das Recht, das der erhoffte Anblick mir geben würde, auf mein Bett und versuchte, meine Hand zwischen ihre Schenkel zu schieben. Ich war noch nicht bei den Strumpfbändern angelangt, als sie aufsprang und sagte, sie werde Lärm schlagen, wenn ich so dreist wäre, sie anzurühren. Sie ging sogar so weit, so zu tun, als wolle sie hinausgehen. Ich nahm diese Verstellung für ein Zeichen des Zorns und war einfältig genug zu glauben, sie wolle sich tatsächlich zurückziehen. Ich war bestürzt, mein Herz klopfte, kaum wagte ich zu antworten, und schließlich gelang es mir, wenn auch stammelnd, ein Mädchen zu überreden, das sehr böse gewesen wäre, wenn mein Schweigen sie genötigt hätte, ihre Drohung wahr zu machen. Sie blieb. Schon wollte ich an meinem Unternehmen verzweifeln, als ich hörte, daß die Tür von Ambroises Zimmer geöffnet wurde. Ich faßte wieder Mut und wartete mit Ungeduld, daß Suzons Wißbegier bewirken möge, was ich selber nicht hatte bewirken können.

»Sie sind da«, sagte ich und bedeutete ihr, still zu sein, »sie sind da, meine liebe Suzon.«

Sofort ging ich zur Wand, entfernte das Bild, das meinen Blicken verbarg, was sich in dem Zimmer abspielte, und ich sah den Pater, der sich an Toinettes Busen zu schaffen machte. Regungslos, eng aneinandergeschmiegt und in sich selbst versunken, schienen sie in tiefer Andacht die Größe der Mysterien in sich aufnehmen zu wollen, die sie zu feiern gedachten. Aufmerksam verfolgte ich ihre Bewegungen und wartete, daß sie ein wenig weiter gingen, um Suzon heranzuwinken. Der langen Andacht überdrüssig, entwand sich Toinette den Armen des Mönches, warf Mieder, Rock und Hemd ab und zeigte sich so, wie die Schicklichkeit des Mysteriums es verlangte. Ah! wie gefiel es mir, sie in diesem Zustand zu sehen! Meine Liebeswut, welche die Kämpfe mit Suzon lediglich erregt hatten, steigerte sich bei diesem Anblick.

Durch meine Aufmerksamkeit ungeduldig geworden, verließ Suzon das Bett und näherte sich mir. Ich war so in Anspruch genommen, daß ich es nicht bemerkte.

»Laß mich doch auch mal sehen«, sagte sie, indem sie mich ein wenig beiseite schob.

Mehr verlangte ich gar nicht. Sogleich überließ ich ihr meinen Posten und blieb neben ihr stehen, um auf ihrem Gesicht zu beobachten, welchen Eindruck das Schauspiel wohl auf sie machen würde. Zunächst bemerkte ich, daß sie errötete, aber ich schlug ihren Hang zur Liebe zu hoch an, als daß ich befürchtete, dieser Anblick könnte eine andere Wirkung auf sie haben als die erhoffte. Sie blieb. Da ich nun neugierig war, ob das Beispiel wirkte, schob ich ihr eine Hand unter den Rock und fand nur noch geringen Widerstand: sie begnügte sich damit, meine Hand sanft mit der ihrigen wegzustoßen, ohne sie indes daran zu hindern, bis zu den Schenkeln hinaufzuwandern. Sie preßte sie fest zusammen, und nur den Verzückungen der Kämpfenden hatte ich es zu verdanken, daß ich sie unmerklich auseinanderdrücken konnte. Ich hätte die Stöße, die der Pater und Toinette austeilten oder empfingen, an den Fortschritten zählen können, die meine mehr oder weniger eingezwängte Hand auf ihren reizenden Schenkeln machte. Endlich erreichte ich das Ziel. Da gab Suzon ihren Widerstand auf und überließ mir alles: sie spreizte selbst die Beine, um meiner Hand den Zugang zu erleichtern. Ich nutzte die Gelegenheit und legte den Finger auf die empfindliche Stelle. Nur mit Mühe konnte er eindringen. Sie zuckte, sobald sie spürte, daß der Feind sich des Platzes bemächtigt hatte, und die Zuckungen wiederholten sich bei der geringsten Bewegung meines Fingers.

»Jetzt hab' ich dich, Suzon«, sagte ich, »jetzt hab' ich dich.«

Sogleich hob ich ihren Rock hoch, und ich sah den schönsten, den weißesten, den wohlgeformtesten, den festesten, den entzückendsten Arsch, den man sich vorstellen kann. Nein, keiner von denen, die ich später gefeiert habe, keiner hat es je mit dem meiner lieben Suzon aufnehmen können! Göttliche Backen, deren liebliche Farben die des Gesichts noch übertrafen. Anbetungswürdige Backen, auf die ich tausend verliebte Küsse drückte, verzeiht mir, wenn ich euch damals nicht die Ehre erwies, die euch gebührte! Ja, ihr verdientet es, angebetet zu werden, ihr verdientet das höchste Lob. Aber ihr hattet einen überaus gefährlichen Nachbarn, und mein Geschmack war noch nicht verfeinert genug, um euren wahren Wert zu erkennen, so daß ich nur ihn meiner ganzen Leidenschaft für würdig hielt! Bezaubernder Arsch! Möge meine Reue dir Rache sein! Ja, stets werde ich dich in köstlicher Erinnerung behalten! Ich habe dir in meinem Herzen einen Altar errichtet, vor dem ich alle Tage meines Lebens meine Blindheit beweine.

Ich kniete vor diesem anbetungswürdigen kleinen Arsch, ich küßte ihn, ich drückte ihn, ich öffnete ihn ein wenig, ich geriet in Ekstase. Aber Suzon besaß noch tausend andere Schönheiten, die meine Neugierde anstachelten. Ich erhob mich verzückt, ich heftete meine gierigen Blicke auf zwei harte und feste kleine Brüste, welche die Liebe selbst gerundet hatte. Sie hoben und senkten sich, keuchten und schienen nach einer Hand zu verlangen, die ihre Bewegung aufhielte. Ich berührte sie mit der meinigen und drückte sie. Willenlos überließ sich Suzon meinem Überschwang, nichts vermochte sie dem fesselnden Schauspiel zu entreißen. Ich war darob entzückt, aber ihre Aufmerksamkeit wurde meiner Ungeduld doch recht lang. Ein Feuer brannte in mir, das nur durch die Wollust gelöscht werden konnte. Gerne hätte ich Suzon ganz nackt gesehen, um mich am Anblick eines Körpers zu weiden, dessen so reizende Teile ich küßte und liebkoste. Mir schien, als wäre allein dieser Anblick imstande, meine Wünsche zu erfüllen. Bald war ich in der Verfassung, das Gegenteil zu beweisen. Ich entkleidete Suzon, ohne daß sie sich widersetzte. Meinerseits nackt, suchte ich mit allen Mitteln meine Leidenschaft zu stillen; ich hatte nicht genug Kraft, sie an mich zu drücken: tausend und abertausend Küsse, die lebhaftesten Zeichen der Liebe waren tausendmal schwächer als das, was ich fühlte. Ich versuchte, ihn ihr hineinzustecken, aber die Haltung war beschwerlich: man mußte es von hinten machen. Sie spreizte die Beine und die Hinterbacken, doch der Eingang war so eng, daß es mir unmöglich war, ihn zu bezwingen. Ich steckte den Finger hinein und zog ihn wieder heraus, ganz mit Liebessaft bedeckt. Die gleiche Ursache rief bei mir die gleiche Wirkung hervor: von neuem strengte ich mich an, an diesem bezaubernden Ort den Platz einzunehmen, den mein Finger besetzt gehalten hatte: wieder die gleiche Unmöglichkeit, trotz allen Erleichterungen, die man mir gewährte.

»Suzon«, sagte ich, wütend über das Hindernis, das ihre hartnäckige Aufmerksamkeit meinem Glück in den Weg legte, »laß sie, komm, meine liebe Suzon, wir können ebensoviel Vergnügen haben wie sie.«

Sie richtete ihre Augen auf mich: sie waren voller Leidenschaft. Ich nehme sie liebevoll in meine Arme, ich trage sie auf mein Bett, ich werfe sie auf den Rücken. Sie spreizt die Schenkel, meine Augen heften sich begierig auf eine purpurne kleine Rose, die gerade zu erblühen beginnt. Blonde Haare umschatten in kleinen Büscheln einen Hügel, dessen lebhafte Weiße auch der zarteste Pinsel nur schwach wiedergeben könnte. Regungslos und voller Ungeduld wartete Suzon auf spürbarere und befriedigendere Zeichen meiner Leidenschaft. Ich bemühte mich, sie ihr zu geben, aber ich stellte mich sehr ungeschickt an: bald zu tief, bald zu hoch, erschöpfte ich mich in vergeblichen Anstrengungen. Sie steckte ihn mir selber hinein. Ah! jetzt fühlte er sich auf dem richtigen Weg. Ein Schmerz, den ich auf einem Pfad, den ich mit Blumen übersät wähnte, nicht anzutreffen geglaubt hatte, ließ mich zunächst innehalten. Suzon erging es ebenso. Aber wir ließen uns nicht entmutigen. Suzon bemühte sich, den Pfad zu erweitern, ich machte noch größere Anstrengungen, die sie unterstützte. Schon hatte ich die Hälfte der Strecke zurückgelegt, Suzon warf mir ersterbende Blicke zu, ihr Gesicht glühte, sie atmete nur noch stoßweise und strahlte eine ungeheure Hitze aus, ich schwamm in einem Meer von Wonnen. Doch ich erhoffte noch größere und beeilte mich, sie auszukosten. O Himmel! mußten solch süße Augenblicke durch das grausamste Mißgeschick gestört werden? Feurig stieß ich zu. Mein Bett, dieses unglückselige Bett, Zeuge meiner Verzückungen und meines Glücks, verriet uns. Es war nur ein Gurtbett, der Pflock gab nach, wir fielen unter entsetzlichem Getöse hin. Dieser Sturz war mir förderlich, da er mich so weit vordringen ließ, wie es mir irgend möglich war, wenn auch unter äußersten Schmerzen für uns beide. Mit Gewalt unterdrückte Suzon ihre Schreie und versuchte erschrocken, sich meinen Armen zu entwinden. Ich war rasend vor Liebe und Verzweiflung und drückte sie nur noch fester an mich. Meine Hartnäckigkeit kam mich teuer zu stehen.

Toinette, von dem Lärm aufgeschreckt, eilt herbei, öffnet, tritt ein und sieht uns. Welches Schauspiel für die Augen einer Mutter! Der Mutter einer Tochter, eines Sohnes! Die Überraschung ließ sie erstarren, als würde sie von etwas zurückgehalten, was stärker war als sie. Sie sah uns mit flammenden Augen an, die eher vor Geilheit als vor Zorn sprühten. Ihr Mund stand offen, aber sie brachte keinen Ton über die Lippen.

Suzon war in Ohnmacht gefallen, ihre zärtlichen Augen schlossen sich, und ich hatte weder den Mut noch die Kraft, mich zurückzuziehen. Ich warf den Blick abwechselnd auf Toinette und auf Suzon, auf die eine voll Grimm, auf die andere voll Schmerz. Ermutigt durch die Unbeweglichkeit, in der das Erstaunen Toinette zu halten schien, wollte ich Nutzen daraus ziehen: ich stieß zu. Da gab Suzon ein Lebenszeichen von sich, seufzte tief, schlug die Augen auf, drückte mich an sich und zuckte mit dem Arsch: Suzon genoß die höchste Lust, sie zerfloß, ihr Entzücken weckte meine Begierde, ich wollte es teilen. Toinette stürzte sich genau in dem Augenblick auf mich, da ich das Nahen der Lust spürte, und riß mich aus den Armen meiner lieben Suzon. O Götter! hatte ich denn nicht Kraft genug, mich zu rächen? Offenbar raubte die

Verzweiflung sie mir, da ich regungslos in den Armen dieser eifersüchtigen Stiefmutter blieb.

Pater Polycarpe, der nicht weniger neugierig war als Toinette, war unterdessen herbeigelaufen und blieb überrascht stehen beim Anblick des Schauspiels, das sich ihm bot, besonders beim Anblick von Suzon, die nackt auf dem Rücken lag, einen Arm über die Augen legte und mit der Hand des anderen den schuldigen Ort bedeckte, als könnte das ihre Reize den Blicken eines geilen Mönches entziehen. Auf diese warf er seine Augen zuerst. Die meinen ruhten wie gebannt auf ihrem Zentrum und die von Toinette auf mir. Überraschung, Wut, Furcht — nichts vermochte mich zu entspannen: mein Schwanz war aufgereckt und härter als Eisen. Toinette betrachtete ihn: dieser Anblick erwirkte meine Begnadigung und versöhnte sie mit mir. Ich fühlte, daß sie mich langsam aus dem Zimmer zog; ich war verwirrt, ich wußte nicht, was ich tat. Nackt, wie ich war, folgte ich ihr, ohne an etwas zu denken, und all dies geschah, ohne daß ein Wort geredet wurde.

Toinette führte mich in ihr Zimmer. Als wir eingetreten waren, merkte ich, daß sie die Tür verriegelte. Da riß mich die Furcht aus meiner Betäubung, ich wollte fliehen und suchte nach irgendeinem Schlupfwinkel, der mich Toinettes Rachgier entziehen könnte. Da ich keinen fand, kroch ich unter das Bett. Toinette erkannte den Grund meiner Angst und versuchte, mich zu beruhigen:

»Nein, Saturnin«, sagte sie, »nein, mein Freund, ich will dir kein Leid antun.«

Ich glaubte ihr nicht und rührte mich nicht aus meinem Versteck. Sie kam selber, um mich hervorzuziehen. Ich sah, daß sie den Arm ausstreckte, um mich zu erwischen; ich wich zurück, aber vergeblich, sie packte mich. Woran? Am Schwanz. Es gab keine Möglichkeit mehr, mich zu verteidigen; ich kam schleunigst hervor, und sie zog mich zu sich, denn sie hatte ihren Griff nicht gelockert.

Die Beschämung, *in naturalibus* dazustehen, hinderte mich nicht, erstaunt zu sein, als ich sah, daß auch Toinette splitternacht war. Sie, die sich noch kurz zuvor wenn nicht gerade in einem schicklichen Aufzug, so doch in einer Hülle gezeigt hatte, die das Nötigste verbarg. Sie ließ meinen Schwanz nicht los, der in ihrer Hand an Kraft und Steifheit zurückgewann, was die Furcht ihm genommen hatte. Soll ich meine Schwäche gestehen? Als ich sie sah, dachte ich nicht mehr an Suzon: allein Toinette beschäftigte mich; zwar wußte ich nicht, wie ich mich aus dieser Lage befreien sollte, aber er stand mir noch immer, und meine Befürchtungen wichen der Leidenschaft. Toinette hielt noch immer meinen Schwanz in der Hand, und meine Augen starrten auf Toinettes Möse. Was tat die Unzüchtige? Sie legte sich auf ihr Bett, wobei sie mich auf sich zog.

»Komm schon, du kleiner Feigling«, sagte sie und küßte mich, »steck ihn rein, ja, da . . . gut.«

Ich ließ mich nicht länger bitten, und da ich auf wenig Widerstand traf, schob ich ihn bis zum Heft hinein. Durch das Vorspiel mit Suzon bereits in Stimmung, spürte ich alsbald einen Strom der Wonne in mir aufsteigen, so daß ich reglos auf die lüsterne Toinette niedersank, die durch eine flinke Bewegung des Muskels die Erstlinge meiner Männlichkeit empfing. Auf diese Weise machte ich schon bei meinem ersten Versuch meinen vermeintlichen Vater zum Hahnrei. Aber was macht das schon?

Welche Fülle von Betrachtungen für jene Leser, deren kaltes Temperament noch niemals die Rasereien der Liebe empfunden hat! Stellen Sie diese Betrachtungen an, meine Herren, lassen Sie Ihrer Moral die Zügel schießen, ich lasse Ihnen freies Spiel und sage Ihnen nur eines: werden Sie so geil, wie ich es war, und Sie können ficken. Wen? Den Teufel.

Gerade wollte ich eine so reizende Übung wiederholen, als wir von einem dumpfen Geräusch unterbrochen wurden, das aus meinem Zimmer kam. Toinette, die genau wußte, worum es sich handelte, stand auf und rief dem Pater zu, er solle aufhören. Rasch kleidete sie sich an, empfahl mir, mich wieder unter dem Bett zu verstecken, und eilte hinaus, um zu verhindern, daß die Dinge noch weiter getrieben wurden.

Kaum hatte sie den Rücken gekehrt, flog ich zu dem Loch in der Wand. Ich erblickte den Mönch und in seinen

Armen Suzon, die sich zwar wieder angekleidet hatte, aber deren Rock und Hemd hochgehoben waren. Die Kutte des Mönchs war es ebenfalls, und ich vermutete, daß das Geräusch nur von der außerordentlichen Dicke des Gliedes Seiner Ehrwürden herrührte, der wohl vergebliche Anstrengungen unternahm, ihm an einem Ort Eingang zu verschaffen, der für dieses Organ nicht gemacht war. Das Gefecht endete, als Toinette sich zeigte: sie stürzte sich auf die Kämpfenden, riß Suzon aus den Armen des blutschänderischen Zölestiners und gab ihr mit zwei oder drei Ohrfeigen die Erlaubnis zu gehen. Es schien, als habe diese energische Handlung Toinette erschöpft und als bliebe ihr nicht mehr genug Kraft, auch Pater Polycarpe ihren Unwillen zu erkennen zu geben. Atemlos sah sie ihn an. Einem Mönch fehlt es zwar kaum an Dreistigkeit, dennoch hielt die des Paters der Beschämung nicht stand, in flagranti ertappt worden zu sein; vielleicht war es auch die Furcht vor den Vorwürfen, die er von Toinette erwartete, oder vielmehr das Gefühl der Schmach, mit der sich seiner Meinung nach ein Mönch bedeckte, der es unternimmt, ein junges Mädchen auszunutzen, ohne zum Ziel zu kommen. Er wurde rot und blaß und wagte kaum, Toinette anzusehen, der es ebenso zu ergehen schien. Von meinem Loch aus beobachtete ich sie aufmerksam und erwartete, bald Zuschauer einer heftigeren Auseinandersetzung zu sein. Ich befürchtete es. Wie wenig kannte ich die beiden! Der Mönch schien verwirrt zu sein, aber nicht erschlafft. Erschlafft ein Mönch überhaupt jemals? Toinette schien wütend zu sein, aber sie betrachtete den Schwanz des Mönches. Es war immer ihre Schwäche, daß sie bei diesem Anblick all ihren Zorn vergaß; mein Beispiel hätte mich darauf gefaßt machen müssen, daß sie den Pater mit der nämlichen Nachsicht behandeln würde. Die Versöhnung kam bald zustande. Der Mönch näherte sich ihr, gab ihr seinen fidelen Dorn in die Hand und sagte zu ihr:

»Wenn ich schon die Tochter nicht ficken konnte, so werde ich wenigstens die Mutter ficken.«

Oh! auch diesen Schimpf war Toinette zu verzeihen bereit! Sie brachte sich sogar willfährig der Liebeswut des Mönches zum Opfer. Er packte sie, er umarmte sie, und beide fielen auf die Überreste meines Bettes, wo sie ihre Versöhnung mit einem reichlichen Erguß besiegelten, zumindest schloß ich es aus den Verzückungen des Paters und den Zuckungen von Toinettes Arsch.

Was tat unterdessen der kleine Schurke Saturnin, werden Sie fragen? Begnügte er sich damit, wie ein Tölpel durch das Loch zu schauen, ohne sich den Gedanken, den Liebkosungen der beiden Kämpfenden anzuschließen? Was für eine Frage! Saturnin war nackt, er glühte noch von den Zärtlichkeiten, die ihm Toinette hatte zuteil werden lassen, und das Schauspiel, das er vor Augen hatte, erhitzte ihn noch mehr. Was sollte er da wohl tun? Er onanierte, er schäumte vor Wut, den Mönch auf Toinette liegen zu sehen, ohne etwas davon zu haben, und der kleine Schlingel spritzte genau in dem Augenblick, wo seine Mutter den Arsch zusammenklemmte und dem Pater die Sinne schwanden. Jetzt wissen Sie Bescheid, kehren wir also zu den anderen zurück.

»Na«, sagte der Mönch, »findest du, daß ich es ebenso gut mache wie Saturnin?«

»Wie Saturnin?« antwortete sie. »Ich? Ich habe etwas mit Saturnin gemacht? Hat sich der kleine Spitzbube nicht unter dem Bett versteckt, wo er immer noch ist? Nur Geduld, lassen Sie nur Ambroise kommen, und er wird die Peitsche spüren, und zwar tüchtig.«

Ich hörte dieses Gespräch. Sie können sich denken, wie mir ein solches Versprechen gefiel! Ich verdoppelte meine Aufmerksamkeit und hörte, wie der Pater erwiderte:

»Na, na, Toinette, regen wir uns nicht auf. Sie wissen doch, daß er nicht immer hier bleiben darf. Er ist jetzt groß genug, nicht wahr? Ich gedenke ihn mitzunehmen, wenn ich abreise.«

»Aber«, versetzte Toinette, »Sie denken wohl nicht daran, daß wir nichts mehr unternehmen können, solange der Schlingel hier ist. So einer hat ein loses Mundwerk, und ich ahne fast, daß er uns schon entdeckt hat. Da, sehen Sie nur«, fuhr sie fort, als sie das Loch in der Wand gewahrte, »ah! Großer Gott! Ich habe dieses Loch noch gar nicht bemerkt. Der kleine Hundsfott hat bestimmt alles gesehen!«

Da ich annahm, sie werde kommen, um sich von der Richtigkeit ihrer Vermutung zu überzeugen, kroch ich rasch wieder unter das Bett und hütete mich, ein zweites Mal hervorzukommen, so gerne ich auch die Fortsetzung des Gespräches gehört hätte, das mich lebhaft zu interessieren begann. Ich blieb, wo ich war, und harrte voller Ungeduld auf das Ergebnis ihrer Reden. Ich wartete nicht lange.

Bald holte man mich aus meinem Gefängnis. Ich hörte, wie jemand die Tür öffnete, ich zitterte vor Angst, es könnte Ambroise sein: was würde ich erleben, wenn er mich hier sähe! Es war aber nur Toinette, die mir meine Kleider brachte und mir sagte, ich solle mich schleunigst anziehen. Nach allem, was ich sie über mich hatte sagen hören, sah ich sie nur böse an. Ich beeilte mich zu tun, was sie sagte, aber ich spottete ihrer Drohungen. Ich bemerkte, daß auch sie sich ankleidete und sich sogar herausputzte.

»Los, Saturnin«, sagte sie, »kommen Sie mit.«

Wohl oder übel mußte ich ihr folgen. Wohin führte sie mich? Zum Herrn Pfarrer.

Ich gestehe offen, daß mich der Anblick des Pfarrhauses erzittern ließ: der Pastor hatte schon mehrfach die Ehre gehabt, mein Hinterteil heimzusuchen (was er, nebenbei gesagt, durchaus nicht verabscheute), und ich fürchtete sehr, daß man mich auch diesmal zu ihm brachte, um ihm diese Kurzweil zu verschaffen. Ich wagte nicht, Toinette meine Angst merken zu lassen: wenn ich mich verrate, sagte ich mir, dann wecke ich womöglich schlafende Hunde, sie würde die Gelegenheit beim Schopfe packen. Aber warum bringt sie mich hierher? Ich weiß es wirklich nicht. Machen wir aus der Not eine Tugend und treten wir tapfer ein.

Ich trat ein, und tatsächlich kam ich mit dem Schrecken davon, denn Toinette übergab mich dem frommen Mann mit der Bitte, mich ein paar Tage bei sich zu behalten. Diese Worte — ein paar Tage — beruhigten mich. Gut, sagte ich mir, und wenn diese Tage vergangen sind, wird Pater Polycarpe mich mitnehmen. Diese Aussicht entzückte mich, so daß ich mich leichteren Herzens in meinen

Abschied schickte, über dessen Ursache ich indes nicht nachzudenken vermochte, ohne daß der Schmerz mich überwältigte. Suzon, liebe Suzon! so verliere ich dich denn für immer! rief ich in einer Ecke des Zimmers, wohin ich mich zuerst aus Angst zurückgezogen hatte und wo ich nun gerne blieb, weil ich hier nach Belieben träumen konnte. Wovon? Von Suzon. Die Aufregung der letzten Stunden hatte lediglich aufgeschoben, was ich für sie empfand, aber jetzt, da ich wieder zu mir kam, erfüllte mich der Gedanke an sie ganz und gar. Ja, es zerriß mir das Herz, wenn ich daran dachte, daß ich sie verlieren sollte. Meine Phantasie ergötzte sich an all ihren Reizen, sie überflog alle Schönheiten ihres Körpers: ihre Schenkel, ihre Hinterbacken, ihren Busen, ihre weißen und harten kleinen Brüste, die ich so oft geküßt hatte. Ich rief mir die Lust in Erinnerung, die ich mit ihr erlebt hatte, und als ich an die Wonnen dachte, die ich bei Toinette gefunden hatte, fragte ich mich, wie sie wohl gewesen wären, wenn ich sie mit Suzon genossen hätte! Bei Toinette war ich schier ohnmächtig geworden, bei Suzon wäre ich gestorben! Ah! in ihren Armen gäbe ich freudig mein Leben hin! Was mochte aus ihr geworden sein? Toinettes Wut ausgesetzt, wird sie vor Kummer sterben. Vielleicht weint sie gerade jetzt, vielleicht verflucht sie mich. Suzon weint, und ich bin daran schuld! Suzon verflucht mich! Sie schwört, mich zu hassen! Kann ich noch leben, wenn sie mich haßt, ich, der sie anbetet, ich, der alles erdulden würde, um ihr den kleinsten Kummer zu ersparen? Ach! sie ahnte unser Unglück, und ich habe sie hineingestürzt! Diese Gedanken bewegten mich, und ich versank in düstere Schwermut, aus der ich erst beim Ton einer Glocke erwachte, die mir anzeigte, daß das Abendessen angerichtet war. Man rief mich. Überlassen wir Suzon für einen Augenblick ihrem Schicksal, wir werden sie widersehen, denn sie spielt in diesen Memoiren eine nicht unwichtige Rolle. Gehen wir essen und schildern wir einige der Originale, die ich bei Tisch antraf. Beginnen wir mit dem Oberhaupt.

Der Herr Pfarrer war einer jener Leute, deren Anblick zum Lachen reizt: vier Fuß hoch, das Gesicht einen halben

Fuß breit und von dunklem Rot, eine Farbe, die gewiß nicht vom Wassertrinken herrührte, eine von Weinfinnen bekränzte Stupsnase, schwarze und lebhafte, von dichten Brauen überschattete kleine Augen, eine niedrige Stirn, gekräuseltes Haar wie ein Pudel. Dazu eine boshafte, spöttische Miene: da habt ihr den Herrn Pfarrer. Außerdem war der Spitzbube ein Liebling der Frauen, so manche im Dorf hätte mir Geschichten erzählen können. Eifrig bestellte er den Weinberg des Herrn. Solche kleinen und häßlichen Menschen sind gewöhnlich sehr ausdauernd bei diesem Spiel, und unserem Pfarrer fehlte es vermutlich nicht an jenen Talenten, die mehr gelten als ein schönes Gesicht, sofern es einem vergönnt ist, sie zur Geltung zu bringen.

Kommen wir nun zu der zweiten Zierde am Zölestinertisch im Haus des Herrn Pfarrers, der ehrenwerten Haushälterin. Madame Françoise war eine alte Hexe, tückischer als ein alter Affe, bösartiger als ein alter Teufel. Davon abgesehen, war sie die Güte selbst. Sie mochte fünfzig Jahre auf dem Buckel haben. Da aber jedes Land und jeder Stand seine Eitelkeiten hat, gab sich die Alte für fünfunddreißig aus. Ungeachtet ihrer Redeweise führte sie indes ein so mustergültiges Leben, daß sie in den fünfzehn Jahren, die sie dem Pfarrer diente, diesen vor den beschwerlichen Exerzitien bewahrt hatte, die er im Seminar zwei- bis dreimal alle fünf Jahre abzuhalten pflegte, Mißlichkeiten, die den geistigen Vater der Jugend mit Widerwillen erfüllt hatten. Und wenn die Dame Françoise auch rotumränderte Augen, eine vom Tabak verschmierte Nase und einen bis zu den Ohren reichenden Mund hatte und in diesem Mund nur noch wenige wakkelnde Zähne besaß, so ließ es der Pfarrer ihr gegenüber, aus Dankbarkeit für die erwiesenen Dienste, doch in keiner Weise an Achtung und, was weit mehr bedeutet, an Zärtlichkeiten fehlen. Madame Françoise war die Oberaufseherin des Hauses, alles ging durch ihre Hände, sogar das Geld der Pensionärinnen, wo es freilich auch blieb. Vom Herrn Pfarrer sprach sie immer nur im Kollektivum. Brachte man etwas, um eine Messe zu lesen? »wir« werden sie lesen. Gab man etwas weniger? zu diesem Preis können »wir« sie nicht lesen. He, Madame Françoise (hochtrabend »Madame« — sie hätte es übelgenommen, wenn man diesen Ehrentitel nicht vor ihren Namen gesetzt hätte), he, Madame Françoise, mehr habe ich nicht: wo denken Sie hin, Sie scheinen zu glauben, daß man uns alles schenkt? wir brauchen Wein, wir brauchen Kerzen. Und unsere Mühe, zählt die etwa nicht?

Im Schatten des Einvernehmens, das zwischen Madame Françoise und dem Herrn Pfarrer herrschte, wuchs ein Mädchen heran, das als Nichte des Pastors galt, ihm aber sicherlich näherstand. Ein dralles, pausbäckiges Ding, ein wenig blatternarbig, aber sehr hellhäutig, mit einem wundervollen Busen, einer Nase, die nach der des Pfarrers geriet, nur daß sie noch keine Finnen hatte, jedoch alle Anlagen, sie eines Tages zu bekommen; kleine, aber feurige Augen. Sie wollte nicht für rothaarig gelten, da ihr vom Hörensagen bekannt war, daß diese Farbe geächtet sei und eine schöne Frau blond sein müsse. Und da sie sich für schön hielt, wählte sie die entsprechenden Attribute. Ob nun blond oder rot — diese Frage interessierte einen gewissen liederlichen Studenten der Philosophie herzlich wenig, der von Zeit zu Zeit acht oder zehn Tage im Pfarrhaus verbrachte, weniger aus freundschaftlichen Gefühlen für den Herrn Pfarrer als für seine reizende Nichte, die der Halunke fest an sich drückte, und zwar so fest, daß . . . aber noch ist die Zeit nicht gekommen, zu erzählen, was mir mit ihm widerfuhr.

Mademoiselle Nicole (so hieß die reizende Person), die ich Ihnen soeben vorgestellt habe, war der heißumworbene Gegenstand aller Pensionäre. Aber auch die Externen wollten mit ihr anbändeln. Die Großen kamen recht gut bei ihr an, die Kleinen sehr schlecht. Leider gehörte ich nicht zu den Größten. Nicht, daß ich nicht mehrere Male versucht hätte, bei dieser drallen Puppe zu landen, aber mein Alter sprach gegen mich: stets hatte man es grausam abgelehnt, es auf eine Probe ankommen zu lassen und mir zu glauben, daß ich nur dem Wuchse nach jung war, und um das Maß meiner Verzweiflung voll zu machen, hinterbrachte man meine verliebten Unternehmungen der Dame Françoise, die wiederum hinterbrachte sie dem

Herrn Pfarrer, und der Herr Pfarrer schonte mich nicht. Es machte mich wütend, daß ich so klein war, denn ich sah wohl, daß dies die Ursache all meines Unglücks war.

Die Schwierigkeiten, bei Nicole anzukommen, hatten mir alles verleidet: die Zurückweisungen seitens der Nichte, die Prügel seitens des Pfarrers waren nicht mehr zum Aushalten. Dennoch hatten sie meine Begierden nicht erstickt, sie schlummerten nur, und Nicoles Gegenwart entfachte sie stets von neuem. Es fehlte nur eine Gelegenheit, sie zum Ausbruch kommen zu lassen. Sie ergab sich auch bald, aber die Ordnung der Begebenheiten verlangt, daß dieses Abenteuer wartet, bis es an der Reihe ist, und seine Zeit ist noch nicht gekommen: es handelt sich um das Abenteuer mit Madame d'Inville.

Ich hatte nicht vergessen, daß ich dieser Dame versprochen hatte, am folgenden Tag mit ihr zu dinieren. Ich legte mich mit dem Vorsatz zu Bett, mein Wort zu halten, und man kann sich denken, daß das Tageslicht an meinem Entschluß nichts änderte. Sollte man mich jedoch fragen, ob ich wirklich Madame d'Invilles wegen ins Schloß gehen wollte, so wüßte ich darauf nicht zu antworten. Ganz allgemein zog mich wohl der Gedanke an das Vergnügen dorthin, aber ich fühlte, daß dieses Vergnügen weit angenehmer wäre, wenn Suzon es mir bereitete, als wenn ich es von Madame d'Inville empfinge. Die Hoffnung, meine liebe Suzon dort anzutreffen, war nicht ganz unbegründet, und ich stellte folgende Überlegungen an. Warum hat man mich zum Herrn Pfarrer gegeben? Sicherlich, weil Pater Polycarpe vermutete, Toinette habe mir eine Lektion erteilt, die nicht nach seinem Geschmack wäre, und weil er befürchtete, ich könnte mich allzusehr an diese Lektionen gewöhnen. Toinette wiederum hat von seiten des Paters schon ganz andere Dinge erlebt und deshalb ebenso gute Gründe, Suzon aus seiner Nähe zu entfernen, wie der Mönch Gründe hatte, mich von Toinette zu trennen. Wenn ich Suzon im Schloß finde, so werde ich sie auffordern, hinter einen der Büsche im Garten zu kommen. Die Kleine ist verliebt, sie wird kommen, ich werde sie beiseite ziehen, wir werden allein sein und nichts zu befürchten haben. Unter solch angenehmen Gedanken kam ich zum Schloßtor. Ich trat ein.

Tiefe Stille herrschte bei Madame d'Inville. Niemand begegnete mir auf meinem Weg, so daß es mir freistand, eine lange Reihe von Gemächern zu durchschreiten. Ein jedes betrat ich mit klopfendem Herzen, weil ich hoffte, Suzon darin zu finden, und gleichzeitig fürchtete, sie nicht anzutreffen. In diesem hier wird sie sein, sagte ich mir, ah! gleich werde ich sie sehen: es war niemand da. Auch im nächsten nicht. So kam ich schließlich zu einem Zimmer, dessen Tür verschlossen war, aber der Schlüssel steckte. Ich war nicht so weit vorgedrungen, um jetzt zurückzuweichen: ich öffnete. Meine Dreistigkeit wurde ein wenig erschüttert, als ich ein Bett erblickte, in dem jemand zu liegen schien. Ich wollte mich gerade zurückziehen, als ich eine weibliche Stimme fragen hörte, wer da sei, und im selben Augenblick erkannte ich Madame d'Inville, die den Vorhang öffnete und den Kopf vorstreckte. Ich wäre fortgegangen, wenn mich der Anblick ihres Busens nicht gelähmt hätte.

»Ah! es ist mein Freund Saturnin«, rief sie, »komm doch und umarme mich, mein liebes Kind!«

Durch diese Worte ebenso kühn geworden, wie ich vorher schüchtern gewesen war, stürmte ich auf sie zu und warf mich in ihre Arme.

»Ich liebe es«, sagte sie mit zufriedener Miene, als ich mich einer Pflicht entledigt hatte, bei der mehr das Herz als die Höflichkeit beteiligt war, »ich liebe es, wenn ein junger Mann seinen Stolz darein setzt, unverzüglich zu gehorchen . . .«

Kaum hatte sie zu Ende gesprochen, als ich aus einem Ankleideraum einen kleinen Zieraffen treten sah, der im Falsett die Melodie eines damals neuen Liedchens krächzte, dessen Rhythmus er durch Pirouetten unterstrich, die dem bizarren Klang seiner Stimme aufs wunderbarste entsprachen.

Beim unvermuteten Erscheinen dieses modernen Amphion, den Madame d'Inville mit »Abbé« anredete, errötete ich; ich schämte mich für sie, die mir soeben Beweise ihres Wohlwollens gegeben hatte, und war auch selbst beschämt über den Beweggrund meiner Zärtlichkeiten, mit denen ich die ihrigen vergolten hatte. Doch bald rächte ich mich für die Verwirrung, in die er mich gestürzt hatte, durch das Urteil, das ich mir über ihn bildete. Die Lage, in der man sich befindet, beeinflußt gewöhnlich die Art und Weise, wie man über das Gesehene denkt. Ich zweifelte nicht daran, daß meine unerwartete Ankunft ein Spiel gestört hatte, das keinen lästigen Dritten duldet. Konnte ich im Ernst glauben, daß ein Mann, der mit einer Frau allein ist, etwas anderes täte, als ich selbst getan hätte?

Aus Furcht, er könnte den Grund meines Besuchs durchschauen, wagte ich kaum, ihn anzusehen. Und wenn die Neugier mich bisweilen trieb, die Augen zu heben, so senkte ich sie sogleich wieder, aus Angst, einem boshaften Lächeln auf seinem Gesicht zu begegnen. Als ich jedoch darauf nicht fand, was ich so sehr befürchtete, betrachtete ich ihn nicht länger als furchterregenden Zeugen, und meine Augen gewöhnten sich langsam daran, in ihm nichts weiter als einen zudringlichen Menschen zu sehen, dessen Gegenwart dem Vergnügen hinderlich sein würde, das mir die Einbildung in so lieblichen Farben ausgemalt hatte.

Ich beobachtete ihn aufmerksam, und während ich über den Namen Abbé nachdachte, mit dem man ihn angeredet hatte, suchte ich in seiner Erscheinung nach Merkmalen, die diesen Titel rechtfertigen könnten, da er mir recht deplaziert vorkam. Ich hatte nämlich ganz bestimmte Vorstellungen von einem Abbé. Ich bildete mir ein, daß alle Abbés der Welt so beschaffen sein müßten wie der Pfarrer oder der Vikar, und es bereitete mir Mühe, deren biederes Auftreten mit den übermütigen Possen der Person in Einklang zu bringen, die ich vor Augen hatte.

Dieser kleine Adonis, der Abbé Fillot hieß, war der Sohn des Steuereinnehmers der benachbarten Stadt, eines sehr reichen Mannes, Gott weiß, auf wessen Kosten. Wie die meisten Tölpel seines Schlages hatte er aus Paris mehr Geckenhaftigkeit denn Gelehrsamkeit mitgebracht; er hatte Madame d'Inville auf ihren Landsitz begleitet, um ihr die Zeit angenehmer zu vertreiben. Ob Schüler oder Abbé, dazu war ihr jeder recht.

Die Dame klingelte. Man kam: es war Suzon. Bei ihrem Anblick erbebte mein Herz; ich war entzückt, daß sich meine Vermutungen so glücklich bestätigten. Sie bemerkte mich nicht gleich, weil ich mich hinter den Vorhängen des Bettes befand, auf dem Madame d'Inville mich hatte Platz nehmen lassen. Eine Situation, nebenbei gesagt, die dem Abbé durchaus nicht zu behagen schien. Nur mit Mühe duldete er die kleinen Freiheiten, die Madame d'Inville mir gestattete, und ich sah, daß er auch die Gefälligkeiten, die sie mir erwies, für geschmacklos hielt.

Suzon kam näher und erblickte mich. Ihre schönen Wangen überzogen sich mit den lebhaftesten Farben, sie senkte die Augen, die Erregung raubte ihr die Sprache. Ich war nicht minder erregt als sie, nur daß ich die Augen nicht niederschlug, sondern sie auf ihr ruhen ließ. Die Reize von Madame d'Inville, die sie nicht vor mir verbrag, ihr Busen, ihre Brüste und alle anderen Schönheiten ihres Körpers, deren Anblick ein neidisches Laken mir zwar entzog, was meine Phantasie jedoch um so mehr anregte — dies alles hatte in meinem Herzen Eindrücke hinterlassen, die augenblicklich Suzon zum Vorteil gereichten. Aber die Überlegung zügelte alsbald ein zu voreiliges Gefühl und brachte mich langsam zu meiner vorherrschenden Sinnesart zurück.

Hätte ich die Wahl zwischen Suzon und Madame d'Inville gehabt, so hätte ich nicht geschwankt: Suzon gebührte der Apfel. Aber man stellte mich nicht vor die Wahl: Suzon zu besitzen war nur eine äußerst schwache Hoffnung, aber daß ich Madame d'Inville in Armen halten würde, war fast eine Gewißheit. Ihre Blicke verhießen es, und auch ihre Worte, wenngleich durch die Anwesenheit des kleinen Abbés gehemmt, bestärkten mich darin. Nachdem Suzon beauftragt worden war, eine Kammerfrau herzuschicken, ging sie hinaus, und ihr Verschwinden erstattete Madame d'Inville allmählich die Begierden zurück, die ihr zukamen, da sie ihr Werk waren.

Dennoch war ich noch immer so verwirrt, und die Regungen meines Herzens waren in solchem Aufruhr, daß ich das Verschwinden des Abbés nicht bemerkte. Madame d'Inville hatte ihn wohl hinausgehen sehen, aber da sie meinte, mir wäre es ebenfalls nicht entgangen, hielt sie es für überflüssig, mich darauf hinzuweisen. Sie lehnte sich auf ihr Kissen zurück. Und indem sie mich mit schmachtender Sanftmut ansah, die mir unnötigerweise zu verstehen gab, daß mein Glück nur von mir abhänge, drückte sie zärtlich meine Hand und ließ sie ab und zu wie unbeabsichtigt auf ihre Schenkel sinken, die sie lüstern zusammenpreßte und wieder öffnete. Ihre Blicke beklagten sich über meine Schüchternheit und schienen mir vorzuwerfen, daß ich nicht mehr derselbe sei wie tags zuvor. Da ich immer noch der Meinung war, daß der Abbé uns beobachtete, verharrte ich in alberner Zurückhaltung, bis sie ungeduldig wurde.

»Schläfst du, Saturnin?« sagte sie. Ein routinierter Galan hätte die Gelegenheit ergriffen, um sich in einem Schwall von Keckheiten zu ergehen. Ich war kein solcher und brachte nichts anderes heraus als:

»Nein, Madame, ich schlafe nicht.«

Obgleich diese einfältige Antwort die Meinung, die sie sich aufgrund meiner Kühnheit über mich gebildet hatte, sehr beeinträchtigte, tat sie ihrem Wohlwollen für mich keinen Abbruch, ganz im Gegenteil: sie verlieh mir in ihren Augen einen neuen Vorzug, da sie mich nun für einen Neuling hielt. Ein delikater Leckerbissen für eine galante Frau, deren Einbildungskraft wollüstig berührt wird beim Gedanken an den Genuß, der um so lebhafter ist, als derjenige, der ihn ihr bereitet, den wahren Lohn nicht kennt und ihn durch Wonnen erhöht, die er zum erstenmal erlebt. So dachte Madame d'Inville. Und denken nicht alle Frauen so? Meine Gleichgültigkeit ließ die Dame erkennen, daß ihre Art des Angriffs an mir abglitt und daß es eines eindrucksvolleren Mittels bedurfte, mich zu erregen. Sie ließ meine Hand los, und indem sie mit gespieltem Gähnen die Arme reckte, enthüllte sie mir einen Teil ihrer Reize. Das riß mich aus der Benommenheit, in der ich mich seit Suzons Weggang befand. Ich erwachte, mein Gesicht belebte sich wieder, Suzons Bild entschwand, meine Augen, meine Blicke, meine Sehnsucht — alles galt im Augenblick nur Madame d'Inville. Sie bemerkte die

Wirkung ihrer List, und um meine Begierden zu wecken und mir Mut zu machen, meine Schüchternheit abzulegen, fragte sie, sich umblickend, wo denn der Abbé geblieben sei. Soviel ich auch schaute, ich sah ihn nicht. Ich fühlte, wie töricht ich gewesen war.

»Er ist weggegangen«, fuhr sie fort.

Und indem sie über die Hitze klagte und das Laken ein wenig wegschob, enthüllte sie mir einen strahlend weißen Schenkel, den oben ein Stück Hemd bedeckte, das eigens dort zu liegen schien, um meine Blicke nicht weiter dringen zu lassen und meine Neugier eher zu reizen als zu stillen. Trotz diesem Hindernis erblickte ich etwas Purpurnes, und mich ergriff eine Erregung, deren Ursache ihren aufmerksamen Blicken nicht entging. Geschickt bedeckte sie die Stelle wieder, deren Anblick die erhoffte Wirkung gehabt hatte. Zaghaft nahm ich eine ihrer Hände, die sie mir willig überließ. Ich küßte sie überschwenglich, meine Augen, die fest auf sie gerichtet waren, flammten; auch die ihrigen glänzten vor Erregung. Die Dinge entwickelten sich wunderbar, aber es stand geschrieben, daß sich mir die schönsten Gelegenheiten bieten sollten, ohne daß ich sie nutzen konnte. Die vermaledeite Kammerfrau, die von Suzon geschickt wurde, kam genau in dem Augenblick, wo man sie am wenigsten benötigte, und blieb einen Moment an der Tür stehen, um sich durch schallendes Gelächter aus der Verlegenheit zu retten, in die der Anblick ihrer Herrin sie gebracht hatte.

»Was haben Sie denn, Närrin?« sagte Madame d'Inville mit schroffer Miene

»Ah, Madame!« antwortete sie, »der Herr Abbé . . .«

»Nun, was hat er angestellt?« fragte ihre Herrin.

In diesem Augenblick kam der Abbé zurück, sich ein Taschentuch vor das Gesicht haltend. Bei seinem Anblick lachte die Zofe noch mehr.

»Was haben Sie denn?« fragte ihn Madame d'Inville.

»Sehen Sie nur«, antwortete er und zeigte uns sein Gesicht, das einen heftigen Angriff hinter sich zu haben schien, »das ist das Werk von Mademoiselle Suzon!«

»Von Suzon?« versetzte Madame d'Inville, die ebenfalls in Lachen ausbrach.

»Es ist der Preis für einen Kuß«, fuhr er ungerührt fort, »er ist nicht zu teuer erkauft, wie Sie sehen.«

Ich konnte nicht umhin, in das Gelächter der anderen einzustimmen, denn es war zu komisch, wie ungezwungen der Abbé von seinem Mißgeschick sprach. Ebenso gelassen ertrug er die Spötteleien, an denen es Madame d'Inville nicht fehlen ließ. Sie kleidete sich an. Trotz seinem übel zugerichteten Gesicht spielte der Abbé während der Toilette den Gefallsüchtigen, gab Keckheiten von sich, begutachtete die Frisur, erzählte kleine Geschichten und brachte Madame d'Inville mit seinen Possen zum Lachen. Die Zofe fluchte über seine Kritteleien, und ich lachte über das Gesicht des kleinen Mannes. Begeben wir uns nun zum Mittagessen.

Wir waren vier am Tisch: Madame d'Inville, Suzon, der Abbé und ich. Und wer machte ein dummes Gesicht? Ich, als ich sah, daß Suzon uns gegenüber Platz genommen hatte. Der Abbé, der neben ihr saß, machte gute Miene zum bösen Spiel und schien sehr in Verlegenheit, Madame d'Inville davon zu überzeugen, daß der Spott, mit dem sie ihn überschüttete, ihn nicht aus der Fassung zu bringen vermochte. Suzon war kaum weniger verwirrt. Indes glaubte ich in ihren verstohlenen Blicken zu erkennen, daß es ihr nicht unangenehm wäre, mit mir allein zu sein. Ihr Anblick hatte mich von neuem Madame d'Inville untreu werden lassen, und ich wünschte sehnsüchtig, daß die Tafel bald aufgehoben werde, in der Hoffnung, mich mit Suzon fortstehlen zu können. Als das Essen zu Ende war, gab ich Suzon ein Zeichen: sie verstand mich und ging hinaus. Ich wollte ihr folgen, aber Madame d'Inville hielt mich zurück und sagte, sie rechne mit meinen Pagendiensten bei ihrem Spaziergang. Im Sommer um vier Uhr nachmittags spazierengehen! Der Vorschlag erschien dem Abbé zu extravagant, aber an seiner Zustimmung war Madame d'Inville auch gar nicht gelegen: sie hatte ihre eigenen Pläne, sie wußte, daß er viel zu sehr um seinen Teint besorgt war, um ihn bedenkenlos der Sonnenhitze auszusetzen. Daher faßte er den weisen Entschluß zu bleiben. Auch ich hätte gern davon Abstand genommen, der Dame zu folgen, um mit Suzon zusammenzusein, aber ich wagte nicht, zu einem Vorwand zu greifen, und opferte mein Verlangen der Ehre, die man mir zu erweisen gedachte.

Von den Blicken des Abbés verfolgt, der mit höhnischem Gelächter unserer Rückkehr vorgriff und sich im voraus für den Spott rächte, den wir ihm hatten angedeihen lassen, lenkten wir unsere Schritte mit gezwungenem Ernst zu den Beeten, auf welche die Sonne ihre glühenden Strahlen herabschoß. Madame d'Inville wehrte sie mit einem einfachen Fächer ab, während ich daran gewöhnt war. Mit einer Gleichgültigkeit, die unseren Spötter zur Verzweiflung brachte, machten wir einige Runden. Noch durchschaute ich den Plan der Dame nicht, und ich begriff nicht, wie sie eine Hitze aushalten konnte, die sogar mir unerträglich zu werden begann. Ich war des Pagendienstes überdrüssig und hätte gern darauf verzichtet, aber noch kannte ich nicht alle Aufgaben dieses Dienstes, und man sollte mir eine zudenken, die mich für die Langeweile der ersteren entschädigte.

Unsere Hartnäckigkeit hatte den Abbé zum Rückzug gezwungen. Wir waren am Ende einer Allee angelangt. Madame d'Inville schlüpfte hinter ein kleines Gebüsch, dessen angenehme Kühle uns mehr versprach als einen bezaubernden Spaziergang. Ich sagte es ihr.

»Ich will auch nicht so rasch wieder von hier fort«, antwortete sie, und ihre Augen versuchten in den meinen zu lesen, ob ich den wahren Grund ihres Spaziergangs erraten hätte.

Aber sie fand nichts darin: ich hatte keine Ahnung von dem Glück, das meiner harrte. Sie hielt meinen Arm, drückte ihn zärtlich, und wie jemand, der sehr müde ist, neigte sie den Kopf auf meine Schulter und näherte ihr Gesicht so sehr dem meinigen, daß ich ein Narr gewesen wäre, hätte ich ihm nicht einen Kuß geraubt, der sich wie von selbst anbot. Man ließ mich gewähren, ich küßte sie ein zweites Mal, dasselbe Entgegenkommen. Ich öffnete die Augen. Oh! sagte ich zu mir selbst, diesmal ist die Sache abgemacht, wenn sie es will, hier sind wir ungestört. Sie schien meine Gedanken zu erraten, denn wir befanden uns gerade in einem Labyrinth dunkler Wege, die uns auch den scharfsichtigsten Augen entzogen, und sie sagte, sie wolle die kühlende Frische des Rasens genießen. Sie setzte sich in den Schatten einer Hagebuchenhecke, die das kleine Geviert säumte, wo wir uns befanden, und es zu einem angenehmen und zweckmäßigen Ort machte. Ich tat es ihr gleich und setzte mich neben sie. Sie sah mich an, drückte meine Hand und legte sich nieder. Ich glaubte, der Augenblick für ein Schäferstündchen sei günstig, und stellte schon die Weichen, als sie plötzlich einschlief. Zuerst meinte ich, dies sei nur ein leichter, von der Hitze verursachter Schlummer, den ich rasch verscheuchen könnte. Doch als ich sah, daß sie fest schlief, war ich so einfältig, darüber zu verzweifeln, obgleich die Schnelligkeit des Einschlummerns und die Tiefe des Schlafs mir hätten verdächtig vorkommen müssen. Ich würde es ihr ja verzeihen, sagte ich mir, wenn mein Verlangen schon befriedigt wäre. Aber so grausam zu sein, genau in dem Augenblick einzuschlafen, wo sie mir die schönsten Hoffnungen machte! Ich konnte mich gar nicht trösten. Voller Schmerz betrachtete ich sie: sie trug dasselbe Gewand wie am Tag zuvor, ihr Busen war frei, aber sie hatte ihn in einer Weise bedeckt, die ihn noch fesselnder erscheinen ließ: sie hatte ihren Fächer darauf gelegt, der den Bewegungen der Brüste folgte und sich so weit anhob, daß er mir zu erkennen gab, wie weiß und regelmäßig sie waren. Von meinen Begierden bestürmt, verlangte es mich, sie aufzuwecken, doch dieses Verlangen wurde sofort von der Furcht unterdrückt, ihren Unwillen zu erregen und durch meine Ungeduld das bißchen Hoffnung zu vernichten, das ihr Erwachen mir noch machte. Dennoch gab ich dem unwiderstehlichen Gelüst nach, meine Hand auf ihren Busen zu legen. Sie schläft zu fest, um aufzuwachen, sagte ich mir, und sollte sie aufwachen, so wird sie mich schlimmstenfalls schelten. Ich habe es gestern getan, und sie fand nichts Böses dabei. Sollte sie heute anders denken? Versuchen wir es. Ich legte meine zitternde Hand auf eine Brust, während ich ihr Gesicht beobachtete, bereit, bei der geringsten Bewegung aufzuhören. Sie rührte sich nicht, ich machte weiter. Kaum wagte meine Hand, sich auf ihr niederzulassen, sie strich sozusagen nur leicht über sie hinweg gleich einer Schwalbe, die dicht über dem Wasser fliegt und hin und wieder ihre Flügel eintaucht. Bald entfernte ich den Fächer und raubte ihr einen Kuß: nichts weckte sie auf. Kühner geworden, änderte ich meine Stellung, und vom Anblick ihrer Brüste zu weiteren Entdekkungen angeregt, wollten meine Augen tiefer hinabgleiten: ich legte den Kopf zu Füßen meiner Dame, preßte mein Gesicht auf die Erde und versuchte, ins dunkle Reich der Liebe einzudringen. Aber ich sah nichts: ihre Beine waren übereinandergeschlagen, und der rechte Schenkel, der sich auf den linken preßte, versperrte meinem Blick die Aussicht. Nun wollte ich wenigstens berühren, was zu sehen mir verwehrt war: ich schob meine Hand den Schenkel hinauf und näherte mich langsam dem Fuß des Berges. Schon berührte ich mit der Fingerspitze den Eingang der Grotte und glaubte mich am Ziel meiner Wünsche. Aber ich fühlte mich noch unglücklicher als zuvor: ich wollte, daß die Augen an den Freuden der Hand teilhätten. Ich zog diese zurück und kehrte zu meinem ersten Platz zurück, um von neuem das Antlitz meiner Schläferin zu beobachten: ich fand es unverändert, noch immer schien Morpheus sie fest in seinen Armen zu halten. Dennoch sah ich flüchtig ein Auge blinzeln; ich beobachtete es argwöhnisch, und wenn es sich nicht sofort wieder geschlossen hätte, hätte ich mich vielleicht mit dem Getanen zufriedengegeben und ihr Erwachen abgewartet. Aber die Regungslosigkeit dieses verdächtigen Auges machte mir wieder Mut. Ich kehrte zu meinem unteren Posten zurück und hob, von der Hoffnung auf Straflosigkeit beflügelt, so sachte wie irgend möglich ihren Unterrock hoch. Sie regte sich, ich meinte, sie sei aufgewacht, ich zog mich rasch zurück, und mein Herz durchfuhr ein Schreck, wie jemand ihn fühlen mag, der plötzlich vor einem Abgrund steht, vor dem nur der Zufall ihn bewahrt hat. Zitternd kehrte ich an meinen Platz zurück und wagte nicht, sie anzusehen. Aber es dauerte nicht lange, bis meine Augen zu ihr zurückkehrten, und zu meiner Freude sah ich, daß die Bewegung kein Anzeichen ihres Erwachens gewesen war. Ich glaubte, nur dem Zufall für die glückliche

Situation danken zu müssen, in die er sie gebracht hatte: ihre Beine lagen nicht mehr übereinander, ihr rechtes Knie war aufgerichtet, und der nun auf ihren Bauch gerutschte Unterrock entblößte ihre Schenkel, ihre Beine, ihren Hügel und ihre Möse. Ich berauschte mich an diesem bezaubernden Anblick; ein glattgezogener, über dem Knie von einem silbrig schimmernden Band festgehaltener Strumpf, ein wohlgerundetes Bein, ein niedlicher kleiner Fuß, ein allerliebster Pantoffel, und Schenkel, ah! runde, weiche, feste Schenkel, deren Weiße mich blendete, eine karminrote, von einer Hecke pechschwarzer Härchen umgebene Möse, die einen Duft verströmte, der süßer war als der des köstlichsten Parfüms. Ich steckte den Finger hinein und kitzelte sie ein wenig (die Bewegung, die sie dabei machte, hatte ihre Beine weit geöffnet), und sogleich drückte ich meinen Mund darauf und versuchte, die Zunge hineinzuschieben. Er stand mir so steif wie ... ah! kein Vergleich vermöchte es wiederzugeben. Nichts mehr konnte mich zurückhalten: Überlegung, Furcht, Respekt — alles schwand dahin, mein Herz war zum Spielball der heftigsten Leidenschaften geworden. Ich hätte vor tausend Eunuchen den Krummsäbel gezückt und die Favoritin des Sultans gefickt, bereit, meine Wonnen mit dem Leben zu bezahlen. Ich beugte mich über Madame d'Inville, ich drang in sie ein, wobei ich darauf achtete, sie nicht zu drücken, damit das Gewicht meines Körpers sie nicht aufwecke. Auf meine Hände gestützt, berührte ich sie nur mit meinem Schwanz und stieß so sanft und regelmäßig zu, daß ich die Lust in langsamen Zügen schlürfte. Ich kostete nur ihre Blume.

Den Blick auf die Augen meiner Schläferin geheftet, preßte ich ab und zu meinen Mund auf den ihren. Und obwohl ich mich vorsichtshalber auf meine Hände gestützt hatte, erlag ich bald der Verzückung: alle Rücksichten außer acht lassend, sank ich auf die Dame nieder, ich konnte nichts anderes tun, als sie an mich zu drücken und feurig zu küssen. Das Abklingen der Lust gab mir das Augenlicht wieder, das ihr Aufblühen mir geraubt hatte. Ich kam wieder zu mir und sah Madame d'Inville in Verzückungen, die ich nicht mehr zu teilen vermochte. Meine Schläferin hatte ihre Hände über meinen Hinterbacken verschränkt und zog mich, während sie ihren Hintern mit erstaunlicher Schnelligkeit bewegte, mit aller Kraft an sich. Ich blieb reglos und küßte ihren Mund mit einem Rest von Feuer, das sie mit dem ihrigen erneut entfachte.

»Lieber Freund«, flüsterte sie, »stoß noch ein wenig, ah, laß mich nicht auf halbem Wege stehen!«

Von neuem machte ich mich mit einem Eifer an die Arbeit, der nicht so rasch nachließ wie der ihre. Denn kaum hatte ich fünf- oder sechsmal zugestoßen, als sie die Besinnung verlor. Das erregte mich nur noch mehr, ich verdoppelte meine Bemühungen, ich kam zum Ziel, reglos sank ich in ihre Arme, und unsere Lust verschmolz in gegenseitiger Umarmung.

Als das Abklingen der Lust uns zu Bewußtsein brachte, daß es an der Zeit war, die Stellung zu wechseln, zog ich mich zurück, und ich gestehe, daß ich es nicht ohne Verwirrung tat. Ich senkte die Augen, während die Dame mich fest ansah. Ich saß vor ihr, sie schlang eine Hand um meinen Hals, drückte mich auf das Gras nieder und griff mit der anderen Hand an meinen Schwanz. Sie kitzelte ihn und küßte mich.

»Was hast du denn, du Unschuldsengel?« sagte sie. »Hast du Angst, mir einen Schwanz zu zeigen, den du so gut zu gebrauchen weißt? Habe ich dir etwas verborgen? Da, sieh meinen Busen, küsse ihn, schiebe deine Hand hier zwischen meine Brüste. Gut so. Und jetzt lege die andere auf meine Möse. Wunderbar. Ah! du Schlingel, welche Lust du mir bereitest!«

Von der Glut ihrer Liebkosungen erregt, erwiderte ich sie nicht minder feurig, mein Finger entledigte sich glänzend seiner Aufgabe; leidenschaftlich verdrehte sie die Augen, wobei sie mich umarmte und tiefe Seufzer in meinen Mund hauchte. Mein rechter Schenkel lag zwischen den ihrigen, und sie drückte ihn stöhnend, bis sie auf mich fiel und mich mit den sprechenden Beweisen der Lust bedeckte, die ich ihr geschenkt hatte.

Mein Schwanz war wieder steif geworden, und das Verlangen lebte mit neuer Kraft in mir auf. Nun war es an mir, sie zu umarmen, sie in meine Arme zu schließen, und sie vergalt es mir mit Küssen; noch immer steckte mein Finger in ihrer Möse. Ich spreizte ihre Beine und betrachtete wohlgefällig diesen liebreizenden Ort. Solche Annäherungen an das Vergnügen sind prickelnder als das Vergnügen selbst. Kann man sich etwas Köstlicheres vorstellen, als eine Frau zu betrachten, die sich alle Stellungen gefallen läßt, die eure Lüsternheit zu ersinnen vermag? Man verliert sich, man versinkt, man vergeht beim Anblick einer hübschen Fotze, am liebsten wäre man ein einziger Schwanz, um sich hineinstürzen zu können. Warum läßt man es nicht bei dieser bezaubernden Tändelei bewenden? Unersättlich in seinen Begierden, hegt der Mensch immerfort neue, sogar noch in der Lust selbst. Je lebhafter das Vergnügen ist, das er genießt, desto heftiger sind die Wünsche, die es weckt. Enthüllt eurem Geliebten einen Teil eures Busens, und er will ihn ganz sehen; zeigt ihm eine feste und weiße kleine Brust, und er will sie berühren. Sein Durst wird immer größer, je mehr er trinkt: gewährt ihm die Berührung, und er möchte sie küssen; erlaubt ihm, daß seine Hand tiefer hinabgleitet, und er möchte seinen Schwanz hinführen. Sein erfinderischer Geist, der ihm immer neue Hirngespinste vorgaukelt, läßt ihm keine Ruhe, bis er ihn hineingesteckt hat. Und wenn es soweit ist, was geschieht dann? Wie der Hund in der Fabel, der den Knochen fahrenläßt, um dem Schatten nachzujagen, verliert er alles, weil er alles haben will. Noch immer gilt das Sprichwort: einen steifen Schwanz hält nichts auf. Und ich selbst, der ich so gelehrt predige, ach! wenn mir der Himmel gnädig ist, bin ich der erste, der das Gegenteil von dem tut, was ich gerade sagte, wenn eine Frau so vor mir liegt wie Madame d'Inville, mit gespreizten Beinen, zwischen denen sich eine purpurrote Möse zeigt, und wo es nur von mir abhängt, in eine Quelle der Freuden zu tauchen. Werde ich nur herumtändeln, schnäbeln, kitzeln, mich mit derlei Geplänkel begnügen? Nein, zum Henker, ich werde sie gehörig ficken. Urteilt nun, ob ich lange um meine Vöglerin herumscharwenzelte! Ich vögelte sie mit aller Kraft. Und sie, lebhaft und unverdrossen, umfing mich und bewegte sich im Rhythmus meiner Stöße. Meine

Hände lagen unter ihrem Hintern, ihre auf meinem; ich preßte sie verzückt an mich, sie tat das gleiche, unsere Münder klebten aufeinander, sie waren wie zwei Fotzen, unsere Zungen fickten sich, unsere miteinander verschmelzenden Seufzer verhalfen uns zu einer süßen Mattigkeit, die bald von einer Ekstase gekrönt wurde, die uns entrückte und niederstreckte.

Man sagt mit Recht, die Manneskraft sei ein Geschenk des Himmels. Freigebig gegen seine treuen Diener, gewährt er sie auch deren Sprößlingen und sorgt dafür, daß sie vererbt wird und von den Mönchen auf ihre Kinder übergeht. Es ist das einzige Erbe, das sie ihnen hinterlassen. Ach! wie rasch habe ich es vergeudet! Aber greifen wir den Ereignissen nicht vor: die Schilderung des Unglücks hinauszögern heißt seine Wirkungen mildern.

Ich bedurfte der ganzen Gnade des Himmels, um das Abenteuer, in das ich mich begeben hatte, in Ehren zu bestehen. Ohne mich rühmen zu wollen, könnte ich die Worte des Cid auf mich beziehen:

Ich bin noch jung; jedoch bei edlen Seelen
Sind es die Tugenden, die Jahre nicht, die zählen.

Bisher hatte ich Madame d'Inville die lebhaftesten Beweise meiner Kraft gegeben, aber mit meiner Ausdauer schien ihr Eifer zu wachsen, und bald bemerkte sie, daß ich den Rückzug antrat: sie ermunterte mich und feuerte mich zu weiteren Stößen an; sie bot sich ihnen dar und verhalf mir durch ihre Liebkosungen zu einem erneuten Sieg. Wieder sah ich sie schmachtend an, wieder fand ich Vergnügen daran, ihren Busen zu küssen, ich rieb ihre Möse noch schneller, ich seufzte. Sie gewahrte, in welch glücklicher Verfassung mich ihre Zärtlichkeiten gebracht hatten.

»Ah! du Schlingel«, sagte sie, mich auf die Augen küssend, »er steht! Wie hart dein teurer Schwanz ist! Wie dick und lang! Halunke, mit solch einer Rute wirst du dein Glück machen. Nun, willst du weitermachen?«

Statt einer Antwort drängte ich sie zärtlich, sich auf den Rücken zu legen.

»Warte doch«, erwiderte sie, »warte, mein Freund, ich will dich ein neues Vergnügen kosten lassen, diesmal will ich dich ficken. Leg du dich auf den Rücken.«

Ich tat es. Sie bestieg mich, ergriff meinen Schwanz, steckte ihn sich hinein und begann zu stoßen. Ich rührte mich nicht und ließ alles mit mir geschehen; ich hatte nichts anderes zu tun, als die Lust zu empfangen, die sie mir schenkte. Hin und wieder betrachtete ich sie, und sie unterbrach ihre Tätigkeit, um mich mit Küssen zu bedekken. Ihre Brüste folgten sanft schaukelnd den Bewegungen ihres Körpers und ruhten manchmal auf meinem Mund, so daß ich an ihnen saugen konnte. Eine wollüstige Empfindung zeigte mir an, daß die höchste Lust nahte, ich vereinte meine Bemühungen mit denen meiner Vöglerin, es kam uns gleichzeitig, und ich fand mich über und über mit dem Saft bedeckt, mit dem sie mich überschwemmt hatte.

Erschöpft, ja zerschlagen von den großen Anstrengungen und den Angriffen, die ich seit nahezu zwei Stunden vorgetragen und ausgehalten hatte, verspürte ich ein unbezwingbares Verlangen nach Schlaf, dem ich mich widerstandslos überließ. Madame d'Inville bettete meinen Kopf auf ihren Schoß, denn sie wollte, daß ich die Süße des Schlummers an dem Ort genieße, wo ich soeben alle Freuden der Liebe ausgekostet hatte und der noch von meinen Küssen brannte. Sie wischte mir den Schweiß vom Gesicht und sagte, mir einen Kuß gebend:

»Schlafe, mein Liebster, schlafe ruhig. Ich werde mich damit begnügen, dich anzusehen.«

Bald lag ich in tiefem Schlaf, und als ich erwachte, näherte sich die Sonne bereits dem Horizont. Mein erster Blick fiel auf Madame d'Inville, die mich lächelnd ansah. Während ich schlief, hatte sie sich die Zeit damit vertrieben, Knoten zu schlingen. Sie unterbrach ihre Beschäftigung, um ihre Zunge in meinen Mund zu schieben, wo sie sie in der Hoffnung ließ, ich möge sie mit einer Arbeit anderer Art beschäftigen. Sie verhehlte mir ihre Wünsche nicht und drängte mich, sie zu erfüllen. Ich war jedoch von einer Gleichgültigkeit, die sie ungeduldig machte; ich empfand weder Abscheu noch Verlangen. Ich fühlte nur, daß ich, wenn es nach mir ginge, die Ruhe der Tätigkeit vorzöge. Das war jedoch nicht im Sinne der Dame: sie hielt mich in ihren Armen und überhäufte mich mit glühenden Liebkosungen. Verlorene Liebesmühe, ich blieb unempfindlich. Auch ich selbst bemühte mich vergeblich, Begierden zu wecken, die ich nicht mehr hatte. Nun versuchte sie es auf anderem Wege, mein erloschenes Feuer neu zu entfachen: sie legte sich auf den Rücken und schürzte ihre Röcke auf, denn sie wußte, welche Macht ein solcher Anblick auf mich ausübte. Wollüstig bewegte sie den Hintern, ich fühlte ein leichtes Prickeln, ich legte die Hand auf das, was sie mir zeigte, wenn auch recht gleichgültig, und kitzelte es mit noch größerer Gleichgültigkeit. Unterdessen hielt sie meinen Schwanz in der Hand, und wie ein Arzt, der einem Verbrecher, den man auf die Folter spannt, den Puls fühlt und anhand seiner Stärke oder Schwäche die Dosis bestimmt, die man ihm geben muß, rieb sie ihn je nach dem Grad der Geilheit, die sie wachsen spürte, mehr oder weniger schnell. Endlich kam sie auf ihre Kosten: er stand mir. Sie triumphierte, an ihren blitzenden Augen sah ich, welche Freude ihr die Wiederkehr meiner Manneskraft bereitete. Von der Wirkung ihrer Zärtlichkeiten entzückt, wollte ich ihr sogleich Beweise meiner Dankbarkeit geben. Sie nahm sie mit einer Leidenschaft entgegen, die meinen Eifer sehr beförderte; sie drückte mich an sich und bewegte sich so rasch und feurig, daß es mir kam, ehe ich mich's versah, aber mit solcher Wollust, daß ich es meinem Schwanz verübelte, durch seine Langsamkeit ein so köstliches Vergnügen behindert zu haben.

Es war Zeit, den Rasenplatz zu verlassen, wo wir uns den Wonnen der Liebe hingegeben hatten. Und um der Bosheit derer vorzubeugen, die aus unseren erhitzten Gesichtern auf die Ursache schließen könnten, gingen wir noch eine Weile plaudernd durch das Labyrinth.

»Ich bin höchst zufrieden mit dir, lieber Saturnin«, sagte Madame d'Inville. »Und du?«

»Und ich bin entzückt über das Vergnügen, das Sie mir bereitet haben!«

»Ja«, fuhr sie fort, »aber es war nicht sehr klug von mir, daß ich mich deinen Begierden hingegeben habe. Kannst du verschwiegen sein, Saturnin?«

Ich erwiderte, ich sähe nur zu gut, daß sie mich nicht liebe und die mir erwiesenen Freundlichkeiten bereue, da sie glaube, ich könnte sie mißbrauchen. Sie war mit meiner Antwort so zufrieden, daß ich auf der Stelle mit dem zärtlichsten Kuß belohnt worden wäre, wenn wir uns nicht am Eingang des Parks befunden hätten, wo man uns leicht sehen konnte. Sie drückte nur wortlos meine Hand auf ihr Herz und sah mich so schmachtend an, daß ich ganz verzaubert war.

Wir gingen sehr schnell, die Unterhaltung war zu Ende, und ich bemerkte, daß Madame d'Inville sich unruhig umsah. Ich hütete mich wohl, die Ursache zu ergründen; ich argwöhnte nicht das geringste und kam nicht auf den Gedanken, die Dame könnte trotz all meiner Leistungen mit ihrem Tag nicht zufrieden sein. Und doch war es nur das Verlangen, ihn in allen Ehren zu krönen, das sie so aufmerksam machte und so sorgfältig Umschau halten ließ, ob nicht ein indiskreter Bedienter dem im Wege stehe.

Sollte ihr etwa der Teufel im Arsch stecken? Ja, sie hatte den armen Kerl ausgesaugt, er konnte nicht mehr, er hatte die Waffen gestreckt. Das ist wahr. Wie aber hat sie ihn wieder zum Stehen gebracht? Oh! das werden Sie gleich sehen.

Als junger Mann, der sich schon zu benehmen wußte, da er seinen Eintritt in die Welt so glänzend vollzogen hatte, hätte ich es als Pflichtverletzung empfunden, Madame d'Inville nicht zu ihrem Zimmer zu begleiten. Dort wollte ich mich empfehlen, und ich glaubte, sie für diesen Tag zum letztenmal zu umarmen.

»Wie«, sagte sie überrascht, »du willst gehen, mein Freund? Es ist noch nicht acht Uhr, bleibe doch, ich werde dich beim Herrn Pfarrer entschuldigen« (ich hatte ihr gesagt, daß ich inzwischen die Ehre hätte, zu den Pensionären des Herrn Pfarrers zu gehören).

Der Gedanke an das Pfarrhaus ließ meinen Mut sinken, und es verdroß mich nicht, daß die liebenswürdige Madame d'Inville mir eine abscheuliche Stunde ersparte. Sie ließ mich auf ihrem Kanapee Platz nehmen, schloß ihre Zimmertür und setzte sich neben mich. Alsbald nahm sie meine Hand in die ihren und sah mich eindringlich an, ohne ein Wort zu sagen. Ich wußte nicht, was ich von diesem Schweigen halten sollte. Endlich brach sie es:

»Fühlst du denn gar kein Verlangen mehr?« fragte sie.

Mein Unvermögen, sie zu befriedigen, machte mich stumm, ich scheute mich, meine Schwäche einzugestehen, verwirrt und verzweifelt schlug ich die Augen nieder.

»Wir sind allein, mein lieber Saturnin«, fuhr sie fort, indem sie mich küßte, und verdoppelte ihre Liebesbezeigungen, die mich jedoch nicht verliebter machten, »niemand kann uns sehen. Wir wollen uns auskleiden und uns auf mein Bett legen. Komm, mein Vögler, komm, wir wollen uns ganz nackt hinlegen. Ich werde schon dafür sorgen, daß er dir wieder steht.«

Sie nahm mich in die Arme und trug mich gleichsam auf ihr Bett. Sie war mir beim Entkleiden behilflich, und da ihre Flinkheit ihrer Ungeduld zu Hilfe kam, sah sie mich bald in dem Zustand, den sie wünschte: nackt wie die Hand. Mehr aus Gefälligkeit denn aus Lust ließ ich sie gewähren. Sie warf mich auf ihr Bett, legte sich auf mich und bedeckte mich mit Küssen. Sie saugte an meinem Schwanz und hätte ihn am liebsten bis zu den Hoden in den Mund genommen; sie schien in dieser Stellung ganz außer sich zu sein und bedeckte mich mit schaumweißem Speichel, doch vergeblich bot sie all die Glut ihrer Zärtlichkeiten auf, um einen vor Erschöpfung erkalteten Leib wiederzubeleben. Kaum daß sich mein Schwanz aufrichtete, jedenfalls nur so schwach, daß sie ihn zu nichts gebrauchen konnte. Sogleich lief sie zu einer Kassette und holte eine kleine Phiole hervor, die mit einer weißlichen Flüssigkeit gefüllt war; sie goß ein wenig davon in ihre hohle Hand und rieb mir mehrere Male Hoden und Schwanz damit ein.

»Komm«, sagte sie dann mit zufriedener Miene, »unsere Freuden sind noch nicht zu Ende, mein lieber Saturnin. Du wirst bald sehen, daß ich recht habe.«

Ungeduldig wartete ich auf die Erfüllung ihrer Vorhersage. Schon fühlte ich ein leichtes Prickeln in den Hoden, das auf die Möglichkeit des Erfolges ihres Geheimmittels hindeutete. Um ihm Zeit zu lassen, seine Wirkung zu tun, legte auch sie ihre Kleider ab. Kaum stand sie nackt vor meinen Augen, als eine wunderbare Wärme mein Blut erhitzte, mein Schwanz reckte sich mit erschreckender Kraft, wie ich sie noch nie empfunden hatte. Einem Rasenden gleich stürzte ich mich auf sie und ließ ihr kaum Zeit, sich zu fassen und die richtige Stellung einzunehmen: ich verschlang sie, kaum ließ ich sie Atem holen, ich sah nichts mehr, ich hatte nichts mehr im Kopf, alle meine Gedanken konzentrierten sich auf ihre Möse.

»Halt ein, mein Liebster«, rief sie, sich meinen Armen entwindend, »nicht so hastig, mein kleiner König, laß uns mit unserer Lust behutsam umgehen, und da sie nur einen Augenblick währt, wollen wir sie so lebhaft und köstlich gestalten, daß uns ihre Dauer nicht zu Bewußtsein kommt. Leg deinen Kopf an meine Füße und deine Füße an meinen Kopf.«

Ich tat es.

»Steck die Zunge in meine Möse«, setzte sie hinzu, »und ich will deinen Schwanz in den Mund nehmen. Ja, so. O lieber Freund, welche Lust du mir bereitest!«

Götter! Auch sie bereitete sie mir! Mein Körper, der auf ihrem lag, schwamm in einem Meer der Wonnen. Ich bohrte meine Zunge hinein, so tief ich nur konnte, am liebsten hätte ich meinen Kopf, mich ganz und gar hineingesteckt. Ich saugte an ihrer Klitoris, ich tauchte bis auf den Grund hinab und schlürfte den Nektar, der tausendmal köstlicher ist als jener, den sich die Dichter an der Tafel der Götter von der Göttin der Jugend kredenzen ließen, falls es nicht gar derselbe ist und die reizende Hebe ihr Fötzchen zum Saugen reichte. Wenn dem so ist, dann bleiben alle Lobpreisungen dieses göttlichen Tranks weit hinter der Wirklichkeit zurück. Sollte mich nun ein übellauniger Kritiker fragen, was denn die Göttinnen tranken, so antworte ich: sie saugten am Schwanz des Ganymed!

Madame d'Inville hielt mein Gesäß umschlungen, und ich preßte ihre Hinterbacken, sie erregte mich mit Zunge und Lippen, und ich tat ihr das gleiche; durch kleine Stöße und Spreizen der Schenkel gab sie mir zu erkennen, welchen Fortgang die Lust bei ihr nahm, und an den gleichen Zeichen, die mir entfuhren, erkannte sie den Grad meiner Erregung. Den Sturm unserer Zärtlichkeiten zügelnd oder aufpeitschend, näherten wir uns dem Höhepunkt der Lust. Unversehens erreichten wir ihn. Und während wir uns anspannten, uns noch fester aneinanderpreßten, war es, als hätten wir alle Kräfte unserer Seelen versammelt, um uns allein den Genüssen zu widmen, die unserer harrten.

Verschwindet, spiegelsüchtige Galane,
Der Schwanz, in Angst und Schrecken,
ob er's zweimal tut,
Räumt schon beim erstenmal den Platz
und senkt die Fahne;
Verschwindet hier: nicht euch gilt meine
Brunst und Glut.

Es kam uns zur gleichen Zeit. Ich preßte meinen Mund fest auf die Möse meiner Vöglerin und ließ allen Saft, der ihr entströmte, hineinfließen; ich schluckte ihn. Sie tat ein Gleiches mit dem Saft, der meinem Schwanz entströmte. Der Zauber verflog, und mir blieb von der genossenen Lust nur ein verschwommenes Bild, das dahinschwand wie ein Schatten und mir nur die Verzweiflung hinterließ, sie nicht zurückholen zu können. So steht es um die Lust.

Da ich mich nun erneut in dem Zustand des Abscheus und der Schwäche befand, aus dem Madame d'Invilles Geheimmittel mich befreit hatte, drängte ich sie, es noch einmal anzuwenden.

»Nein, mein lieber Saturnin«, sagte sie, »ich liebe dich zu sehr, um dir den Tod zu geben. Begnüge dich mit dem, was wir getan haben.«

Ich wollte durchaus nicht sterben, und ein Vergnügen, das mit dem Leben erkauft werden mußte, war nicht nach meinem Geschmack. Wir kleideten uns wieder an.

Der Tag hatte mich zu sehr befriedigt, als daß ich versäumt hätte, mich zu vergewissern, daß ich noch weitere dieser Art verbringen dürfte. Madame d'Inville, die nicht weniger zufrieden war als ich, kam mir zuvor.

»Wann kommst du wieder?« fragte sie, mich umarmend.

»So bald ich nur kann«, antwortete ich, »aber für meine Ungeduld nie früh genug: vielleicht morgen?«

»Nein«, sagte sie lächelnd, »ich gebe dir zwei Tage, besuche mich am dritten. Und wenn du kommst«, fuhr sie fort (indem sie dieselbe Kassette öffnete, der sie das wundertätige Wasser entnommen hatte, und mir einige Pastillen gab), »mußt du vorher dies hier schlucken. Vor allem aber, Saturnin, sei verschwiegen und erzähle niemandem, was wir getrieben haben.«

Ich versicherte ihr, es werde ewig ein Geheimnis bleiben, wir umarmten uns zum letztenmal, und ich ließ sie in der Überzeugung zurück, daß sie das Opfer meiner Jungfernschaft empfangen hatte.

Madame d'Inville war in ihren Gemächern geblieben; sie hatte mich ermahnt, dafür Sorge zu tragen, daß man mich nicht bemerke, und die Dunkelheit war mir förderlich. Ich ging gerade durch ein Vorzimmer, als ich angehalten wurde. Von wem? Von Suzon. Bei ihrem Anblick war ich wie gelähmt, ihre Gegenwart schien mir das Vergnügen vorzuwerfen, das ich soeben genossen hatte. Niedergeschmettert bildete ich mir ein, sie habe alles mit angesehen. Sie nahm meine Hand, ohne etwas zu sagen: verwirrt senkte ich den Blick. Da mich ihr Schweigen indes beunruhigte, überließ ich es meinen Augen, sie nach dem Grund zu fragen. Ich sah Suzon an: sie weinte. Dieser Anblick schnitt mir ins Herz, und sogleich gewann sie wieder die Macht über es zurück, die Madame d'Invilles Liebkosungen ihr geraubt hatten. Ich konnte es nicht begreifen, daß ihre Herrin meine Augen und mein Herz in dem Maße betört hatte, daß ich nichts anderes mehr sah als sie, nur für die Freude empfänglich war, bei ihr zu sein, und ich war einfältig genug, irgendeiner Hexerei die Schuld an etwas zu geben, was doch nur die Folge meines Temperaments und der Verlockung des Vergnügens war.

»Suzon«, sagte ich tief ergriffen zu meiner Schwester, »du weinst, meine liebe Suzon, deine Augen füllen sich mit Tränen, wenn du mich siehst. Bin ich es denn, der sie fließen läßt?«

»Ja, du«, antwortete sie, »ich schäme mich, es dir zu gestehen, grausamer Saturnin, ja, du entlockst sie mir, du bist es, der mich zur Verzweiflung bringt und mich vor Schmerz sterben lassen wird!«

»Ich?« rief ich aus, »gerechter Himmel, Suzon, wie kannst du mir solche Vorwürfe machen? Habe ich sie verdient, ich, der ich dich liebe?«

»Du liebst mich?« erwiderte sie. »Ah! ich wäre nur allzu glücklich, wenn du die Wahrheit sagtest! Vielleicht hast du Madame d'Inville soeben dasselbe geschworen. Wärest du mit ihr gegangen, wenn du mich liebtest? Hättest du dann nicht einen Vorwand gefunden, um mir nachzukommen? Ist sie mehr wert als ich? Was hast du den ganzen Nachmittag mit ihr gemacht? Was hast du gesagt? Dachtest du an Suzon, an deine Schwester, die dich mehr liebt als ihr Leben? Ja, Saturnin, ich liebe dich, ich bin in solch heftiger Leidenschaft zu dir entbrannt, daß ich vor Kummer stürbe, wenn du sie nicht erwiderst! Du schweigst«, fuhr sie fort, »ah! ich sehe es nur allzugut! Dein Herz tat sich keine Gewalt an, einer Nebenbuhlerin zu folgen, die ich auf den Tod hassen werde. Denn sie liebt dich, und ich zweifle nicht daran, daß auch du sie liebst, du dachtest nur an das Vergnügen, das sie dir versprach, und nicht an den Schmerz, den du mir bereitest; noch immer bin ich von ihm erfüllt. Kannst du ihn sehen, ohne ihn selbst zu empfinden?«

Gerührt von den Vorwürfen, deren Beredtheit mich die Eindrücke der Liebe erkennen ließ, die ich selber empfunden hatte, als ich Madame d'Inville gegenüber Gefühle äußerte, die, wiewohl vorübergehend, ihre Quelle in meinem Herzen hatten und der Leidenschaft entsprangen, die ihre Liebkosungen darin entfacht hatten, antwortete ich:

»Suzon, deine Klagen zerreißen mir das Herz, halt ein, drücke deinen unglücklichen Bruder nicht zu Boden, deine Tränen treiben ihn zur Verzweiflung, ich liebe dich mehr als mich selbst, ich liebe dich mehr, als ich sagen kann!«

»Ah!« erwiderte sie, »du gibst mir das Leben zurück! Denke also fortan nur noch an mich. Seit gestern beschäftigst du allein mich; dein Bild folgt mir überall. Aber hör zu, Saturnin, wenn ich die Schmach vergessen soll, die du mir angetan hast, so mußt du mir versprechen, Madame d'Inville nicht wiederzusehen. Ist deine Liebe zu mir groß genug, um mir dieses Opfer zu bringen?«

»Ja«, antwortete ich, »ich opfere sie dir, alle ihre Reize wiegen nicht einen einzigen deiner Küsse auf.«

Bei diesen Worten umarmte ich sie, und sie wies meine Zärtlichkeiten nicht von sich.

»Saturnin«, fuhr sie fort, mir zärtlich die Hand drükkend, »sei aufrichtig. Bestimmt hat dich Madame d'Inville aufgefordert, sie erneut aufzusuchen: wann sollst du wiederkommen?«

»In drei Tagen«, antwortete ich.

»Und wirst du hingehen, Saturnin?« fragte sie betrübt.

»Sag du mir, was ich tun soll«, erwiderte ich. »Wenn ich hingehe, dann nur, um sie durch meine Gleichgültigkeit zur Verzweiflung zu bringen. Wenn ich aber nicht hingehe, wird es mir sauer ankommen, meine liebe Suzon so lange nicht zu sehen!«

»Ich will, daß du wiederkommst«, erwiderte sie, »aber sie braucht dich nicht zu sehen. Ich werde mich krank stellen und im Bett bleiben, und wir können den Tag zusammen verbringen. Aber«, setzte sie hinzu, »du weißt ja gar nicht, wo mein Zimmer ist, folge mir, ich werde dich hinführen.«

Ich ließ mich leiten. Ich folgte ihr zitternden Schritts, von einer inneren Vorahnung kommenden Unglücks gewarnt.

»Hier sind wir«, sagte Suzon. »Wäre es dir unangenehm, in diesem Zimmer einen ganzen Tag mit mir zu verbringen?«

»Ah! Suzon«, antwortete ich, »welche Wonnen verheißt du mir! Wir werden allein sein, meine liebe Suzon, wir werden uns unablässig sehen, uns ganz unserer Liebe hingeben. Suzon, kannst du dieses Glück fassen?«

Sie schwieg und schien in tiefe Träumerei versunken; ich drängte sie, sich zu erklären.

»Ich verstehe dich gut«, erwiderte sie in einem Ton, der den Aufruhr ihrer Seele verriet, »wenn wir allein sein und uns ganz unserer Liebe hingeben werden ... Ah! Saturnin, wie gleichgültig sprichst du von diesem Tag! Und wie wenig berühren dich die Freuden, die er dir verheißt, wenn du die Kraft hast, zwei Tage zu warten!«

Ich fühlte die ganze Schwere des Vorwurfs.

Die Unmöglichkeit, ihn zu entkräften, stürzte mich in Verzweiflung. Eine Fülle von Gedanken schossen mir durch den Kopf. Welch traurige Erinnerung an das Vergnügen, das ich soeben mit Madame d'Inville erlebt hatte! Ich verfluchte es, ich bereute es. Himmel! rief ich aus der Tiefe meines Herzens, ich bin bei Suzon, mein Blut hätte ich hingegeben, um dieses Glück zu genießen, und jetzt bin ich hier und kann nichts damit anfangen, ich bin erschöpft, ich habe nicht einmal die Kraft, ein Verlangen zu hegen! Ach, was würde es mir auch nützen, wenn ich es doch nicht zu stillen vermag? Bei all diesen wirren Gedanken erinnerte ich mich plötzlich an die Pastillen, die Madame d'Inville mir gegeben hatte, und ich dachte, sie müßten eine ähnliche Wirkung haben wie ihr Wasser. Nicht ahnend, wie schnell sie wirken würden, schluckte ich einige. In der Hoffnung, Suzon bald beglücken zu können, umarmte ich sie mit einer Glut, die uns beide täuschte: Suzon, die sie für einen Beweis meiner Liebe hielt, und mich, der ich darin ein Zeichen meiner wiedergekehrten Kraft sah. Vom Gedanken an die Freuden verführt, die ich ihr bereiten würde, sank Suzon halb von Sinnen auf ihr Bett. Obgleich ich mir meiner Sache noch nicht sicher war, wollte ich ihr keinen Kummer machen und ihre Hoffnungen nicht enttäuschen: ich legte mich auf sie und gab ihr, meinen Mund auf den ihren drückend, meinen Schwanz in die Hand. Er war noch schlaff, aber ich glaubte, daß er mit ihrer Hilfe und dank den Pastillen bald in dem Zustand wäre, den ich ersehnte: sie drückte, schüttelte, rieb ihn. Es half nichts. Ich strengte mich noch hundertmal mehr an als bei Madame d'Inville, aber was ich auch tat, tödliche Kälte hielt meinen Leib umklammert. Es ist doch Suzon, sagte ich mir, meine geliebte Suzon, die ich in Armen halte, und er steht mir nicht! Ich küsse ihre Brüste, ihre bezaubernden Brüste, die ich noch gestern anbetete; sind sie denn heute nicht mehr dieselben? Sie sind noch ebenso rund, fest und weiß; die Haut, die ich berühre, ist noch ebenso weich und schön, wie sie es war, als mich ihr Anblick zum erstenmal entzückte, und ihre Schenkel, an die ich die meinen presse: sind sie nicht ebenso heiß wie gestern? Sie spreizt sie, mein Finger dringt in ihre Möse, aber ach! nur den Finger kann ich hineinstecken! Suzon seufzte ob meiner Schwäche, ich verfluchte das unselige Geschenk von Madame d'Inville; ich bildete mir ein, sie hätte vorausgesehen, was mir nach meinem Weggang widerfahren werde, und mit ihren Pastillen den Zustand der Erschöpfung, in den sie mich versetzt hatte, auf die Spitze treiben wollen. Meine hartnäckige Kälte bestärkte mich so sehr in diesem Gedanken, daß ich trotz aller Scham bereit war, Suzon mein Unvermögen zu gestehen, als mir etwas, worauf ich nicht im geringsten gefaßt war, aus der Verlegenheit half. Man wird nun meinen, die Liebe habe das Wunder vollbracht, daß er mir stand, daß ich in die Möse eindrang, daß ich fickte: ganz und gar nicht. Eine unsichtbare Hand, die geräuschvoll die Bettvorhänge öffnete, gab mir die fürchterlichste Ohrfeige, die ich je im Leben bekommen habe. Ich war über diesen seltsamen Zwischenfall so erschrokken, daß ich nicht einmal schreien konnte. Kaum hatte ich noch die Kraft, die Tür zu öffnen und zu fliehen, Suzon zurücklassend, dem Gespenst ausgesetzt, denn ich zweifelte nicht daran, daß es sich um ein solches handelte. Eilig verließ ich das Schloß, und ich zitterte noch, als ich in meinem Bett lag, nachdem ich dem Pfarrer in allen Einzelheiten von einem Ereignis berichtet hatte, das ich zwar nicht erlebt hatte, aber das meine verwirrte Phantasie mir als wahr erscheinen ließ. Ich täuschte den Pastor nur über den Ort des Geschehens, den in Suzons Zimmer zu verlegen ich mich wohlweislich hütete.

Schreck und Erschöpfung sorgten dafür, daß ich in tiefen Schlaf fiel. Am andern Morgen erwachte ich mit demselben Gefühl der Niedergeschlagenheit: ich wollte aufstehen, es war mir unmöglich. Von einer Mattigkeit überrascht, die ich nur der Anstrengung des Vortags zuschreiben konnte, auch wenn ich sie im Eifer des Gefechts nicht gespürt hatte, begriff ich zum erstenmal, wie notwendig es ist, sich im Liebesrausch zu schonen, und wie teuer eine allzu blinde Nachgiebigkeit gegen die Wünsche dieser wollüstigen Sirenen zu stehen kommt, die dich aussaugen und aufreiben und dich am liebsten nicht eher losließen, bis sie dein Blut getrunken haben, wenn nicht ihr Interesse und die Hoffnung, dich mit ihren Liebkosungen erneut anzulocken, sie davon abhielten. Warum stellt man dergleichen Überlegungen erst im nachhinein an? Bei der Liebe erwacht die Vernunft immer erst mit unserer Reue.

Unmerklich hatte der Schlaf die trübseligen Gedanken, die der Schreck hinterlassen hatte, aus meinem Geist vertrieben. Aber auch wenn ich für meine Person ruhig geworden war, so beunruhigte mich die Ungewißheit über Suzons Schicksal nur um so mehr. Schaudernd malte ich mir den Zustand aus, worin ich sie zurückgelassen hatte. Sie wird tot sein, sagte ich mir betrübt, schreckhaft wie sie ist, bedurfte es nicht einmal so viel, um ihr den Tod zu geben. Sie ist also nicht mehr, fuhr ich fort, von diesem grausamen Gedanken niedergeschmettert. Suzon ist nicht mehr! O Himmel! Mein Herz, das sich bei dieser schmerzlichen Vorstellung zusammengekrampft hatte, öffnete sich bald darauf einem Strom von Tränen, und sie flossen noch, als Toinette eintrat, die man von meiner Krankheit verständigt hatte. Bei ihrem Anblick erschrak ich: ich zitterte vor Angst, sie käme, um mir das Unglück zu bestätigen, an dem ich nicht länger zweifelte, und ich starb vor Verlangen, es aus ihrem Munde zu hören. Doch davon war keine Rede, und ihr Schweigen sowie das aller anderen ließ mich annehmen, daß mein Schmerz unbegründet war. Ich dachte sogar, Suzon sei gleich mir mit dem Schrecken davongekommen. Der Kummer über den Tod wich der Neugier zu erfahren, was nach meiner Flucht in ihrem Zimmer vorgefallen war. Doch diese Neugier konnte ich erst befriedigen, nachdem ich wiederhergestellt war.

Die zwei Tage Ruhe, die Madame d'Inville mir zugestanden hatte, waren verstrichen; der dritte war gekommen, und obwohl ich meine Kraft zurückkehren fühlte, was mich meiner Genesung versicherte, lockte es mich nicht, sie im Schloß aufzusuchen: die Erinnerung an die Dinge, die mir dort widerfahren waren, wirkte noch so stark auf meine Einbildung, daß sie mein Verlangen bereits im Keim erstickte. Indessen dachte ich voll Kummer daran, daß dieses unselige Abenteuer die erhofften Liebesfreuden mit Suzon vereitelt hatte. Dabei fielen mir Madame d'Invilles Pastillen wieder ein, und nur weil ich sehen wollte, ob sie meine wiedererwachte Manneskraft heben würden, schluckte ich die restlichen. Ich kann nicht sagen, ob sie rasch oder langsam wirkten, doch nachdem ich eine Weile tief geschlafen hatte, erwachte ich durch eine starke Erektion. Ich wäre darob erschrocken und hätte gefürchtet, meine Nerven, deren wundersame Anspannung mir einen heftigen Schmerz bereitete, könnten reißen, wenn ich bei Madame d'Inville nicht fast das gleiche empfunden hätte. Ich war in arger Verlegenheit. Lachen Sie nur und sagen Sie mir, wenn es Ihnen beliebt: na und, bester Dom Bougre, hast du nicht vier Finger und einen Daumen an der Hand, das sichere und unfehlbare Mittel gegen die Unbotmäßigkeit des Fleisches? Frag doch bei den scheinheiligen Priestern nach, bei diesen Heuchlern, deren leichenblasse, scheußliche Gesichter die Spuren der Kasteiung aufweisen und in deren verderbtem Herzen Unzucht und Wollust nisten, wie sie es machen! Nicht immer hat man ein Bordell oder eine Betschwester zur Hand, aber einen Schwanz hat man immer. Sie bedienen sich seiner, sie wichsen so lange, bis ihr Gesicht jene bleiche Farbe bekommt, welche die Toren für die Folge ihrer Kasteiung halten. Warum bedienst du dich nicht dieses unfehlbaren Mittels? Ich kannte es. Aber es war noch nicht lange her, daß ich gebrochen, gerädert, impotent war, weil ich mir etwas zuviel davon verabreicht hatte. Zwar fühlte ich mich geneigt, ein wenig über die Stränge zu schlagen, aber ich war nicht begierig, mich wieder im selben Zustand zu befinden. Ich widerstand der Versuchung und begnügte mich damit, mein Glied nur ein klein wenig zu reiben und ihm hin und wieder leichte Schläge zu versetzen, bis ich die Lust nahen spürte, dann plötzlich innezuhalten und von neuem zu beginnen. Das erleichterte mich zwar nicht, die Lust war nicht so stark wie dann, wenn man sich's richtig besorgt; dafür hat man die Möglichkeit, es, sooft man will, zu wiederholen. Die Einbildungskraft treibt ihr Spiel und flattert über alle

Dinge, die deine Augen je entzückt haben: da ist die Brünette, die Blonde, die Kleine, die Große. Mit einem Ruck des Handgelenks fickt man die ganze Welt, die Begierden kennen keinen Unterschied der Stände, sie fliegen bis zum Thron, und auch die stolzesten Schönen müssen sich ergeben und dir alles gewähren, was du verlangst. Vom Thron steigst du zur Grisette hinab: du führst dir ein schüchternes Mädchen vor Augen, das die Freuden der Liebe noch nicht gekostet hat und die Natur deiner Wünsche nur durch die eigenen Empfindungen kennt; du drückst ihr einen Kuß auf den Mund, du siehst sie erröten, ungehindert nimmst du ihr das Tuch weg, das dir einen knospenden Busen verbarg, der bebt und seufzt, du gleitest tiefer hinab und findest ein erblühendes Fötzchen, du läßt sie Widerstand leisten, den das Interesse deiner Lust nach Belieben erhöht, abschwächt und schwinden läßt.

Die Lust ist lebhaft und mutwillig. Wäre es möglich, sie mit etwas zu vergleichen, so würde ich sie mit jenen Flammen vergleichen, die jäh aus der Erde schießen und in dem Augenblick erlöschen, wo dein Auge, vom Glanz ihres Lichts geblendet, ihre Ursache zu ergründen sucht. Ja, so ist die Lust: sie zeigt sich und entschwindet. Hast du sie gesehen? Nein: die Empfindungen, die sie in deiner Seele hervorruft, sind so lebhaft und von so kurzer Dauer, daß du, von ihrer Kraft betäubt, außerstande bist, sie zu erkennen. Das einzige Mittel, sie zu überlisten und festzuhalten, besteht darin, mit ihr zu tändeln, sie herbeizurufen, sie zu betrachten, sie entschlüpfen zu lassen, sie zurückzurufen, sie erneut entfliehen zu lassen, um sie endlich wiederzufinden und sich ganz und gar ihren Entzückungen hinzugeben.

Damit war ich beschäftigt, die Nacht war schon weit vorgerückt, und ich wollte gerade mein Spiel beenden, um mich dem Schlaf zu überlassen, als ich trotz der Dunkelheit jemand im Hemd zu Füßen meines Bettes vorbeigehen und gleich wieder verschwinden sah. Ich war von dieser Vision weniger erschreckt als hellwach geworden. Ich dachte, es sei jener Abbé, den ich bei der Schilderung von Mademoiselle Nicole erwähnt habe. Er ist es, sagte ich zu mir selber, ja, er ist es. Wohin geht der Kerl?

Nicole ficken. Soll er alleine zu ihr gehen dürfen? Nein, zum Teufel, ich werde ihm folgen. Ich springe aus dem Bett. Ich war in Turnierkleidung, das heißt im Hemd; ich kannte die Räumlichkeiten. Ich gelangte in einen kleinen Korridor, wo das Zimmer der Schönen lag, ich tastete mich vor und schlich in ein Zimmer, dessen Tür nicht ganz geschlossen war. Ich drückte sie zu und näherte mich vorsichtig dem Bett, wo ich unsere Liebenden bei ihren Schäkereien anzutreffen meinte. Ich streckte den Kopf vor, spitzte die Ohren und wartete, daß ihre Seufzer mir anzeigten, ob es noch lange dauern werde, bis ich an die Reihe käme. Ich hörte jemanden atmen, aber dieser Jemand schien allein zu sein. Ist er denn nicht gekommen? fragte ich mich verwundert. Nein, wahrhaftig, er ist nicht da, fuhr ich fort, meine Aufmerksamkeit verdoppelnd, er ist nicht da. Zum Henker, Herr Abbé, wir wollen nur mal kurz dran schnuppern. Sogleich schob ich eine Hand zwischen die Beine meiner schönen Schläferin und erkühnte mich, ihr einen Kuß auf den Mund zu drücken.

»Ah!« sagte eine leise Stimme zu mir, »wie lange haben Sie auf sich warten lassen! Ich schlief schon. Steigen Sie doch herauf.«

Meiner Treu, ich stieg in das Bett und alsbald auf meine Venus. Sie empfing mich recht kühl in ihren Armen: diese Gleichgültigkeit galt einem Liebhaber, von dem ich glaubte, er werde zärtlich geliebt. Ich beglückwünschte mich zu dem schönen Erfolg, den das Schicksal meinen Wünschen beschert hatte, und ich dankte ihm dafür, daß es mir ein Mittel verschaffte, mich auf so süße Weise für die Verachtung meiner Tigerin zu rächen. Ich küßte sie auf den Mund, ich drückte meine Lippen auf ihre Augen und gab mich um so lebhafter den Freuden der Liebe hin, als man sie bisher nie hatte ausbrechen lassen. Ich betastete ihre Brüste, diesen entzückenden Busen (wahrhaftig, Nicole hatte einen der schönsten), der fest, hoch, voll und weiß war, mit wunderbar auseinanderstehenden, wohlgeformten harten Brüsten, mit einem Wort: ein vollendeter Busen. Ich schwamm in einem Meer der Lüste und vollbrachte endlich ein Werk, das mit dieser Göttin zu tun ich mir so oft gewünscht hatte. Ich verabreichte ihr eine sehr starke Dosis, und aus ihren verzückten Ausrufen schloß ich, daß sie wohl nicht erwartet hatte, so reich bewirtet zu werden. Kaum hatte ich meinen Galopp beendet, nahm ich, von diesem ersten Ritt beflügelt, einen neuen Anlauf und gab ihr durch einen zweiten, der nicht weniger kräftig ausfiel als der erste, abermals Anlaß, mich zu loben. Ich hatte sie auf den Geschmack gebracht, und nach ihren Liebkosungen und den zärtlichen Namen, die sie mir gab, nahm ich an, daß sie eine dritte Probe meiner Tapferkeit erwartete, um diese Nacht über alle anderen zu stellen, die wir, so sagte sie, zusammen verbracht hatten. Wenn ich auch fühlte, daß mein Pulverhorn noch genügend gefüllt war, um ihr diese Genugtuung zu geben, dämpfte die Furcht, von dem Abbé überrascht zu werden, doch ein wenig meinen Mut. Ich wußte nicht, welchem Umstand ich sein Säumen zuschreiben sollte: ich konnte nur vermuten, daß er seine Meinung geändert hatte. Und so meinte ich, ein wenig Atem schöpfen zu können und nicht so hastig zustoßen zu müssen wie bisher.

Zwei Ergüsse ersticken die Flammen der Liebe ein wenig, die Illusion verfliegt, der Geist tritt wieder in seine Rechte ein, die Wolken, mit denen die Kraft der Leidenschaft ihn vernebelten, verziehen sich, die Dinge hören auf zu sein, was sie waren, der Geist beurteilt sie nach ihrem wahren Wert. Die Schönen gewinnen, die Häßlichen verlieren dabei, um so schlimmer für sie. Den Häßlichen möchte ich nebenbei einen Rat geben: wenn ihr jemandem eure Gunst gewährt, so geht sparsam mit ihr um und überhäuft ihn nicht damit; wenn man nichts mehr zu wünschen hat, wünscht man auch nichts mehr, die Leidenschaft erlischt durch allzu reichlichen Genuß. Nehmt euch in acht, euch stehen nicht dieselben Mittel zu Gebote wie einer Schönen, der ihre Reize eine rasche Wiederkehr der Begierden verheißen, die sie soeben gestillt hat und erlöschen sah und die das geringste Lächeln, die geringste Liebkosung von neuem entfacht.

Diese Betrachtungen stimmen aufs vortrefflichste mit meiner Erfahrung überein. Ich vergnügte mich, mit meiner Hand über die Schönheiten der Nymphe zu streichen, und war überrascht, wie anders die Dinge sich jetzt anfühlten. Ihre Schenkel, die mir sanft, fest, prall und glatt erschienen waren, waren nun runzlig, schlaff und trocken geworden; ihre Möse war nur noch eine ekle Fotze, ihre Brüste waren nur noch hängende Titten, und so war es mit allem übrigen. Ich konnte ein derartiges Wunder gar nicht fassen; ich klagte meine Einbildungskraft an, daß sie erkaltet sei; ich verübelte meiner Hand den allzu treuen Bericht, den sie mir erstattete. Nicht, daß mich diese unsicheren Zeugnisse davon abgehalten hätten, mich zu einem dritten Waffengang zu rüsten. Ich wollte gerade antreten, und schon schickte man sich an, sich ihm zu stellen, als ein scheußlicher Lärm aus dem Nebenzimmer drang, das ich für das von Madame Françoise, unserer ehrwürdigen Wirtschafterin, hielt. »Ah! der Hund!« schrie eine heisere Stimme, »ah! die Elende! Ah! die . . .« Bei diesen Worten stieß mich meine Kleine, die ich gerade aufspießen wollte, weg und sagte:

»O Gott! was tut man unserer Tochter an? Bringt man sie um? Sehen Sie doch nach.«

Ich antwortete nicht. Bestürzt über die Worte, die ich vernommen hatte, wußte ich nicht, woran ich war. Unsere Tochter . . ., sagte ich mir. Sollte Nicole eine Tochter haben? Der Lärm hielt an, und man drängte mich erneut, zu Hilfe zu eilen. Ich rührte mich noch immer nicht. Man wird ungeduldig, man springt auf, man zündet die Kerze an, und beim Schein des Lichts erkenne ich . . . Soll ich's sagen? Madame Françoise, diese alte . . . Ah! wenn ich mich dieses unangenehmen Augenblicks erinnere, stehe ich noch heute so versteinert wie damals beim Anblick jenes Gespenstes. Ich begriff, daß ich mich in der Tür geirrt hatte, und ich biß mir in die Finger vor Wut, daß ich auf diesen elenden Abbé hereingefallen war, oder vielmehr auf meine Ungeduld, die es mir nicht erlaubt hatte, auf die Örtlichkeiten zu achten. Ich vermutete, daß der Herr Pfarrer, der offenbar in der Stimmung gewesen war, sich in dieser Nacht mit seinem reizenden Hausmädchen zu verlustieren, diesem mitgeteilt hatte, sich zum Tanze bereitzuhalten; daß eben dies mir seitens der Dame, die mich für den Pastor hielt, den sanften Vorwurf wegen der

Langsamkeit, mit der ich meinen Posten bezog, eingetragen hatte; daß der fromme Priester, um einen Skandal zu vermeiden, gewartet hatte, bis die Nacht weiter vorgerückt sei, um seiner Schönen das Wort zu halten, das er ihr gegeben hatte; daß er aber in der Dunkelheit demselben Irrtum erlegen war wie ich; oder daß ihn, als er die Tür zum Zimmer seiner lieben Nichte offen fand, die Zärtlichkeit an ihr Bett hatte eilen lassen, wo er sie stärker beschäftigt antraf, als sie es sein durfte, so daß er sich beim Gedanken an die Schande, mit der sie seine ehrwürdige Stirn bedeckte, zwischen die Kämpfenden geworfen, sie mit allen erdenklichen Namen beschimpft und sie nicht nur zum Spaß Beweise seines Zorns hatte spüren lassen. Aber der Lärm nimmt zu, sie würgen einander, welch gräßliches Getöse! He, schnell! Madame Françoise, eilen Sie auf das Schlachtfeld! Ehre, Liebe, Neugierde, mütterliche Zärtlichkeit — alles gebietet es Ihnen: gehen Sie und trennen Sie die Ihnen so teuren Feinde, deren Tod Sie vor Schmerz umbringen würde. Nur lassen Sie um Himmels willen die Tür offen, damit ich mich retten kann. Oh, die Hündin! Sie dreht den Schlüssel zweimal um! Unglücklicher Saturnin, was wirst du tun, wie wirst du entkommen? Madame Françoise wird bemerken, daß sie es nicht mit dem Pfarrer zu tun gehabt hat, der Pfarrer wird hereinkommen, er wird dich finden ... Ah! du armer Teufel, welcher Hagel von Schlägen wird auf deine Haut niedergehen! Du wirst für die anderen bezahlen. Diese Gedanken wühlten mich auf, während man sich im Nebenzimmer balgte. Vergeblich hatte ich versucht, die Tür zu öffnen. Ich konnte nur noch meine unglückliche Lage beweinen, der ich mich töricht, wie ich war, feige überließ, als hätte ich nicht bereits am eigenen Leibe erfahren, daß dies das Los der Menschen ist, daß das Gute und das Böse so eng miteinander verbunden sind und so rasch aufeinanderfolgen, daß man selbst mitten im Unglück nicht am Glück verzweifeln darf und der Zufall selbst dann, wenn du dich von den Schlägen des grimmigen Schicksals erdrückt wähnst, aus deinem Unglück oft die heitersten und segensreichsten Tage erblühen läßt. O göttliche Vorsehung! Dank deiner weisen Beschlüsse sehen wir diese Wunder geschehen, und das Mißgeschick war zweifellos notwendig, um die Unordnung unserer Leidenschaften zu mildern.

In dem Augenblick jedoch, als ich mich, unter dem Bett versteckt, unter das ich mich geflüchtet hatte, der Verzweiflung hingab, drehte Fortuna ihr Rad: der Lärm war beim Eintreten der Dame Françoise noch angeschwollen, welcher der Leuchter aus der Hand gefallen war, als sie den Pfarrer erblickte, den sie in ihrem Zimmer wähnte; sie hielt ihn für ein Gespenst. Man male sich die Szene aus! Wäre ich Augenzeuge gewesen, würde ich mir die Mühe ersparen, aber meine Kenntnis der Örtlichkeiten versetzt mich in die Lage, Gedanken zur Vervollständigung des Bildes beizusteuern. Man stelle sich also, wenn man kann, den Herrn Pfarrer vor, nackt, in Unterhosen, eine schmierige Nachthaube auf dem Kopf, seine kleinen Augen funkeln, sein großer Mund schäumt, wobei er wie ein Wilder auf den Abbé und die Nichte einschlägt. Man stelle sich die zwei zärtlichen Liebenden vor, die Schöne, die sich zitternd in ihrem Bett verkriecht, um sich den Schlägen zu entziehen, und den Abbé, der sich bald unter der Decke versteckt, bald den Kopf aus dem Bett streckt und dem Pastor so kräftige Fausthiebe versetzt, daß dieser aufheult. Man male sich eine Megäre im Hemd aus, die sich, die Kerze in der Hand, dem Bett nähert, schreien will und im selben Moment wie vor den Kopf geschlagen mit offenem Mund und verstörtem Blick stehenbleibt und vor Schreck auf einen Stuhl sinkt, nachdem sie den Leuchter hat zu Boden fallen lassen.

Der Abbé hatte sich — nach der Stille zu urteilen, die mit einemmal herrschte — aus Furcht, erkannt zu werden, aus dem Bett gestürzt und wollte das Weite suchen. Der Pastor rannte ihm nach. In diesem Augenblick hörte ich, wie meine Tür aufsprang und ebenso schnell wieder ins Schloß fiel. Ich zitterte. Jemand legte sich auf das Bett. Neuer Schreck: ich glaubte, es sei Françoise und der Pfarrer und werde auch bald kommen. Mein Herz bebte vor Furcht wie ein Blatt im Winde. Doch alles blieb ruhig, und die Person, die ich für Françoise hielt, lag weinend auf dem Bett und stieß tiefe Seufzer aus. All das brachte mich in höchste Verwirrung. Was sollte ich von diesen Tränen halten? Warum seufzt Françoise? Warum ist sie zurückgekommen? Wird der Pfarrer kommen? Wird er nicht kommen? Ah! wie grausam ist doch die Ungewißheit! Hin und wieder verlangte es mich, das Zimmer zu verlassen, aber die Angst, dem Pastor zu begegnen, hielt mich immer wieder zurück. Endlich kroch ich aus meinem Versteck und wollte mich davonstehlen, aber der Teufel hielt mich fest; etwas auf dem Grunde meines Herzens sagte mir: du willst dich schlafen legen, du Tropf, und er steht dir noch; du hast den Mut, Françoise ihrem Kummer zu überlassen; du fürchtest dich, sie zu trösten, obwohl es das mindeste ist, was du ihr schuldest! Sie hat dich mit den zärtlichsten Liebkosungen überhäuft, und du weigerst dich, ihre Tränen zu trocknen? Zugegeben, sie ist alt und häßlich, aber hat sie nicht eine Fotze, du Tölpel? Meiner Treu, Herr Teufel, Sie hatten recht.

Fotz ist Fotz, wie ihr's auch dreht,
Seid zufrieden, wenn er steht.

Los, los, fuhr die innere Stimme fort, der Sturm hat sich gelegt, es ist nichts mehr zu befürchten, steig wieder ins Bett. Ich erlag der Versuchung und tat es. Zuerst legte ich mich sehr diskret an den Rand, aber all meine Höflichkeit vermochte nicht, einen Schreckensschrei zu verhindern, welcher der Dame entfuhr und sofort von der Furcht erstickt wurde, man könnte ihn hören. Ich spürte, wie sie sich in den äußersten Winkel des Bettes zurückzog. Diese Handlungsweise erhöhte meine Verwunderung, und ich glaubte, sie dadurch verändern zu können, daß ich meine Absichten erklärte, und die Erklärung bestand darin, daß ich der Alten meine Hand zwischen die Schenkel schob: sie waren wieder so, wie man sie sich nur wünschen konnte, um die lebhaftesten Empfindungen zu wecken, weicher und fester denn je. Meine Hand blieb nicht lange dort, so angenehm es ihr auch war: sie glitt zu dem Fötzchen, ich sage Fötzchen und nicht ekle Fotze, weil sie das nicht mehr war; der Hügel, der Bauch, die Brüste — alles war so sanft, so glatt, so geschmeidig wie bei einem jungen

Mädchen. Ich tastete, und man ließ mich gewähren; ich küßte und saugte mit all der Lebhaftigkeit, die Jugend und Schönheit einzuflößen vermag: ich traf auf keinen Widerstand. Im Gegenteil, meine Glut schürte die der Schönen: sie hörte auf zu seufzen und rückte unmerklich an mich heran. Auch ich rückte näher, und bald war ich imstande, sie fühlen zu lassen, daß ich die Seufzer der Betrübnis in Seufzer der Liebe zu verwandeln wußte. Ich drang in sie ein.

»Ah!« sagte sie nun, »mein lieber Abbé, welcher Zufall hat dich hergeführt? Wie viele Tränen wird deine Liebe mich kosten!«

Diese zärtlichen Worte hätten mir sofort Einhalt geboten, wenn mir das Entzücken, das mich beseelte, gestattet hätte, etwas anderes zu tun, als meine Nymphe zärtlich zu umfangen, die stürmischen Zärtlichkeiten, mit denen sie mich überhäufte, mit ebenso stürmischen Liebkosungen zu erwidern, meine Seufzer in die ihrigen zu mischen und schließlich durch gegenseitige Zuckungen der Wollust die Wonnen zu besiegeln, die ihnen vorausgegangen waren.

Nachdem die Ekstase abgeklungen war, erinnerte ich mich der Worte, mit denen man mich angesprochen hatte. Wo bin ich? fragte ich mich nun. Bei Françoise? Welch ein Unterschied zwischen der Lust, die ich soeben genossen hatte, und jener, die mir zuvor zuteil geworden war! Sie hält mich jedoch für den Abbé und sagt, meine Liebe werde sie Tränen kosten . . . Sollte sie etwa mit Nicole die Verehrungen dieses Gecken teilen? Offenbar ist die gute Frau eifersüchtig, sie glaubt, das Herz ihres Liebsten ganz allein zu besitzen. Warum ist sie alt? Warum häßlich? Trotz ihrer Häßlichkeit war ich beherzt genug, mich den Unannehmlichkeiten der Prüfung zu unterziehen, die mir nach den ersten Stößen so übel aufgestoßen waren. Meine ungeduldige Hand brannte vor Verlangen, sich erneut auf ihren trockenen mageren Leib zu legen, und wiewohl ich ahnte, daß ich meine Unbedachtheit mit Ekel würde bezahlen müssen und, falls ich noch einmal zustechen wollte, besser daran täte, die Rückkehr meiner Kraft abzuwarten, statt sie durch eine übereilte Tändelei herbeizuzwingen, die sie durchaus vertreiben könnte, ließ ich meine Hand umherschweifen. Welch köstliche Überraschung! Allenthalben begegnete ich derselben Festigkeit, derselben Rundung, derselben Wärme, derselben Zartheit. Was soll das heißen? fragte ich mich. Ist es Françoise, ist sie es nicht? Nein, wahrhaftig, es kann nur Nicole sein. O Himmel! es ist Nicole! Dafür bürgt mir die Lust, die sie mir beschert hat, und die Fortsetzung dieser Lust, die ich immer noch empfinde, wenn ich sie berühre. Sicherlich hat sie sich aus ihrem Bett gestohlen, Françoisens Schwächeanfall ausgenutzt, um sich hier zu verkriechen, und bildet sich nun ein, ihr Liebhaber habe sich ebenfalls hier versteckt. Das war die natürliche Erklärung der Worte, die sie an mich gerichtet hatte. Von diesem Gedanken erfüllt, fühlte ich das Verlangen, das sie schon einmal in mir geweckt hatte, mit neuer Kraft wiederkehren. Wird man mir glauben? Ich bedauerte das Vergnügen, das ich mit Françoise gehabt zu haben glaubte, weil sie dasjenige schmälerte, das ich mit Nicole auszukosten gedachte. Bald war ich imstande, das Versäumte nachzuholen.

»Meine liebe Nicole«, sagte ich, indem ich sie zärtlich küßte und die Stimme des Abbés nachzuahmen suchte, »worum bekümmerst du dich? Wie kannst du dich der Trübsal überlassen, wenn der glückliche Zufall, der uns zusammenführt, es will, daß wir uns ganz unserer Liebe hingeben? Ficken wir, mein liebes Kind, ertränken wir unser Unglück im Liebessaft.«

»Welches Vergnügen du mir bereitest!« versetzte sie, meine Zärtlichkeiten erwidernd, »dein Schmerz vergrößert den meinen. Ja, nutzen wir das einzige Mittel, das wir haben, um uns zu trösten. Komme, was da wolle. Solange ich das hier in der Hand habe«, fuhr sie fort, indem sie meinen Schwanz ergriff, »fürchte ich nicht einmal den Tod. Sei unbesorgt, daß man uns unterbricht, ich habe den Schlüssel herausgezogen: sie können nicht hereinkommen, ohne die Tür einzutreten.«

Hocherfreut über diese glückliche Vorsicht, die ihr die Liebe selbst, sich meiner annehmend, eingeflößt zu haben schien, liebkoste ich sie mit neuer Lust. Mein Schwanz, den sie noch immer in der Hand hielt, war so steif, daß es sie entzückte.

»Schnell«, sagte ich, »stecke ihn in dein liebes Fötzchen, Nicole. Wie du mich schmachten läßt!«

Sie beeilte sich nicht, sondern fuhr fort, meinen Schwanz zu drücken, über dessen Größe sie zu staunen schien. Ich wollte ihn selbst hineinstecken.

»Warte, mein lieber Freund«, antwortete sie, »laß ihn noch dicker und länger werden. Ah! noch nie habe ich ihn so schön gesehen! Ist er über Nacht gewachsen?« (Offenbar war der Abbé mit den Gaben der Natur nicht so gesegnet wie ich.)

Ich hätte über Nicoles Gedanken gelacht, wäre ich nicht in der Stimmung gewesen, etwas anderes zu tun.

»Ah! welche Wonne ich empfinden werde!« fuhr sie fort, indem sie ihn sich hineinsteckte. »Stoß zu, lieber Freund, stoß zu!«

Das hätte sie mir gar nicht zu sagen brauchen. Ich drang ein und sank schwer auf ihren Busen, den ich mit feurigen Küssen bedeckte; regungslos blieb sie liegen, ich verging . . .

»Mach schon« sagte Nicole, indem sie sich mit einer Leidenschaft bewegte, die mich aus meiner ekstatischen Betäubung riß, »mach schon!«

Augenblicklich versetzte ich ihr Stöße mit dem Hintern und dem Schwanz, die ihr, wie sie sagte, bis ins Herz drangen. Und die ihrigen gingen mir noch viel tiefer! Sie brannten in mir, sie schickten Ströme von Wonnen in die entlegensten Teile meines Körpers! O Erguß! du bist ein Strahl der Gottheit! Oder bist du nicht vielmehr die Gottheit selber? Warum stirbt man nicht in deiner Verzükkung? Starb nicht die Mutter des Gottes der Trinker, als Jupiter, ihrem Drängen nachgebend, sie als Gott fickte? Denn täuschen Sie sich nicht, meine Herren Mythologen, weder die Pracht noch die Majestät des Herrn der Himmel raubten Semele das Leben, sondern der glühende Saft, der seinem Schwanz entströmte. Mahomet, ich befolge dein Gesetz, ich bin dein gläubiger Verehrer, aber halte mir Wort: laß mich tausend Jahre lang die immerwährende, stets von neuem sich entzündende Wonne des köstlichen Ergusses genießen, den du deinen Getreuen mit den roten, weißen, grünen, gelben Huris versprichst — die

Farbe tut nichts zur Sache. Wenn ich spritze, gehört mir alles.

Nicole war von mir entzückt, ich war von Nicole entzückt. Welch ein Unterschied zwischen einer Alten und einer Jungen! Eine Junge tut es aus Liebe, eine Alte nur aus Gewohnheit. Ihr Greise, überlaßt das Ficken der Jugend: für euch ist es Arbeit, für sie ein Vergnügen.

Mein Schwanz, der härter war als vor dem Akt, verharrte in seinem Futteral, ohne zu erschlaffen. Nicole drückte mich noch heftiger an sich, und dasselbe Feuer, das mich beseelte, ließ mich sie noch fester an mich pressen: nicht um einen Thron hätte sie mich losgelassen, und nicht um die Herrschaft über die Welt hätte ich mich von ihr getrennt. Bald ließ eine Bewegung uns dem, was wir verloren hatten, erneut hinterherjagen. Unvorsichtigkeit ist das Los der Liebe; das Glück blendet dich, du bist von ihm zu sehr in Anspruch genommen, um daran zu denken, daß es verfliegen kann. Wir verrieten uns durch unsere Verzückung: das Bett stand dicht an der Wand zum Nebenzimmer, wir dachten nicht daran, daß Françoise in diesem Zimmer war und daß sie bei dem Geräusch aufwachen könnte, das wir mit unseren unbedachten Stößen verursachten, die sich dem Bett mitteilten, welches sie der Wand weitergab, so daß sie bald darüber unterrichtet war, was in ihrem Zimmer vor sich ging. Schneller als der Blitz rannte sie zur Tür: kein Schlüssel. Was tun? Nicole rufen: sie tat es. Beim Ton dieser schrecklichen Stimme erstarrten wir vor Schreck, wir hielten sofort inne, und die Alte hörte auf zu schreien. Doch wir blieben nicht lange vernünftig. Zu erregt, um auf die Dauer in solch lästiger Untätigkeit zu verharren, nahmen wir unser Werk wieder auf, doch obwohl wir es so leise wie irgend möglich taten, ließ sich die Alte, die auf der Lauer lag, nicht irreführen: aus dem dumpfen Geräusch unserer Seufzer und der Worte, die uns entschlüpften, erriet sie den Grund unseres Schweigens. Erneutes Lärmen:

»Nicole«, schrie sie und klopfte an die Wand, »elende Nicole, willst du wohl Ruhe geben?«

Wieder durchfuhr uns der Schreck. Doch bald überwand ich die Angst und sagte zu Nicole, daß wir uns nun, da wir entdeckt seien, nicht mehr zu genieren brauchten. Durch ihr Schweigen billigte sie diesen mutigen Entschluß, und indem sie selbst mit einem Stoß des Hinterns den Anfang machte und mir erneut die Zunge in den Mund steckte, packte sie mich bei meiner Ehre, und als tapfere Krieger, die dem tödlichen Feuer einer feindlichen Artillerie trotzen, in aller Ruhe ihr Werk fortsetzen und des ohnmächtigen Donners der Kanonen spotten, der über ihren Häuptern grollt, arbeiteten wir trotz der Schläge, die Françoise der Wand versetzte, unerschrocken weiter. Wir vollendeten unser Werk, und ob nun die Störung oder der Lärm, den die Alte noch immer schlug, uns angestachelt hatten, wir mußten einander gestehen, daß wir noch niemals so große Lust empfunden hatten.

Es in recht kurzer Zeit fünfmal treiben war nicht übel für einen Genesenden, und von welch einer Krankheit Genesenden! Dennoch spürte ich, daß ich immer noch nicht außer Gefecht gesetzt war. Man mußte alle Vernunft aufbieten, um sich nicht gehenzulassen: es gelang mir, und ich besiegte mein Verlangen. Freilich muß ich gestehen, daß an meiner Mäßigung auch die Überlegung beteiligt war: die gute Françoise könnte am Ende die Geduld verlieren, von höflichen Ermahnungen zu Schreien übergehen, Schreien, die womöglich die Sturmglocke in Gang setzen oder gar die Wache vor unsere Tür rufen könnten. Sollte ich mich der Gefahr aussetzen, verhaftet zu werden? Schlimme Sache. Oder bis zum Morgengrauen in dem belagerten Zimmer bleiben? Wie das? Wir waren nackt: es ist nicht schicklich, daß ein junger Mann und ein junges Mädchen in diesem Aufzug beisammen sind. Das sicherste war ein schneller Rückzug. Ich trat ihn an. Doch bevor ich mich auf den Weg in mein Bett machte, meinte ich ein Narr zu sein, wenn ich Nicole nicht von ihrer allzu vorteilhaften Meinung über den Abbé abbrächte: es wäre meiner Eigenliebe zu hart angekommen, diesem Wicht den Ruhm zu überlassen, den ich in seinem Namen erworben hatte. Eitelkeit in meiner Lage! Das reizt sie zum Lachen, verehrter Leser, nicht wahr? Ich hätte Sie gern an meiner Stelle gesehen. Ich nehme an, Sie hätten sich an einem unliebsamen Nebenbuhler ebenso freudig gerächt wie ich: wetten, daß Sie genauso eingebildet gewesen wären und gesagt hätten, wie ich es tat: »Meine schöne Nicole, gewiß sind Sie nicht unzufrieden mit mir!« Daraufhin hätte sie Ihnen versichert, daß ihr Herz bezaubert sei. »Ist es nicht so«, hätten Sie erwidert, »daß Sie von einem kleinen Halunken, den Sie stets verachtet haben, nicht soviel erwarteten? Sie taten ihm Unrecht, und er verdiente die Behandlung nicht, die Sie ihm zuteil werden ließen, denn Sie sehen, daß die Kleinen nicht weniger taugen als die Großen. Adieu, meine liebe Nicole. Ich heiße Saturnin, wenn's beliebt.« Dann hätten Sie sie umarmt und sie ob dieser Enthüllung betäubt zurückgelassen. Sie wären zur Tür gegangen, hätten sie geöffnet (der Schlüssel steckte) und hätten sich dann schleunigst in Ihr Bett gelegt. Wollte Gott, Sie hätten es ebenso frohgemut getan wie ich.

Beeindruckt von den wunderlichen Abenteuern, die mir widerfahren waren, wartete ich voll Ungeduld auf den Anbruch des Tages, um zu erfahren, welche Folgen eine so ungewöhnliche Nacht haben werde. Ich freute mich ebensosehr über das Mißgeschick des Abbés wie über mein Glück. Da niemand (mit Ausnahme von Mademoiselle Nicole, auf deren Verschwiegenheit ich rechnen konnte) irgendeinen Verdacht gegen mich hegte, malte ich mir aus, welche Figur unsere nächtlichen Akteure wohl abgeben würden, und versprach mir ein um so größeres Vergnügen, als ich der einzige wäre, dem die Komödie gleichgültig sein mußte. Der Herr Pfarrer, so sagte ich mir, wird düster dreinblicken, schweigsam und schlecht gelaunt sein, Schläge austeilen . . . Soll er nur, mich werden sie nicht treffen, falls ich nicht großes Pech habe. Françoise wird alle Schüler der Reihe nach mit forschenden Augen betrachten, die vor Zorn gerötet sind und funkeln, sie wird unter den Großen nach jenem suchen, an dem sie sich rächen kann, nicht für die Freuden, die sie ihm verdankt, sondern für die, die er ihrer Tochter beschert hat. Wenn sie mich wiedererkennt, wird sie dumm dastehen. Nicole wird nicht wagen, sich zu zeigen. Und wenn doch, so wird sie erröten, sich schämen, mit mir schmollen, mir vielleicht schöne Augen machen. Wer weiß? Sie ist lüstern. Werde ich den Grausamen spielen? Vielleicht wird dem Abbé die Gunst entzogen? Oh, das wird ihn nur noch unverschämter machen.

Ich war von all diesen Gedanken so beansprucht, daß ich gar nicht ans Schlafen dachte. Ich hatte kein Auge zugetan, als die rosenfingrige Aurora bereits die Pforten des Ostens öffnete. Dabei bedurfte ich der Ruhe. Der Schlaf, der meine Grübeleien respektiert zu haben schien, stellte sich erst ein, als sie sich gelegt hatten, und nur mit Mühe konnte man mich ihm spät am Tag entreißen. Wie wurde mir, als ich Toinette erblickte, die am Fuß meines Bettes saß und auf mein Erwachen zu warten schien? Ich erbleichte, ich errötete, ich zitterte, ich glaubte, der Stab sei über mich gebrochen, da man entdeckt habe, daß ich an den Wirrnissen der Nacht beteiligt war, und ich müsse nun dafür büßen. Bei diesem niederschmetternden Gedanken sank ich kraftlos auf mein Bett zurück .

»Was ist, Saturnin?« fragte Toinette, »bist du noch krank?« Keine Antwort. »Der ehrwürdige Pater Polycarpe wird also ohne dich abreisen«, fuhr sie fort, »dabei rechnete er doch damit, dich mitzunehmen.«

Bei diesen Wotern verflog meine Trübsal.

»Er reist ab!« sagte ich lebhaft zu Toinette, »oh, wahrhaftig, ich fühle mich sehr wohl.«

Augenblicklich sprang ich aus dem Bett und war angekleidet, noch ehe sich Toinette über den plötzlichen Wandel meiner Sinnesart wundern konnte. Ich folgte ihr.

Toinettes Mitteilung hatte mich zu angenehm berührt, als daß ich das Pfarrhaus mit Bedauern verließ. Es kam mir nicht einmal in den Sinn, daß ich Suzon nicht wiedersehen würde. Ich traf Pater Polycarpe, der auf mich wartete; es entzückte ihn, mich zu sehen. Ich übergehe mit Stillschweigen die Zärtlichkeiten von Ambroise, die Küsse und Tränen von Toinette. Sie vergoß sie reichlich, und ich ebenso. Schon saß ich im Sattel und ritt mit Hochwürden davon. Adieu, Vater Ambroise, adieu, Madame Toinette, gehorsamster Diener. Ich reise ab, wir sind unterwegs, wir kommen an, und so sind wir nun im Kloster.

Ende des ersten Teils

ZWEITER TEIL

Ich trete in ein neues Leben ein. Durch meine Geburt dazu bestimmt, die Zahl jener heiligen Schweine zu erhöhen, welche die Frömmigkeit der Gläubigen im Überfluß ernährt, hatte mir die Natur die glücklichsten Anlagen für diesen Stand mitgegeben, und die Erfahrung hatte bereits begonnen, ihre Gaben zu vervollkommnen.

Aufrichtigkeit braucht sich nicht selbst zu loben, um zu überzeugen. Dennoch gibt es Dinge, die aus dem Rahmen fallen. Von solchen will ich berichten. Sollte man es beklagen, daß die Wahrscheinlichkeit dabei zu kurz kommt, so möge man bedenken, daß es hier nicht um jene Spiele der Einbildung geht, die man erfindet und geschickt handhabt, um den arglosen Leser nicht zu verprellen, sondern daß sie durchaus wahr sind und die Wahrscheinlichkeit nicht immer das hervorstechende Merkmal der Wahrheit ist. Muß ich nach alledem befürchten, daß man es sonderbar findet, ruchlose, ausschweifende, verderbte Mönche zu sehen, die meinen, sie seien ehrbare Leute, weil man sie noch nicht als Schurken entlarvt hat, und die über die Leichtgläubigkeit des Volkes lachen und unter der Maske der Religion, die diese treulosen Diener Gottes in den Wind schlagen, alles, was sie verdammt, zum Gegenstand ihrer liebsten Beschäftigungen machen? Nein, das ist nichts Außergewöhnliches, sondern die Regel. Wo sieht man etwas anderes? Die Franziskaner, die Karmeliter, die Jesuiten und noch viele andere geben mir täglich recht. Man weiß tausend Geschichten über sie, ohne jene mitzurechnen, die man nicht kennt.

Man erlaube mir, an dieser Stelle einige Überlegungen wiederzugeben, die ich in den Augenblicken anstellte, wo das Aussetzen der Lust mich mir selbst wiedergab und mich das Leben, das wir führten, mit unparteiischem Blick betrachten ließ. Sie dürften um so unverdächtiger erscheinen, als sie von einem Mann kommen, den der Eigennutz davon abhielt, sie je anzustellen.

Welche Gründe haben in den Klöstern so viele dem Charakter, dem Geist und dem Herzen nach verschiedene Menschen zusammenführen können? Faulheit, Unzucht, Feigheit, Trunksucht, Lüge, Verlust der Güter und der Ehre.

Ihr armen Leute, die ihr so einfältig seid zu glauben, die Religion wohne in diesen heiligen Stätten, wie sehr wünschte ich mir, ihr könntet einmal hineinsehen! Empört über die Sittenverderbnis, die darin herrscht, würdet ihr über eure Leichtgläubigkeit erröten und die Heuchler in dem Maße verachten lernen, wie sie Verachtung verdienen. Ich will euch die Binde von den Augen nehmen.

Sagt mir, die ihr den Pater Chérubin gekannt habt, diesen frommen Mann, dessen hochrotes Vollmondgesicht eitel Freude ausstrahlt, ihr, sage ich, die ihr ihn gekannt habt, bevor er seinen Kopf mit einer Kapuze aus schwarzem Serge verhüllte, wie lebte er da? Nie ging er schlafen, bevor er sich nicht seine acht oder zehn Flaschen des besten Weins hinter die Binde gegossen hatte, und oft fand ihn der anbrechende Tag unter dem Tisch, zwischen den Resten der Mahlzeit vergraben. Er hat der Welt entsagt, Gott hat ihn mit seiner Gnade erleuchtet, er hat ihm den rechten Weg gezeigt, und er beschritt ihn. Ich werde nicht prüfen, ob der Himmel oder seine Gläubiger dieses Wunder vollbrachten. Aber ihr sollt erfahren, daß Pater Chérubin es noch immer mit dem unerschrockensten Säufer aufnehmen könnte, daß er alles versaufen und verfressen würde: die Einnahmen des Klosters, ja das Kloster selbst, die Mönche, die Kirche, die Sakristei, die Glocken, den Teufel. Das ist Pater Chérubin, wie ihr ihn gekannt habt, und so ist er noch heute.

Und Pater Modeste, den ihr saht, als er noch unter euch weilte, aufgeblasen vor Dünkel und strotzend vor Eigenliebe — hat sich sein Charakter geändert, seit er sich den heiligen Strick dreifach um den Leib geschlungen hat? Ihr glaubt es; ich aber, der ihn kenne, ich versichere euch, daß er der unverschämteste Spitzbube ist, der je die

Kutte anlegte. Hört nur, wie er spricht: Bourdaloue* stammelt nur im Vergleich zu ihm; er redet scharfsinniger und durchdringender als alle großen Theologen, besser als der heilige Thomas. Seiner Meinung nach ist Pater Modeste ein Phönix, in euren Augen aber ein Narr. Und in meinen ebenfalls!

Seht euch Pater Boniface an, diesen abgefeimten Schnüffler, der fromm das Haupt neigt, die erloschenen Augen zu Boden schlägt und beim Gehen mit dem Himmel zu verhandeln scheint, um das Ende seines Lebens zu erflehen, das ihm eine schwere Bürde geworden ist. Hütet euch vor ihm, er ist eine schleichende Schlange: wenn er zu euch kommt, bewacht eure Frau, schließt eure Töchter ein, entfernt eure Söhne. Wenn er eintritt, und ihr seid nicht zu Hause: faßt euch an die Stirn, untersucht eure Frau, eure Töchter, eure Söhne: alle sind gefickt, alle in den Arsch gevögelt worden.

Ihr habt auch mit Pater Hilaire Bekanntschaft gemacht? Schnürt eure Geldbörse gut zu, denn ihr habt es mit dem geschicktesten Halunken zu tun. Nach den trostspendenden Gesprächen wird er euch bald in kräftigen Farben die Not des Klosters ausmalen: den armen Patres fehlt es an allem, sie nähren sich wie die Ärmsten der Armen, schlafen wie die Hunde, ihr Haus verfällt. Der arme Pater Hilaire! Werdet ihr ihn darben lassen? Nein, euer Herz wird weich, eure Börse öffnet sich: greifen Sie zu, Pater Hilaire, greifen Sie zu, Sie haben einen Dummen gefunden, greifen Sie zu, plündern Sie, stehlen Sie, nehmen Sie alles mit, jede Beute ist gut, Sie tun es ja für die Kirche.

Welche Menge von abscheulichen Charakteren könnte ich zeichnen, wollte ich euch die Mönche schildern! Ändert man seine Neigungen, wenn man das Gewand wechselt? Nein, der Säufer wird immer betrunken sein, der Dieb immer ein Dieb bleiben, der Schamlose immer schamlos sein, und der Ficker wird immer ficken. Ich sage noch mehr: unter der Kutte erwachen die Leidenschaften zu neuer Kraft: man trägt sie im Herzen, das Beispiel läßt

* Louis Bourdaloue, (1632–1704), berühmter Kanzelredner.

sie aufblühen, der Müßiggang frischt sie auf, die Gelegenheit mehrt sie. Wie ihnen widerstehen? Um sich von diesen verschiedenen Tierarten, die voller Verachtung auf der Erde kriechen und unter dem Gattungsnamen Mönch bekannt sind, einen richtigen Begriff zu machen, muß man sie alle als Feinde der Gesellschaft betrachten. Unfähig, die Pflichten zu erfüllen, die man von anständigen Menschen verlangt, haben sie sich ihrer Tyrannei entzogen und als Freistätte ihrer lasterhaften Neigungen nur das Kloster gefunden.

Man könnte ihre Gemeinschaft mit den Geißeln des Himmels vergleichen, mit jenen Heuschreckenschwärmen, die auf die Erde fallen, alles zernagen, auffressen, verwüsten und die unheilvollsten Spuren ihrer Anwesenheit zurücklassen, oder mit jenen Horden barbarischer Völker, die aus ihren Sümpfen krochen, um Europa zu überschwemmen.

Insgeheim hassen und verabscheuen sie einander: nur das gemeinsame Interesse verbindet sie. Von ihren inneren Fehden, die sie zerfressen, werden sie nur durch die Fremden abgelenkt. Nichts ist besser geordnet als das Äußere ihrer Armee, nichts weniger als das Innere. Geht es um die Wahl eines Ordensgenerals? Wie viele Fraktionen, Komplotte, Intrigen! Ebenso viele wie Mönche. Man schreit, man läuft herum, man erregt sich, man ereifert sich, man schlägt und tötet einander. Handelt es sich jedoch darum, einen Streifzug in die Welt zu unternehmen, sich an den Geldbeuteln der Gläubigen zu vergreifen, neue Praktiken des Aberglaubens zu ersinnen? Dann sind sie alle vom gleichen Geist beseelt, alle werden vom gleichen Eifer erhitzt, und alle streben demselben Ziel entgegen: den Befehlen ihrer Oberen gehorchend, sammeln sie sich unter ihren Fahnen, erklimmen die Kanzel, predigen, ermahnen, beschwören, verführen das dumme Volk, das blind ihren Launen folgt und diese als notwendige Lebensregeln hinnimmt.

Diesem Loblied möchte ich einige Verse anfügen, die der gesunde Menschenverstand diktiert und die Erfahrung gerechtfertigt hat:

Nimmst du ihnen aber den Reichtum, so werden sie Götter und Opfer verleugnen;
So dient diese Brut sich selber, nicht denen im Himmel.
Zu ihrem Vorteil nur gibt es die Götter; entfällt dieser freilich,
Stürzen die Tempel zusammen und auch die Altäre, und Jupiter wird nicht mehr sein.

Nach allem, was ich bei Ambroise von den Geistlichen gesehen hatte, insbesondere die Galanterien von Pater Polycarpe und Toinette, hatte ich mir die schönsten Begriffe über das Mönchstum gemacht: ich glaubte, die Kutte sei das Gewand, in dem man den freiesten Zutritt zum Tempel der Lust habe; meine Phantasie berauschte sich an den angenehmen Trugbildern, die sie sich erdachte. Sie machte keineswegs in Toinettes Armen halt: sie zeigte mir die liebenswürdigsten Frauen der Orte, an die mein Schicksal mich führen würde, wie sie sich um die Eroberung Pater Saturnins zankten, durch die zärtlichsten Aufmerksamkeiten seinen Wünschen zuvorkamen und seine Wohltaten mit den lebhaftesten und köstlichsten Gefälligkeiten vergalten. Es wird niemanden wundernehmen, daß ich unter solchen Umständen freudig das Ordenskleid empfing, womit mich der Pater Prior (der sich mir zunächst mit wahrhaft väterlicher Zuneigung anschloß) schon am Tag nach meiner Ankunft beehrte.

Ich hatte bei meinem Pfarrer genügend Latein gelernt (der es selbst freilich nur wenig konnte), um im Noviziat mit Ehren zu bestehen. Man lobte mich wegen einiger glücklicher Anlagen. Habe ich sie mir zunutze gemacht? Leider nein! Wozu haben sie mir gedient? Pförtner zu sein. Welch schöner Erfolg!

Als gewissenhafter Schriftsteller könnte ich mich verpflichtet fühlen, meinen Leser Jahr für Jahr weiterzuführen: man würde mich zuerst als Novizen, dann als Profeß, schließlich als ehrwürdigen Pater sehen. Ich hätte ihm tausend schöne Dinge zu erzählen, aber die schönen Dinge gefallen nur insoweit, als sie uns interessieren. Doch welches Interesse hätte man an einem Kuttenbruder, der gegen jedermann disputiert, den gesunden Menschenverstand und die Vernunft mit dem Modus Baroco in Verlegenheit bringt, mit spitzfindigen Unterscheidungen, die er selbst nicht versteht? Ich erlasse es mir.

Dennoch fühle ich, daß ich einen so langen Zeitraum nicht einfach durchlaufen könnte, ohne auf die Einzelheiten einiger Lappalien einzugehen.

Ein mehrjähriger Aufenthalt im Kloster hatte mir die Vorstellungen genommen, in denen ich mich beim Eintritt wiegte. Ich hatte die unangenehme Erfahrung gemacht, daß die Lust wohl für die Mönche, nicht aber für die Neulinge bestimmt war. Ich schwankte zwischen der Reue, mich einem Stand geweiht zu haben, der nicht die erhofften Annehmlichkeiten bot, und dem Wunsch, die Priesterweihe zu erreichen, die ich als das Ende meiner dornenvollen Laufbahn und als Beginn einer neuen ansah, die mir nur lustvolle Tage verhieß. Und so ließ ich mich von den Schmeicheleien des Priors einlullen, der es sich zur Pflicht gemacht hatte, mich durch gute Behandlung für die Verachtung zu entschädigen, welche die anderen mich unter dem Vorwand spüren ließen, daß ich der Sohn eines Gärtners sei, in Wirklichkeit aber, weil ich ihnen im Studium überlegen war.

Die häufigen Vorwürfe, die man mir wegen meiner Geburt machte, hatten mir Ambroisens Haus verleidet. Toinette war für mich eine verbotene Frucht geworden, was nicht heißen soll, daß ich ihr weniger zugetan war, doch konnte sie einem Novizen zugänglich sein, wo sie ständig von der höheren Geistlichkeit umgeben war?

Es gab noch einen anderen, weit empfindlicheren Grund dafür: ich traf Suzon nicht mehr an, sie war für mich verloren. Meine liebe Suzon war kurz nach meinem Eintritt bei den Zölestinern aus Madame d'Invilles Schloß verschwunden. Man hatte nichts mehr von ihr gehört. Ihr Verlust hatte mich zutiefst betrübt, ich liebte sie: irgend etwas, was stärker war als ihr Temperament, fesselte mich an sie. Die Einsamkeit, in der ich lebte, machte den Kummer über ihren Verlust noch quälender. Die Stätten, wo wir so vertraut miteinander geplaudert hatten, wo unsere noch jungen Herzen sich zum erstenmal in der Liebe versucht hatten, würden mich nur noch trauriger stimmen.

Jede angenehme Erinnerung wäre durch die Anwesenheit jener, der ich sie verdankte, teuer erkauft! Ihres Gegenstandes beraubt, verursachten diese Gedanken mir nur Schmerzen.

Was für ein armer, zur Untätigkeit verurteilter Bursche, wird man sagen, von meinem Unglück bewegt. Was taten Sie denn nun, armer kleiner Saturnin? Ach, ich onanierte, mein Schwanz war mein einziger Trost, er ließ mich Kummer und Schmerzen vergessen.

Eines Tages war ich mitten im Werk. An einem einsamen Ort, wo ich mich unbeobachtet wähnte, versüßte ich mir das Dasein mit dieser wollüstigen Trägheit, welche die Einsamkeit gewährt. Ein Spitzbube von einem Mönch beobachtete mich: er gehörte nicht zu meinen Freunden, er war im Gegenteil einer von denen, die stets den größten Widerwillen gegen mich gezeigt hatten. Er stand so plötzlich vor meinen Augen, daß meine Arme vor Bestürzung herabsanken und ich in diesem Zustand seinen boshaften Blicken ausgesetzt blieb. Ich hielt mich für verloren, ich glaubte, er werde mein Abenteuer überall herumerzählen, und die Art, wie er mich ansprach, bestärkte mich in der Annahme, daß kein Vergleich von ihm zu erwarten sei.

»Ha, ha! Bruder Saturnin«, sagte er, indem er die Augen zum Himmel hob und die Hände verschränkte, »ha! ich hätte Sie derartiger Dinge nie für fähig gehalten! Sie, den Musterknaben des Klosters, Sie, den besten Kopf in Theologie, Sie . . .«

»Zum Henker«, unterbrach ich ihn barsch, »Schluß mit diesem ironischen Lob: Sie haben gesehen, daß ich beim Wichsen war, und ich weiß sehr gut, daß Sie das ganze Kloster damit belustigen werden! Sei's drum, Sakrament«, fuhr ich fort und machte mich erneut ans Werk, »lachen Sie nur, holen Sie her, wen Sie wollen, ich erwarte euch beim zehnten Erguß!«

»He, Bruder Saturnin«, erwiderte er ebenso seelenruhig, »was ich Ihnen sagen will, ist nur zu Ihrem Besten: warum es einsam treiben wie ein Strolch? Wir haben so viele Novizen hier, es ist das Amüsement jedes rechtschaffenen Mannes.«

»Offenbar zählen Sie sich zu dieser Sorte«, antwortete ich. »Ihre Reden, Pater André (so hieß er), beginnen mich zu langweilen, und Ihre Ratschläge mißfallen mir ebenso wie Ihr Lob. Hören Sie auf und verschwinden Sie, oder ich . . .«

Die Lebhaftigkeit, mit der mir diese Worte entfuhren, brachen seinen gespielten Ernst, er lachte schallend und sagte, mir die Hand reichend:

»Da, nimm sie, Bruder, ich hielt dich nicht für einen so lustigen Gesellen. Es tut mir leid, daß du auf die traurige Notwendigkeit des Wichsens angewiesen bist. Nach allem, was ich sehe, verdienst du ein besseres Los. Du nährst dich schon viel zu lange von dieser saftlosen Speise, ich habe dir etwas Gehaltvolleres zu bieten.«

Diese Worte entwaffneten mich, seine Offenheit weckte die meine, und ich reichte ihm meinerseits die Hand.

»Ich hege kein Mißtrauen«, sagte ich, »wenn man so spricht wie Sie: ich nehme Ihr Anerbieten an.«

»Nun denn«, versetzte er, »Ehrenwort, um Mitternacht hole ich Sie in Ihrem Zimmer ab. Glauben Sie mir, knöpfen Sie Ihre Hose zu, schießen Sie Ihr Pulver nicht auf Spatzen, Sie werden es heute nacht brauchen. Mehr will ich Ihnen jetzt nicht sagen, ich verlasse Sie. Gehen Sie nach mir zurück, man braucht uns nicht zusammen zu sehen; das könnte Grund zu Klatsch geben. Auf bald.«

Nach dem Weggang des Mönches hatte ich mich noch immer nicht von meiner Verwunderung erholt. Es war keine Rede mehr vom Onanieren: ich träumte einzig von seinem Versprechen, ohne es zu begreifen. Was versteht er nur unter dieser gehaltvollen Speise, fragte ich mich, mit der er mich laben will? Sollte er einen Novizen meinen, so kann er ihn für sich behalten, nach solchem Wildbret steht mir nicht der Sinn. Ich urteilte wie ein Tor: ich hatte es noch nie probiert. Sind Sie schlauer, lieber Leser, als ich es damals war? Ja, sagen Sie. Stimmt es etwa nicht, daß dies kein so schlechter Bissen ist? Das Vorurteil ist wie ein Tier, das man zum Teufel schicken muß. Mit einem Knaben geht es uns wie mit einer Speise, vor der uns ekelte: der Zufall läßt sie uns kosten, und wir finden sie delikat. Gibt es etwas Bezaubernderes als einen hübschen Lustknaben mit weißer Haut, wohlgeformten Schultern, einer schönen Rückenlinie, harten und runden Hinterbacken und einem Arsch von vollendetem Oval, eng, sauber und unbehaart? Da gibt es keine gähnenden Fotzen, keine Schlünde, in die man mit Stiefeln einsteigen könnte, pfui Teufel! Ich sehe dich vor mir, schwarzgalliger Zensor: du willst mir wohl vorwerfen, daß ich zwei Eisen im Feuer habe, daß ich die Fotze gelobt habe und heute das Lob des Arsches singe. So wisse denn, du Unschuldslamm, daß ich aus Erfahrung spreche: jeder nimmt sich sein Vergnügen, wo er es findet. Das meine besteht darin, eine Frau zu vögeln, wenn sie sich darbietet; und wenn ein schöner Knabe erscheint: werde ich ihm mit dem Fuß in den Arsch treten? Nein, Dummkopf, mit dem Schwanz. Geht zu den berühmten griechischen Weisen in die Schule, seht euch bei den rechtschaffensten Leuten unserer Zeit um — dort werdet ihr lernen zu leben. Aber gleich wird mein Mönch kommen. Es schlägt Mitternacht, leise klopft man an meine Tür: das ist er.

»Gut, gehen wir, Pater. Ich folge Ihnen, doch wohin, zum Teufel, führen Sie mich?«

»Zur Kirche.«

»Machen Sie Witze? Man kann doch nicht immer beten. Nein, Herrgott, heute nacht bin ich nicht dazu aufgelegt, alles zu seiner Zeit. Ich will schlafen.«

»He, zum Henker, so folgen Sie mir doch! Sehen Sie nicht, daß ich in den Orgelchor hinaufsteige? Kommen Sie, da sind wir.«

Ahnt man, was ich im Chor sah? Einen Tisch, der sich unter der Last der Speisen bog und den eine Pyramide von Flaschen krönte: eine wahre Augenweide.

Außerdem: drei Mönche, drei Novizen und ein junges Mädchen von achtzehn bis zwanzig Jahren, schön wie ein Engel. Ich folgte meinem Führer. Pater Casimir war das Haupt dieser fröhlichen Runde, lachend begrüßte er mich:

»Bruder Saturnin«, sagte er, »seien Sie willkommen. Pater André (so hieß der Mönch, unter dessen Schutz ich herkam) hat Ihr Lob gesungen, seine Protektion ist gerechtfertigt. Sicher hat er Ihnen erzählt, was wir hier treiben: ficken, essen, lachen und trinken; das ist unsere

Beschäftigung. Fühlen Sie sich geneigt, uns nachzueifern?«

»Bei Gott«, antwortete ich, »Ehrwürden, Sie werden sehen, daß ich kein unnützes Glied der Gesellschaft bin, und wenn es weiter nichts ist, so schmeichle ich mir, ebenso meinen Mann zu stehen wie ein anderer. Ohne damit«, fuhr ich fort, mich der Versammlung zuwendend, »die Verdienste der ehrwürdigen Herren schmälern zu wollen.«

»Wohlan«, entgegnete Pater Casimir, »Sie gehören zu uns. Setzen Sie sich zwischen dieses reizende Kind und mich. Los, öffnen wir eine Flasche zu Ehren des Bruders: auf Ihr Wohl!«

Und wir zechten. Und da Sie, verehrter Leser, nichts zu tun haben, während wir unsere Flaschen leeren, dürfen Sie sich damit amüsieren, folgenden Schund zu lesen.

Der Abbé der Ficker

Pater Casimir war mittelgroß, hatte ein gebräuntes Gesicht und den Bauch eines Prälaten. Nicht den eines Prälaten der Papofeigen*, denn diese sind, wie Meister Jean de la Fontaine sagt, von Gott verflucht, haben ein mageres Gesicht, einen hageren Leib und schlafen nie; sondern den eines wohlgenährten Papimanen*-Prälaten mit rundlichem Leib und dickem Bauch. Seine Augen vögelten einem den Arsch schon auf hundert Schritt Entfernung, und sein wilder Blick besänftigte sich nur beim Anblick eines hübschen Knaben. Dann trat er in Brunst und wieherte. Seine Leidenschaft für das Naturwidrige war so ausgeprägt, daß er sogar den Savoyarden gefährlich war. Doch fehlte es ihm nicht an Geschick, die Vögel in seinen Netzen zu fangen: er war Autor und ein moderner Schöngeist. Als beißender Zensor, trockener Schriftsteller, fader Lobredner, der in seinen Späßen langweilig war und in seiner Ironie keine Delikatesse besaß, hatte er sich mit einigen Werken einen Namen gemacht, die ihren Ruf eher der Dummheit derer verdankte, die er anschwärzte, als

* Satirische Wortschöpfungen von Rabelais.

ihren eigenen Vorzügen. Der Erfolg seiner kleinen Schriften tröstete ihn über die Stockhiebe, mit denen sich unzufriedene Autoren mitunter für die boshaften Bemerkungen rächten, die er über ihre Schriften in Umlauf setzte. Indes muß man gestehen, daß diese Autoren zu Unrecht ihren Zorn an ihm ausließen, denn auch wenn die Satiren unter seinem Namen erschienen, so hatte der arme Pater doch oftmals keinen anderen Teil daran, als daß er die Manuskripte einiger junger Leute redigierte, die für ihn arbeiteten. Sorgfältig pflegte er ihre kleinen Talente, unterbreitete ihnen den Stoff, sah ihre Arbeit durch, ließ sie drucken und erntete ihre Früchte, die bisweilen recht bitter waren. Doch das focht ihn nicht an, und wie der Geizige, der sich über die Pfiffe des Volkes tröstet, indem er seine Geldtruhe öffnet, so trocknete ihm das Gelächter, das er beim Publikum auf Kosten der Autoren erregte, die Tränen, die diese ihn im Privatleben vergießen ließen.

Über seinen literarischen Tätigkeiten verlor er indes nie die Neigungen seines Herzens aus den Augen; er hatte ein Mittel gefunden, sie zu befriedigen, ohne sein Kabinett verlassen zu müssen, und dieses Mittel bestand darin, sich für seine Vergnügen eben derselben Leute zu bedienen, deren er sich für seine Werke bediente. Als Lohn für ihre Gefälligkeit überließ er ihnen seine Nichte, und diese zuvorkommende Nichte beglich bereitwillig die Schulden ihres geliebten Onkels. Der Pförtner des Klosters stand dem Pater zu Diensten, und so gelangte alles ohne weiteres hinein: Wein, Speisen, Mädchen. Der Orgelchor war als der geeignete Ort für diese Orgien ausgewählt worden, weil, wie Pater Casimir mir sagte, niemand je vermuten würde, daß wir die Nacht in der Kirche verbringen, und weil wir überdies alle gehalten waren, dem Gottesdienst beizuwohnen, was allen Schwätzern den Mund schließt.

Trotz der Sorgfalt, die Pater Casimir darauf verwandte, sich seine Schüler zu erhalten, verlor er doch immer den einen oder anderen. Das lag einfach daran, daß die Erinnerung an Verbindlichkeiten mitunter zu Undankbarkeit verleitet. Diese Abtrünnigen bedienten sich gegen den Pater eben der Pfeile, die gegen die anderen zu spitzen er sie gelehrt hatte. Einer von ihnen verfaßte über ihn das folgende Sonett, das neben dem berühmten Sonett von Desbarreaux der fernsten Nachwelt überliefert zu werden verdient:

Sonett

Nie ließ Dom Hapecon, der arrogante Hahn
Zu lange seinen Pint zum steifen Kegel schwellen,
Trat aus dem Klostertor, die Kutte umgetan,
Und lief zu der Dupré, ein Mädchen zu bestellen.

Nach Gaunerart zu ficken pflegte der Galan,
Der fünf- bis sechsmal täglich hielt für Bagatellen,
Auch heute dacht' er rasch zu leeren sein Organ,
Holt 'unterm Loden vor den munteren Gesellen.

Die Dirne sprach: Ganz schön, den Prügel pack nur ein:
Zuerst wird bar gezahlt und reichlich obendrein:
Man lebt vom Fick hier wie am Hofe von Gewürzen.

Verdammt, die Abfuhr saß, verdroß den Pater schnell,
Er räumte mangels Geld dies Bollwerk von Bordell,
Tät vor Verzweiflung zwei Novizenärschlein bürsten.

Besser könnte ich das Porträt des Paters nicht beenden: ich lege den Pinsel beiseite: noch mehr Farbe würde mein Gemälde nur abschwächen.

(Ende vom Abbé der Ficker)

Pater Casimirs Nichte war klein und brünett, aber lebhaft und sprühend. Auf den ersten Blick machte sie keinen günstigen Eindruck, aber bei näherem Zusehen gewann sie. Sie wußte ihren Busen, der nicht rundweg schön war, so geschickt zu entblößen, daß sie mehr Vorteil daraus zog als manch andere aus einem weit vollkommeneren. Ihre Augen waren klein, aber schwarz und vom Feuer der Liebe beseelt. Sie sah einen mit verschmitzten und munteren Blicken an, die von Gleichgültigkeit zu zeugen schienen, jedoch von der raffiniertesten Koketterie belebt waren.

Ihr Mund war groß, aber schön gezeichnet. Sie lachte gern und glaubte, lediglich die Schönheit ihrer Zähne zu zeigen, enthülle jedoch eine Anmut, die um so unverdächtiger wirkte, als sie nicht erkünstelt war. Sie bezauberte durch Lebhaftigkeit und den Witz ihrer Zoten. Kurzum, man konnte sich nichts Reizenderes wünschen, um sich die Zeit bis zum Morgengrauen zu vertreiben.

Kaum hatte ich mich neben dieses liebenswürdige Mädchen gesetzt, als ich von neuem jene wirren Regungen verspürte, die ich einst empfunden hatte, als ich durch Zufall Toinette und Pater Polycarpe entdeckte. Die lange Enthaltsamkeit hatte mir sozusagen eine zweite Natur beschert, die für so lebhafte und so pikante Eindrücke überaus empfänglich war. Ich begann aufzuleben, weil ich glaubte, wieder ein Leben der Lust führen zu können. Ich betrachtete meine Nachbarin, deren fröhliche und zugängliche Miene mir zu verstehen gab, daß meine Wünsche nur so lange unerfüllt bleiben würden, wie ich so einfältig wäre, sie nicht zu äußern. Ich fühlte sehr wohl, daß nicht der Wunsch, die Vestalin zu spielen, sie unter die Mönche getrieben hatte. Aber das Glück, das sie mir verhieß, erschien mir so groß, daß ich es kaum fassen konnte: ich zitterte, und aus Furcht, es könnte mir entgleiten, hätte ich mich kaum entschließen können, es zu erbitten. Meine Hand lag auf ihrem Schenkel, den ich gegen den meinen drückte. Ich spürte, daß sie sie ergriff und durch den Schlitz ihres Rockes schob. Ich erriet ihre Absicht, und bald war mein Finger dort, wo sie ihn haben wollte. Einen Ort zu berühren, dessen Besitz mir so lange verwehrt gewesen war, ließ mich vor Freude erschauern, was von allen bemerkt wurde, und man rief mir zu:

»Nur Mut, Bruder Saturnin, nun sind Sie soweit!«

Vielleicht wäre ich in meiner Einfalt über diesen Zuruf in Verwirrung geraten, hätte mir Marianne (so hieß unsere Göttin) nicht sogleich einen Kuß gegeben und mit einer Hand meine Hose aufgeknöpft, während sie mir die andere um den Hals schlang. Sie packte meinen Schwanz, er stand kerzengerade:

»Oh!« rief sie verzückt aus, indem sie sich den anderen Mönchen zuwandte und ihnen meinen Schwanz zeigte, der sich stolz einen halben Fuß über den Tisch emporreckte, »ihr seid doch nur Embryonen. Habt ihr etwa einen von solcher Schönheit?«

Es ertönten Schreie der Bewunderung, und jeder beglückwünschte Marianne zu dem Vergnügen, das ihr bevorstand. Sie schien darob entzückt zu sein. Da gebot Pater Casimir der Gesellschaft Schweigen und richtete, nachdem auch er seiner Nichte zu ihrer Eroberung gratuliert hatte, das Wort an mich:

»Bruder Saturnin, verfügen Sie über Marianne. Ich würde ihr Lob singen, wenn Sie sie nicht vor sich sähen, und Ihr Verlangen wird es weit besser tun, als ich es je könnte. Sie hat die zarteste Haut, die festesten und niedlichsten Brüste, die wohlgeformteste Möse. Sie wird Ihnen alle nur erdenklichen Wonnen bereiten. Doch diese Wonnen sind an eine Bedingung geknüpft, die zu erfüllen Ihnen nicht schwerer fallen wird als den hier anwesenden Patres.«

»Ah!« antwortete ich liebestrunken. »Welche Bedingung? Was muß ich hergeben? Mein Blut?«

»Nein.«

»Was dann?«

»Ihren Arsch.«

»Meinen Arsch? Was zum Teufel wollen Sie mit ihm anfangen, Pater?«

»Oh«, antwortete er, »das ist meine Sache.«

Mein Verlangen, bald auf Marianne zu liegen, war zu groß, als daß ich den Vorschlag des Paters zurückgewiesen hätte. Bald schickte ich mich an, meine Liebste zu vögeln, und mein Gauner machte sich bereit, mich in den Arsch zu ficken: sie legte sich auf die Bank, auf der wir gesessen hatten, ich legte mich auf sie, und der Pater legte sich auf mich. Welchen Schmerz ich auch empfand und obgleich Casimir mich zerriß, so tröstete mich über meine Pein das Vergnügen, es der Nichte zu vergelten, deren Möse unter der Größe meines Schwanzes mehr litt als mein Arsch unter der des Schwanzes ihres Onkels. Als die Schwierigkeiten des Eindringens auf beiden Seiten behoben waren, lag ein blumenbesäter Weg vor uns. Bisweilen ließ mich die Lust mitten im Werk innehalten, doch alsbald stachelte Casimir mich wieder an und beflügelte mich, es ihm nachzutun. Auf diese Weise gestoßen und selber stoßend, hallten die Stöße, die ich von dem Onkel erhielt, gleichsam als Echo in der Möse der Nichte wieder, wo sie sich verloren: bald regungslos, bald rasend, starb sie und lebte wieder auf, küßte mich, stieß mich, biß mich und drückte mich unter Zuckungen an sich, die sich mir mitteilten und alle Anwesenden in Erstaunen setzten. Schon seit langem hatten wir Hochwürden Casimir weit hinter uns gelassen. Von der Hartnäckigkeit unseres Kampfes überrascht, der auf beiden Seiten schon viel Blut gekostet hatte, stimmte er in die Bewunderung der Versammelten ein, die, um uns gruppiert, in ehrfürchtigem Schweigen auf den Ausgang der Schlacht warteten. Ich war wütend, daß Marianne mir die Stirn zu bieten wagte, mir, der ich seit mehr als acht Jahren nicht mehr gefickt hatte, mir, der ich glaubte, in diesem Augenblick alle Begierden und alle Kräfte konzentriert zu haben, die ich in dieser langen Zeit angesammelt hatte. Und sie raste, weil sie an einen Mönch geraten war, der unerschütterlich all ihren Anstrengungen standhielt, sie, die schon die Kräftigsten aus dem Sattel gehoben hatte. Mit Blut vermischter Samen rann über unsere Schenkel, was uns noch mehr erregte. Schon war es uns viermal gekommen, als ich merkte, daß Marianne mit geschlossenen Augen, zurückgebogenem Kopf und gesenkten Armen regungslos wartete, daß ich ihr mit einem fünften Blitz den Gnadenstoß versetze. Sie mußte nicht lange auf ihn warten: sie empfing ihn, und nachdem sie ihn einige Minuten ausgekostet hatte, entwand sie sich meinen Armen und sagte, daß sie sich ergebe, stolz über den Sieg, den ich davongetragen hatte. Ich ergriff ein großes Glas, das ich ihr reichte und bis zum Rand füllte, und nahm selbst eines in die Hand. Wir stießen an und besiegelten unsere Versöhnung.

Das Ende des Kampfes hatte jeden an seinen Platz zurückkehren lassen. Zwischen dem Onkel und der Nichte sitzend, wurde ich von beiden Seiten mit Zärtlichkeiten überhäuft: die Hand des einen lag auf meinem Hintern, die der anderen auf meinem Schwanz. Das Lob, das man uns spendete, wich bald einer geregelteren Unterhaltung. Casimir machte den Anfang und lenkte sie auf das Thema der Päderastie. Er trat für sie ein wie ein zärtlicher Vater für ein geliebtes Kind. Er beherrschte die Materie und wußte sie sehr gut darzulegen. Von Adam bis zu den Jesuiten ließ er alle berühmten Päderasten Revue passieren. Er erwähnte Philosophen, Päpste, Kaiser, Kardinäle. Er sang das Lob jedes einzelnen und kam dann auf die Ungerechtigkeit und die Blindheit all derer zu sprechen, die gegen ein Vergnügen auftreten, das die bedeutendsten Männer und die größten Geister aller Zeiten zu dem ihren gemacht haben, er ging bis auf Sodom zurück: er behauptete, daß man dieses denkwürdige Ereignis aus Neid verfälscht habe, und schloß sein Lob, der Begeisterung nachgebend, mit folgenden Versen:

Schweigt, unbelehrbare Zensoren,
Stopft euren Unverstand den Narren in die Ohren;
Nur drängt und mischt euch nicht in die Historie ein.
Ihr wagt es, kriecherische Toren,
Schmierfinken, keck und unverfroren,
Den Sinn zu fälschen und die Schönheit zu entweihn.
Was deine Kinder, Sodom, glücklich schmolz zusammen,
Was Deine Kinder, Sodom, glücklich schmolz zusammen,
Das war kein böser Hauch, kein schaudervoller Schein;
Es waren göttliche und reine Himmelsflammen:
Sodom, ach könnt' ich nur dabeigewesen sein!

Der Vortrag des Paters erhielt den Beifall, den er verdiente und dessen er sich seitens der Anwesenden sicher sein konnte, wenn er ein ihnen so wohlgefälliges Thema behandelte. Man fickte noch eine Weile, in den Arsch wie in die Möse, man trank, lachte und trennte sich dann mit dem Versprechen, in acht Tagen erneut zusammenzukommen, denn derlei Bankette wurden nicht alle Tage abgehalten: die Einkünfte von Pater Casimir, der gewöhnlich die Kosten bestritt, hätten nicht ausgereicht. Marianne und ich schieden als die besten Freunde der Welt. Es dauerte nicht lange, bis das arme Kind spürte, daß es gefährlich war, mit mir zu spielen: der Gürtel wurde ihr bald zu eng, was man mir zur Ehre anrechnete. Pater Casimir trug Sorge, die Dinge im Verschwiegenen zu regeln: es war nur billig, daß er die Gefahren auf sich nahm, denen er seine teure Nichte aussetzte. Er zog sich ehrenhaft aus der Affäre, und alles wäre vortrefflich gewesen, hätte die unerwartete Schwangerschaft nicht unsere nächtlichen Zusammenkünfte gestört. Ich versuchte es mit Casimirs Mittel und ward auf seinen Spuren bald von den Ärschen aller unserer Novizen gefürchtet. Doch wenig später fiel ich in meine alten Irrtümer zurück, und die Freuden der Möse entwöhnten mich denen des Arsches.

Wenige Tage, nachdem ich meine erste Messe gelesen hatte, ließ mich der Prior zum Mittagessen auf sein Zimmer bitten. Ich begab mich zu ihm und fand einige ältere Kollegen bei ihm, die mich, gleich dem Prior, mit freudigen Umarmungen empfingen, von denen ich nicht wußte, womit ich sie verdient hatte. Wir setzten uns zu Tisch und ließen uns das vorzügliche Essen des Priors schmecken. Als der Wein, den Hochwürden uns kredenzte, die Unterhaltung belebte, vernahm ich mit Verwunderung, daß den Alten Wörter wie *Bordell* und *Fick* mit einer Leichtigkeit über die Lippen gingen, die ich von Leuten, die ich immer nur unter der Maske der Zurückhaltung kannte, nie erwartet hätte. Der Prior, der meine Verwunderung bemerkte, sagte:

»Pater Saturnin, wir genieren uns nicht mehr vor Ihnen, weil es an der Zeit ist, daß auch Sie sich nicht mehr vor uns genieren. Ja, mein Sohn, die Zeit ist gekommen, Sie haben die heilige Priesterweihe empfangen: von nun an sind Sie unseresgleichen, und ich fühle mich verpflichtet, Ihnen wichtige Geheimnisse anzuvertrauen, die Ihnen bisher verborgen bleiben mußten, denn es wäre gefährlich, sie jungen Leuten anzuvertrauen, die uns entgleiten und Geheimnisse verbreiten könnten, die unter ewigem Schweigen begraben sein müssen. Um mich dieser Pflicht zu entledigen, habe ich Sie hierherbestellt.«

Diese gewichtige Einleitung machte mich sehr gespannt auf das, was der Prior mir sagen würde. Er fuhr fort:

»Ich halte Sie nicht für einen jener Schwachköpfe, die das Wort Fickerei abschreckt: Sie kennen die Natur gut genug, um zu wissen, daß das Ficken dem Menschen ebenso natürlich ist wie Essen und Trinken. Wir sind zwar Mönche, aber man schneidet uns weder den Schwanz noch die Hoden ab, wenn wir ins Kloster eintreten. Die Dummheit seiner Gründer und die Grausamkeit der Menschen wollten uns diese so natürliche Verrichtung untersagen, sie haben unsere Begierden jedoch nur noch mehr aufgereizt. Wie denn die Flammen löschen, welche die Natur selbst in unseren Herzen entzündet hat? Sollten wir etwa, um das Mitleid der Gläubigen zu erregen, auf den Straßen und Plätzen onanieren? Sollten wir, um ihren tyrannischen Vorstellungen nachzukommen, unablässig in einem Feuer brennen, das nur der Tod zu löschen vermag? Nein. Soweit es uns möglich war, haben wir versucht, zwischen der Strenge des Lebens, die man von den Mönchen zu fordern scheint, und der Schwäche unserer Natur die Mitte zu halten. Diese Mitte besteht darin, daß wir innerhalb unserer Klöster der Natur alles geben und in der Außenwelt größte Strenge an den Tag legen. Zu diesem Zweck hat man in jedem wohlgeordneten Kloster eine bestimmte Anzahl von Frauen, bei denen man eine Linderung der Fleischeslust findet, die von Adam auf uns gekommen ist: in ihren Armen vergessen wir die Verdrießlichkeiten der Buße.

»Sie setzen mich in Erstaunen, ehrwürdiger Pater!« sagte ich zu ihm. »Ah! warum erstreckt sich eine so weise Einrichtung nicht auch auf unser Kloster?«

Die Tischgesellschaft brach in Lachen aus. Der Prior antwortete mir:

»Wie, mein Sohn, halten Sie uns für dümmer als die anderen? Nein, das sind wir nicht. Sie sollten wissen, daß wir hier einen Ort haben, wo wir, dem Himmel sei Dank, dieses Beistands nicht ermangeln.«

»Hier?« entgegnete ich. »Und Sie fürchten nicht, daß man ihn entdeckt?«

»Nein, nein«, erwiderte er, »es ist ausgeschlossen, daß man uns entdeckt. Wird man zwischen der Bibliothek und den alten Kapellen ein kleines Fleckchen aufstöbern, das man nie betritt und das zudem auf der Seite des Gartens von einer hohen Mauer verdeckt ist? Die Ausdehnung unseres Hauses ist zu groß, als daß man diesen Ort bemerken könnte, wir sind völlig in Sicherheit. Und wenn

Sie, der Sie schon seit neun Jahren hier leben, nicht die geringste Ahnung davon hatten, wie sollen da Fremde drauf kommen?«

»Ah!« rief ich aus, »wann werde ich Sie begleiten dürfen, um diese reizenden Einsiedlerinnen zu trösten?«

»An Tröstungen fehlt es ihnen durchaus nicht«, antwortete er lachend, »und von nun an haben auch Sie das Recht, ihnen Trost zu spenden. Denn zu unserer größeren Sicherheit lassen wir, wie ich bereits sagte, nur Leute zu, denen ihr eigenes Interesse Verschwiegenheit auferlegt: solche, welche die Priesterweihe empfangen haben. Sie gehören nun zu ihnen und können hingehen, wann immer Sie wollen.«

»Wann immer ich will?« unterbrach ich ihn, »ah! mein Pater, ich bin Manns genug, Sie aufzufordern, sofort Ihr Wort zu halten!«

»Nicht sofort«, antwortete er, »Sie müssen bis zum Abend warten; das ist die Zeit, wo sich unsere Brüder, von ihrem Verlangen gedrängt, hier einfinden, um in unsere Liebesklause geführt zu werden. So nennen wir die Wohnung unserer Schwestern. Niemandem wird der Schlüssel anvertraut: es gibt nur zwei davon, wovon der eine in den Händen des Proviantmeisters, der andere in den meinen ist.«

»Das ist noch nicht alles«, fuhr der Prior fort, »das Erstaunen, das Sie soeben in bezug auf unsere Klause zeigten, Pater Saturnin, wird gering sein gemessen an dem, das eine völlig unerwartete Mitteilung bei Ihnen hervorrufen wird. Sie sind nicht der Sohn von Ambroise.«

Bei diesen Worten war ich tatsächlich so verblüfft, daß ich nicht die Kraft hatte, den Mund aufzumachen.

»Ja«, fuhr der Prior fort, »Sie sind weder der Sohn von Ambroise noch der von Toinette. Sie sind von höherer Geburt: unsere Klause hat Sie zur Welt kommen sehen; eine unserer Schwestern hat Ihnen das Leben geschenkt.«

Und er erzählte mir nun, was Sie, verehrter Leser, am Anfang dieser Memoiren erfahren haben.

»Ah!« sagte ich, als ich mich von der ersten Überraschung erholt hatte, »so erstaunlich das Geheimnis auch ist, das Sie mir enthüllten, lieber Pater, so wenig Mühe habe ich, ihm Glauben zu schenken: ja, die Empfindungen, die ich im Herzen trage, sprechen dafür, daß ich der Sohn von Mönchen und nicht der eines Gärtners bin. Doch bevor ich mich der Freude hingebe, die das Wissen um meine Herkunft mir bereiten muß, gestatten Sie, daß ich mich über den Mangel an Vertrauen beklage, der mir so oft den Stand verleidet hat, für den meine Geburt mich bestimmte: warum haben Sie mir stets den süßen Trost versagt, meine Mutter zu umarmen, falls sie noch lebt? Fürchteten Sie, daß ich ein Geheimnis verrate, das zu wahren so sehr in meinem eigenen Interesse lag?«

»Pater Saturnin«, sagte der Prior gerührt, »Ihre Vorwürfe sind berechtigt. Seien Sie jedoch überzeugt, daß wir Ihnen den Zutritt zu unserer Klause nicht aus mangelnder Zärtlichkeit verwehrten. Die Liebe, die wir für Sie empfinden und die wir Ihnen immer gezeigt haben, diese Liebe stand lange im Widerstreit mit der Strenge unserer Regeln. Aber Ordnung muß sein, und heute versetzt uns die Zeit in die Lage, Ihren Klagen ein Ende zu bereiten. In Kürze werden Sie die Freude haben, Ihre Mutter zu umarmen: sie lebt noch. Und wenn Sie diese Freude nicht schon früher hatten, so haben Sie doch nichts verloren: sie steht Ihnen bevor.«

»Ah!« rief ich aus »ich kann es kaum erwarten, mich in ihren Armen zu sehen!«

»Mäßigen Sie sich«, sagte er, »das Opfer wird nicht lange dauern; Sie brauchen nur noch wenige Stunden zu warten: schon sinkt die Sonne, die Nacht bricht herein, und die Stunde wird kommen, ehe man sich's versieht. Wir werden in der Klause soupieren: man erwartet Sie dort. Lassen Sie sich anstandshalber im Refektorium sehen und kommen Sie dann hierher zu uns.«

Die Freude, meine Mutter zu sehen, war nicht der dringendste Grund, der mir den Wunsch eingab, in die Klause zu gelangen. Die Hoffnung, dort ohne Zwang alle Wonnen der Liebe in den Armen schöner, willfähriger Frauen zu genießen, erfüllte mein Herz mit einem Überschwang, den alle Anstrengungen meiner Phantasie nur schwach wiederzugeben vermögen. Endlich ist die Zeit gekommen, sagte ich mir, die ich so herbeigesehnt habe. Glücklicher Saturnin, klage nur über dein Schicksal! In welcher Lebenslage hättest du je gefunden, was man dir soeben verheißen hat? Bereust du die Tage der Traurigkeit, wenn die kommenden so bezaubernd sein werden, wie du sie dir erträumst?

Die Stunde kam, ich ging wieder zum Prior, bei dem ich fünf oder sechs Mönche antraf, die der gleiche Grund hergeführt hatte wie mich. Und wir gingen, einer hinter dem andern, in tiefem Schweigen zu den alten Kapellen, welche die Klause auf einer Seite schützten. Im Dunkeln stiegen wir in ein Kellergewölbe hinab, dessen Schaurigkeit wie geschaffen schien, dem kommenden Vergnügen einen neuen Reiz hinzuzufügen. Dieses Gewölbe, das wir mit Hilfe eines an der Wand befestigten Stricks durchschritten, führte uns zu einer Treppe, die eine Lampe beleuchtete. Der Prior öffnete die Tür, die sich am Ende dieser Treppe befand. Über einen engen Gang gelangten wir in einen galant möblierten Saal, an dessen Wänden mehrere bequeme Betten standen. Wir sahen, daß alles für ein herrliches Mahl hergerichtet war. Noch zeigte sich niemand. Doch nach dem Ton einer Glocke, die der Prior betätigte, bemerkten wir endlich eine alte Köchin, der sogleich unsere Schwestern folgten: sechs an der Zahl, die mir alle bezaubernd vorkamen. Jede von ihnen warf sich in die Arme eines der Mönche, und ich blieb als Zeuge ihres Entzückens allein zurück, verärgert über die Gleichgültigkeit, mit der sie einen neuen Bruder empfingen, der sich einbildete, sie würden ihn mit Liebkosungen überschütten. Aber bald kam auch der neue Bruder an die Reihe und wurde reichlich entschädigt.

In der Klause erfüllte man den Willen des Gründers nicht gewissenhafter als bei dem Gastmahl des Paters Casimir: es gab keine schmale Kost, die erlesensten Speisen wurden mit höchster Sorgfalt in Hülle und Fülle aufgetragen. Man setzte sich zu Tisch, jeder an die Seite seiner Schönen; man aß, trank, schäkerte und redete ebenso freimütig wie bei unseren Gelagen im Orgelchor. Ich verspürte keinen Appetit, man neckte mich deswegen, und ich erwehrte mich nur schlecht, einzig von dem Wunsch beseelt, meine Mutter wiederzusehen, oder, um mich natürlicher auszudrücken, von dem Wunsch, mit einer unserer Schwestern die Klingen zu kreuzen. Mit den Blicken suchte ich nach derjenigen, die mich durch mönchische Kraft zu ihrem Sohn gemacht hatte, und bei allen fand ich die Frische und Jugend, die den Gedanken ausschlossen, ich könnte einer von ihnen mein Dasein schulden. Sosehr sie auch mit ihren Patres beschäftigt waren, so fanden sie doch immer wieder Zeit, mir Blicke zuzuwerfen, deren Leidenschaft alle meine Vermutungen zunichte machten: törichterweise stellte ich mir vor, daß ich meine Mutter an der Ehrfurcht und der Zärtlichkeit erkennen würde, welche die Natur mir für sie einflößte. Aber mein Herz sprach bei allen gleich laut, und mein Schwanz richtete sich unterschiedslos zu Ehren einer jeden von ihnen auf.

Meine Unruhe belustigte die ganze Gesellschaft. Als man genug gegessen hatte, um zwischen den ersten und den letzten Bissen eine Pause einzulegen, kam die Rede aufs Ficken. Sogleich sah ich die Augen unserer Angebeteten feurig blitzen. Als Neuling wurde mir die Ehre zuteil, den Tanz zu eröffnen:

»Nun denn, Pater Saturnin«, sagte der Prior, »du mußt deine Kräfte bei Schwester Gabrielle, deiner Nachbarin, auf die Probe stellen.«

Ich hatte bereits mit ihr Bekanntschaft gemacht: zum Vorspiel hatten wir feurige Küsse ausgetauscht, und ihre Hand war bis zu meiner Hose vorgedrungen. Auch wenn sie die älteste der Gesellschaft zu sein schien, so fand ich sie doch reizend genug, um das Los der anderen nicht zu beneiden. Sie war eine stattliche Blondine, der man höchstens eine etwas zu große Leibesfülle vorwerfen konnte. Ihre Haut war von blendender Weiße, sie hatte den schönsten Kopf der Welt, große und wohlgeschnittene blaue Augen, die vor Leidenschaft zärtlich schmachteten, bei der Lust jedoch lebhaft glänzten. Hinzu kam ein fester und voller Busen sowie Brüste, die, aus dem Mieder quellend, eine regelmäßige Rundung bildeten, deren Wärme und rasche Bewegung die Augen entzückten, wenn man sich damit begnügte, sie zu betrachten, und das Herz entflammten, sobald man sie berührte.

Es hätte der Aufforderung des Priors nicht bedurft, denn Gabrielle hatte meine Begierden bereits geweckt, und sie schickte sich artig an, sie zu befriedigen.

»Komm, mein Gebieter«, sagte sie, »komm, ich will dir deine Jungfernschaft rauben, komm und verliere sie an einem Ort, wo du das Leben empfangen hast.«

Diese Worte ließen mich erbeben. Zwar war ich nicht tugendhafter geworden, doch hatte ich bei den Mönchen Kenntnisse erworben, die mir nicht gestatteten, mit Gabrielle so umzugehen wie seinerzeit mit Toinette. Ich war bereit zu vögeln: ein Rest von Schamgefühl ließ mich am Rande des Abgrunds innehalten. Ich wich zurück.

»Himmel!« sagte Gabrielle und erhob sich, »ist es möglich, daß dieser da mein Sohn ist? Sollte ich solch einen Feigling zur Welt gebracht haben? Was! schreckt er davor zurück, seine Mutter zu ficken?«

»Meine liebe Gabrielle«, sagte ich, sie umarmend, »begnügen Sie sich mit meiner Liebe. Wären Sie nicht meine Mutter, ich würde mich glücklich schätzen, Sie zu besitzen. Doch sehen Sie mir eine Schwäche nach, die ich unmöglich zu überwinden vermag.«

Selbst den verderbtesten und liederlichsten Herzen flößt der bloße Anschein von Tugend Achtung ein. Meine Handlungsweise fand Befürworter unter den Mönchen: sie räumten ein, daß sie unrecht hatten, mir eine solche Überraschung zu bereiten. Nur einer von ihnen wollte es sich nicht nehmen lassen, mich zu überzeugen:

»Armer Tor«, sagte er, »was, du bist einfältig genug, dich von einer so gleichgültigen Handlung abschrecken zu lassen? Reden wir vernünftig: sag mir, was ist das Ficken? Die Vereinigung eines Mannes und einer Frau, und diese Vereinigung ist entweder natürlich oder von der Natur untersagt. Sie ist natürlich, da nicht zu leugnen ist, daß beide Geschlechter eine unüberwindliche Neigung im Herzen haben, die sie zueinanderdrängt. Wenn diese Neigung ohne Unterschied im Herzen des Mannes wie der Frau vorhanden ist, liegt es also in der Absicht der Natur, daß man sie ohne Unterschied miteinander befriedigt, und der Beweis ist in dem Buch nachzulesen, das der Heilige Geist diktiert hat. Gott sprach zu den ersten Menschen: seid fruchtbar und mehret euch. Sie waren allein. Wie dachte sich Gott die Vermehrung? Konnte Adam ganz allein die Erde bevölkern? Adam zeugte Töchter: er fickte sie. Eva gebar Söhne: diese taten mit ihr, was ihr Vater mit ihren Schwestern tat und was sie auch untereinander taten, wenn sich die Gelegenheit bot. Und wie war es bei der Sintflut? Auf der Welt gab es nur noch Noahs Familie. Was blieb ihnen anderes übrig, als daß die Brüder bei ihren Schwestern schliefen, die Söhne bei ihrer Mutter und der Vater bei seinen Töchtern, wollten sie von neuem die Erde bevölkern? Gehen wir weiter. Lot flieht aus Sodom, und seine Töchter, die stets den Willen des Schöpfers vor Augen hatten und sahen, wie ihre Mutter in eine Salzsäule verwandelt wurde, weil sie zu neugierig gewesen war, riefen in der Bitterkeit ihres Herzens: ›Ach, die Welt geht also zugrunde!‹ Sie hätten sich gegenüber dem höchsten Wesen schuldig gefühlt, wenn sie nicht alles daran gesetzt hätten, wiederherzustellen, was er zerstört hatte. Lot selbst war von dieser Wahrheit durchdrungen und trug das Seinige bei. Da haben Sie die Natur in ihrer ursprünglichen Einfachheit. Die Menschen, die ihren Gesetzen unterworfen waren, hielten es für ihre oberste Pflicht, sie zu befolgen. Doch von ihren Leidenschaften verdorben, vergaßen sie bald den Willen dieser zärtlichen Mutter, sie wollten nicht länger im Zustand des Glücks verharren, in den sie sie versetzt hatte; sie stellten alles auf den Kopf, ersannen Hirngespinste, die sie Tugenden und Laster nannten; sie erfanden Gesetze, die weit davon entfernt waren, die Zahl ihrer vorgeblichen Tugenden zu erhöhen, sondern lediglich die ihrer vermeintlichen Laster erhöhten. Diese Gesetze haben die Vorurteile geschaffen, und diese Vorurteile, von den Toren übernommen und von den Weisen verhöhnt, haben sich von Epoche zu Epoche verstärkt. So mußten jene unverschämten Gesetzgeber, welche die Gesetze der Natur über den Haufen warfen, die Herzen umformen, die sie uns gegeben hat; sie mußten unsere Begierden regeln und ihnen Schranken setzen. Und da sie behaupteten, man dürfe die Freuden der Liebe nur mit einer einzigen Frau und selbst dann nur nach Erfüllung bestimmter Formalitäten genießen, mußten sie die

Begierden jedes einzelnen auf einen einzigen Gegenstand beschränken und dafür sorgen, daß diese Begierden nur nach bestimmten Formalitäten geweckt werden und stets gleich bleiben. Es ist ihnen nicht gelungen: im Innersten unseres Herzens lehnt sich die Natur gegen diese Ungerechtigkeit auf. Mit einem Wort: das Ficken ohne Unterschied der Person ist eine göttliche Einrichtung, ein von der Hand des Schöpfers eingegrabenes Gebot; alles andere ist eine Erfindung der Menschen. Und jene steht so unendlich hoch über dieser wie der Himmel über der Erde. Begeht man nicht ein Verbrechen, wenn man auf den Menschen hört statt auf Gott? Nein, nein. Und der heilige Paulus, durch dessen Mund der Himmel spricht und der alle Pflichten der Natur kannte, hat gesagt: Ehe ihr euch in Begierden verzehrt, fickt, meine Kinder, fickt. Allerdings mildert er seinen Gedanken ab, um zarte Gemüter nicht zu beleidigen, und bedient sich des Ausdrucks: heiratet. Aber im Grunde ist es dasselbe: man heiratet doch nur, um zu ficken. Ah! wie gern würde ich dir noch so manches sagen, wenn ich mich nicht gedrängt fühlte, den Rat des heiligen Paulus zu befolgen!«

Man lachte über den Witz des Paters, und schon erhob sich der Lüstling und bedrohte, den Dolch in der Hand, alle Fotzen im Saal.

»Wartet«, sagte eine Schwester mit Namen Madelon, »ich habe eine vorzügliche Idee, wie man Saturnin bestrafen könnte.«

»Welche?« fragte man sie.

»Also«, antwortete sie, »er soll sich auf ein Bett legen, Gabrielle auf den Rücken nehmen, und der Pater, der soeben wie ein Orakel gesprochen hat, wird Gabrielle bearbeiten.«

Bei dieser Verrücktheit lachten alle noch toller. Auch ich lachte und sagte, ich würde unter der Bedingung einwilligen, daß ich, während der Pater auf meinem Rücken ficke, die Sprecherin ficken dürfe.

»Einverstanden«, erwiderte sie ausgelassen, »die Neuheit der Sache reizt mich.«

Alle beklatschten diesen bizarren Einfall. Wir nahmen Aufstellung. Wie das wohl ausgesehen haben mag! Der

Pater gab meiner Mutter keinen Stoß, den sie ihm nicht unverzüglich dreifach vergalt, und jedesmal, wenn ihr Arsch auf den meinen zurücksank, drang ich tiefer in Madelons Möse ein, was ein für die Zuschauer überaus belustigendes Ineinandergreifen der Fickerei bewirkte. Wir dagegen waren viel zu beschäftigt, um lachen zu können. Es hing nur von mir ab, mich an Madelon zu rächen, indem ich das Gewicht dreier Leiber auf den ihren niedersinken ließe, aber sie war zu freundlich und zu verliebt und arbeitete zu bereitwillig, als daß ich auf einen solchen Gedanken verfallen wäre. Ich verschaffte ihr Erleichterung, so gut ich es vermochte; zwar hatte sie einige Mühe, aber es gereichte ihr eher zur Erhöhung der Wollust, denn da ich die Wonnen des Ergusses vor den auf uns Vögelnden erlebt hatte, blieb ich vor Lust reglos liegen: Gabrielle spürte es, und die Stöße ihres Arsches, der sich mit neuem Eifer bewegte, taten für mich, wozu ich nicht mehr imstande war, so daß meine unfreiwilligen Bewegungen Madelon abermals in Taumel versetzten und zum Höhepunkt brachten. Unsere Vögler beendeten ihr Werk und vereinnigten ihre Ekstase mit der unseren: unsere vier Leiber waren nur noch einer, wir vergingen und verschmolzen miteinander.

Das Loblied, das wir über diese neue Art der Liebesgenüsse anstimmten, ließ den anderen Brüdern und Schwestern das Wasser im Mund zusammenlaufen. Schon lagen sie aufeinander und fickten wie besessen im Quatrain (so nannten sie diese Stellung), unserem Beispiel folgend. So sind unsere schönsten Entdeckungen dem Zufall zu verdanken.

Gabrielle war über diese Erfindung so entzückt, daß sie gestand, fast das gleiche Vergnügen empfunden zu haben wie damals, als sie mich gemacht habe. Da ich nicht weniger begierig war als die anderen zu erfahren, wie die Sache sich zugetragen hatte, bat man sie, es zu erzählen.

»Gerne«, sagte sie, »und um so bereitwilliger, als Saturnin nur weiß, wer seine Mutter ist, aber nicht, woher sie stammt und wie sie hierhergekommen ist. Erlaubt mir, ehrwürdige Patres, es ihm mitzuteilen und ein wenig auszuholen. Mein Freund«, fuhr sie fort, das Wort an mich richtend, »du kannst auf keine lange Reihe berühmter Vorfahren zurückblicken: ich habe keinen von ihnen gekannt. Ich bin die Tochter einer Stuhlverleiherin dieses Klosters und höchstwahrscheinlich eines der Patres, die damals hier lebten, denn sie war zu lebhaft und eine zu große Freundin des Klosters, als daß ich guten Gewissens annehmen könnte, ich verdankte meine Geburt ihrem biederen Ehemann.

Schon mit zehn Jahren konnte ich das Blut nicht verleugnen, dem ich entsprang, und ich kannte die Liebe, noch bevor ich mich selbst kannte. Immer war ich mit den Patres zusammen, die sich einen Spaß daraus machten, meine glücklichen Neigungen zu pflegen. Ein junger Priester erteilte mir solch rührende und empfindsame Lehren, daß ich mir den anderen gegenüber undankbar vorgekommen wäre, wenn ich sie nicht hätte wissen lassen, daß ich imstande war, mich ihnen hinzugeben. Ich hatte mich bereits allen erkenntlich gezeigt, als sie mir den Vorschlag machten, mich an einen Ort zu bringen, wo ich die Freiheit besäße, meinen Verpflichtungen so oft nachzukommen, wie es mir beliebte. Bisher hatte ich es nur heimlich tun können, bald hinter dem Altar, bald davor, in einem Beichtstuhl und nur selten in den Zimmern. Diese Idee von Freiheit gefiel mir, ich nahm das Angebot an und kam hierher.

Am Tag meines Eintritts hatte man mich wie eine junge Braut geschmückt. Die Vorstellung des Glücks legte eine heitere Ruhe auf mein Gesicht, die alle Patres entzückte. Alle wollten mir ihre Huldigungen darbringen, und jeder wollte der erste sein, sie mir zu erweisen. Ich sah den Augenblick kommen, wo das Fest meiner Hochzeit so enden würde wie das der Lapithen.

›Meine ehrwürdigen Väter‹, sagte ich, ›eure Zahl erschreckt mich nicht, aber mein Mut ist vielleicht größer als meine Kraft, ich würde unterliegen: ihr seid eurer zwanzig, die Partie ist ungleich. Ich will euch einen Vergleich vorschlagen: wir müssen uns alle nackt ausziehen.‹

Und um mit gutem Beispiel voranzugehen, entledigte ich mich all meiner Gewänder: Kleid, Mieder, Rock,

Hemd, alles war im Nu abgelegt. Ich sah, daß die andern sich im selben Zustand befanden wie ich, und auch meine Schwestern waren splitternackt. Meine Augen ergötzten sich einen Augenblick an dem entzückenden Schauspiel zwanzig steifer, dicker, langer stahlharter Schwänze, die sich stolz dem Kampf stellten. Ah! wenn ich genügend Mösen gehabt hätte, sie alle auf einmal zu empfangen, ich hätte es getan!

›Nun‹, fuhr ich fort, ›es ist Zeit zu beginnen. Ich werde mich auf dieses Bett legen und die Schenkel so weit spreizen, daß ihr, den Schwanz in der Hand auf mich zulaufend, auf meinen Ring zielen könnt, aber nur einer nach dem andern, denn das Los wird für Ordnung sorgen. Die Ungeschickten brauchen sich nicht zu beklagen, denn wer mich verfehlt, findet andere willige Fotzen, wo er seinen Zorn abladen kann. Dies, meine Herren, ist mein Vorschlag.‹

Alle klatschten bei diesem Meisterwerk meiner Phantasie beifällig in die Hände. Man zieht das Los, ich zeige den Ring, man stürmt los. Einer, zwei, drei laufen vorbei, ohne mich zu treffen, und stürzen sich auf meine Schwestern, die ihnen durch allerlei Vergnügungen über ihr Mißgeschick hinweghelfen. Ein vierter kommt, das waren Sie, Pater Prior. Ah! ich lohnte Ihre Geschicklichkeit mit den feurigsten Umarmungen, und wenn die Lust, die man bei einem gleichzeitigen Erguß verspürt, die Ursache für die Befruchtung ist, dann müssen Sie nur noch mit vier oder fünf anderen, die nach Ihnen kamen, den Ruhm teilen, Saturnin gezeugt zu haben! Ja, mein Freund«, fuhr sie zu mir gewandt fort, »das hast du vor anderen Menschen voraus: sie kennen zwar den Tag ihrer Geburt, aber nicht den Tag, an dem sie empfangen wurden.«

Solcher Art waren die Gespräche, die wir in der Klause führten, und solcher Art die Freuden, die wir hier genossen. Man kann sich denken, daß ich nicht der letzte war, der sich dorthin begab. Jede Nacht ging ich zum Prior oder zum Proviantmeister. Ich war unersättlich, und stets war ich der Anführer des lustigen Völkchens. Ich war die Seele der Klause und das Entzücken aller. Jede einzelne, sogar die Alten, bekamen meinen Schwanz zu kosten.

Dennoch kam ich inmitten meiner Vergnügungen manchmal ins Grübeln. Alle Schwestern schienen über ihr Los entzückt zu sein. Nun konnte ich mir aber nicht vorstellen, daß Frauen von solch lebhaftem und ausschweifendem Naturell sich furchtlos hatten entschließen können, ihr Leben in dieser Abgeschiedenheit zu verbringen, daß sie ohne Abscheu dort lebten und Freuden empfanden, die sie mit ewiger Sklaverei erkaufen mußten. Sie lachten über meine Verwunderung und verstanden ihrerseits nicht, wie ich auf solche Gedanken verfallen konnte:

»Du kennst unser Temperament sehr wenig«, sagte mir eines Tages eine von ihnen, die überaus hübsch war und welche die Ausschweifung, diese trügerische Frucht einer sorgfältigen Erziehung, einem unserer Mönche in die Arme getrieben hatte. »Ist es nicht ganz natürlich, daß man für das Gute empfänglicher ist als für das Böse?«

Ich räumte es ein.

»Würde es dir schwerfallen«, fuhr sie fort, »eine Stunde am Tag dem Schmerz zu opfern, wenn man dir versicherte, daß die folgende in höchster Freude verginge?«

»Bestimmt nicht«, sagte ich.

»Nun«, fuhr sie fort, »setze einen Tag an die Stelle der Stunde: von zwei Tagen ist einer dem Kummer, der andere der Lust geweiht. Ich halte dich für zu klug, als daß du solch einen Vorschlag ablehntest, wenn man ihn dir machte. Mehr noch: auch der gleichgültigste Mensch würde ihn nicht ablehnen, und zwar aus einem ganz natürlichen Grund: die Lust ist die stärkste Triebkraft aller menschlichen Handlungen. Den verschiedenen Charakteren entsprechend, verbirgt sie sich unter tausend verschiedenen Namen. Die Frauen haben mit euch Männern alle möglichen Charaktereigenschaften gemein, aber darüber hinaus haben sie noch den obsiegenden Eindruck, den die Liebeslust auf sie macht: ihre gleichgültigsten Handlungen, ihre ernsthaftesten Gedanken kommen alle aus dieser Quelle und tragen immer, wenn auch verhüllt, das Zeichen ihrer Herkunft. Die Natur hat uns sehr viel heftigere und daher sehr viel schwerer zu befriedigende Begierden gegeben als euch: ein paar Stöße genügen, einen

Mann zur Strecke zu bringen, während sie uns lediglich anfeuern. Nehmen wir an, es seien sechs: eine Frau weicht noch nach zwölfen nicht zurück. Das Lustempfinden ist bei der Frau also mindestens doppelt so stark wie beim Mann. Und wenn du dich glücklich schätztest, einen Tag der Freude mit einem Tag des Kummers zu erkaufen, fändest du es dann sonderbar, wenn ich zwei dafür gäbe? Wärest du überrascht, wenn ich zwei Drittel meines Lebens qualvoll verbrächte, um das andere Drittel in Freuden zu verbringen? Ich habe die Dinge unparteiisch unter uns geklärt. Wenn du siehst, daß wir unablässig mit dem beschäftigt sind, was das höchste Glück der Frauen ausmacht, daß wir unablässig in euren Armen liegen, glaubst du dann noch immer, daß wir an das Leid denken, daß es irgendeine Macht über uns haben kann? Findest du unser Los nicht tausend und abertausend Mal glücklicher als das jener unklugen Mädchen, die, mit den gleichen Leidenschaften geboren wie alle anderen Frauen, ihr Verlangen in tiefster Einsamkeit ersticken, während es doch nur in den Umarmungen eines Mannes gestillt werden kann? Ah! wie würde ein solcher Gedanke unsere Begierden erneut entfachen, sollte es denn möglich sein, daß wir einmal erkalten! Du fragst, ob wir uns nicht nach der Welt zurücksehnen? Haben unsere verzauberten Herzen überhaupt Zeit, sie zu vermissen? Und was sollten wir vermissen? Die Freiheit? Sie ist kein Gut, wenn sie im süßesten ihrer Rechte eingeschränkt wird. Heißt das leben, wenn man ständig den Launen der Männer ausgesetzt ist? Heißt das leben, wenn man ständig die Qualen einer unfreiwilligen Keuschheit ertragen muß? Ein Mädchen verzehrt sich vor Liebe, und ein unseliges Vorurteil zeiht sie der Ehrlosigkeit, wenn sie sich einem Mann nähert. Gewährt sie eine Gunst, so sagt sich ihr Geliebter von ihr los; verweigert sie sie, so läßt er sich abschrecken; wenn sie ihre Reize zur Geltung bringen, durch irgendeine Erschwernis seine Leidenschaft wecken will, macht er sich aus dem Staub. Und so sieht sie sich, stets schmachtend, von der Liebe fortgerissen und von der Schicklichkeit zurückgehalten, zwischen zwei Klippen, die ihr gleichermaßen schrecklich sind. Gibt sie sich der Liebe hin, so kann eine

Indiskretion sie verderben, ihre Freuden sind stets von der Furcht vor dem *Was werden die Leute sagen* vergiftet. Hält sie sich dagegen in den Grenzen der Sittsamkeit, so muß das Glück ihr einen Ehemann bescheren. Kommt er nicht, so verfliegt die Zeit, die Jahre vergehen, ihre Reize welken, sie stirbt als Jungfer und Märtyrerin. Nehmen wir an, das Glück bescherte ihr diesen Ehemann: schon ist sie ihr Leben lang an einen Mann gefesselt, einen einzigen Mann, der ihre Bedürfnisse nicht einmal zur Hälfte befriedigen kann und dessen bizarre Laune vielleicht jeden Tag ihres Lebens zu einem Tag der Qual macht. Haben wir hier derartiges zu befürchten? Frei von den Sorgen des Lebens, kennen wir nur seine Reize; wir erfreuen uns hier der Annehmlichkeiten der Liebe und überlassen ihre Leiden denen, die weniger vorsorglich sind als wir. Alle Mönche sind unsere Liebhaber, das Kloster ist für uns ein Serail, das sich täglich mit neuen Verehrern bevölkert, deren Zahl sich nur vermehrt, um unsere Freuden zu mehren. Die Tage unterscheiden sich für uns nur durch die Vielfalt der Annehmlichkeiten, die sie uns bescheren. Ah! Pater Saturnin, du täuschst dich, wenn du uns für unglücklich hältst! Eine von uns ist schon recht lange hier und hat doch noch nie daran gedacht, wieviel Zeit seit ihrem Eintritt vergangen ist. Und um dir die Mühe zu ersparen, nach dieser glücklichen Sterblichen zu suchen, will ich dir gestehen, daß ich es bin.«

Ich hatte nicht erwartet, so vernünftige Reden, so richtige Gedanken, so ausgewogene Betrachtungen, so treffende Schlüsse bei einem Mädchen zu finden, von dem ich glaubte, es sei nur des Vergnügens fähig. Jeder andere hätte an meiner Stelle die Gesellschaft wegen des Verlusts eines Wesens bedauert, das ihr zur höchsten Freude gereicht hätte. Doch sann ich im Augenblick nur darauf, aus der glücklichen Neigung, die sie mir auslieferte, Vorteil zu ziehen, und die Zeit, die sie darauf verwandt hatte, mir zu beweisen, daß sie für die Lust geschaffen sei, durch meine Leidenschaft wiedergutzumachen.

Der Mensch ist nicht zu dauerhaftem Glück geboren. Obgleich ich alles besaß, was mein Herz begehrte, wurde ich unruhig und grüblerisch. Ich wage zu behaupten, daß es mir mit dem Ficken so erging wie Alexander mit dem Ehrgeiz: ich wollte die ganze Welt ficken, und danach wäre ich ausgezogen, um nach einer neuen Welt zu suchen, in der Hoffnung, dort neue Mösen zu finden.

Seit einem halben Jahr genoß ich den unbestreitbaren Ruhm, bei unseren Liebeskämpfen stets den Preis davonzutragen. Doch aus dem Tapfersten, der ich war, wurde bald der Feigste. Ich fickte nur noch so, wie die anderen wichsen, da ich nichts Besseres zuwege brachte: die Gewohnheit hatte die Lust abgestumpft, und ich lebte mit unseren sechs Schwestern wie ein Ehemann mit seiner Frau. Das Übel meines Geistes griff auf meinen Körper über, und meiner Mattigkeit folgte bald völliges Unvermögen in dem, was einst mein liebstes Vergnügen gewesen war. Man bemerkte es, man machte mir deswegen Vorwürfe. Aber was man mir auch sagte, glitt von meinem Herzen ab. Ich ging nur noch selten in die Klause, und es bedurfte aller Zärtlichkeit des Priors, um mich dorthin zu bringen. Er bewog unsere Schwestern, an meiner Heilung zu arbeiten, und sie ließen nichts aus, damit es gelänge. Sie setzten nicht nur ihre natürlichen Reize ein, sondern taten alles, was die raffinierteste Kunst einer koketten alten Hure eingeben kann, wenn es gilt, ein von der Lebhaftigkeit seiner Leidenschaften verbrauchtes Herz wiederzubeleben. Bald gruppierten sie sich im Kreis um mich herum und boten meinen Augen die aufreizendsten Bilder. Die eine lag lässig auf einem Bett und ließ leichthin einen Teil ihres Busens sehen; ein wohlgerundetes Bein und alabasterweiße Schenkel verhießen mir die schönste Möse der Welt. Eine andere lag mit angezogenen Knien da, in der Haltung einer Frau, die sich dem Kampfe stellt, reckte die Arme, seufzte und deutete durch ihre matten Bewegungen die Liebesglut an, die sie verzehrte. Andere, mit entblößtem Busen und geschürzten Röcken, kitzelten in den verschiedensten Stellungen ihre Möse, wobei sie sich wie rasend herumwarfen und durch Seufzer und Ausrufe zu erkennen gaben, welch große Lust sie empfanden, als sicheren Beweis für die Lust, die sie bereiten könnten. Dann wieder entkleideten sich alle und führten mir die Wollust unter all den Blickwinkeln vor, von denen sie glaubten, sie könnten mir gefallen. Die eine zeigte mir, das Gesicht auf ein Kanapee gepreßt, die Rückseite der Medaille, schob eine Hand unter ihren Bauch, spreizte die Schenkel und onanierte auf eine Weise, daß ich bei jeder Bewegung ihres Fingers in jenen Teil hineinsehen konnte, der mich einst so stark erregt hatte. Eine andere, die mit dem Rücken auf einem Bett aus schwarzem Satin lag und deren gespreizte Beine herabhingen, zeigte mir dasselbe Bild von vorn, welches mir die vorherige von hinten darbot. Eine dritte forderte mich auf, mich auf den Boden zwischen zwei Stühle zu legen, und indem sie das eine Bein auf den einen und das andere auf den zweiten setzte, hockte sie sich so hin, daß sich ihre Möse genau über meinen Augen befand. In dieser Stellung bearbeitete sie sich mit einem Godemiché, indes eine andere Schwester vor mir aus Leibeskräften mit einem unserer kräftigsten Mönche vögelte, der ebenso nackt war wie sie und so lag, daß ich alle Bewegungen sowohl der Möse der Schwester als auch des Gliedes von Hochwürden sehen konnte, der sich — einem Sturmbock gleich, wie man ihn früher vor den Toren einer Festung aufhängte, um sie aufzubrechen — mit aller Macht auf den Bauch der Schwester fallen ließ. Kurzum, man führte mir die geilsten Bilder vor Augen, bald alle gleichzeitig, bald nacheinander.

Mitunter legte man mich splitternackt auf eine Bank. Eine Schwester setzte sich rittlings auf meine Brust, so daß mein Kinn von ihrem Schamhaar eingehüllt war, indes eine andere sich auf meinen Bauch setzte und eine dritte, die auf meinen Schenkeln saß, meinen Schwanz in ihre Möse zu stecken versuchte; zwei andere hockten an meinen Seiten, so daß ich in jeder Hand eine Möse hielt, und eine letzte endlich, die den schönsten Busen hatte, saß mir zu Häupten und preßte, sich vorbeugend, mein Gesicht zwischen ihre Brüste. Alle waren nackt, alle rieben sich, und allen kam es: meine Hände, meine Schenkel, mein Bauch, meine Brust, mein Schwanz — alles war überschwemmt; ich schwamm in Saft, und noch immer weigerte sich der meine zu fließen. Aber auch diese Zeremonie, die man die »hochnotpeinliche Frage« nannte, war ebenso zwecklos wie die vorangegangenen. Man hielt mich für erledigt und überließ die Natur sich selbst.

In diesem Zustand befand ich mich, als ich eines Tages, allein im Garten spazierend und über mein unglückliches Schicksal nachdenkend, Pater Siméon traf, einen tiefsinnigen Mann, der im Dienst der Venus und des Bacchus ergraut war und, gleich dem alten Nestor, mehrere Generationen im Kloster hatte heranwachsen sehen. Er kam auf mich zu, umarmte mich zärtlich und sagte:

»O mein Sohn, Ihr Schmerz ist groß, ich sehe es. Aber der Anlaß dafür sollte Sie nicht beunruhigen: meine langjährigen Meditationen und meine große Erfahrung ließen mich ein Mittel entdecken, das in Ihnen jenes lebhafte Lustempfinden wiederzuerwecken vermag, jenes wollüstige Feuer, das den wahren Mönch auszeichnet. Zwar ist Ihr Übel groß, aber in hoffnungslosen Fällen bedarf es kräftiger Arzneien. Die stiefmütterliche Natur hat uns nur unzulängliche Kräfte verliehen. Ich gebe zu, daß sie uns Mönche als geliebte Kinder behandelt, aber eine zu große Ausschweifung kann bei einem Mönch dieselbe Wirkung haben wie eine geringere bei einem gewöhnlichen Menschen, und eben diese Ausschweifung ist der Grund Ihres Übels, sie hat Ihren Abscheu hervorgerufen. Es bedarf lediglich einiger köstlicher Speisen, um Ihren verdorbenen Appetit wiederzuerwecken, und ich kenne keine bessere als eine Betschwester.«

Ich konnte nicht umhin, über den gelassenen Ton zu lachen, in dem mir Hochwürden ein solches Geheimnis offenbarte.

»Wie das?« fuhr er fort, »ich meine es völlig ernst mit dem, was ich sage, ich mute Ihnen durchaus kein Paradox zu. Herrgott nochmal, Sie sind noch jung: Sie kennen die Betschwestern nicht und wissen nicht, daß sie unfehlbare Mittel haben, die erloschene Glut wieder anzufachen. Sie beherrschen die Kunst, sich mit dem Temperament des verbrauchtesten Mannes zufriedenzustellen; sie wissen aus allem Nutzen zu ziehen, wie ich aus eigener Erfahrung weiß. Ja, mein Sohn, ich habe mehr als eine gefickt. Glückliche Zeiten, wo die Gewölbe des Klosters von den Stößen meines Schwanzes widerhallten! Ach, wohin sind sie entwchwunden? Keiner spricht mehr von dem kräftigen Pater Siméon, er ist nur noch ein altersschwacher Mann, das Blut ist ihm in den Adern erstarrt, seine Stimme zittert, er atmet schwer, seine Beine versagen ihm den Dienst, seine Hoden sind ausgetrocknet, sein Schwanz ist nicht mehr zu sehen, alles an ihm stirbt ab.«

Ich hatte große Lust, bei diesen wunderlichen Ausrufen des ehrwürdigen Paters loszuplatzen, aber die Furcht, ihn von neuem zu verstimmen, hielt mich zurück.

»O mein Sohn«, fuhr er fort, »Sie sind noch in dem glücklichen Alter, wo man das Leben genießen kann. Tun Sie es. Ich habe es genossen, aber daran zu denken, ist keine Zeit mehr, jetzt nimmt mich Wichtigeres in Anspruch: die Sorge um das ewige Leben. Aber ich werde meine Ratschläge keinem vorenthalten, der ihrer bedarf. Man ist zu nichts nütze, wenn man nur sich selbst nützt. Ich wiederhole es: das einzige Mittel, Sie aus Ihrer Lethargie zu reißen, besteht darin, daß Sie sich einer Diät unterziehen, und das heißt, bei einer Betschwester Zuflucht nehmen. Um das bewerkstelligen zu können, muß man die Erlaubnis erhalten, die Beichte abzunehmen. Was diesen Punkt betrifft, so kümmere ich mich darum: der Bischof erweist mir die Ehre, mich zu schätzen, und der beste Gebrauch, den ich von seiner Freundschaft machen kann, ist, sie zu Ihrer Gesundung zu verwenden. Das weitere hängt von Ihnen ab.«

Ich dankte dem Pater für sein liebenswürdiges Angebot, und obgleich ich in die Wirksamkeit seines Geheimmittels kein großes Vertrauen setzte, bat ich ihn doch, sich für mich zu verwenden. Er versprach es mir.

»Das ist noch nicht alles«, fuhr er fort. »Bevor Sie diesen Weg einschlagen, brauchen Sie einen Führer, der Ihre Schritte lenkt. Ich werde Ihnen zu Diensten sein. Setzen wir uns auf diese Bank, dort plaudert sich's behaglicher.«

Wir setzten uns, und nachdem Hochwürden ausgiebig gehustet hatte, ergriff er erneut das Wort:

»Sicherlich wissen Sie, mein Sohn, daß wir den glücklichen Einfall, den man Beichte nennt, unseren Vorfahren verdanken. Unter diesen Vorfahren verstehe ich die Priester und Mönche, die in jenen fernen Zeiten lebten, wo diese Praxis im Christentum aufkam. Ich darf ihnen durchaus diesen Namen geben, denn sie haben uns das schönste Erbe hinterlassen, das Väter ihren Kindern hinterlassen können, ein Erbe, dessen Zinsen von der Leichtgläubigkeit der Völker pünktlich gezahlt werden; es sind treue Pächter, die keine Rückstände anwachsen lassen.

Stets habe ich die Geistesschärfe dieser erlauchten Gründer bewundert. In jenen strengen Jahrhunderten besaßen die Priester keine Reichtümer, und die armen Mönche warteten mit leerem Magen darauf, daß die Mildtätigkeit der Gläubigen ihre Bedürfnisse befriedigte. Man führt die Beichte ein, und alles wird anders: Güter fallen uns zu, bald verlassen wir unsere Einöden, wir ziehen in die Städte, um wieder mit den Menschen zu verkehren, und unsere Reichtümer vermehren sich im Schatten dieses weisen Tribunals. Tausendfach seien die glücklichen Erfinder dieses frommen Verfahrens gepriesen, über das Gott seit so vielen Jahrhunderten seinen Segen ausgießt. Amen.

Zu den Vorzügen der Stellung eines Beichtvaters werde ich Ihnen nicht viel sagen. Sie werden selbst erkennen, daß die Gewissensführung kein undankbares Geschäft ist, wenn man es versteht, die Kenntnis des menschlichen Herzens, der Triebkräfte, die es bewegen, der Leidenschaften, die es bestürmen, mit einer gesetzten und ergebenen Miene zu verbinden, mit einstudiertem Augenrollen, großer Verschwiegenheit, großer Sanftmut und ein wenig Entgegenkommen für die Schwächen, die man der Natur nachsehen muß. Dann werden Sie vom Volk gesegnet und von den Frauen vergöttert. Der Gott, dessen Erbarmen sie durch Ihre Vermittlung erflehen, bedeutet ihnen weniger als Sie. Ich werde Ihnen nicht sagen, welchen Vorteil Sie daraus ziehen können, um Ihr Glück zu machen, allein Ihr Interesse wird Sie leiten. Doch einen Rat will ich Ihnen geben: rupfen Sie mitleidlos die reichen alten Witwen, jene alten Frömmlerinnen, die Ihren Beichtstuhl nicht so sehr deshalb aufsuchen, um sich mit Gott zu versöhnen, als um einen schönen Mönch zu sehen. Nur für die hübschen Frauen erbitte ich Ihre Gnade, weil auch ich sie ihnen gewährt habe. Ich ließ mich mit anderer Münze bezahlen.

Ein junges Mädchen beispielsweise kann keine Geschenke machen, doch kann sie etwas weit Kostbareres geben: ihre Jungfernschaft. Um ihr dieses bezaubernde Kleinod zu rauben, muß man geschickt zu Werke gehen. Richten Sie Ihr Augenmerk auf diese jungen Betschwestern: ich vermute, daß Sie nur von ihnen geheilt werden können. Hüten Sie sich indes, sich unbekümmert der Heftigkeit zu überlassen, welche die Hoffnung auf Genesung Ihnen eingeben könnte: es ist weniger gefährlich, seine Gefühle einer Frau zu erklären, die durch die Gewohnheit abgehärtet ist, als einer jungen Person, bei der die Leidenschaft noch nicht über die Vorurteile der Erziehung gesiegt hat. Eine Frau versteht Sie schon bei einer Andeutung, ihr Herz ist Ihnen bereits auf halbem Wege entgegengekommen, noch bevor Sie den Mund aufgemacht haben; bei einem jungen Mädchen ist das nicht so. Doch wenn es auch schwieriger ist, es zu bezwingen, so ist der Sieg doch um so süßer. Ich will Ihnen den Weg zeigen.

Bei allen finden Sie einen natürlichen Hang für die Freuden der Liebe. Die große Kunst besteht darin, mit diesem Hang richtig umzugehen: bei der einen, die in einem schlichten Gewand erscheint, mit bleicher Miene, gesenkten Augen und gesetzten Schrittes, glimmt unter der Asche ein verborgenes Feuer, das beim ersten Hauch der Liebe auflodern wird. Sprechen Sie: in der Gewißheit, in einer solchen Unterhaltung, deren Heimlichkeit ihren Ruf vor übler Nachrede schützt, all die süßen Worte zu finden, die sie über ihre Niederlage hinwegtrösten können, wird sie Ihrem ersten Angriff nur einen schwachen Widerstand entgegensetzen. Drängen Sie sie: der Sieg ist Ihnen gewiß.

Andere, deren Temperament weniger lebhaft, weniger stürmisch ist, stellen größere Anforderungen an Ihre Geschicklichkeit. Bei diesen müssen Sie den Ermahnungen des Beichtvaters die Zärtlichkeiten des Geliebten hinzufügen. Erhitzen Sie ihr Naturell durch kunstvolle Reden, erkundigen Sie sich geschickt nach den Fortschritten, die sie in der Kunst gemacht haben, sich Lust zu verschaffen, lüften Sie unmerklich den Schleier, der ihren Blicken ungeahnte Wonnen verbarg, enthüllen Sie ihnen alle

Geheimnisse der Liebe, malen Sie diese in lebhaften, lieblichen Bildern, die ihre Sinnlichkeit anstacheln, zeigen Sie ihnen die Lust in den verführerischsten Farben und in den günstigsten Situationen, um ihre Begierden zu erregen.

Vielleicht werden Sie einwenden, es sei schwierig, eine so gefährliche Kunst zu beherrschen. Durchaus nicht: es bedarf nur der Geschicklichkeit. Ich stimme Ihnen zu, daß es gefährlich wäre, ihren Begierden offen zu schmeicheln, so überzeugend die Gründe auch sein mögen, die ihr Herz zugunsten Ihrer Moral anführt. Denn das erste Gefühl gilt dem, was uns schmeichelt, aber die Überlegung führt auf den Weg der Vernunft zurück. Und diese strenge Vernunft, die nur strenge Grundsätze gelten läßt, öffnet ihnen die Augen für die Gefahr, in die sie sich begeben würden, wenn sie Ihnen Gehör schenkten. Aber es gibt tausend Möglichkeiten, Herz und Verstand zu versöhnen. Sie brauchen ihnen die Lust nur so auszumalen, daß sie sich eher von ihr abgestoßen, als zu ihr hingezogen fühlen. Sprechen Sie mit Nachdruck von den Freuden der Lust und nur wenig von den Folgen, und die Vernunft wird sich vergeblich gegen die Eindrücke zur Wehr setzen, die Ihre Reden in ihrem Herzen hinterlassen; diese Eindrücke werden immer vorherrschend sein: man befaßt sich mit ihnen, man hängt ihnen nach, man will die geschilderten Freuden auskosten, man fürchtet zu erliegen, man kehrt zu Ihnen zurück. Das ist der entscheidende Augenblick: beklagen Sie sie, behandeln Sie ihre Schwäche mit Schonung, bemühen Sie sich zärtlich um sie. Keine Moralpredigten mehr; beruhigen Sie ihr Herz in bezug auf den Himmel, zerstören Sie die Vorurteile in bezug auf die Welt, machen Sie ihnen begreiflich, daß es keine so große Sünde ist, seinen Neigungen nachzugeben; daß die Gunst, die ein liebevolles Mädchen ihrem Geliebten gewährt, nicht schadet, wenn es im Schatten des Geheimnisses geschieht; daß die Gunstbezeigungen ihre Schönheit nur um so lebhafter und prickelnder erscheinen lassen; daß es gefährlich ist, eine Blume, die von Tag zu Tag welkt, zu lange aufzubewahren; daß es süß ist, sie pflücken zu lassen; daß ihr Verlust nur in der Einbildung vorhanden ist; daß ein Ehemann, so geschickt er auch sein mag, nicht einmal mit den Augen der Eifersucht den geringsten Verdacht schöpfen könnte. Geben Sie ihr zu verstehen, daß es tausend geheime Mittel gibt, um zu verhindern, was die Mädchen am meisten fürchten: die Schwangerschaft. Halten Sie dann inne, betrachten Sie aufmerksam ihr Gesicht: Sie werden sehen, daß es glüht, daß ihre Augen funkeln und daß sie schwankt: lassen Sie nun die Hand lässig auf ihre Brüste fallen, pressen Sie sie, drücken Sie ihnen zärtlich die Hand, werfen Sie ihnen leidenschaftliche Blicke zu, und bald werden Sie ihre Seufzer, die treuen Interpreten der Gefühle ihres Herzens, hören. Seufzen Sie mit ihr, drücken Sie ihr einen Kuß auf den Mund und bieten Sie sich dann als Tröster ihrer Leiden an: daß Sie aussprechen, was in ihrem Herzen vorgeht, stellt das Vertrauen her: man errötet nicht mehr, einem Mann gegenüber schwach zu sein, der deine Schwäche kennt und dich durch seine eigene in der deinen tröstet.«

Die Rede Pater Siméons hatte meine Einbildungskraft derart erhitzt und mein Herz mit solch süßen Empfindungen erfüllt, daß ich, schon fast überzeugt, nicht mehr an der Möglichkeit einer Sache zweifeln wollte, die ich anfangs nur für einen Scherz gehalten hatte. Ich wiederholte meine Bitte noch lebhafter als beim erstenmal, und bald ging mein Wunsch durch seine Vermittlung in Erfüllung.

Bis dahin sehnte ich mich danach, zur Mittelsperson zwischen den Sündern und dem barmherzigen Vater erhoben zu werden. In den leuchtendsten Farben malte ich mir das Vergnügen aus, das ich haben würde, wenn ich die Beichte eines schüchternen jungen Mädchens hörte, das es nicht versäumt hätte, seinem Temperament die kleinen Befriedigungen zu gewähren, die es von ihm verlangt. Ich begab mich in meinen Beichtstuhl und trat mein Amt an.

Von einem großen Philosophen wird berichtet, daß er die Schwäche hatte, in sein Haus zurückzukehren und den ganzen Tag dort zu bleiben, wenn ihm auf seinem Morgenspaziergang als erste Person ein altes Weib begegnete. Hätte ich mich nach dem Beispiel des Philosophen richten wollen, so hätte ich auf der Stelle den Beichtstuhl verlassen. Doch ich blieb standhaft und wappnete mich mit Mut gegen die Langeweile, die mir die Beichte des alten Weibes verursachen würde, das sich als erste Besucherin einstellte.

Geduldig ließ ich eine Flut von Kindereien über mich ergehen, die ich mit solch trostreichen moralischen Grundsätzen und so glattzüngigen Worten erwiderte, daß die entzückte Alte mir unverzüglich ihre Zufriedenheit bewiesen hätte, wäre nicht glücklicherweise das Gitter zwischen uns gewesen. Doch um mich zu entschädigen, gelobte sie mir eine Anhänglichkeit, die allen Versuchen anderer Beichtväter, sie mir abspenstig zu machen, widerstehen würde. Ich sah ihr die Verzückung nach und dachte an den Vorteil, den ich daraus ziehen könnte, denn da sie wohlhabend wirkte, reihte ich sie sofort in die Klasse jener alten Witwen ein, von denen mir Pater Siméon erzählt hatte: wohlan, sagte ich mir, sie ist nur da, um gerupft zu werden. Dazu mußte ich das Terrain sondieren. Sie war eine große Klatschbase, und so lenkte ich das Gespräch geschickt auf die Familie. Zunächst erging sie sich in wüsten Beschimpfungen auf einen Lumpen von Ehemann, der das Gut, das ihr gehöre, anderweitig verschwende; die gute Frau schien an ihrer empfindlichen Stelle getroffen zu sein. Dann schimpfte sie auf einen liederlichen Sohn, der dem perfiden Gatten nachgerate. Alles Lob galt jedoch ihrer Tochter, die ihr ganzer Trost sei, ein Mädchen von erbaulicher Frömmigkeit, engelhafter Reinheit der Sitten, ein Mädchen, das sich stets in sein Zimmer zurückziehe, um sich vom Treiben der Welt fernzuhalten, ein Mädchen, dessen Gedanken und Freuden einzig auf die Arbeit und das Gebet gerichtet seien und das nur ausgehe, um sich in die Kirche zu begeben.

»Ah! meine liebe Schwester«, rief ich in scheinheiligem Ton, »wie muß es Sie entzücken, in solch einer Tochter fortzuleben! Kommt diese heilige Seele in unsere Kirche? Wie glücklich wäre ich, mich an ihrem Beispiel aufrichten zu können!«

»Sie sehen sie jeden Tag hier«, antwortete die Alte. »Ihre Schönheit ist noch weit beeindruckender als ihre Frömmigkeit. Aber darf ich von Schönheit vor Ihnen sprechen, der Sie ein Heiliger sind und dies alles verachten?«

»Ah! liebe Schwester«, erwiderte ich, »Sie werden doch nicht so ungerecht sein und glauben, daß es mir versagt sei, der Schönheit, die sich in den Werken des Schöpfers zeigt, die gebührende Bewunderung zu zollen, besonders wenn so viele himmlische Tugenden das Weltliche an ihnen aufwiegen?«

Daraufhin malte mir die Alte, begeistert über die Wendung, die ich meiner Neugier gab, das Bild ihrer Heiligen, und ich erkannte darin eine prickelnde Brünette, die sich regelmäßig zu unserem Gottesdienst einfand. Pater Siméon, sagte ich nun zu mir selbst, da haben wir eine unserer Betschwestern, schonen wir diese, an ihr könnten Sie zum Propheten werden. Ich hätte die Mutter vielleicht verschreckt, wenn ich sie schon beim ersten Gespräch verpflichtet hätte, mir ihre Tochter als Beichtkind zuzuführen. Das behielt ich mir für eine zweite Sitzung vor, und um die Alte zu gewinnen, erteilte ich ihr volle Absolution für die Vergangenheit wie für die Gegenwart. Ich hätte sie ihr sogar für die Zukunft erteilt, wenn sie es gewollt hätte, es kostet ja nichts. Ich forderte sie jedoch auf, sooft wie möglich zu kommen, um sich in den Wassern der Buße zu erfrischen. So endete meine erste Unternehmung.

Mir ist, als hörte ich Sie rufen: Dom Bougre, jetzt sind Sie auf dem rechten Weg, dem Weg der Genesung, wie es scheint. Ja, ja, lieber Leser, die Heiligkeit des Amtes, das ich seit kurzem bekleide, beginnt zu wirken. Gelobt sei Gott, wie gewaltig ist seine Gnade! Er steht mir schon ein wenig, so daß ich hoffen darf, daß er bald noch kräftiger stehen wird.

Ich versäumte es nicht, am nächsten Tag zur Messe zu gehen: aus welchem Grunde, kann man sich leicht denken. Ich sah meine Brünette, die aus tiefstem Herzen zu Gott betete. Da ist sie, sagte ich zu mir, da ist das reizende Kind, das Musterbeispiel aller Tugenden! Ah, welches Vergnügen, einen so zarten Bissen zu verspeisen! Welch berauschender Gedanke, ihr die erste Lektion in den Wonnen der Liebe zu erteilen! Vivat, ich bin geheilt, er steht mir wie einem Karmeliter! Warum nicht gar wie einem Zölestiner? Taugen sie etwa weniger als die andern? Aber meine Frömmlerin sieht mich an. Sollte ihre Mutter von mir gesprochen haben? Schnell, löschen wir das Feuer, das ihr Anblick in uns entfacht, onanieren wir. Mein Augenrollen, das die Lust verursachte, hielt man für einen Ausdruck übermäßiger Frömmigkeit.

Die Lust, die ich beim Wichsen im Gedanken an meine Betschwester empfand, bürgte mir für jene, die ich empfinden würde, wenn ich weiterkäme. Ich hoffte, durch meine Geschicklichkeit ein Glück zu erringen, das der Zufall mir wenige Tage später bescherte.

Eines Tages war ich aus dem Kloster gegangen. Als ich zurückkam, sagte mir der Pförtner, daß im Besuchszimmer schon seit zwei Stunden eine junge Dame auf mich warte, die mich unbedingt sprechen wolle. Ich eilte dorthin. Wie groß war meine Überraschung, als ich meine Frömmlerin erkannte! Kaum erblickte sie mich, warf sie sich mir zu Füßen:

»Haben Sie Mitleid mit mir, Pater«, sagte sie unter Tränen, die sie hinderten, weiterzusprechen.

»Was haben Sie denn, meine liebe Tochter?« fragte ich, indem ich sie eilfertig aufhob. »Vertrauen Sie sich mir an, der Herr ist gütig, er sieht Ihre Tränen, sie haben ihre Wirkung getan, und schon hat er Erbarmen mit Ihnen gehabt. Öffnen Sie seinem Diener Ihr Herz.«

Sie wollte sprechen, ihr Schluchzen hinderte sie daran, ohnmächtig sank sie in meine Arme. Von diesem Geschehnis verwirrt, wäre ich fast so töricht gewesen, Hilfe herbeizurufen. Schon hatte ich einige Schritte gemacht, als die Überlegung mir Einhalt gebot. Wohin gehst du denn? sagte sie mir, wartest du auf eine noch günstigere Gelegenheit? Ich näherte mich meiner Betschwester, schnürte sie auf und entblößte ihren Busen. Niemals hatte ich einen schöneren gesehen: als ich ihr Kleid und ihr Hemd beiseite schob, glaubte ich das Paradies vor mir zu erblicken! Ich heftete meine Augen auf zwei dicke, weiße, marmorharte Kugeln. Wie sehr ich sie auch drückte, sie gaben dem Druck nicht nach; ich küßte sie, ich preßte sie an meine Augen, ich drückte meinen Mund auf ihren

Mund, ich wärmte ihren Atem. Von einer Regung mitgerissen, deren ich mir selbst nicht bewußt war, lief ich zur Tür und tat so, als öffnete ich sie und schlösse sie wieder, als hätte ich jemanden hinausgeführt, kehrte dann zu meiner Frömmlerin zurück, nahm sie in meine Arme, drückte sie inbrünstig an mich: ein jähes Zucken durchfuhr mich, ich ließ sie los, ich sah sie zitternd an, und mit einemmal, mein Licht ausblasend, nahm ich sie in die Arme. Liebe! rief ich, steh mir bei! Mit dieser teuren Last gelangte ich in mein Zimmer. Götter, wie leicht sie war! Ich lege sie auf mein Bett, schließe die Tür, zünde meine Kerze wieder an und betrachte, noch stärker zitternd, meine Beute. Trotz all meinen Bemühungen war sie noch immer nicht wieder zu sich gekommen. Ich entblöße ihren Busen, hebe ihre Röcke hoch, spreize ihre Schenkel. Eine köstliche Empfindung kämpft gegen meine Geilheit an: ich halte inne, betrachte, bewundere! Welch wollüstiger Anblick! Die Liebe und die Grazien tummelten sich auf allen Teilen ihres Körpers. Weiße, Fülle, Festigkeit, Zartheit — alles an ihm war berückend, alles an ihm wohlgedrechselt. Die weiße Haut, von blauen Äderchen durchzogen, die ihre Zartheit hervorhoben, die samtweichen schwarzen Haare, die herrlich schattierte Purpurröte der Möse — das alles bildete einen so prachtvollen Kontrast, daß ich mich fragte, welche dieser Farben wohl am meisten zur Vollendung des betörenden Bildes beitrug. Appelles*, der du zehn Jahre lang die Züge der vollkommensten Schönheiten Griechenlands zusammengetragen hast, du hättest meine Betschwester gemalt, wenn sie sich deinen Augen gezeigt hätte, und die Gottheit, die du darstellen wolltest, wäre vor Neid erblaßt.

Der Bewunderung überdrüssig, legte ich voller Leidenschaft Mund und Hände auf alles, was ich sah. Doch kaum hatte ich meine anmutige Frömmlerin berührt, als sie einen tiefen Seufzer ausstieß und Zeichen wiederkehrender Besinnung gab, indem sie ihre Hand dorthin führte, wo sie die meinige spürte. Ich küsse sie, mein Mund ruht auf ihrem Mund: meine Betschwester will sich losmachen, sie

* Griechischer Maler des 4. Jahrhunderts v. Chr., der Alexander den Großen porträtierte.

stößt mich zurück. Erschrocken, sich in einem Zimmer auf einem Bett zu finden, blickt sie sich ängstlich um, sucht zu ergründen, wo sie sei, sie will sprechen, ihre Zunge versagt. Die Glut, die mich verzehrt, übt auf mich die gleiche Wirkung aus, ich lasse nicht von ihr ab. Sie versucht noch immer, sich meinen Armen zu entwinden, ich leiste Widerstand, ich werfe sie nieder; wütend erhebt sie sich und springt mir ins Gesicht, sie will es zerkratzen, sie beißt, sie schlägt um sich, ihr ganzer Körper ist in Bewegung, Schweiß rinnt über ihre geröteten Wangen. Nichts hält mich auf, ich presse mich an sie und versuche, Brust an Brust und Bauch an Bauch, sie mit meinem Gewicht unter mir festzuhalten; ihre Hände lasse ich alles tun, was die Wut und der Eifer, sich zu verteidigen, ihr eingeben; die meinen gebrauche ich dazu, ihre Schenkel auseinanderzudrücken, die sie hartnäckig zusammenpreßt, schon verzweifle ich am Sieg, die Raserei erhöht ihre Kräfte, die Leidenschaft verringert die meinigen, ich feuere mich an, nehme alle Kraft zusammen, spreize die Schenkel, und mein Schwanz, der nur darauf wartet, daß ich meine Hose aufknöpfe, schnellt ebenso stürmisch empor, wie ein Baum sich aufrichtet, wenn man die Schnur zerschneidet, die ihn zur Erde niedergebogen hielt; ich bringe ihn an die Möse, ich stoße zu, er dringt ein. Die Wut meiner Frömmlerin läßt nach, sie schlingt ihre Arme um mich, küßt mich, schließt die Augen und sinkt halb ohnmächtig zurück. Ich bin außer mir, nichts hält mich auf, immer wieder stoße ich zu, ich nähere mich dem Ziel, erreiche es, berühre es und überschwemme das Innere ihrer Möse mit einem Feuerstrom. Ihr kommt es ebenfalls, und wir bleiben besinnungslos liegen. Unser Geist hatte sich vom Körper gelöst, um sich an einen Ort zu begeben, wo die Lust herrschte.

Die reizende Gefährtin meiner Wollust kam bald wieder zu sich, aber nur, um mich durch Liebkosungen aufzufordern, sie erneut in den früheren Zustand zu versetzen. Sie schlingt die Hände um meinen Hals, sie küßt mich zärtlich, ich öffne die Augen, ich betrachte sie. Die ihrigen schmachten, trüben sich, verdrehen sich, ihre Möse erglüht, sie ist wie ein Backofen: mein Schwanz brennt.

»Ah!« sagt sie, »die Lust nimmt mir den Atem! ich vergehe.«

Ihre Glieder steifen sich, ihr Arsch beginnt zu stoßen, ich stoße zurück: wieder kommt es uns.

Unaufhörlich spielten wir weiter, bis die Natur, für die Glut unserer Begierden zu schwach, uns im Stich ließ und uns zwang, ihr ein wenig Ruhe zu gönnen. Ich nutze diesen Augenblick, um in die Küche zu laufen, wo man mir alles gab, was für eine Krankenstube nötig war, wo es die Kräfte mehr als eines Kranken wiederherzustellen galt: ich behauptete, ich sei krank. Ich kehrte in mein Zimmer zurück, wo ich meine Betschwester in Traurigkeit versunken fand. Ich zerstreute sie mit meinen Zärtlichkeiten und wartete, bis wir ein dringenderes Bedürfnis befriedigt hätten, ehe ich mich nach dem Grund ihres Kummers erkundigte. Wir soupierten so bequem wie möglich, ohne Lärm zu machen, aus Furcht, man könnte den Schatz bemerken, den ich verborgen hielt, und ihn nach den Regeln des Ordens zugunsten der Klause konfiszieren.

Da wir beide äußerst müde waren, dachten wir eher daran, uns auszuruhen als zu plaudern. Nachdem wir unser Mahl beendet hatten, legten wir uns zu Bett, aber kaum sahen wir uns nackt, floh uns der Schlaf. Ich legte die Hand auf die Möse meiner Frömmlerin, Quelle und Grab aller Wonnen, die ich genossen hatte. Sie legte die ihre auf meinen Schwanz und bewunderte seine Dicke und Länge sowie die Festigkeit meiner Hoden:

»Ah!« sagte sie, »es überrascht mich nicht, daß du mich mit einem Vergnügen ausgesöhnt hast, das zu hassen ich entschlossen war.«

Ich dachte weniger daran, sie nach der Ursache zu fragen, als sie von neuem fühlen zu lassen, wie sehr sie im Unrecht war, einen solchen Entschluß zu fassen. Sie empfing mich mit einer Lebhaftigkeit, die mich selbst in den Armen des Todes wiederbelebt hätte. Unsere Ärsche hoben und senkten sich wie strumgepeitschte Wogen, unsere Körper waren wie Stahlbarren, die gerade aus dem Feuerofen kommen, wir hielten uns so eng umschlungen, daß wir kaum atmen konnten; es war, als fürchteten wir, die geringste Unterbrechung könnte unsere

Lust zunichte machen; das Bett konnte unsere Stöße nicht mehr aushalten, es gab dem Druck unserer Körper nach und knirschte entsetzlich. Bald folgte unseren Anstrengungen eine süße Trunkenheit, und wir schliefen eng umschlungen ein, die Zungen in den Mündern, den Schwanz in der Möse.

Die Morgenröte fand uns noch in derselben Lage, in der wir eingeschlafen waren, und sei es, daß die Einbildungskraft während des Schlafs in uns gewirkt und jenes köstliche Wasser hatte tropfen lassen, das durch seine Menge den Grad des inneren Feuers anzeigt, sei es, daß es uns ganz mechanisch gekommen war, jedenfalls erwachten wir völlig durchnäßt, die Laken waren überschwemmt, und sogar die Matratze hatte teil an unseren Freuden. Wir ließen sie bald wieder aufleben: die Ruhe hatte mir genug Kraft zurückgegeben, daß ich mich wie ein rechter Mönch aus der Affäre zog, wie Sie sich denken können. Ich werde nicht erzählen, wie oft: ich hatte keine Mühe zu vögeln. Nun will ich aber schnell berichten, was mir die Betschwester in die Arme getrieben hatte.

Die besorgte und traurige Miene, die ich an ihr bemerkte, schnitt mir ins Herz. Zärtlich bat ich sie, sich zu erklären und überzeugt zu sein, daß ich ihrem Schmerz abhelfen werde, koste es, was es wolle.

»Werde ich dein Herz verlieren, lieber Saturnin«, sagte sie mit schmachtendem Blick, »wenn ich dir gestehe, daß du nicht der erste bist, der mich die Freuden der Liebe hat kosten lassen? Beruhige mein Herz und nimm ihm die Angst, deren es sich nicht zu erwehren vermag und die mein Gesicht mit einer Traurigkeit überzieht, die ich dir nicht verbergen kann. Ja, nur diese Angst beunruhigt mich jetzt, denn mein Schicksal bekümmert mich nicht mehr, da ich bei dir bin.«

»Solltest du deinen Reizen so wenig trauen«, antwortete ich, »die du vor meinen Augen ausbreitest? Wie gering schätzt du sie doch ein, wenn du an ihrer Wirkung zweifelst! Ja, die Glut, die sie in mir entfachen, ist zu stark, als daß ich mich über deine Furcht nicht empörte. Wie wenig du mich kennst! Das lächerliche Vorurteil, daß zwischen einem schon gefickten und einem noch zu fickenden Mädchen unterscheidet, teile ich nicht. Verliert die Schönheit das Recht, uns zu entzücken, weil sie auch andere entzückt hat? Und solltest du es mit der ganzen Welt getrieben haben, bist du darum weniger anbetungswürdig und in meinen Augen weniger begehrenswert? Haben die Freuden, die du anderen bereitetest, die Lebhaftigkeit derer beeinträchtigt, die du mir geschenkt hast?«

»Du entzückst mich«, antwortete sie. »Nun fällt es mir nicht mehr schwer, dir die Mißgeschicke zu erzählen, denen du ein Ende gesetzt hast.«

Fortsetzung der Geschichte der Schwester Monique

»Die Quelle meines Unglücks liegt in meinem Herzen, in dem unüberwindlichen Hang zur Lust, den die Natur mir mitgegeben hat: die Liebe steht im Mittelpunkt meines Lebens, sie ist meine Gottheit, nur für sie bin ich geschaffen, nur für sie atme ich. Eine ungerechte und grausame Mutter bildete sich ein, ihr Wille müßte mir die Berufung für das Kloster ersetzen. Zu schüchtern, um ihren unbedingten Befehlen meine Neigung entgegenzuhalten, ließ ich nur meine Tränen sprechen, aber sie vermochten sie nicht zu erweichen: ich trat ins Kloster ein und nahm den Schleier. Der verhängnisvolle Augenblick nahte, da ich mein Todesurteil sprechen sollte; ich zitterte angesichts des Gelübdes, das ich ablegen mußte. Der Abscheu vor dem Gefängnis des Klosters und die Verzweiflung, ewig meines einzigen Guts beraubt zu sein, stürzten mich in eine Krankheit, die meinen Leiden ein Ende gesetzt hätte, hätte sich meine Mutter, endlich von meinem unglücklichen Zustand gerührt, nicht ihre Härte vorgeworfen. Sie selber war Pensionärin in dem Kloster, wo ich den Schleier nehmen sollte. Der Gedanke an die Zurückgezogenheit, den sie gefaßt hatte, ohne ihr Herz zu befragen, hatte sie dorthin geführt, und die Überlegung führte sie wieder hinaus. So tugendhaft Frauen auch sein mögen, sie verzichten doch nicht gern auf das Vergnügen und sehen das Alter nicht ohne Kummer nahen, eine natürliche Empfindung, die sie wohl verbergen, aber nie aus ihrem Herzen verbannen können. Als meine Mutter aus der Gewalt, mit der ihr Temperament sich ihr widersetzte, auf jene schloß, die ich von dem meinigen zu ertragen hatte, willigte sie ein, mich aus meinem Kerker zu befreien, und erschien bald darauf wieder in der Welt im Stil einer Frau, die sich schnell über den Verlust des verstorbenen Gatten in den Armen eines fünften trösten würde.

Da ich meine Mutter nur zu gut kannte, wußte ich, daß es für mich gefährlich wäre, in Rivalität zu ihr zu geraten: ich war überzeugt und durfte es ohne Eitelkeit sein, daß ein Liebhaber, der sich einstellen könnte, keinen Augenblick zwischen uns beiden schwanken würde, und eben diese Bevorzugung fürchtete ich. Ich begriff, daß die Freuden der Liebe, auch wenn ich sie im verborgenen genoß, darum nicht weniger heftig und nicht weniger prickelnd waren und daß ich sie mir in der Abgeschiedenheit ebenso leicht verschaffen konnte wie in der großen Welt. Ich dachte und handelte nur noch nach diesem Grundsatz und stand bald im Ruf einer Betschwester ersten Ranges. Ich war entzückt über den Erfolg meiner List und sann nur darauf, unter dem Deckmantel der Tugendhaftigkeit, die ich mir zugelegt hatte, irgendeine geheime Liebschaft anzuknüpfen.

Diese Tugendhaftigkeit kam einem jungen Mann, den ich früher einmal am Sprechgitter gesehen hatte, höchst verdächtig vor. Mit ihm ist mir ein grausames Abenteuer widerfahren . . .«

An dieser Stelle unterbrach ich meine Betschwester: ich erinnerte mich dessen, was Suzon mir einst von Schwester Monique erzählt hatte, von ihrer Abneigung gegen das Kloster, ihrer Leidenschaft für die Liebe, von der Szene, die sie mit Verland hatte, dem Charakter ihrer Mutter, von deren Aufenthalt im Kloster. Ich verglich die Züge jener Schwester mit dem reizenden Gesichtchen, das ich vor Augen hatte. Ich ging noch weiter: ich erinnerte mich, daß Suzon mir gesagt hatte, die Schwester habe eine etwas lange Klitoris. In der Hoffnung, dieses Zeichen, das meine Mutmaßungen bestätigen würde, bei meiner Frömmlerin zu finden, legte ich sie auf den Rücken, und als ich ihre Möse mit einer Aufmerksamkeit untersuchte, zu der mir die Leidenschaft noch keine Gelegenheit gegeben hatte, fand ich, was ich suchte: eine purpurne Klitoris, die ein wenig länger war, als sie gemeinhin zu sein pflegt, und die nur deshalb an dieser entzückenden Stelle zu sein schien, um die Lust zu erhöhen, die sie weckte.

Nun zweifelte ich nicht mehr, daß sie es war, und küßte sie mit neuer Inbrunst:

»Liebe Monique«, sagte ich, »liebliche Schwester, bist du es, die mein Glück mir schickt?«

Sie entwand sich meinen Armen, sah mich mit ängstlicher Überraschung an und fragte, woher ich den Namen wisse, den sie im Kloster trug.

»Von einem Mädchen«, antwortete ich, »dessen Verlust mich viele Tränen gekostet hat und vor dem du keine Geheimnisse hattest.«

»Ah!« rief sie aus, »daran erkenne ich Suzon, sie hat mich verraten!«

»Ja«, antwortete ich, »sie ist es. Aber sie hat das Geheimnis nur mir verraten, und damit du ihr leichter verzeihst, will ich dir gestehen, daß ich das Vertrauen meiner Schwester einzig meiner Zudringlichkeit verdankte.«

»Wie?« sagte Monique, »du bist Suzons Bruder? Ah! ich beklage mich nicht länger über sie, und wenn ich es täte, sähe ich mich genötigt, sie gegen die Klagen in Schutz zu nehmen, die du vielleicht gegen sie vorbringen könntest. Denn sie hat mir nicht verhehlt, was ihr mit dir widerfahren ist.«

Wir trauerten gemeinsam über das Los unserer unglücklichen Suzon, und Schwester Monique nahm den Faden ihrer Erzählung wieder auf:

»Da Suzon dir alles berichtet, dir auch mein Abenteuer mit Verland erzählt hat, wirst du dir denken können, daß ich nun von ihm sprechen will. Mein Sinneswandel überraschte ihn: am Gitter hatte er mich lebhaft, feurig, kokett gesehen, und eine mehrjährige Trennung hatte mich nicht aus seiner Erinnerung zu reißen vermocht. Als er zurückkehrte, war meine Frömmigkeit in aller Munde; er wollte sich von dieser vorgeblichen Veränderung mit eigenen

Augen überzeugen. Er sah mich in der Kirche, und die Liebe machte es ihm bald zur Pflicht, mir mit einer Beharrlichkeit zu folgen, die er zunächst für eine bloße Regung der Neugier gehalten hatte.

Meine gespielte Frömmigkeit hielt mich nicht davon ab, verstohlen neugierige Blicke auf meine Umgebung zu werfen. Ich bemerkte ihn, die lebhaftesten Empfindungen bestürmten mich, ich errötete beim Anblick eines Mannes, der einst Zeuge meiner Schwäche gewesen war, und ich errötete noch mehr, da ich die Neigung meines Herzens, in denselben Fehler zu verfallen, nicht verbergen konnte. Er war älter und maßvoller geworden, was jedoch seine Anmut um so männlicher und anrührender hervortreten ließ. In seiner Gegenwart flammte mein Verlangen von neuem auf. Es trieb mich täglich an denselben Ort, und täglich war er da und betrachtete mich mit aufmerksamen und zärtlichen Blicken. Nur mit Mühe hatte ich die meinen abgewandt, als ich ihn zum erstenmal sah, doch seine Ausdauer machte mir das unmöglich: ich verbarg ihm nicht länger, was in meinem Herzen vorging, und meine Augen verrieten ihm, wie sehr es mich verstimmte, daß er so lange zauderte, mir die Regungen des seinen mitzuteilen. Er verstand mich, und als ich eines Tages, verzweifelt über die Zwecklosigkeit meiner Avancen, die Kirche verließ, nutzte er die Gelegenheit und folgte mir in einen dunklen und einsamen Gang, durch den ich gehen mußte. Mit schüchterner Miene trat er an mich heran und sagte:

›Bezaubernde Monique, darf sich ein Mann, der beim erstenmal, als er das Glück hatte, Sie zu sehen, Ihren Zorn verdiente, darf er sich heute vor Ihren Augen zeigen, ohne die gleiche Gefahr zu laufen? Ah! wenn die aufrichtige Reue meine Verfehlung vergessen lassen kann, müssen Sie mich ohne Entrüstung ansehen!‹

Seine Stimme bebte, ich hatte Mitleid mit ihm und antwortete, daß der Ehrenmann die Unverschämtheit des Jünglings vergessen lasse.

›Sie kennen nicht alle meine Verfehlungen‹, fuhr er fort. ›Ihre Güte hat mir ein Vergehen verziehen, und dieser Güte bedarf ich mehr denn je, denn ich habe mich einer neuen Sünde schuldig gemacht.‹

Nach diesen Worten schwieg er, und obwohl ich ihn verstand, antwortete ich, daß ich nicht wisse, was er mit dieser neuen Sünde meine.

›Die Sünde, daß ich Sie anbete‹, erwiderte er, indem er einen Kuß auf meine Hand drückte, die zurückzuziehen ich nicht die Kraft hatte.

Durch mein Schweigen gab ich ihm zu verstehen, daß dieses neue Vergehen nicht unentschuldbar sei, und aus Furcht, mich ihm bei einer ersten Unterredung zu sehr mitzuteilen, verließ ich ihn, entzückt von einem Liebesgeständnis, dem das meine schon vorausgegangen war.

Ich war überzeugt, daß Verland, wenn er aufrichtig war, leicht Gelegenheit fände, mich seiner Liebe erneut zu versichern. Er begriff den Grund meines Rückzugs und wollte ihn nicht durch eine Aufdringlichkeit stören, die mir mißfallen könnte. Lächelnd ließ er mich gehen, ich vernahm seine Seufzer, und die meinen antworteten ihnen aus tiefstem Herzen.

Was soll ich dir sagen? Bei einer zweiten Begegnung erfuhr er, daß ich seine Liebe erwiderte und die Schritte guthieß, die er bei meiner Mutter zu unternehmen gedachte, um meine Hand zu erhalten. Sie verweigerte sie ihm, ich war verzweifelt, ihre Ablehnung steigerte meine Liebe. Verland war niedergeschmettert. Durch einen unvorsichtigen Schritt hatten wir uns jeder Hoffnung beraubt, und um den Schrecken vollzumachen, wurde meine Mutter mir zur Nebenbuhlerin. Sie verriet sich selbst durch das ständige Lob, das sie Verland spendete. Meine Frömmigkeit, die ich aufrechterhalten mußte, nahm mir die Möglichkeit, sie nach dem Grund ihrer Abneigung gegen einen Mann zu fragen, an dem sie so viele Vorzüge fand. So war ich als trauriges Opfer der Frömmigkeit und der Liebe gezwungen, meinen Schmerz zu ersticken und eine Gleichgültigkeit zur Schau zu tragen, die mein Leid noch grausamer machte. Ich konnte es nicht ertragen. Ich war wütend auf meine Mutter und wütend auf mich selbst, meine Liebe war zu allem fähig. Man ahnte nicht, daß ich Verland sah, und so sah ich ihn jeden Tag: ich konnte nicht ohne ihn leben, er konnte nicht ohne mich leben. Wirst du mir glauben, daß ich bis dahin genügend

Macht über mich selbst hatte, um seinen inständigen Bitten nicht nachzugeben und das einzige Mittel zu verwerfen, das meine Mutter zur Vernunft bringen konnte (obgleich dies das Ziel all meiner Wünsche war)? Doch von den Tränen meines Geliebten gerührt, von meiner Liebe getrieben und von meiner Neigung besiegt, willigte ich endlich in seinen Vorschlag ein, mich zu entführen. Wir einigten uns über den Tag, die Stunde und die Mittel.

Die Heftigkeit meiner Liebe gaukelte mir nur die Freuden vor, die ich mit meinem Geliebten genießen würde. Das schauderhafteste Loch erschien mir als Zaubergrotte, wenn ich mit ihm dort wäre. Der vereinbarte Tag kam. Ich schickte mich an, mich ihm in die Arme zu werfen, schon wollte ich das Haus verlassen: ein unsichtbarer Arm hielt mich zurück. Meine Leidenschaft hatte den Weg in den Abgrund, in den ich mich stürzen wollte, mit Blumen bestreut, doch als ich am Rande stand und in die Tiefe blickte, erschrak ich. Ich wich zurück, verwundert und beschämt über meinen geringen Mut. Ich wollte meine Zaghaftigkeit überwinden und meine Vernunft zum Schweigen bringen: sie siegte. Ich gab ihr nach, ich kehrte zurück, und meine Tränen flossen in Strömen. Empört über meine Feigheit, unternahm ich erneute Anstrengungen, ich feuerte mich an und erschrak abermals. Meine Seele war in einem Zustand der Niedergeschlagenheit, die sich nur mit dem gestrigen vergleichen läßt. Unterdessen rückte die Stunde näher, ich mußte einen Entschluß fassen. Aber welchen? Ah! ich war in einer so törichten Verzweiflung, daß ich nicht einmal mehr denken konnte. Ein Lichtstrahl erleuchtete mich für einen Augenblick und gab mir meine Ruhe zurück: ich sah eine Möglichkeit, meinem Geliebten zu gehören und mich an meiner Mutter furchtbar zu rächen. Aber ach! was hat mir alle Klugheit genützt? Daß ich mich in den Abgrund stürzte, in den zu fallen ich fürchtete. Vielleicht wäre ich in der Fremde glücklicher gewesen, wo ich, mir selbst überlassen, nur der Stimme meines Herzens folgend und von der Liebe zu einem Gatten geleitet, der mich anbetete, keinen Zwang verspürt hätte und nicht Sklavin jener Scheinheiligkeit geworden wäre, die mich ins Verderben stürzte! Aber warum mich Täuschungen hingeben? Ich hätte auch in einem fremden Land dasselbe Herz, dieselbe Liebeswut gehabt, und dieser Charakterzug hätte mich ebenso ins Verderben gestürzt, wie er es hier getan hat.

Ich gab Verland das Zeichen, das wir für den Fall vereinbart hatten, daß ich unseren Plan nicht würde ausführen können. Die Gründe dafür wollte ich ihm bei unserer nächsten Zusammenkunft darlegen, und diese Zusammenkunft fand gleich am folgenden Tag statt. Wir trafen uns in der Kirche. Er näherte sich mir, ohne ein Wort sagen zu können, aber sein Gesicht brachte deutlich zum Ausdruck, was er fühlte. Ich erschrak.

›Lieben Sie mich?‹ fragte ich.

›Ob ich Sie liebe?‹ antwortete er mit solch tiefer Verzweiflung, daß er nicht weitersprechen konnte.

›Verland‹, fuhr ich fort, ›mein lieber Verland, Ihr Schmerz, den ich in Ihren Augen lese, zerreißt mir das Herz. Beklagen Sie mich, beklagen Sie einen Mangel an Mut, der uns für immer unserer Leidenschaft entreißen würde, hätte mir die Verzweiflung nicht ein Mittel eingegeben, uns einander zu bewahren. Wenn ich Sie frage, ob Sie mich lieben, dann nicht, weil ich an Ihrer Liebe zweifle, sondern weil ich fürchte, Sie könnten mir den einzigen Beweis versagen, der mich ihrer versichern könnte ... Halten Sie ein‹, sagte ich, als ich sah, daß er sprechen wollte, ›Sie wollen mir Vorwürfe machen, sie wären ungerecht. Ich wiederhole es: ich zweifle nicht an Ihrer Liebe, Sie zweifeln nicht an der meinen. Aber ach! wozu uns in einer Flamme verzehren, die nutzlos brennt, da eine grausame Mutter uns ihr Einverständnis verweigert? Ah! Verland, läßt die Röte, die mein Gesicht bedeckt, Sie nicht erraten, welches Mittel ich einsetzen will?‹

›Liebe Monique‹, sagte er, indem er meine Hand zärtlich an seine Lippen führte, ›läßt dich die Liebe endlich die Notwendigkeit einer Sache fühlen, die ich dir so oft vergebens vorgeschlagen habe?‹

›Ja‹, antwortete ich, ›Ihre Liebe wird mir nichts mehr vorzuwerfen haben; es ist zu spät, Ihnen die Kraft meines Verlangens zu verbergen, es überwältigt mich. Doch damit wir glücklich werden, bedarf es nur eines Wortes aus Ihrem Mund.‹

›Sprechen Sie‹, unterbrach er mich lebhaft. ›Was soll ich tun?‹

›Meine Mutter heiraten‹, antwortete ich.

Die Überraschung raubte ihm die Sprache, entgeistert starrte er mich an.

›Ihre Mutter heiraten!‹ brachte er endlich hervor, ›Monique, was schlagen Sie mir da vor?‹

›Etwas, was ausgesprochen zu haben ich schon bereue‹, sagte ich, verärgert über sein Befremden, ›aus der Kälte, mit der Sie einen Vorschlag aufnehmen, der mich Ströme von Tränen gekostet hat, ersehe ich, was ich von Ihrer Liebe zu halten habe; Ihre Gleichgültigkeit läßt mich das Unwürdige meiner Leidenschaft erkennen. Himmel! wie konnte ich nur solche Gefühle für einen Mann hegen, den seine Feigheit ihrer unwürdig macht?‹

›Monique‹, erwiderte er traurig, ›meine liebe Monique, habe Mitleid mit deinem Geliebten. Wozu willst du ihn zwingen?‹

›Undankbarer!‹ antwortete ich. ›Wenn ich das Entsetzen zu überwinden vermag, daß der Gedanke, dich in den Armen meiner Rivalin zu sehen, mir einflößt, wenn ich meine Ehre opfere, um meine barbarische Mutter zu täuschen, mich deinen Begierden mit größerer Leichtigkeit hingeben zu können und mich immerfort deines Anblicks zu erfreuen, wenn ich alles, was mir teuer ist, deinem Glück opfere, wenn ich beim Wüten der Eifersucht unempfindlich bleibe und die Vorwürfe meines Herzens ersticke — dann zitterst du! Habe ich denn mehr Kraft als du? Nein, aber deine Liebe ist nicht so stark wie die meine.‹

›Abgemacht‹, sagte er nun, ›du hast gesiegt. Ich schäme mich meiner Unentschlossenheit; für Herzen, die so leidenschaftlich schlagen wie die unseren, sind Gewissensbisse nicht geschaffen.‹

Ich war entzückt über seinen Mut, und allein dem Ort, an dem wir uns befanden, und der Furcht, überrascht zu werden, verdankte ich die Kraft, ihm einen Beweis meiner Dankbarkeit zu verweigern, den ich auf seinen Hochzeitstag verschob. Vielleicht hätte ich auch nicht die Kraft gehabt, bis zu diesem Tag zu warten, wenn die Ungeduld meiner Mutter nicht ebensogroß gewesen wäre wie die meine. Verland hatte ihr seine Wünsche vorgetragen. Entzückt über eine Eroberung, die sie allein ihren Reizen zuschrieb, beeilte sie sich, deren Früchte zu ernten. Sie waren nicht für sie bestimmt. Die Trauung wurde vollzogen. Die Freude, die ich darüber zur Schau trug, brachte mir tausend Zärtlichkeiten von meiner Mutter ein, die ich mit minder aufrichtigen vergalt. Mein Herz berauschte sich schon im voraus an den Freuden der Liebe und der Rache. Verland erschien, er war anbetungswürdig und voller Anmut: das geringste Lächeln bezauberte mich, die gleichgültigsten Worte entflammten mich, kaum konnte ich das Verlangen unterdrücken, ihm in die Arme zu fliegen. Inmitten des Trubels fand er Mittel und Wege, sich mir zu nähern und mir zu sagen:

›Ich habe alles für die Liebe getan. Wird sie nun nichts für mich tun?‹

Ein Augenaufschlag war meine Antwort. Ich verließ den Saal, er schlüpfte hinaus, alles begünstigte unsere Flucht. Ich gehe in mein Zimmer, er folgt mir, ich werfe mich aufs Bett, er stürzt sich auf mich. Meine Stimme versagt, es fehlen mir die Worte, meiner Phantasie entziehen sich die Bilder: erspare mir die Schilderung der Wonnen, die ich genoß. Ein Wort genügt, sie dir zu beschreiben: du allein, lieber Pater, du allein hast sie überboten. O meine Mutter! rief ich inmitten unserer Verzückungen, wie teuer kommt dich dein Unrecht zu stehen!

Mein Geliebter war ein wahres Wunder: die Stunde unseres Beisammensein verging ohne Pause. Umsonst versagten ihm die Kräfte: Antäus gleich, der, mit Herakles ringend, nur die Erde zu berühren brauchte, um seine Kräfte zu erneuern, so berührte mich mein Geliebter und ging mit neuer Kraft zum Angriff über.

Man suchte uns bereits seit geraumer Weile. Man hatte sogar an meine Tür geklopft. Wir mußten uns trennen, wollten wir uns nicht verdächtig machen. Verland stahl sich in den Garten und tat, als schliefe er auf dem Rasen, wo man ihn fand, wie er es vorausgesagt hatte. Man neckte ihn, man verspottete ihn. Eine geheuchelte Benommenheit kam ihm zu Hilfe: er sagte, er habe sich ohne ein Wort zurückgezogen, um die Lustbarkeiten nicht zu stören. Man glaubte ihm seine Ermüdung, denn unsere Übungen hatten ihn doch ein wenig mitgenommen.

Da ich nicht zweifelte, daß man weiter nach mir suchen und, wenn man Licht an meiner Tür bemerkte, unweigerlich nachsehen werde, ob ich in meinem Zimmer sei, brachte ich die Portiere in Unordnung, so daß sie das Schlüsselloch bedeckte, und als ich jemanden kommen hörte, kniete ich vor einem Kruzifix nieder. Dies tat die Wirkung, die ich mir davon versprochen hatte: man nahm an, daß die Lustbarkeiten es nicht vermocht hätten, mich in meinen gewohnten Andachtsübungen zu stören. Man brachte mir darob noch größere Hochachtung entgegen, ich wage zu sagen: eine Art Verehrung. Als ich mich endlich von meinen Liebestaten soweit erholt hatte, um keinen Argwohn zu erregen, kehrte ich zu der Festgesellschaft zurück und tat so, als nähme ich aus Gefälligkeit an den Zerstreuungen teil, deren süßester ich mich bereits hingegeben hatte.

Sobald ich den Plan gefaßt hatte, meine Mutter mit meinem Geliebten zu verheiraten, traf ich Vorkehrungen, die unsere Zusammenkünfte erleichtern und uns vor Überraschungen schützen sollten, wenn wir beisammen wären. Ich heuchelte verstärkte Frömmigkeit und ließ wissen, daß ich in meinen Übungen nicht gestört werden wolle. Ich gewöhnte alle daran, nicht an meine Tür zu klopfen, wenn der Schlüssel nicht steckte. Verland wiederum gewöhnte meine Mutter daran, ihn nicht sehr häufig bei sich zu sehen: er schützte Geschäfte vor und schlich sich in mein Zimmer. Unsere Wonnen, Kinder des Zwangs und des Geheimnisses, kannten auch nach einem Jahr noch keine Gefühle des Überdrusses, die gewöhnlichen Früchte der Freiheit. Ich hielt sie für ewig und hätte geschworen, daß auch alle Männer zusammengenommen ihnen nichts hinzusetzen könnten. Ein kurzer Augenblick belehrte mich eines anderen.

Eines Tages begegnete ich einer jungen Person, die ich von früher kannte. Ich fragte sie, was sie in dieser Stadt mache. Sie sagte, daß sie hier an niemanden gebunden sei. So nahm ich sie als Kammerzofe in meine Dienste . . .

Aber, lieber Pater, soll ich auch dich belügen? Wisse, daß diese angebliche Zofe kein anderer war als Martin, von dem deine Schwester sicherlich gesprochen hat, als sie dir meine Geschichte erzählte.

Seit unserer Trennung hatte ich ihn nicht mehr gesehen. Er war noch immer so hübsch und liebenswürdig wie damals, sein Kinn war erst kaum von einigen blonden Flaumhaaren bedeckt, die ich ihm stets mit großer Sorgfalt abschnitt. In aller Augen galt Martin als hübsches Mädchen, und nur für mich war er ein Mann von unschätzbarem Wert.

Ich hatte vor Martin kein Geheimnis aus meinem Liebesverhältnis mit Verland gemacht. Nur allzu glücklich, mich zu besitzen, verdroß es ihn nicht, mich mit einem anderen zu teilen. Ich war entzückt über seine Fügsamkeit und noch mehr über seine Kraft. Ich hatte meine Freuden weise eingeteilt: Verland gehörte der Tag und Martin die Nacht. So brachen die Tage heiter und köstlich für mich an und entschwanden nur, um ebenso wollüstigen Nächten zu weichen. Nie hat eine Sterbliche vollkommenere Glückseligkeit genossen. Doch es ist das Los aller Freuden, daß sie nur von kurzer Dauer sind, und sie bemessen sich nach den Qualen, die ihr Verlust uns bereitet.

Wie ich schon sagte, konnte Martin in seiner Verkleidung als hübsches Mädchen gelten. Der undankbare Verland . . . ach! warum nenne ich ihn undankbar? War nicht ich als erste schuldig geworden? Und auch wenn meine Flatterhaftigkeit verborgen blieb, war mein Herz darum weniger strafbar? Verland fand Gefallen an meiner vermeintlichen Kammerzofe und vernachlässigte seine Geliebte. Durch die Freuden der Nacht entschädigt, war mir die Lücke noch nicht aufgefallen, die Verlands Gleichgültigkeit in die Freuden des Tages zu reißen begann. Unmerklich nahmen die Fastentage zu. Verland verstand es so gut, mich zu überzeugen, und ich fühlte mich schon glücklich, daß er mir Gründe für seine Abwesenheit nannte. Manchmal wollte ich ihn schelten. Er erschien: ein Lächeln, ein Kuß, eine Liebkosung ließen meinen Zorn verrauchen. Ein Tag der Ruhe gab ihn mir weit kräftiger zurück. Er ging so weit, mir einzureden, das Interesse unserer Lust mache seine Abwesenheiten erforderlich. Ich stimmte zu, und der unverwüstliche Martin füllte diese Ruhetage aus.

Gestern, an diesem unglückseligen Tag, an den ich mich nur mit Abscheu erinnere, gestern war für Verland ein solcher Ruhetag. Ich war mit Martin allein im Zimmer, und da einzig die Liebe unser Zeuge war, hörten wir nur auf ihren Rat. Ich lag mit entblößtem Busen, erhobenen Röcken und gespreizten Schenkeln auf dem Bett und wartete, daß Martin wieder zu Kräften käme. Er war nackt, und während er meinen rechten Schenkel zwischen die seinigen preßte, hielt er mit einer Hand meine Brüste und streichelte mir mit der anderen meinen linken Schenkel. Gerade als er mit Augen und Mund seine Glut neu zu entfachen suchte, trat Verland, den wir nicht erwarteten, ein und überraschte uns in dieser Stellung. Er fand noch Zeit, die Tür zu schließen und auf uns zuzueilen, ehe wir uns vom Schreck erholt und die Stellung gewechselt hatten.

›Monique‹, sagte er, ›ich tadle deine Vergnügungen nicht. Doch mußt du mir das gleiche Entgegenkommen zeigen. Ich liebe Javotte (diesen Namen hatte Martin angenommen), ich fühle mich stark genug, euch beide zu befriedigen.‹

In diesem Augenblick will er Martin umarmen. Er reißt ihn aus meinen Armen, er faßt ihn an und findet . . . Welche Überraschung! Ohne Martin loszulassen, wirft er mir einen empörten Blick zu, wagt aber nicht, seinen Zorn über mich zu ergießen, sondern läßt ihn an der unschuldigen Ursache aus. Seine Liebe wandelte sich in Raserei, unbarmherzig schlug er auf den unglücklichen Martin ein, und dabei traf er mich an der empfindlichsten Stelle.

Ich werfe mich zwischen die beiden Rivalen:

›Halten Sie ein‹, sagte ich zu Verland, ihn umarmend, ›mein lieber Verland! schonen Sie seine Jugend — im Namen unserer Liebe, im Namen unserer Wonnen! Verland, haben Sie Mitleid mit seiner Schwäche, lassen Sie sich durch meine Tränen rühren!‹

Er hält inne. Aber Martin, der Zeit gehabt hatte, zu sich zu kommen, war nun seinerseits wütend geworden: er packt Verlands Degen und stürzt sich auf ihn. Bei diesem Anblick ergreife ich die Flucht, ich entkomme über eine Hintertreppe und laufe hierher. Das übrige weißt du.«

Monique konnte ihren Bericht nicht beenden, ohne einen Strom von Tränen zu vergießen.

»Ach!« rief sie aus, »welches Schicksal harrt meiner?«

»Das allerglücklichste«, sagte ich, »beruhige dich, liebe Monique, vielleicht vergießt du deine Tränen grundlos: wenn du den Verlust deiner Vergnügungen beklagst, so werden ihn weit größere bald wettmachen.«

Ich hatte eingesehen, daß es unmöglich war, sie länger in meinem Zimmer zu behalten. Wenn man mich entdeckte, mußte ich alles befürchten. Ich glaubte, daß es die beste Lösung wäre, sie in der Klause vorzustellen, und ich wollte sie damit angenehm überraschen, ohne ihr Einzelheiten zu berichten. Ich fürchtete nicht, ihr zuviel zu versprechen, als ich ihr versicherte, daß die Freuden, die sie bisher erlebt habe, nur ein schwacher Abglanz derer seien, die sie erwarteten. Ein solcher Ort mußte für ein Temperament wie das ihre ein göttlicher Aufenthalt sein.

»Lieber Freund«, sagte sie, mich umarmend, »verlaß mich nicht, sage mir, ob ich mir schmeicheln darf, bei dir zu bleiben. Deine Zustimmung oder deine Ablehnung entscheidet über mein Schicksal: wenn ich dich verliere, bin ich auf ewig unglücklich.«

Ich versicherte ihr, daß wir uns niemals trennen würden.

»Mich beunruhigt nur noch eines«, fuhr sie fort. »Vergib diese letzte Bitte einer Liebe, die nur noch dir gelten wird.«

Ich ahnte, was sie mir nicht zu gestehen wagte: ich erbot mich, über das Schicksal ihrer Liebhaber und über den Eindruck, den ihre Flucht hinterlassen hatte, Erkundigungen einzuziehen. Sie dankte mir. Ich ließ sie in meinem Zimmer zurück und versprach ihr, so bald als möglich wiederzukommen.

Ich lief durch die Stadt und erkundigte mich überall nach den letzten Neuigkeiten. Ich suchte sogar die Nachbarschaft Verlands auf: nichts war durchgesickert, und ich vermutete, daß es mit Moniques Flucht, die man der

Öffentlichkeit wohlweislich verbarg, sein Bewenden hatte. Ich kehrte zurück, um meiner Betschwester die gute Nachricht zu verkünden, und wollte gerade das Kloster betreten, als mir ein Bedienter entgegeneilte und sagte, Pater André habe ihm aufgetragen, auf mich zu warten und mir einen Brief sowie ein Säckchen mit Geld zu übergeben, in dem ich an die zwanzig Pistolen fände. Ich meinte, der Pater wollte mir einen Auftrag erteilen, über den der Brief mir Auskunft geben werde. Ich öffnete ihn und las folgende Worte:

»Sie haben sich durch die Vorsichtsmaßregeln verraten, die Sie ergriffen, um sich verborgen zu halten; man schöpfte Verdacht, öffnete die Tür zu Ihrem Zimmer und entdeckte den Schatz, den Sie mit Ihren Brüdern nicht teilen wollten; man hat sich seiner bemächtigt und diese Person in die Klause gebracht. Sie kennen den Charakter der Mönche; fliehen Sie, Pater Saturnin, fliehen Sie und entziehen Sie sich den Schrecknissen einer Einkerkerung, die womöglich erst mit Ihrem Tod enden würde.«

Pater André

Ein Blitz, der vor mir eingeschlagen wäre, hätte mich weniger betäubt als dieser Brief. Eine tödliche Niedergeschlagenheit raubte mir jählings das Bewußtsein: ich kam nur zur Besinnung, um die Schwere des Schlages zu empfinden, den man mir versetzt hatte. O Himmel, rief ich aus, was soll aus mir werden? Soll ich mich der Rache einer Horde von Barbaren aussetzen? Soll ich fliehen? Unglücklicher, zaudere nicht! Ah, laß uns fliehen! Aber wohin? Wo bin ich vor ihrer Wut sicher? In diesem Augenblick bot sich meinem bestürzten Geist Ambroisens Haus als das sicherste Asyl. Ich faßte einen mutigen Entschluß. Glücklich, daß Pater Andrés Großmut mich in die Lage versetzte, mich dem Zorn der Mönche zu entziehen . . .!

Unter Tränen verließ ich eine Stadt, in der ich meine Ruhe, meine Freuden und mein Glück zurückließ. Ich beweinte Moniques Verlust, aber ihr Los trocknete meine Tränen. Von Gewissensbissen geplagt, von Verzweiflung niedergedrückt, kam ich bei Ambroise an. Ich traf nur Toinette. Ich erzählte ihr mein Unglück: sie war darüber gerührt und gewährte mir jede Hilfe, die ihr Stand mir zu geben erlaubte. Sie kleidete mich in einen von Ambroisens Kitteln, und ich beschloß, am nächsten Tag nach Paris aufzubrechen, in der Hoffnung, dort einen Beruf ergreifen zu können, der mich für den Verlust meines bisherigen Standes entschädigte.

Ich brach auf, nachdem ich mir, den Aposteln gleich, den Staub meines undankbaren Vaterlandes von den Schuhen geschüttelt hatte, und marschierte zu Fuß, einen weißen Stock in der Hand, fast nur bei Nacht, um meinen Weg geheimzuhalten. Endlich kam ich in Frankreichs Hauptstadt an.

Ich glaubte nun, dem Grimm der Mönche trotzen zu können. Das Geschenk, das Pater André mir gemacht hatte, sowie das, was ich von Toinette erhalten hatte, konnten mich für einige Zeit durchbringen. Zunächst wollte ich eine Stellung als Hauslehrer suchen und warten, bis mir das Glück zu einer besseren verhelfe. Einige Bekanntschaften, die ich in Paris hatte, hätten mir dabei dienlich sein können, aber es war zu gefährlich, sie in Anspruch zu nehmen.

In einem Anflug wiederkehrender Vernunft hatte ich in einem Trödelladen meinen Bauernkittel gegen ein schicklicheres Gewand eingetauscht. Wie glücklich wäre ich gewesen, hätte ich mit der Kutte auch die Neigungen abgelegt, die sie beherrschen. Der schwere Kummer, der mich verzehrte, ließ mich glauben, daß ich diesen schlechten Stamm entwurzelt hätte oder seiner zumindest leicht Herr werden könne. Ich hatte es mir sogar geschworen: ich wollte mich durch einen Eid binden, mich, den die allerfestesten Bande nicht hatten aufhalten können! Wie ist der Mensch doch schwach!

Trägt heute den Helm und nimmt die Kutte morgen gleich,
Dreht sich nach jedem Wind und fällt beim ersten Streich.

Ich fiel. Der Wind war nicht sehr heftig, da es sich nur um einen Rippenstoß handelte, den eine Dirne mir versetzte, indem sie sagte:

»Herr Abbé, wollen Sie mitkommen?«

»Mit Vergnügen«, antwortete ich, von einer natürlichen Regung mitgerissen.

Die Überlegung kam zu spät: ich konnte nicht mehr zurück.

Wir betraten einen finsteren engen Saal, und ich meinte mir auf einer krummen Treppe tausendmal den Hals zu brechen, deren glitschige und unebene Stufen mich bei jedem Schritt stolpern ließen. Meine Demoiselle hielt mich an der Hand. Ich gestehe gern, daß ich mich, da ich mich noch nie in einer solchen Lage befunden hatte, eines gewissen Schauders nicht erwehren konnte, der meiner Führerin ein gutes Omen zu sein schien. Sie hätte darüber gelacht, wenn sie gewußt hätte, wer ich war! Nach vielen Mühen gelangten wir endlich an die Pforte des Tempels, wir klopften an: eine alte Frau, älter als die Sibylle von Cumä, öffnete die Tür einen Spaltbreit:

»Mein kleiner König«, sagte sie zu mir, »es ist alles voll, warte einen Augenblick. Steig eine Treppe höher.«

Das war recht schwierig, wenn man nicht in den Himmel steigen wollte. Doch meine Hand fand eine Tür, die sich von selbst öffnete. Ich wollte mich schon zurückziehen, aus Furcht, es könnte mich jemand sehen und an meiner Redlichkeit zweifeln: der Geruch beruhigte mich.

An einem so gräßlichen Ort mir selbst überlassen, am Ende der Welt, in fremder Umgebung, unter unbekannten Menschen, fühlte ich mich plötzlich von Grauen gepackt. Ich sah die Gefahr, in der ich schwebte: nutzen wir diesen Augenblick der Klarheit, sagte ich zu mir selbst, und fliehen wir. Etwas, was stärker war als die Überlegung, hielt mich zurück: mir war, als läge ein riesiges Meer vor mir und hindere mich daran, das Ufer zu erreichen. Ich stürzte los und kehrte sofort wieder um. Hat der Himmel uns eine Vorahnung dessen ins Herz gesenkt, was uns widerfahren soll? Ja, zweifellos, und ich spürte es. In eben diesem Augenblick öffnet man die verhängnisvolle Tür, man ruft mich, ich gehe hinunter. Ich Unglückseliger! ich lief ins Verderben! Doch welch himmlische Freude sollte ihm vorausgehen!

Zaghaft betrete ich den Raum im flackernden Schein einer Lampe. Ich setze mich wortlos auf einen Stuhl, stütze den Ellbogen auf einen wackligen Tisch und bedecke meine Augen mit der Hand, als wollte ich mich den Gedanken entziehen, die auf mich einstürmten. Eine geldgierige Kupplerin nähert sich, ich gebe ihr das erste Geldstück, das mir unterkommt, sie dankt mir für die ungewohnte Großzügigkeit. Ohne auf ihre Worte zu achten, überließ ich mich meinem Schmerz. Eine so traurige Haltung im Tempel der Freude überraschte die Priesterinnen. Die alte Sibylle erkundigt sich nach der Ursache, ich stoße sie brutal von mir, worüber sie sich beklagt.

»Lassen Sie ihn, Madame«, sagt die Jüngere zu ihr, »man kann doch Kummer haben.«

Der Klang einer Stimme, die mir nicht unbekannt war, drang mir ins Herz. Ein jähes Zittern bemächtigt sich meines Körpers, ich fürchte, mich der süßen Hoffnung hinzugeben, die mich erfüllt, fürchte, daß die Illusion zerrinnt, fürchte, die Augen auf die Stelle zu richten, aus der die geliebte Stimme gekommen ist. Ich schließe sie, will mich allein den Regungen überlassen, die sie geweckt hat. Bald aber mache ich mir Vorwürfe ob meiner Gleichgültigkeit, ich will Klarheit haben, ich öffne die Augen wieder, ich stehe auf, nähere mich: Götter, es war Suzon! Ihre Züge, wenngleich gealtert, waren zu tief in mein Herz eingegraben, als daß ich sie nicht wiedererkannte. Ich sinke in ihre Arme, ohne sprechen zu können, meine Augen füllen sich mit Tränen, meine Seele liegt auf meinen Lippen, bereit, den Lippen Suzons entgegenzufliegen, die mich abschütteln will.

»Liebe Schwester«, sage ich mit veränderter Stimme, »erkennst du deinen Bruder nicht mehr?«

Sie stößt einen Schrei aus und sinkt ohnmächtig nieder.

Verblüfft eilt die Alte herbei, um Suzon beizustehen. Ich stoße sie fort, ich presse meine Lippen auf den Mund meiner geliebten Schwester, damit die Glut meiner Küsse sie wärme. Ich drücke sie an meine Brust und benetze ihr Gesicht mit meinen Tränen. Sie öffnet ihre tränenfeuchten Augen.

»Laß mich, Saturnin«, sagte sie, »laß eine Unglückliche!«

»Liebe Schwester«, rief ich aus, »erfüllt dich Saturnins Anblick mit Schrecken? Du verweigerst ihm deine Küsse! du verweigerst ihm deine Zärtlichkeiten!«

Von meinen Vorwürfen gerührt, gab sie mir die lebhaftesten Beweise ihrer Freude, Fröhlichkeit erschien wieder auf ihrem Gesicht, sogar die Alte wurde davon angesteckt, der ich nochmals Geld gab, damit sie uns ein Souper zubereite. Alles hätte ich hergegeben: ich hatte Suzon wieder, war ich da nicht reich genug?

Das Essen wurde zubereitet. Noch immer hielt ich Suzon in meinen Armen. Wir hatten noch nicht die Kraft gefunden, den Mund zu öffnen, um uns zu fragen, welche Abenteuer uns so fern unserer Heimat zusammenführen mochten. Wir sahen uns an, unsere Seelen sprachen aus unseren Augen, denen Tränen der Freude und des Leids entströmten; nur diese beiden Empfindungen erfüllten uns, unser Herz war so voll, unser Geist so benommen, daß unsere Zungen wie gelähmt waren. Und wenn wir bisweilen den Mund öffneten, so entwichen ihm nur zusammenhanglose Worte, all unsere Gefühle galten einzig dem Glück, beisammen zu sein.

Endlich brach ich das Schweigen:

»Suzon«, rief ich aus, »meine liebe Suzon, daß ich dich wiederfinde! welch glücklicher Zufall hat dich mir wiedergeschenkt? Doch an welch einem Ort!«

»O Himmel!« antwortete sie niedergeschlagen, »du siehst eine Unglückliche, der das Schicksal nichts erspart hat. Fast immer Opfer ihrer Leidenschaft, ist sie gezwungen, in einem Leben der Liederlichkeit zu verschmachten, das ihre Vernunft verurteilt und ihr Herz verabscheut, die Notwendigkeit ihr jedoch unerläßlich macht. Ich sehe, daß du voll Ungeduld auf den Bericht meiner Mißgeschicke wartest. Kann ich dem Leben, das ich führte, seit ich dich verloren habe, einen anderen Namen geben? Da ich die Schande, dir meine Ausschweifungen zu enthüllen, weniger empfinde als die Freude, meinen Schmerz in deine Brust zu senken, will ich dir ein aufrichtiges Geständnis meiner Qualen ablegen. Darf ich es dir sagen? Du bist es, der sie verursacht hat. Aber mein Herz war mitschuldig, oder vielmehr: es allein hat alles verschuldet, es allein hat den Abgrund gegraben, in den ich gestürzt bin. Ich habe dich immer geliebt. Erinnerst du dich noch der glücklichen Zeit, da du mir solch ein naives Bild deiner aufkeimenden Leidenschaft maltest? Seit jenem Tag betete ich dich an. Als ich dir die Abenteuer Moniques erzählte und dir unsere verborgensten Geheimnisse entdeckte, wollte ich dich entflammen, ich wollte dich belehren, und voller Freude sah ich die Wirkungen meiner Worte. Ich war Zeuge deiner Liebeswonnen mit Madame d'Inville: die Zärtlichkeiten, womit du sie bedachtest, waren Dolchstöße, die du deiner Suzon versetztest. Als ich dich in mein Zimmer zog, wurde ich von einem Feuer verzehrt, das du nicht mehr zu löschen vermochtest. Damit begann die Zeit meiner Mißgeschicke.

Nie hast du die Ursache jenes entsetzlichen Lärms erfahren, den wir vernahmen: es war Abbé Fillot, dieser Schurke, den die Hölle ausgespien hat, um mir mein Leben zur Qual zu machen! Er war in Liebe zu mir entbrannt und wollte sie um jeden Preis befriedigen. Er hatte die Nacht zur Ausführung seines Plans gewählt: er hatte sich in dem schmalen Raum zwischen Bett und Wand versteckt und nutzte deine Flucht, um deinen Platz einzunehmen. Ach! er hatte leichtes Spiel mit einer Unglücklichen, welcher der Schrecken die Sinne geraubt hatte! Er tat mit mir, was er wollte. Von der Lust wiederbelebt und von meiner Leidenschaft getäuscht, glaubte ich, meinen lieben Saturnin bei mir zu haben: ich beglückte ein Ungeheuer, das ich beschimpfte, als ich es erkannte. Er wollte mich durch Liebkosungen besänftigen, voller Abscheu stieß ich ihn von mir. Er drohte mir, Madame d'Inville zu enthüllen, was ich mit dir getrieben hatte. Der Unwürdige richtete dieselben Waffen gegen mich, deren ich mich gegen ihn hätte bedienen können. Durch seine Drohungen erreichte er, was ich seiner Leidenschaft verweigert hatte. So gewährte ich alles einem Mann, den ich haßte, und das Schicksal entriß meinen Armen den Mann, den ich anbetete.

Es dauerte nicht lange, und ich bekam die bitteren Früchte meines Leichtsinns zu spüren. Ich verbarg meine

Schande, solange ich konnte, aber durch ein zu hartnäckiges Schweigen hätte ich mich verraten. Ich hatte Abbé Fillot den Laufpaß gegeben, er tröstete sich in den Armen von Madame d'Inville. Ich mußte ihn zurückrufen. Ich entdeckte ihm meinen Zustand, er heuchelte Mitgefühl und erbot sich, mich nach Paris mitzunehmen, wo er mir ein glückliches Los zu bereiten versprach. Er setzte hinzu, daß er keinen anderen Lohn verlange, als mir seine Dienste leisten zu dürfen. Ich aber wollte nur an einen Ort kommen, wo ich meine Last loswerden konnte, denn ich beabsichtigte, mich seines Ansehens nur insoweit zu bedienen, um bei irgendeiner Dame unterzukommen. Ich ließ mich von seinen Versprechungen verführen. Ich willigte ein, ihm zu folgen, und verließ, als Abbé verkleidet, mit ihm die Heimat.

Die Aufmerksamkeiten, die er mir unterwegs erwies, ließen mich mein Vertrauen nicht bereuen. Doch wie gut verbarg der Verräter unter der trügerischen Maske der Freundlichkeit die Verruchtheit seines Herzens. Die Erschütterungen der Kutsche machten mir einen Strich durch die Rechnung, und eine Meile vor Paris brachte ich das scheußliche Unterpfand der Liebe eines Elenden zur Welt. Jedermann staunte über das Wunder und lachte. Mein unwürdiger Reisebegleiter machte sich sofort aus dem Staub und überließ mich meinen Schmerzen und meinem Elend. Eine Dame, die mitfühlender war als er, erbarmte sich meiner: sie nahm eine Kutsche, brachte mich nach Paris und setzte mich im Hôtel-Dieu ab. Sie entriß mich den Armen des Todes, aber nur um mich denen der Armut zu überlassen. Ich hätte sie nur allzu bald zu spüren bekommen, hätte ich nicht die Bekanntschaft eines Mädchens gemacht, das mir der Zufall des Berufs, den ich heute ausübe, zur Schicksalsgenossin gab: das Elend vertrat die Stelle der Neigung.

Verlange nicht mehr zu hören. Das Leben deiner unglücklichen Suzon war ein Teufelskreis von Freuden und Leiden, oder vielmehr beständiger Leiden. Und wenn mitunter Freude in mein Herz einzog, so nur, um den Kummer, der es zerfraß, greller hervortreten zu lassen. Wird dieser Kummer jemals enden? Ah! jetzt, da ich dich wiedergefunden habe, darf ich nicht mehr klagen. Aber nun erzähle du, mein lieber Bruder. Hast du dein Kloster verlassen? Welcher Zufall führt dich nach Paris?«

»Ein Mißgeschick, das deinem gleicht«, antwortete ich, »und das deine beste Freundin heraufbeschworen hat.«

»Meine beste Freundin?« versetzte sie seufzend. »Habe ich denn noch eine auf der Welt? Ah! es kann nur Schwester Monique sein.«

»Sie selbst«, erwiderte ich, »aber dieser Bericht würde uns zuviel Zeit kosten; laß uns zu Abend essen.«

An Suzons Seite nahm ich das köstlichste Mahl meines Lebens zu mir. Doch mein Verlangen, mit ihr allein zu sein, und ihre Neugier, mein Abenteuer zu hören, ließen uns rasch vom Tisch aufstehen. Wir zogen uns in ihr Zimmer zurück, wo ich ihr ohne Zeugen, auf einem Bett, dem dieses Ortes würdigen Möbelstück, das gewiß noch nie so zärtlich Liebenden gedient hatte, meine geliebte Schwester auf den Knien, mein Gesicht an das ihre gepreßt, nun erzählte, was mir seit meinem Abschied von Ambroisens Haus widerfahren war.

»Ich bin also nicht mehr deine Schwester!« rief sie aus, als ich geendet hatte.

»Bedaure nicht das Fehlen einer Eigenschaft«, sagte ich, »die das Blut, aber nur selten das Herz verleiht: bist du auch nicht mehr meine Schwester, so bleibst du doch meine liebe Suzon, noch immer bist du der Abgott meines Herzens. Geliebte Seele«, fuhr ich fort, indem ich sie zärtlich an mich drückte, »vergessen wir unser Unglück und rechnen wir unser Leben von dem Tage an, der uns zusammengeführt hat.«

Bei diesen Worten preßte ich heiße Küsse auf ihren Busen. Ich wollte sie hinlegen, schon war meine Hand zwischen ihren Schenkeln:

»Halt ein!« sagte sie, sich meinen Armen entwindend, »halt ein!«

»Grausame!« rief ich aus, »welchen Dank soll ich dem Schicksal denn wissen, wenn du die Beweise meiner Liebe zurückweist?«

»Unterdrücke ein Verlangen«, antwortete sie, »das ich nicht erhören kann, ohne zur Verbrecherin zu werden. Zügele deine Leidenschaft, so wie ich es tue.«

»Ah! Suzon«, erwiderte ich, »du liebst mich nicht, wenn du so sprechen kannst, und gerade jetzt, wo nichts unserem Glück im Wege steht!«

»Nichts steht unserem Glück im Wege?« entgegnete sie, »ach, wenn es doch wahr wäre!«

In diesem Augenblick sah ich Tränen über ihr Gesicht strömen. Ich bestürmte sie, mir den Grund zu sagen.

»Willst du denn den traurigen Lohn meiner Liederlichkeit mit mir teilen?« sagte sie. »Und selbst wenn du es wolltest, dürfte ich so grausam sein, dir nachzugeben?«

»Glaubst du«, antwortete ich, »ein so schwacher Grund könnte mich aufhalten? Ich würde den Tod mit meiner Suzon teilen, und da sollte ich mich fürchten, ihr Unglück zu teilen?«

Augenblicklich lege ich sie auf das Bett und schicke mich an, ihr zu beweisen, daß ich die Gefahr nicht fürchte.

»Ah! lieber Saturnin«, schreit sie, »du rennst ins Verderben!«

»Dann renne ich ins Verderben!« sage ich liebestrunken, »aber ich tue es in deinen Armen!«

Sie gibt nach, ich stoße zu . . .

Man erlaube mir an dieser Stelle, es jenem griechischen Weisen gleichzutun, der, Iphigenies Opfer schildernd, nachdem er alle Züge des tiefsten Schmerzes auf den Gesichtern der Umstehenden beschrieben hatte, Agamemnons Antlitz mit einem Schleier verhüllte und es den Zuschauern überließ, sich die Verzweiflung eines Vaters auszumalen, der sieht, wie sein Blut vergossen, wie seine Tochter geopfert wird. Ich überlasse es Ihnen, lieber Leser, sich auszumalen, was ich empfand. Nur bitte ich Sie, die Sie die Irrwege der Liebe erduldet haben und Ihre Leidenschaft nach langer Zeit durch den Besitz des geliebten Wesens gekrönt sahen, sich die Lust jenes Augenblicks in Erinnerung zu rufen: lassen Sie Ihrer Phantasie die Zügel schießen — nie wird sie an meine Wonnen heranreichen. Doch welcher Dämon stört eifersüchtig meine Ruhe und führt mir unablässig eine Erinnerung vor Augen, über die ich blutige Tränen vergieße? Ah, kommen wir zum Ende, ich erliege meinem Schmerz!

Der Tag brach an, noch bevor wir merkten, daß die Nacht entschwunden war. In Suzons Armen, die mich umfangen hielten, hatte ich meinen Kummer vergessen, hatte ich die ganze Welt vergessen.

»Trennen wir uns niemals, mein lieber Bruder«, sagte sie. »Wo fändest du ein zärtlicheres Mädchen, wo fände ich einen leidenschaftlicheren Geliebten?«

Ich schwor ihr, ewig bei ihr zu bleiben. Ich schwor es, aber ach! wir mußten uns trennen, auf Nimmerwiedersehen. Das Gewitter braute sich über uns zusammen, und der Zauber der Illusion entschwand unseren Blicken.

»Rette dich, Suzon! rette dich!« Mit diesem Ruf stürzte ein entsetztes Mädchen in unser Zimmer, »flieh über die Hintertreppe!«

Überrascht wollten wir aufstehen, zu spät: schon kam ein wildwütiger Häscher herein. Zitternd wirft sich Suzon in meine Arme. Er entreißt sie mir und zerrt sie trotz meinen Anstrengungen fort. O Götter! dieser Anblick machte mich rasend, die Wut verlieh mir Kräfte, die Verzweiflung machte mich unbesiegbar, ein Feuerbock, den ich ergriff, wurde in meinen Händen zur tödlichen Waffe! Ich werfe mich auf den Häscher.

»Halt ein, unglücklicher Saturnin!«

Zu spät, der Schlag ist versetzt, der nichtswürdige Räuber Suzons fällt zu Boden. Man wirft sich auf mich, ich wehre mich, ich unterliege, ich werde ergriffen. Man fesselt mich. Kaum daß man mir erlaubt, mich anzukleiden.

»Lebewohl, Suzon!« rief ich, die Arme nach ihr ausstrekkend, »lebewohl, meine geliebte Schwester, lebewohl . . .«

Man zerrte mich roh über die Treppe. Mein Kopf schlug auf den Stufen auf, und vor Schmerz verlor ich bald das Bewußtsein.

Soll ich hier die Geschichte meiner unglücklichen Abenteuer beenden? Ah! verehrter Leser, wenn Ihr Herz Mitleid zu empfinden vermag, so zähmen Sie Ihre Neugier, begnügen Sie sich damit, mich zu beklagen. Wie? Soll das Gefühl meines Schmerzes denn immer stärker sein als das meines Glückes? Habe ich nicht Tränen genug vergossen? Ich bin im sicheren Hafen, aber noch immer kann ich die Schrecken des Schiffbruchs nicht vergessen! So lesen Sie denn weiter, und Sie werden die schrecklichen Folgen der Ausschweifung kennenlernen. Seien Sie froh, wenn Sie nicht teurer bezahlen müssen als ich.

Ich erwachte aus meiner Ohnmacht und fand mich im elenden Bett eines Hospitals. Ich fragte, wo ich sei.

»In Bicêtre«, antwortete man.

»In Bicêtre!« rief ich aus. »O Gott! in Bicêtre!«

Der Schmerz lähmte mich, ich wurde vom Fieber gepackt, und als es sich legte, befiel mich eine noch grausamere Krankheit: die Lustseuche. Ohne zu murren, erlitt ich diese neue Strafe des Himmels. Suzon, sagte ich mir, ich würde mein Los nicht beklagen, wenn du nicht dasselbe Unglück erdulden müßtest.

Mein Leiden verschlimmerte sich so sehr, daß man die stärksten Mittel anwandte, um es zu vertreiben: man verkündete mir, daß ich mich einer kleinen Operation unterziehen müsse. Ich erspare Ihnen das Schauspiel des Schmerzes. Was könnte ich auch sagen? Ich fiel in eine Ohnmacht, daß man glaubte, mein letztes Stündlein habe geschlagen. Ah! wäre es doch nur so gewesen! Der Schmerz weckte mich aus meiner Ohnmacht. Ich legte meine Hand an die Stelle, wo er am heftigsten wütete: o Gott! ich bin kein Mann mehr! Ich stieß einen Schrei aus, der im ganzen Haus zu hören war. Doch bald, wieder zu mir kommend, rief ich wie Hiob in seinem bittersten Elend, schmerzerfüllt und den Befehlen des Himmels ergeben, im Gram meines Herzens:

*»Deus dederat, Deus abstulit.«**

Ich wünschte mir nur noch den Tod; ich hatte die Fähigkeit verloren, das Leben zu genießen, und so war die völlige Vernichtung das Ziel all meiner Wünsche. Ich wollte mir auf ewig verbergen, was ich gewesen war, und nur mit Schrecken konnte ich daran denken, was ich war. So sieht er also aus, sagte ich in die Tiefe meines Herzens, so sieht der unglückliche Pater Saturnin aus, dieser Mann, den die Frauen so sehr liebten! er ist nicht mehr: ein grau-

* Gott hat es gegeben, Gott hat es genommen.

samer Schicksalsschlag hat ihn des besten Teils seiner selbst beraubt. Ich war ein Held und bin nur noch ein ... Stirb, Unglücklicher, stirb! kannst du diesen Verlust überleben? Du bist nur noch ein Eunuch.

Der Tod war taub für meine Schreie. Meine Gesundheit kehrte zurück, ich erholte mich. Aber meine Kraftlosigkeit machte mich, so meinte man, ungeeignet für die Dienste, die man von mir erwartet hatte. Man erklärte mir, daß ich frei sei:

»Ich bin frei!« antwortete ich dem Vorsteher, der es mir mitteilte, »ach! wozu nützt mir die Freiheit, die Sie mir geben? In dem grausamen Zustand, in dem ich mich befinde, ist es das unseligste Geschenk, das Sie mir machen können. Aber, Monsieur, darf ich Sie nach dem Schicksal einer jungen Person fragen, die man wohl am selben Tag hierhergebracht hat wie mich?«

»Es ist glücklicher als das Ihre«, antwortete er schroff, »sie starb während der Behandlung.«

»Sie ist tot!« erwiderte ich, von diesem letzten Schlag niedergeschmettert. »Suzon ist tot! O Himmel! und ich lebe noch!«

Ich hätte meinem Leben auf der Stelle ein Ende gesetzt, wenn man mich von dieser Verzweiflungstat nicht abgehalten hätte. Man rettete mich vor der eigenen Raserei und brachte mich dann auf den Weg, wo ich aus der mir erteilten Erlaubnis Nutzen ziehen könne, das heißt, man setzte mich vor die Tür.

Einen Augenblick war ich wie erschlagen. Nur meine Augen, die Ströme von Tränen vergossen, zeugten davon, daß ich noch lebte, Ich war auf dem Gipfel der Verzweiflung und der Raserei. Mit einem erbärmlichen Gewand bedeckt und kaum mit dem Nötigsten versehen, um einen Tag lang leben zu können, wußte ich nicht, wohin ich mich wenden sollte, und überließ mich den Armen der Vorsehung. Ich wandte Paris den Rücken und schlug den Weg zu den Kartäusern ein, ich erblickte die Mauern des Klosters: die tiefe Stille, die dort herrscht, ließ in meinem Geist einen Lichtschimmer aufleuchten.

»Glückliche Sterbliche!« rief ich aus, »die ihr in dieser Abgeschiedenheit lebt, geschützt vor dem Wüten des

Schicksals, eure reinen und unschuldigen Herzen kennen nicht die Schrecken, die das meine zerreißen!«

Der Gedanke an ihre Glückseligkeit gab mir den Wunsch ein, sie zu teilen. Ich warf mich dem Superior zu Füßen und erzählte ihm meine Mißgeschicke.

»O mein Sohn«, sagte er, indem er mich voller Güte umarmte, »loben Sie Gott: nach all den Schiffbrüchen hat er Ihnen diesen Hafen vorbehalten. Leben Sie hier, und leben Sie glücklich, wenn es Ihnen möglich ist.«

Eine Zeitlang blieb ich ohne Beschäftigung. Bald aber gab man mir Arbeit: allmählich rückte ich in die Stellung des Pförtners auf, und als solcher bin ich bekannt.

Hier stärkt sich mein Herz im Haß, den es gegen die Welt hegt. Hier warte ich auf den Tod, den ich weder fürchte noch herbeisehne, und wenn er mich aus der Zahl der Lebenden getilgt hat, soll man in goldenen Lettern auf meinen Grabstein meißeln:

Hic situs est Dom Bougre, fututus, futuit. *

ENDE

* Hier ruht Dom Bougre, er fickte und wurde gefickt.

Jean-Baptiste d'Argens

Thérèse Philosophe

oder

Memoiren zu Ehren der Geschichte von Pater Dirrag und Mademoiselle Eradice

ERSTER TEIL

Wie, Monsieur, Sie wollen allen Ernstes, daß ich meine Geschichte niederschreibe; Sie wünschen, daß ich die mystischen Szenen zwischen Mademoiselle Eradice und dem hochwürdigen Pater Dirrag schildere; daß ich Ihnen die Abenteuer der Madame C. mit dem Abbé T. erzähle; Sie verlangen von einem Mädchen, das noch nie etwas geschrieben hat, Einzelheiten, die doch eine gewisse Anordnung des Stoffs erfordern? Sie wünschen ein Gemälde, bei dem die Vorgänge, von denen ich Ihnen berichtet habe oder die wir selbst erlebten, nichts von ihrer Lüsternheit einbüßen und die metaphysischen Betrachtungen ihre Eindringlichkeit bewahren? Wahrhaftig, mein lieber Graf, das scheint über meine Kräfte zu gehen. Überdies war Eradice meine Freundin, Pater Dirrag war mein Beichtvater, und sowohl Madame C. wie dem Abbé T. schulde ich großen Dank. Soll ich das Vertrauen von Menschen mißbrauchen, denen ich zutiefst verpflichtet bin, da die Handlungen der einen und die klugen Reden der anderen mir allmählich die Augen geöffnet und mich über die Vorurteile meiner Jugend aufgeklärt haben? Aber, werden Sie sagen, wenn Sie durch das Beispiel und die Belehrung glücklich geworden sind, warum sollen Sie dann nicht auf die gleiche Weise, durch Beispiel und Belehrung, zum Glück der anderen beitragen? Warum fürchten Sie, Wahrheiten niederzuschreiben, die dem Wohl der Gesellschaft nützlich sein können? Wohlan, mein lieber Wohltäter, ich sträube mich nicht länger: schreiben wir also; bei denkenden Menschen wird meine Aufrichtigkeit einen makellosen Stil ersetzen, und um Dummköpfe schere ich mich nicht. Nein, nie wird Ihre zärtliche Thérèse Ihnen etwas abschlagen, und Sie werden die geheimsten Winkel ihres Herzens von zartester Kindheit an sehen; ihre ganze Seele wird sich in der genauen Beschreibung der kleinen Abenteuer entfalten, die sie, gleichsam gegen ihren Willen, Schritt für Schritt zum Gipfel der Wollust geführt haben.

Thérèsens Betrachtungen zum Ursprung der menschlichen Leidenschaften

Törichte Sterbliche! Ihr glaubt, es stehe in eurer Macht, die Leidenschaften zu ersticken, welche die Natur euch eingepflanzt hat: sie sind das Werk Gottes. Ihr wollt diese Leidenschaften zerstören, sie in bestimmten Grenzen halten. Wahnsinnige! Meit ihr etwa, zweite Schöpfer zu sein, die mächtiger sind als der erste? Seht ihr denn nicht, daß alles so ist, wie es sein soll, und daß alles gut ist; daß alles von Gott kommt und nichts von euch, und daß einen Gedanken zu erschaffen ebenso schwierig ist, wie einen Arm oder ein Auge zu erschaffen?

Mein Lebenslauf ist ein unanfechtbarer Beweis dieser Wahrheiten. Schon in zartester Kindheit hat man mir die Liebe zur Tugend und den Abscheu vor dem Laster gepredigt. »Du wirst nur glücklich sein«, sagte man mir, »wenn du die christlichen und moralischen Tugenden übst: alles, was sich davon entfernt, ist Laster; das Laster trägt uns Verachtung ein, und die Verachtung erzeugt Scham und Gewissensbisse.« Von der Stichhaltigkeit dieser Lehren überzeugt, habe ich mich bis zum Alter von fünfundzwanzig Jahren redlich bemüht, nach diesen Grundsätzen zu leben. Wir werden sehen, wie weit ich damit gekommen bin.

Thérèse erzählt vom Lebenswandel ihrer Eltern

Ich wurde in der Provinz Vencerop* geboren. Mein Vater war ein braver Bürger, Kaufmann in ***, einem hübschen Städtchen, wo alles Lust und Freude atmet. Die

* Anagramm von Provence.

Galanterie scheint das einzige zu sein, wofür sich die dortige Gesellschaft interessiert. Man liebt, sobald man zu denken beginnt, und man denkt nur zu dem Zweck, sich die Mittel zu beschaffen, die Wonnen der Liebe zu genießen. Meine Mutter die aus *** stammte, verband mit der geistigen Lebhaftigkeit der Frauen dieser Provinz, die der von Vencerop benachbart ist, das glückliche Temperament einer Venceropalin. Meine Eltern lebten sparsam von einem bescheidenen Einkommen und von dem Ertrag ihres kleinen Geschäfts. Ihre Arbeit hatte den Stand ihres Vermögens nicht verändern können. Mein Vater bezahlte eine junge Witwe, die seine Mätresse war und in der Nachbarschaft einen Laden hatte, und meine Mutter wurde von ihrem Liebhaber bezahlt, einem sehr reichen Edelmann, der die Güte besaß, meinen Vater mit seiner Freundschaft zu beehren. Alles verlief in wunderbarer Ordnung: auf beiden Seiten wußte man, woran man war, und niemals schien in einer Ehe größere Eintracht zu herrschen.

Nachdem zehn Jahre in so löblichem Einvernehmen verflossen waren, wurde meine Mutter schwanger, sie brachte mich zur Welt. Meine Geburt bescherte ihr ein Leiden, das womöglich schrecklicher für sie war, als es der Tod gewesen wäre. Bei der Niederkunft entstand ein Riß, der sie zwang, für immer auf die Freuden zu verzichten, denen ich mein Dasein verdanke.

Alles veränderte sich im väterlichen Haus. Meine Mutter wurde fromm, und Pater Guardian der Kapuziner trat an die Stelle des Herrn Marquis von ***, der seinen Abschied erhielt. Die Zärtlichkeit meiner Mutter wechselte lediglich den Gegenstand: aus Notwendigkeit gab sie Gott, was sie bisher aus Neigung und Temperament dem Marquis gegeben hatte.

Mein Vater starb, als ich noch in der Wiege lag. Meine Mutter zog aus mir unbekannten Gründen nach dem berühmten Seehafen Volnot*. Die galanteste Frau war zur sittsamsten, vielleicht tugendhaftesten Frau geworden, die es jemals gab.

* Anagramm von Toulon.

Die Wirkung von Thérèsens Temperament im Alter von sieben Jahren

Ich war kaum sieben Jahre alt, als diese zärtliche Mutter in ihrer beständigen Sorge um meine Gesundheit und Erziehung bemerkte, daß ich zusehends abmagerte. Ein tüchtiger Arzt wurde gerufen und nach meiner Krankheit befragt: ich hatte einen unstillbaren Appetit, kein Fieber, keine Schmerzen, und dennoch schwand meine Lebhaftigkeit, meine Beine konnten mich kaum noch tragen. Meine Mutter, die um mein Leben bangte, wich nicht mehr von meiner Seite und ließ mich in ihrem Bett schlafen. Wie groß war ihre Überraschung, als sie eines Nachts, als ich zu schlafen schien, gewahrte, daß meine Hand auf jenem Körperteil lag, der uns von den Männern unterscheidet, und daß ich mir durch sanftes Reiben Freuden verschaffte, die einem siebenjährigen Mädchen nicht bekannt zu sein pflegen. Meine Mutter konnte kaum glauben, was sie sah. Sachte hebt sie die Decke und das Laken hoch, holt die Lampe, die im Zimmer brannte, und wartet als kluge und erfahrene Frau ab, wie sich die Dinge entwickeln würden. Es kam, wie es kommen mußte: ich bewegte mich, ich zuckte, und die Lust weckte mich auf. In der ersten Aufregung zankte mich meine Mutter gehörig aus und fragte mich, von wem ich die Abscheulichkeiten gelernt hätte, die sie soeben beobachtet habe. Unter Tränen antwortete ich, ich wisse nicht, womit ich sie erzürnt hätte und was sie mit den Ausdrücken *Berührung, Schamlosigkeit* und *Todsünde* meine. Die Naivität meiner Antwort überzeugte sie von meiner Unschuld, und ich schlief wieder ein. Von neuem kitzelte ich mich, und von neuem beklagte sich meine Mutter. Nachdem sie mich einige Nächte aufmerksam beobachtet hatte, zweifelte sie nicht mehr daran, daß die Kraft meines Temperaments mich im Schlaf tun ließ, was so vielen armen Nonnen im Wachen Erleichterung verschafft. Man beschloß, mir die Hände zusammenzubinden, so daß es mir unmöglich war, meine nächtlichen Vergnügungen fortzusetzen.

Weitere Wirkung des Temperaments von Thérèse im Alter von neun Jahren beim Spiel mit gleichaltrigen Mädchen und Knaben

Bald hatte ich meine Gesundheit und meine frühere Kraft wiedererlangt. Die Gewohnheit legte sich, aber das Temperament wurde immer hitziger. Im Alter von neun oder zehn Jahren spürte ich eine Unruhe, Begierden, deren Ziel ich nicht kannte. Oft traf ich mich mit anderen Knaben und Mädchen meines Alters auf einem Dachboden oder in einem abgelegenen Zimmer. Dort vergnügten wir uns mit kleinen Spielen: einer von uns wurde zum Schulmeister erkoren, und das kleinste Vergehen wurde mit der Peitsche bestraft. Die Knaben knöpften ihre Hosen auf, die Mädchen hoben Röcke und Hemden hoch, wir sahen uns aufmerksam an, und Sie hätten fünf oder sechs Ärschlein sehen können, die eines nach dem andern bewundert, gestreichelt und gepeitscht wurden. Die *guigui* der Knaben, wie wir es nannten, diente uns als Spielzeug; hundertmal streichelten wir sie, nahmen sie in die Hand, machten Puppen daraus und küßten das kleine Instrument, dessen Gebrauch und Wert uns völlig unbekannt war. Dann wurden auch unsere kleinen Popos geküßt. Nur den Mittelpunkt aller Freude ließen wir außer acht. Woher kam diese Vernachlässigung? Ich weiß es nicht. Aber so waren unsere Spiele; nur die Natur leitete sie, und ich schildere sie wahrheitsgetreu.

Im Alter von elf Jahren wird Thérèse in ein Kloster gebracht, wo sie ihre erste Beichte ablegt

Nachdem ich mich zwei Jahre lang diesen unschuldigen Ausschweifungen hingegeben hatte, brachte mich meine Mutter in ein Kloster. Ich war damals ungefähr elf Jahre alt. Die erste Sorge der Oberin bestand darin, mich auf meine erste Beichte vorzubereiten. Ich trat ohne Furcht vor dieses Gericht, denn ich war mir keiner Schuld bewußt. Dem alten Guardian der Kapuziner, der Seelsorger meiner Mutter war und auch mir die Beichte abnahm, erzählte ich all die kleinen Sünden eines Mädchens meines Alters. Nachdem ich die Vergehen, deren ich mich schuldig zu sein glaubte, gestanden hatte, sagte der gute Pater:

»Eines Tages werden Sie eine Heilige sein, wenn Sie wie bisher die Grundsätze der Tugend befolgen, die Ihre Mutter Ihnen einflößt. Vor allem dürfen Sie nie auf den Dämon des Fleisches hören. Ich bin der Beichtvater Ihrer Mutter: sie hat mir von Ihrer beunruhigenden Neigung zur Unkeuschheit erzählt, dem schändlichsten aller Laster. Ich freue mich, daß sie sich in der Krankheit, an der Sie vor vier Jahren litten, geirrt hat. Ohne ihre Fürsorge, mein liebes Kind, wären Sie an Leib und Seele verloren gewesen. Ja, jetzt bin ich sicher, daß die Berührungen, bei denen sie Sie beobachtete, unfreiwillig waren, und ich bin überzeugt, daß der Schluß, den sie auf Ihr Seelenheil daraus zog, falsch war.«

Über die Worte meines Beichtvaters beunruhigt, fragte ich ihn, was ich denn getan hätte, daß meine Mutter sich eine so schlechte Meinung von mir habe bilden können. Er sagte mir ohne Umschweife in den maßvollsten Worten, was vorgefallen war und welche Maßregeln meine Mutter ergriffen hatte, mir einen Fehler abzugewöhnen, dessen Folgen ich hoffentlich nie kennenlernen würde.

Bei diesen Worten mußte ich unwillkürlich an unsere unterhaltsamen Spiele auf dem Dachboden denken. Röte überzog mein Gesicht, sprachlos senkte ich die Augen wie jemand, der Scham empfindet, und zum erstenmal glaubte ich in unseren Vergnügungen etwas Sträfliches zu sehen. Der Pater fragte mich nach dem Grund meines Schweigens und meiner Traurigkeit: ich sagte ihm alles. Wie viele Einzelheiten wollte er nun von mir wissen! Die Naivität meiner Ausdrücke, meine unbefangene Schilderung der Gebärden und der Art unserer Vergnügungen überzeugten ihn erneut von meiner Unschuld. Er tadelte diese Spiele, jedoch mit einer Behutsamkeit, die man bei Dienern der Kirche nur selten antrifft. Doch seine Ausdrucksweise bewies zur Genüge, welche Vorstellung er sich von meinem Temperament machte.

Ungewöhnliche Lektionen, die sie dort von ihrem Beichtvater erhält. Sie wird ein Beispiel an Tugend

Das Fasten, das Gebet, die stille Andacht, das Büßerhemd waren die Waffen, mit denen er mir fortan meine Leidenschaften zu bekämpfen befahl.

»Berühren Sie niemals«, sagte er zu mir, »mit der Hand, ja nicht einmal mit den Augen jenen schändlichen Teil, mit dem Sie pissen und der nichts anderes ist als der Apfel, der Adam verführt und das Menschengeschlecht durch die Erbsünde in Verdammnis gestürzt hat. In ihm wohnt der Dämon, hier hält er sich auf, und hier steht sein Thron. Lassen Sie sich nicht von diesem Feind Gottes und der Menschen überrumpeln. Bald wird die Natur diesen Körperteil mit häßlichen Haaren bedecken, dem Fell gleich, das die Tiere tragen, um durch diese Strafe anzuzeigen, daß Scham, Dunkelheit und Vergessen sein Los sind. Noch mehr aber hüten Sie sich vor jenem Stück Fleisch der Knaben Ihres Alters, womit ihr euch auf dem Dachboden vergnügt habt: es ist die Schlange, die unsere gemeinsame Mutter Eva in Versuchung führte. Lassen Sie, meine Tochter, Ihre Augen und Finger niemals durch dieses garstige Tier besudelt werden, es würde Sie stechen und früher oder später unfehlbar verschlingen.«

»Wie! sollte es möglich sein, lieber Vater«, erwiderte ich aufgeregt, »daß es eine Schlange ist und so gefährlich, wie Sie sagen? Ach! mir kam das Tier so zart vor! es hat keine meiner Freundinnen gebissen. Ich versichere Ihnen, es hatte nur einen ganz kleinen Mund und keine Zähne, ich habe es genau gesehen . . .«

»Nun, mein Kind«, unterbrach mich mein Beichtvater, »glauben Sie nur, was ich Ihnen sage. Die Schlangen, die Sie so leichtsinnig berührt haben, waren noch zu jung und zu klein, um all das Unheil anzurichten, dessen sie fähig sind. Aber sie werden länger und größer, sie werden sich auf Sie stürzen: dann müssen Sie die Wirkung des Giftes fürchten, das sie in einer Art Raserei zu verspritzen pflegen und das Ihnen Leib und Seele vergiften würde.«

Nach einigen weiteren Belehrungen entließ mich der gute Pater in einem Zustand sonderbarer Verlegenheit.

Thérèse denkt über die beiden Leidenschaften nach, die sie erregen: die Liebe zu Gott und die Fleischeslust

Welche Kämpfe, mein lieber Graf, hatte ich zu bestehen, bis ich dreiundzwanzig Jahre alt war und meine Mutter mich endlich aus diesem verfluchten Kloster nahm! Ich war kaum sechzehn, als ich infolge meiner Grübeleien in einen Zustand der Entkräftung fiel. Ich hatte deutlich zwei Leidenschaften in mir entdeckt, die ich unmöglich miteinander versöhnen konnte: auf der einen Seite liebte ich Gott und wollte ihm von ganzem Herzen so dienen, wie man mir versicherte, daß er es verlangte, und auf der anderen Seite fühlte ich heftige Begierden, deren Ziel ich nicht zu erkennen vermochte. Unablässig zeigte sich das Bild der bezaubernden Schlange in meiner Seele und verweilte dort gegen meinen Willen, ob ich nun wachte oder schlief. Bisweilen glaubte ich in meiner Erregung, sie mit der Hand zu berühren; ich streichelte sie, ich bewunderte ihre edle, erhabene Erscheinung, ihre Festigkeit, wenngleich ich noch nicht wußte, welchem Zweck sie diente. Mein Herz schlug mit erstaunlicher Schnelligkeit, und auf dem Höhepunkt meines Taumels oder meines Traums, den stets ein wollüstiges Beben durchzuckte, verlor ich fast die Besinnung: meine Hand wurde von dem Apfel angezogen, mein Finger trat an die Stelle der Schlange. Durch die Vorboten der Lust erregt, war ich keines anderen Gedankens mehr fähig: hätte sich die Hölle vor meinen Augen aufgetan, so wäre ich außerstande gewesen, innezuhalten. Machtlose Gewissensbisse — ich erklomm den Gipfel der Wollust!

Und welche Unruhe danach! Das Fasten, das Büßerhemd, die stille Andacht waren meine Zuflucht; ich zerfloß in Tränen. Diese Mittel heilten mich zwar von meiner Leidenschaft, zerstörten jedoch nicht nur mein Temperament, sondern auch meine Gesundheit. Schließlich fiel ich in einen Zustand der Entkräftung, der mich sichtlich ins Grab führte, bis meine Mutter mich aus dem Kloster nahm.

Seitenhieb gegen die Theologen in bezug auf die Freiheit des Menschen

Antwortet mir, betrügerische oder unwissende Theologen, die ihr nach Belieben unsere Verbrechen erfindet: wer hatte mir die beiden Leidenschaften denn eingepflanzt, die mich bestürmten, die *Liebe zu Gott und die Liebe zur Fleischeslust?* War es die Natur oder der Teufel? Entscheidet euch. Oder wagt ihr zu behaupten, daß die eine oder der andere mächtiger seien als Gott? Wenn sie ihm untergeordnet sind, dann mußte Gott also erlaubt haben, daß diese Leidenschaften in mir waren, und sie sind sein Werk. Aber, werdet ihr einwenden, Gott hatte dir die Vernunft gegeben, um dich zu erleuchten. Ja, aber nicht, um mich zu bestimmen. Die Vernunft hatte mich wohl die beiden Leidenschaften erkennen lassen, die mich bewegten, und durch sie habe ich später begriffen, daß ich, da ich alles von Gott habe, auch diese Leidenschaften in all ihrer Kraft von Gott habe. Doch diese Vernunft, die mich erleuchtete, bestimmte mich nicht. Aber da Gott dir die Herrschaft über deinen Willen gelassen hat, werdet ihr sagen, stand es dir frei, dich für das Gute oder für das Böse zu entscheiden. Ein reines Spiel mit Worten! Die Stärke dieses Willens und dieser vorgeblichen Freiheit entspricht nur der Stärke der Leidenschaften und Gelüste, die uns umtreiben. Zum Beispiel steht es mir anscheinend frei, mich zu töten, mich aus dem Fenster zu stürzen. Keineswegs: solange in mir der Wunsch zu leben stärker ist als der Wunsch zu sterben, werde ich mich niemals töten. Aber, werdet ihr sagen, es steht doch gewiß bei uns, ob wir hundert Louisdor, die wir in der Tasche haben, den Armen oder unserem nachsichtigen Beichtvater geben. Ganz und gar nicht: wenn der Wunsch, unser Geld zu behalten, stärker ist als der Wunsch, für unsere Sünden eine unnütze Absolution zu bekommen, werden wir zwangsläufig unser Geld behalten. Kurzum, ein jeder kann sich selber beweisen, daß die Vernunft nur dazu dient, dem Menschen zu zeigen, wie stark sein Wunsch ist, dieses oder jenes zu tun oder zu lassen, je nachdem, wieviel Vergnügen oder Mißvergnügen es ihm bereiten wird. Aus dieser durch die Vernunft erlangten Kenntnis ergibt sich, was wir *Willen* und *Entschlußkraft* nennen. Aber dieser Wille und diese Entschlußkraft hängen so vollkommen von dem Grad unserer Leidenschaft oder unserer Begierde ab, wie ein Gewicht von vier Pfund notwendigerweise die Schale einer Waage bestimmt, deren andere Schale nur ein Gewicht von zwei Pfund zu tragen hat.

Aber, wird ein Klugschwätzer sagen, der bloß nach dem äußeren Schein urteilt, steht es mir denn nicht frei, beim Essen eine Flasche Burgunder oder eine Flasche Champagner zu trinken? Bin ich denn nicht Herr, meinen Spaziergang auf der großen Allee der Tuilerien oder über die Terrasse der Feuillants zu machen?

Ich räume ein, daß wir in allen Fällen, wo die Seele in ihrer Entscheidung völlig gleichgültig ist, wo sich unsere Wünsche, dies oder jenes zu tun, im Gleichgewicht befinden, diesen Mangel an Freiheit nicht bemerken können: in der Ferne unterscheiden wir die Gegenstände nicht mehr. Doch wenn wir uns diesen Gegenständen ein wenig nähern, so werden wir bald deutlich den Mechanismus unserer Handlungen bemerken, und sobald wir eines dieser Gesetze kennen, kennen wir sie alle, da die Natur stets nach demselben Grundsatz handelt.

Unser Klugschwätzer setzt sich zu Tisch, man trägt ihm Austern auf: dieses Gericht bestimmt ihn, sich für Champagner zu entscheiden. Aber, wird man sagen, es stand ihm frei, Burgunder zu wählen. Ich sage: nein! Freilich hätte ihn ein anderer Beweggrund, ein anderer Wunsch, der stärker gewesen wäre als der erste, bestimmen können, Burgunder zu trinken. Und in diesem Fall hätte eben dieser zweite Wunsch seine vorgebliche Freiheit beherrscht.

Nun sieht dieser Klugschwätzer beim Betreten der Tuilerien eine ihm bekannte hübsche Frau auf der Terrasse der Feuillants; er beschließt, sich ihr zu nähern, falls nicht ein anderer Grund ihn in die große Allee führt. Doch welche Seite er auch wählt, immer wird es ein Grund, ein Wunsch sein, der ihn unwiderstehlich veranlaßt, diese oder jene Entscheidung zu treffen, die seinem Willen Schranken setzt.

Um zugeben zu können, daß der Mensch frei ist, müßte man annehmen, daß er sich aus eigener Kraft entscheidet. Wenn er sich jedoch je nach der Stärke der Leidenschaft entscheidet, womit die Natur und seine Sinne ihn versehen haben, so ist er nicht frei; ein mehr oder weniger lebhafter Wunsch bestimmt ihn ebenso unwiderstehlich, wie ein Gewicht von vier Pfund eines von drei Pfund mit sich zieht.

Ferner frage ich ihn, was ihn hindert, über die Sache, um die es hier geht, ebenso zu denken wie ich, und warum ich mich nicht entschließen kann, darüber ebenso zu denken wie er. Ohne Zweifel wird er mir antworten, daß seine Gedanken, seine Begriffe, seine Empfindungen ihn zwingen, so zu denken, wie er es tut. Doch diese Überlegung, die ihn innerlich davon überzeugt, daß es nicht in seinem Belieben steht, so zu denken wie ich, ebensowenig wie es mir freisteht, so zu denken wie er, muß ihn zu dem Schluß führen, daß wir nicht frei sind, so oder anders zu denken. Wenn wir aber nicht die Freiheit des Denkens besitzen, wie könnten wir dann in Freiheit handeln, da doch das Denken die Ursache und das Handeln nur die Wirkung ist? Und kann eine *freie* Wirkung aus einer Ursache hervorgehen, die *nicht frei* ist? Das alles widerspricht sich.

Um uns vollends von dieser Wahrheit zu überzeugen, können wir die Fackel der Erfahrung zu Hilfe nehmen. Gregor, Damon und Philinte sind drei Brüder, die bis zum Alter von fünfundzwanzig Jahren von denselben Lehrern erzogen wurden. Sie haben sich niemals getrennt, sie haben die gleiche Erziehung, den gleichen Unterricht in Moral und Religion erhalten. Dennoch liebt Gregor den Wein, Damon die Frauen, und Philinte ist fromm. Was hat nun den so verschiedenen Willen dieser drei Brüder bestimmt? Die erworbene Kenntnis von Gut und Böse kann es nicht sein, da sie von denselben Lehrern dieselben Lehren erhalten haben. Jeder von ihnen hatte also in sich selbst verschiedene Grundsätze, verschiedene Leidenschaften, die trotz der Gleichheit der erworbenen Kenntnisse diesen verschiedenen Willen ausgebildet haben. Ich gehe noch weiter: Gregor, der den Wein liebte, war der ehrenwerteste, geselligste Mensch und der beste Freund, wenn er nicht getrunken hatte, doch sobald er von dem Zaubertrank gekostet hatte, wurde er boshaft, verleumderisch, streitsüchtig; mit Vergnügen hätte er seinem besten Freund die Gurgel durchgeschnitten. War Gregor nun Herr über diese Willensänderung, die sich plötzlich in ihm vollzog? Nein, gewiß nicht, denn wenn er nüchtern war, verabscheute er die Handlungen, die er im Weinrausch hatte begehen müssen. Einige Dummköpfe indessen bewundern die Enthaltsamkeit Gregors, der die Frauen nicht liebte, die Nüchternheit Damons, der den Wein nicht liebte, und die Frömmigkeit Philintes, der weder die Frauen noch den Wein liebte, aber dasselbe Vergnügen wie die beiden andern in seinem Hang zur Frömmigkeit fand. So täuschen sich die meisten Menschen in dem Begriff, den sie sich von den menschlichen Lastern und Tugenden machen.

Schlußfolgerung: die Anordnung der Organe, die Verteilung der Fasern, eine bestimmte Bewegung der Säfte bewirken die Art unserer Leidenschaften; der Grad ihrer Stärke nötigt unsere Vernunft und bestimmt unseren Willen bei den kleinsten wie den größten Handlungen unseres Lebens. Und so gibt es leidenschaftliche Menschen, weise Menschen, verrückte Menschen. Der Verrückte ist nicht weniger frei als die beiden andern, denn er handelt nach denselben Grundsätzen: die Natur ist immer gleich. Wenn man annimmt, daß der Mensch frei sei und seinem eigenen Willen folge, setzt man ihn Gott gleich.

Im Alter von dreiundzwanzig Jahren
verläßt Thérèse das Kloster,
halbtot infolge der Anstrengungen,
die sie dort unternimmt,
ihrem Temperament zu widerstehen

Wie ich bereits sagte, nahm meine Mutter mich halbtot aus dem Kloster, als ich dreiundzwanzig Jahre alt war. Mein ganzer Körper war erschöpft; mit meiner gelben Haut und meinen bleichen Lippen glich ich einem lebenden Skelett. Die Frömmigkeit hatte mich fast umgebracht, als ich ins Haus meiner Mutter zurückkehrte. Ein tüchtiger Arzt, den sie in mein Kloster schickte, hatte sofort die Ursache meiner Krankheit erkannt: jener göttliche Saft, der uns die einzige körperliche Lust verschafft, der einzige, den man ohne Bitterkeit genießt, dieser Saft, sage ich, dessen Erguß bestimmten Menschen ebenso notwendig ist wie die Aufnahme von Nahrung, war aus den ihm eigenen Gefäßen in andere zurückgeflossen, die ihm fremd waren, was die ganze Maschine in Unordnung gebracht hatte.

Man riet meiner Mutter, mir einen Gatten zu suchen, das einzige Mittel, das mir das Leben retten könne. Voll Sanftmut sprach sie mit mir darüber. Aber ich war so in meinen Vorurteilen befangen, daß ich ihr schroff antwortete, ich wolle lieber sterben, als Gott durch einen so verächtlichen Stand wie die Ehe zu mißfallen, den er nur in seiner großen Güte dulde. Keines ihrer Worte erschütterte mich, meine geschwächte Natur ließ mir keine Wünsche mehr für diese Welt, ich sehnte mich nur nach dem Glück, das man mir in der anderen verheißen hatte.

Sie vertraut sich der Führung des Paters Dirrag in Volnot an und wird dort zur Freundin und Vertrauten von Mademoiselle Eradice

Ich setzte also mit allem nur denkbaren Eifer meine frommen Übungen fort. Man hatte mir viel von dem berühmten Pater Dirrag erzählt: ich wollte ihn sehen. Er wurde mein Beichtvater, und Mademoiselle Eradice, sein zärtliches Beichtkind, war bald meine beste Freundin.

Sie kennen, mein lieber Graf, die Geschichte dieser beiden berühmten Persönlichkeiten. Ich werde Ihnen nicht alles wiederholen, was die Öffentlichkeit von ihnen weiß und gesagt hat. Doch ein eigentümlicher Vorfall, dessen Zeuge ich war, wird Sie vielleicht belustigen und Sie davon überzeugen, daß Mademoiselle Eradice, auch wenn sie sich schließlich mit vollem Bewußtsein den Umarmungen dieses Heuchlers hingegeben hat, sich doch lange Zeit über seine fromme Lüsternheit täuschte.

Mademoiselle Eradice war meine zärtlichste Freundin geworden; sie vertraute mir ihre geheimsten Gedanken an, und da wir in unserer Gemütsart, unserer Frömmigkeit, vielleicht sogar in unserem Temperament übereinstimmten, wurden wir unzertrennlich. Beide waren wir tugendhaft, unsere vorherrschende Leidenschaft war, im Ruch der Heiligkeit zu stehen, mit dem maßlosen Wunsch, am Ende sogar Wunder zu vollbringen. Diese Leidenschaft beherrschte sie so sehr, daß sie mit der Standhaftigkeit der Märtyrer alle erdenklichen Qualen ertragen hätte, wenn man ihr eingeredet hätte, danach könnte es ihr gelingen, einen zweiten Lazarus von den Toten zu erwekken. Und Pater Dirrag hatte die Gabe, sie alles glauben zu machen, was er wollte.

Eradice hatte mir mehrere Male mit einer gewissen Eitelkeit gesagt, daß dieser Pater sich nur ihr ganz und gar mitteile, daß er ihr bei den vertraulichen Gesprächen, die sie oft in ihrem Hause hätten, versichert habe, sie brauche nur noch wenige Schritte zurückzulegen, um eine Heilige zu werden, dies habe Gott ihm in einem Traum enthüllt, durch den er klar und deutlich erkannt habe, daß sie kurz davorstehe, die größten Wunder zu vollbringen, wenn sie fortfahre, Tugend zu üben und das Fleisch abzutöten.

Eifersucht und Neid sind in allen Ständen zu finden, aber der einer Betschwester ist vielleicht am empfänglichsten dafür.

Eradice bemerkte, daß ich auf ihr Glück neidisch war und sogar ihren Worten keinen Glauben zu schenken schien. Tatsächlich war ich über ihre Berichte von ihren vertraulichen Gesprächen mit Pater Dirrag um so mehr überrascht, als dieser es stets vermieden hatte, mit mir ähnliche Gespräche im Haus eines seiner Beichtkinder zu führen, nämlich meiner Freundin, die wie Eradice stigmatisiert war. Zweifellos waren mein trauriges Gesicht und meine gelbe Hautfarbe nicht dazu angetan, den ehrwürdigen Pater in die für seine geistigen Arbeiten notwendige Stimmung zu versetzen. Die Sache begann mich zu interessieren: für mich gab es keine Stigmata, keine vertraulichen Gespräche! Meine üble Laune brach hervor, ich tat, als glaubte ich nichts von alledem. Erregt erbot sich Eradice, mich gleich am nächsten Morgen zur Augenzeugin ihres Glücks zu machen.

»Sie werden sehen«, sagte sie feurig zu mir, »wie kräftig meine geistigen Übungen sind und mit welchen Graden der Buße der gute Pater mich dahin bringt, eine große Heilige zu werden. Dann werden Sie nicht mehr an den Ekstasen und Verzückungen zweifeln, die eine Folge dieser Übungen sind. Möge mein Beispiel, meine liebe Thérèse, an Ihnen das erste Wunder tun und dank der großen Kraft der stillen Andacht Ihren Geist völlig von der Materie lösen, um ihn allein auf Gott zu richten!«

Mademoiselle Eradice schließt Thérèse in ein Kabinett neben ihrem eigenen Zimmer ein, damit sie Zeugin ihrer Übungen mit Hochwürden Dirrag werde

Am andern Morgen ging ich wie verabredet schon um fünf Uhr zu Eradice. Ich fand sie im Gebet, ein Buch in der Hand.

»Der fromme Mann wird gleich kommen«, sagte sie, »und Gott mit ihm. Verstecken Sie sich in diesem kleinen Kabinett, von dort können Sie hören und sehen, wie weit sich durch die fromme Sorge unseres Beichtvaters die göttliche Güte für ein niedriges Geschöpf erstrecken kann.« Kurz darauf klopfte es leise an die Tür. Ich schlüpfte in das Kabinett, dessen Schlüssel Eradice an sich nahm. Ein handbreites Loch in der Tür des Kabinetts, das mit einem sehr hellen alten Wandteppich aus Bergamo bedeckt war, gestattete mir, das ganze Zimmer zu überblicken, ohne daß ich selber entdeckt werden konnte.

Pater Dirrag untersucht das Wundmal unterhalb der linken Brust von Eradice

»Guten Morgen, meine liebe Schwester in Gott«, sagte er zu Eradice, »der Heilige Geist und der heilige Franziskus seien mit Ihnen!«

Sie wollte sich ihm zu Füßen werfen, aber er hob sie auf und befahl ihr, sich neben ihn zu setzen.

»Ich muß Ihnen die Grundsätze wiederholen«, sagte der fromme Mann, »nach denen Sie alle Handlungen Ihres Lebens ausrichten müssen. Aber erzählen Sie zuvor von Ihren Wundmalen. Ist das Stigma, das Sie auf Ihrer Brust haben, noch immer im selben Zustand? Sehen wir nach.«

Eradice schickte sich sogleich an, ihre linke Brust zu entblößen, unter welcher sich das Stigma befand.

»Ah! meine Schwester! Halten Sie ein«, sagte der Pater, »bedecken Sie Ihre Brust mit diesem Schnupftuch (er reichte ihr eines). Solche Dinge sind nicht für ein Mitglied unserer Gesellschaft geschaffen: mir wird es genügen, wenn ich die Wunde sehe, die der heilige Franziskus Ihnen aufgedrückt hat. Ah! sie ist noch da. Gut, ich bin zufrieden: der heilige Franziskus liebt Sie immer noch, die Wunde ist purpurrot und rein. Ich habe auch wieder das heilige Stück von seinem Strick mitgebracht, wir werden es bei unseren Übungen brauchen.«

Wissenschaftliche Ausführungen des Paters Dirrag, um Eradice zu bestimmen, die Geißelung klaglos zu ertragen

»Ich sagte Ihnen bereits, liebe Schwester«, fuhr der Pater fort, »daß ich Sie vor allen meinen Beichtkindern, ihren Gefährtinnen, ausgezeichnet habe, weil ich sehe, daß Gott selbst Sie vor seiner frommen Herde auszeichnet, so wie die Sonne vor dem Mond und den anderen Planeten ausgezeichnet ist. Aus diesem Grunde habe ich mich nicht gescheut, Ihnen seine verborgensten Geheimnisse zu enthüllen. Ich habe es Ihnen schon gesagt, liebe Schwester: *vergessen Sie sich und lassen Sie alles geschehen.* Nur wenn wir den Leib vergessen, kann es gelingen, uns mit Gott zu vereinen, heilig zu werden und Wunder zu wirken. Ich kann Ihnen nicht verhehlen, mein kleiner Engel, daß ich bei unserer letzten Übung bemerkt habe, daß Ihr Geist immer noch dem Fleisch verhaftet ist. Wie! können Sie denn nicht wenigstens zum Teil jenen seligen Märtyrern nacheifern, die gegeißelt, gezwickt, geröstet wurden, ohne daß sie den geringsten Schmerz empfanden, weil ihre Einbildungskraft derart mit Gottes Ruhm beschäftigt war, daß sich auch das kleinste Teilchen ihres Geistes diesem Gegenstand widmete? Es ist ein unfehlbarer Mechanismus, meine liebe Tochter: nur über unsere Sinne begreifen wir das körperliche wie das moralische Gute und Böse. Sobald wir etwas berühren, hören oder sehen usw., fließen Teilchen unseres Geistes in die kleinen Höhlungen der Nerven, die der Seele davon Mitteilung machen. Wenn Sie stark genug an die Liebe denken, die Sie Gott schulden, um alle Teilchen Ihres Geistes zu versammeln und einzig auf diesen Gegenstand zu richten, so wird gewiß kein einziges übrigbleiben, um Ihre Seele von den Schlägen zu unterrichten, die Ihr Fleisch empfängt: Sie werden sie nicht spüren. Sehen Sie diesen Jäger: da seine Einbildungskraft von dem Wunsch erfüllt ist, das Wild zu erlegen, fühlt er weder Stacheln noch Dornen, wenn er durch die Wälder streift. Zwar sind Sie schwächer als er, aber werden Sie bei einem tausendmal anziehenderen Gegenstand die leichten Schläge der Geißel spüren, wenn Ihre Seele tief von dem Glück erfüllt ist, das Ihrer harrt? Diese Prüfung müssen wir bestehen, wenn wir Wunder vollbringen wollen, und diesen Zustand der Vollkommenheit müssen wir erreichen, wenn wir uns mit Gott vereinen wollen.«

Pater Dirrag kündigt Eradice an, er werde sie mit Hilfe eines Stücks vom Strick des heiligen Franziskus mit unermeßlichen Wonnen bekannt machen

»Wir wollen beginnen, meine liebe Tochter«, fuhr der Pater fort, »erfüllen Sie gewissenhaft Ihre Pflichten und seien Sie gewiß, daß dank dem Strick des heiligen Fanziskus und dank Ihrer Andacht diese fromme Übung mit einem Schauer unaussprechlicher Wonnen enden wird. Knien Sie nieder, mein Kind, und entblößen Sie jene

Teile des Fleisches, die Gottes Zorn erregen: der Schmerz, den sie erleiden, wird Ihren Geist innig mit Gott vereinen. Ich wiederhole es Ihnen: vergessen Sie sich und lassen Sie alles geschehen.

Eradice entblößt ihren Hintern, um Pater Dirrags Züchtigungen zu empfangen

Mademoiselle Eradice gehorchte sofort, ohne ein Wort zu erwidern. Sie kniete sich auf einen Betstuhl, ein Buch vor Augen. Dann hob sie ihre Röcke und ihr Hemd bis zum Gürtel hoch und zeigte zwei schneeweiße und wohlgerundete Hinterbacken, die von zwei herrlichen, ebenmäßigen Schenkeln getragen wurden.

»Heben Sie Ihr Hemd noch höher«, sagte der Pater, »es sitzt nicht gut ... Ja, so. Falten Sie nun die Hände und erheben Sie Ihre Seele zu Gott, erfüllen Sie Ihren Geist mit dem Gedanken an das Glück, das Ihnen verheißen ist.«

Der Pater zog nun einen Schemel heran, auf den er sich etwas seitlich hinter ihr niederkniete. Unter seiner Kutte, die er hochhob und unter seinen Gürtel schob, befand sich ein dickes Bündel langer Ruten, die er seinem Beichtkind zum Kuß reichte.

Pater Dirrag peitscht sie aus, wobei er einige Bibelverse aufsagt

Von einem heiligen Schrecken erfüllt, beobachtete ich die Szene aufmerksam und fühlte eine Art Schauder, den ich nicht zu beschreiben vermag. Eradice sagte kein Wort. Mit feurigen Blicken betrachtete der Pater die Hinterbacken, die sich ihm darboten, und während er seine Blicke auf sie geheftet hielt, hörte ich ihn in bewunderndem Ton flüstern:

»Ah! der schöne Busen! Was für reizende Brüste!«

Hin und wieder bückte er sich und richtete sich wieder auf, wobei er einige Bibelverse murmelte. Nichts entging seiner Lüsternheit. Nach einigen Minuten fragte er seine

Büßerin, ob ihre Seele in religiöse Betrachtung versenkt sei.

»Ja, ehrwürdiger Vater«, sagte sie, »ich fühle, daß mein Geist sich vom Fleische loslöst, und ich flehe Sie an, das heilige Werk zu beginnen.«

»Das genügt«, fuhr der Pater fort, »Ihr Geist wird zufrieden sein.«

Er sagte noch einige Gebete auf, und die Zeremonie begann mit drei leichten Rutenschlägen, die er ihr auf den Hintern versetzte. Diesen drei Schlägen folgte ein Bibelvers, den er aufsagte, worauf drei Rutenschläge kamen, etwas stärker als die ersten.

Er holt den angeblichen Strick des heiligen Franziskus hervor

Nachdem er fünf oder sechs Bibelverse aufgesagt und sie durch die gleiche Art von Zerstreuung unterbrochen hatte, sah ich plötzlich zu meiner größten Überraschung, wie Pater Dirrag seine Hose aufknöpfte und einen glühenden Pfeil hervorschießen ließ, der jener verhängnisvollen Schlange glich, die mir den Tadel meines früheren Beichtvaters eingetragen hatte! Dieses Ungeheuer hatte die Länge, Dicke und Festigkeit angenommen, von denen der Kapuziner gesprochen hatte; mir schauderte. Sein hoch roter Kopf schien Eradicens Hinterbacken zu bedrohen, welche die schönste Purpurfarbe angenommen hatten. Das Gesicht des Paters glühte.

»Jetzt müssen Sie im Zustand vollkommenster Andacht sein«, sagte er, »Ihre Seele muß sich von den Sinnen losgelöst haben. Wenn meine Tochter meine frommen Hoffnungen nicht enttäuscht, so sieht, hört und fühlt sie nichts mehr.«

Im selben Augenblick ließ der Schändliche einen Hagel von Schlägen auf alle entblößten Körperteile Eradicens niedersausen. Sie sagte jedoch kein Wort, sie schien regungslos und ganz unempfindlich gegen diese schrecklichen Schläge zu sein, und ich bemerkte an ihr lediglich eine krampfhafte Bewegung ihrer beiden Hinterbacken, die sich jedesmal zusammenpreßten und wieder entspannten.

»Ich bin mit Ihnen zufrieden«, sagte der Pater nach einer Viertelstunde dieser grausamen Züchtigung, »es ist an der Zeit, daß Sie die Früchte Ihrer heiligen Arbeiten genießen. Hören Sie nicht auf mich, meine liebe Tochter, sondern lassen Sie sich leiten. Werfen Sie sich mit dem Gesicht auf die Erde: ich werde mit dem ehrwürdigen Strick des heiligen Franziskus alles Unreine vertreiben, das noch in Ihnen ist.«

Der gute Pater brachte sie damit in eine Stellung, die in Wahrheit erniedrigend, für seine Absichten aber auch die bequemste war. Niemals hatte ich sie schöner gesehen: ihre Hinterbacken waren leicht geöffnet, und ich erblickte den doppelten Weg der Lüste offen vor mir.

Nach einem Augenblick der Betrachtung befeuchtete der Heuchler seinen sogenannten *Strick* mit Speichel, und nachdem er einige Worte im Ton eines Priesters gesprochen hatte, der durch seine Beschwörung den Teufel aus dem Leib einer Besessenen austreibt, begann Hochwürden mit seiner Intromission.

Von meinem Platz aus entging mir nicht der kleinste Umstand dieser Szene: die Fenster des Zimmers, in dem sie sich abspielte, lagen der Tür des Kabinetts gegenüber, worin ich eingeschlossen war. Eradice kniete jetzt auf dem Fußboden, die Arme auf der Fußbank ihres Betstuhls verschränkt, den Kopf auf ihren Armen. Ihr sorgfältig bis zum Gürtel geschürztes Hemd zeigte mir im Halbprofil ihren herrlichen Hintern und eine wunderschöne Rückenlinie.

Er weiß nicht, welcher der beiden Öffnungen,
die Eradice ihm anbietet, er sich zuwenden soll.
Die Vorsicht gewinnt die Oberhand über die Neigung

Dieser lüsterne Anblick fesselte die Aufmerksamkeit des ehrwürdigen Paters, der sich ebenfalls auf die Knie geworfen hatte; die Beine seines Beichtkindes zwischen die seinigen geklemmt, mit heruntergelassenen Hosen, seinen schrecklichen Strick in der Hand, murmelte er einige unverständliche Worte. Einige Augenblicke verharrte er in dieser erbaulichen Stellung, wobei er flammenden Blickes den Altar betrachtete und unentschlossen zu sein schien, auf welche Weise er das Opfer darbringen wollte. Zwei Öffnungen boten sich ihm: er verschlang sie mit den Augen und wußte nicht, welche er wählen sollte: die eine war ein Leckerbissen für einen Mann seines Standes, aber er hatte seinem Beichtkind Lust und Ekstase versprochen. Was tun? Mehrere Male wagte er es, die Spitze seines Werkzeuges der bevorzugten Pforte zu nähern und leise anzuklopfen. Endlich aber siegte die Vorsicht über die Neigung.

Er dringt in sie ein.
Genaue Beschreibung seiner Bewegungen, Haltungen usw.

Ich muß ihm Gerechtigkeit widerfahren lassen: deutlich sah ich den hochroten Priapus Seiner Ehrwürden den kanonischen Weg einschlagen, nachdem er mit dem Daumen und Zeigefinger jeder Hand die purpurnen Schamlippen sanft geöffnet hatte. Die Arbeit begann mit drei kräftigen Stößen, die ihn fast zur Hälfte eindringen ließen. Dann verwandelte sich die scheinbare Ruhe des Paters plötzlich in eine Art Raserei. Welch eine Physiognomie! O Gott! Stellen sie Sich einen Satyr vor, der mit offenem Mund und schaumbedeckten Lippen bald mit den Zähnen knirscht, bald schnaubt wie ein Stier. Seine geblähten Nüstern bebten, seine Hände hielt er einige Fingerbreit über Eradicens Gesäß, auf das er sich nicht aufzustützen wagte. Seine gespreizten Finger zuckten und krümmten sich wie die Klauen eines gebratenen Kapauns. Er hielt den Kopf gesenkt, und seine funkelnden Augen waren auf die Arbeit des Werkzeugs gerichtet, dessen Hin und Her er dergestalt bemaß, daß es beim Zurückziehen nicht aus seiner Scheide glitt und daß beim Eindringen sein Bauch nicht den Hintern der Büßerin berührte, die sonst hätte erraten können, woran der angebliche Strick befestigt war. Welche Geistesgegenwart! Ich sah, daß etwa ein Daumenbreit des heiligen Instruments beständig draußen blieb und an dem Fest keinen Anteil hatte. Ich sah, daß bei jeder Rückwärtsbewegung der Kruppe des Paters, bei welcher sich der Strick bis zum Kopf aus seiner Herberge zurückzog, die Schamlippen von Eradice sich halb öffneten und in so lebhaftem Rot hervortraten, daß sie das Auge entzückten. Wenn dagegen der Pater sich vorwärtsbewegte, sah ich, daß dieselben Lippen, von denen jetzt nur noch die feinen schwarzen Haare zu sehen waren, die sie bedeckten, den Pfeil so eng umschlossen, daß er von ihnen verschlungen zu sein schien und man kaum erraten konnte, welchem der beiden Beteiligten dieser Zapfen gehörte, der sie beide zusammenzuhalten schien.

Welch ein Mechanismus! Welch ein Schauspiel, mein lieber Graf, für ein Mädchen meines Alters, das von solchen Mysterien rein gar nichts wußte! Die verschiedensten Gedanken gingen mir durch den Kopf, ohne daß ich an einem von ihnen festzuhalten vermochte. Ich erinnere mich nur, daß ich wohl zwanzigmal im Begriff stand, mich diesem berühmten Beichtvater zu Füßen zu werfen und ihn zu beschwören, mich wie meine Freundin zu behandeln. War dies eine Regung von Frömmigkeit? War es eine Regung von Lüsternheit? Noch heute ist es mir nicht möglich, es genau zu sagen.

Eradice und Pater Dirrag vergehen vor Lust. Das Mädchen glaubt, ein rein himmlisches Glück zu genießen

Kehren wir zu unseren Akolythen zurück. Die Bewegungen des Paters wurden immer schneller, kaum konnte er sich im Gleichgewicht halten. Er befand sich jetzt in einer Stellung, daß sein Körper etwa die Form eines S bildete, dessen vordere Ausbauchung sich waagrecht zu Eradicens Hintern hin und her bewegte. Deren Körperteil, der dem Werkzeug als Kanal diente, leitete die ganze Arbeit, und zwei riesige Warzen, die zwischen den Schenkeln Seiner Ehrwürden herabhingen, schienen es gleichsam zu bezeugen.

»Ist Ihr Geist zufrieden, meine kleine Heilige?« fragte er aufseufzend. »Was mich angeht, so sehe ich alle Himmel offen, die Gnade entrückt mich, ich . . .«

»O mein Vater!« rief Eradice aus, »welche Lust stachelt mich an! Ja, ich genieße himmlisches Glück; ich fühle, daß mein Geist vollkommen von der Materie losgelöst ist. Weiter, mein Vater, vertreiben Sie alles Unreine, das noch in mir ist. Ich sehe . . . die . . . En . . . gel. Stoßen Sie zu . . . stoßen Sie nur . . . Ah! . . . Ah! . . . Guter . . . heiliger Franziskus! Verlaß mich nicht! Ich fühle den . . . Strick . . . den Strick . . . ich kann nicht mehr . . . ich vergehe!«

Der Pater, der ebenfalls die höchste Wonne nahen fühlte, stammelte, schnaufte, keuchte. Endlich gaben ihm Eradicens letzte Worte das Signal zum Rückzug. Und nun sah ich, wie die Schlange, demütig geworden, schaumbedeckt aus ihrem Gehäuse herauskroch.

Alles wurde geschwind wieder an seinen Platz gebracht, der Pater ließ seine Kutte herabfallen und wankte zu dem Betstuhl, den Eradice verlassen hatte. Dort gab er vor, sich ins Gebet zu versenken, und befahl seinem Beichtkind, aufzustehen, sich zu bedecken und neben ihm niederzuknien, um dem Herrn für die Gunst zu danken, die er ihr erwiesen habe.

Was soll ich Ihnen noch sagen, mein lieber Graf? Dirrag ging hinaus, und Eradice, die mir die Tür des Kabinetts öffnete, fiel mir um den Hals und rief:

»Ah! meine liebe Thérèse, nimm teil an meiner Seligkeit: ja, ich habe das Paradies gesehen, ich habe das Glück der Engel geteilt. Wie viele Freuden, liebe Freundin, für einen Augenblick des Schmerzes! Dank dem heiligen Strick war meine Seele beinahe ganz von der Materie losgelöst. Du hast wohl gesehen, auf welchem Wege unser guter Beichtvater ihn in mich eingeführt hat. Nun! ich versichere dir, daß ich ihn bis an mein Herz dringen fühlte. Es fehlte nicht viel, und ich wäre ganz gewiß in die Gefilde der Seligen gelangt.«

Eradice sagte mir noch tausend andere Dinge in einem Ton und mit einer Begeisterung, daß ich an der Wirklichkeit des höchsten Glücks, das sie genossen hatte, nicht zweifeln konnte. Ich war so aufgeregt, daß ich ihr kaum antworten konnte, um sie zu beglückwünschen. Mit wild pochendem Herzen umarmte ich sie und ging hinaus.

Thérèse stellt Überlegungen über den Mißbrauch an, der mit den ehrbarsten Dingen getrieben wird

Wie viele Gedanken kommen mir jetzt über den Mißbrauch, der in unserer Gesellschaft mit den ehrbarsten Dingen getrieben wird! Wie geschickt benutzt dieser Kuttenträger sein Beichtkind zu seinen unkeuschen Zwecken! Er erhitzt ihre Phantasie mit dem Verlangen, eine Heilige zu sein; er redet ihr ein, daß ihr dies nur gelinge, wenn sie den Geist vom Fleisch loslöse. Was sich wiederum nur durch harte Züchtigungen erreichen lasse: eine Zeremonie, die zweifellos nur ein Stärkungsmittel für die Neigung des Heuchlers war, dazu angetan, die erschlaffte Spannkraft seines Gliedes wiederherzustellen. »Sie dürfen nichts fühlen«, sagt er zu ihr, »nichts sehen, nichts hören, wenn Ihre Andacht vollkommen ist.« Auf diese Weise versichert er sich, daß sie sich nicht umdrehen und von seiner Schamlosigkeit nichts sehen wird. Die Rutenhiebe, die er ihrem Hintern versetzt, konzentrieren die Gefühle auf jenen Teil, den er anzugreifen gedenkt, und erhitzen ihn. Und das Mittel, das er zum Strick des heiligen Franziskus erklärt hat und das durch sein Eindringen in den Körper seines Beichtkindes alles Unreine aus ihm vertreiben soll, verschafft ihm den gefahrlosen Genuß der Gunst seiner gelehrigen Schülerin. Sie glaubt, in eine göttliche, rein geistige Ekstase zu geraten, während sie in Wirklichkeit die wollüstigen Freuden des Fleisches genießt.

Thérèse gibt eine Kurzfassung der Geschichte von Mademoiselle Eradice und Pater Dirrag

Ganz Europa hat das Abenteuer von Pater Dirrag und Mademoiselle Eradice vernommen, alle Welt hat darüber gesprochen, aber nur wenige kennen die wirklichen Umstände, welche dieser Geschichte zugrunde liegen, die zu einer Parteisache zwischen den M. und den J.* wurde. Ich will hier nicht wiederholen, was darüber gesagt worden ist: Sie kennen den ganzen Prozeß, Sie haben die Streitschriften gelesen, die von beiden Parteien erschienen sind, und Sie wissen auch die Fortsetzung. Das wenige, das ich selbst außer dem soeben geschilderten Vorgang weiß, will ich Ihnen hier mitteilen.

Mademoiselle Eradice ist ungefähr in meinem Alter. Sie wurde in Volnot geboren und ist die Tochter eines Kaufmanns, in dessen Haus meine Mutter zog, als sie sich in dieser Stadt niederließ. Sie ist gut gewachsen, ihre Haut ist von ungewöhnlicher Schönheit und bezaubernd weiß; sie hat pechschwarzes Haar und wunderschöne Augen: alles verleiht ihr das Aussehen einer Madonna. In unserer Kindheit waren wir Freundinnen, aber als ich ins Kloster gebracht wurde, verlor ich sie aus den Augen. Ihre beherrschende Leidenschaft war stets, sich vor ihren Gefährtinnen auszuzeichnen, von sich reden zu machen. Diese Leidenschaft, die mit großer Zärtlichkeit einherging, veranlaßte sie, sich für die Frömmigkeit zu entscheiden, da dies für ihre Zwecke am tauglichsten war. Sie liebte Gott, wie man einen Liebhaber liebt. Als ich sie als Beichtkind des Paters Dirrag wiederfand, sprach sie nur noch von frommen Betrachtungen, von Andacht, von Gebeten. Das war damals Mode beim Klerus in der Stadt und sogar auf dem Lande. Ihr bescheidenes Auftreten hatte ihr schon seit langem den Ruf hoher Tugend eingetragen. Eradice hatte Geist, aber sie verwandte ihn nur darauf, ihren maßlosen Wunsch zu befriedigen, Wunder zu vollbringen. Alles, was dieser Leidenschaft schmeichelte, wurde für sie zur unumstößlichen Wahrheit. So sind wir schwachen Menschen: die beherrschende Leidenschaft, die jeden von uns ergreift, absorbiert stets alle anderen, wir handeln nur entsprechend dieser Leidenschaft; sie hindert uns daran, die klarsten Begriffe wahrzunehmen, die dazu dienen sollten, sie zu zerstören.

Pater Dirrag stammte aus Lôde**. Zur Zeit seines Abenteuers war er ungefähr dreiundfünfzig Jahre alt. Er hatte

* Jansenisten und Molinisten.
** Anagramm von Dôle.

ein Gesicht, wie unsere Maler es den Satyrn geben. Trotz der ungeheuren Häßlichkeit lag etwas Geistvolles in seiner Physiognomie. Unzucht und Schamlosigkeit blickten aus seinen Augen. In seinen Handlungen aber schien er nur mit dem Heil der Seelen und dem Ruhm Gottes beschäftigt zu sein. Er hatte viel Talent für die Kanzel, seine Ermahnungen und Reden waren überaus sanft und salbungsvoll. Er besaß die Gabe der Überzeugung. Seinen angeborenen Geist verwandte er nur darauf, den Ruf eines *Bekehrers* zu erwerben, und in der Tat hat sich eine beträchtliche Anzahl von Frauen und Mädchen der guten Gesellschaft dazu entschlossen, unter seiner Leitung Buße zu tun.

Wie man sieht, waren der Pater und Mademoiselle Eradice in Charakter und Ansichten einander so ähnlich, daß sie zusammenfinden mußten. Sobald daher Pater Dirrag in Volnot auftauchte, wohin ihm sein Ruf bereits vorausgeeilt war, warf Eradice sich ihm sozusagen in die Arme. Kaum hatten sie sich kennengelernt, so sahen sie einander als geeignete Werkzeuge, ihren beiderseitigen Ruhm zu erhöhen. Anfangs handelte Eradice sicherlich in gutem Glauben, aber Dirrag wußte, woran er war: das freundliche Gesicht seines neuen Beichtkindes hatte ihn verführt, und er vermutete, daß er es seinerseits verführen würde und leicht ein schmiegsames, zärtliches Herz voller Vorurteile betrügen könnte, einen Geist, der gelehrig und in fester Überzeugung seine lächerlichen Anspielungen und Ermahnungen aufnahm. Und sogleich entwarf er seinen Plan, dessen Ausführung ich oben geschildert habe. Schon die ersten Stadien dieses Plans brachten ihm die Gewißheit, daß ihm die Geißelung eine Menge wollüstiger Vergnügungen versprach, eine Praxis, die der Pater schon seit geraumer Zeit bei einigen anderen seiner Beichtkinder anwendete. Bislang hatte er seine unzüchtigen Freuden darauf beschränkt, aber die Festigkeit, die schönen Umrisse und die Weiße von Eradicens Hintern hatten seine Phantasie so sehr erhitzt, daß er beschloß, einen Schritt weiterzugehen. Große Männer überwinden die größten Hindernisse. Dieser Mann ersann also die Einführung eines Stücks vom Strick des heiligen Franziskus, einer

Reliquie, die alles Unreine und Fleischliche, das noch in seiner Büßerin war, austreiben und sie in Ekstase versetzen sollte. Und so verfiel er auf die Wundmale des heiligen Franziskus. Heimlich ließ er eine seiner ehemaligen Büßerinnen nach Volnot kommen, die sein Vertrauen besaß und einst wissentlich die Rolle gespielt hatte, die er nun Eradice zudachte. Er fand diese zu jung und zu begeistert von dem Wunsch, Wunder zu tun, als daß er es gewagt hätte, sie in sein Geheimnis einzuweihen.

Sie gibt eine ausführliche Beschreibung der Mittel, deren Pater Dirrag sich bediente, um Mademoiselle Eradice zu verführen und die berühmten Wundmale hervorzurufen

Die alte Büßerin kam und schloß bald Bekanntschaft mit Eradice, der sie eine besondere Verehrung für ihren Schutzpatron, den heiligen Franziskus, einzuflößen verstand. Man stellte ein Wasser her, das falsche Wundmale hervorbringen sollte. Und am Gründonnerstag nahm die alte Büßerin das Abendmahl zum Vorwand und wusch Eradicens Füße, wobei sie dieses Wasser verwandte, das dann seine Wirkung tat.

Zwei Tage später vertraute Eradice der Alten an, daß sie auf jedem Fuß eine Wunde habe.

»Welches Glück! Welcher Ruhm für Sie!« rief diese aus. »Der heilige Franziskus hat Sie seiner Wundmale teilhaftig werden lassen: Gott will Sie zur größten Heiligen machen. Sehen wir nach, ob nicht auch Ihre Seite stigmatisiert ist, wie bei Ihrem großen Schutzpatron.«

Sogleich griff sie unter Eradicens linke Brust, wo sie ebenfalls ihr Wasser anbrachte: am nächsten Tag erschien ein neues Wundmal.

Eradice versäumte es nicht, mit ihrem Beichtvater über das Wunder zu sprechen; da dieser jedes Aufsehen vermeiden wollte, riet er ihr zu Demut und Verschwiegenheit. Doch vergebens: denn die beherrschende Leidenschaft des Mädchens war ja gerade die Eitelkeit, als eine

Heilige dazustehen; ihre Freude kam an den Tag, sie machte allerlei Geständnisse, ihre Wundmale erregten Aufsehen, und alle Beichtkinder des Paters wollten stigmatisiert werden.

Dirrag fühlte, daß es notwendig war, seinen Ruf aufrechtzuerhalten, zugleich aber die Aufmerksamkeit des Publikums von Mademoiselle Eradice abzulenken. Es wurden also auch einige andere Beichtkinder auf die gleiche Art stigmatisiert. Alles ging gut.

Eradice indessen weihte sich dem heiligen Franziskus. Ihr Beichtvater versicherte ihr, daß er das größte Vertrauen in seine Fürsprache setze. Er fügte hinzu, er selber habe zahlreiche Wunder mit Hilfe eines großen Stücks vom Strick dieses Heiligen vollbracht, das ein Pater des Jesuitenordens ihm aus Rom mitgebracht habe, und mittels dieser Reliquie habe er aus mehreren Besessenen den Teufel ausgetrieben, indem er sie je nach den Umständen in ihren Mund oder in eine andere natürliche Körperöffnung eingeführt habe. Endlich zeigte er ihr den angeblichen Strick, der nichts anderes war als ein ziemlich dickes, etwa acht Zoll langes Stück von einem Strick, der mit Kitt bestrichen und dadurch hart und glatt gemacht worden war. Es lag säuberlich in einem Futteral aus dunkelrotem Samt. Mit einem Wort, es war eines jener Nonnenwerkzeuge, die man Godemiché nennt. Zweifellos hatte Dirrag es von einer alten Äbtissin geschenkt bekommen, die er darum gebeten hatte. Wie dem auch sei, Eradice erhielt nur mit großer Mühe die Erlaubnis, diese Reliquie zu küssen, deren Berührung durch profane Hände nach der Versicherung des Paters eine Todsünde sei.

Auf diese Weise, mein lieber Graf, brachte Pater Dirrag seine neue Büßerin allmählich dahin, daß sie mehrere Monate lang seine unkeuschen Umarmungen duldete, während sie ein rein geistiges und himmlisches Glück zu genießen glaubte.

Ein Mönch entlarvt Pater Dirrag und entschädigt Mademoiselle Eradice. Sie beschließen, Pater Dirrag zugrunde zu richten

Alle diese Umstände habe ich kurz nach dem richterlichen Spruch ihres Prozesses von ihr selbst erfahren. Sie vertraute mir an, daß ein Mönch (der in dieser Sache eine große Rolle gespielt hat) ihr endlich die Augen öffnete. Er war jung, schön, gut gewachsen und leidenschaftlich in sie verliebt, ein Freund ihrer Eltern, bei denen sie oft zusammen speisten. Er gewann ihr Vertrauen, entlarvte den unkeuschen Dirrag, und aus dem, was sie mir erzählte, ging deutlich hervor, daß sie sich nun bereitwillig den Umarmungen des wollüstigen Mönches hingab. Ich nahm sogar an, daß dieser dem guten Ruf seines Ordens keine Schande machte und durch eine glückliche Körperbildung und wiederholte Lektionen seine Neubekehrte reichlich dafür entschädigte, daß sie auf den wöchentlichen Betrug ihres alten Druiden verzichtete.

Nachdem Eradice durch die angenehme Anwendung des natürlichen Gliedes des Mönches die Täuschung des angeblichen Stricks erkannt hatte, brachte ihr die Anmut dieser Demonstration zu Bewußtsein, daß sie gröblich hintergangen worden war. Ihre Eitelkeit war verletzt, und der Rachedurst trieb sie zu all den Ihnen bekannten Maßlosigkeiten, im Einverständnis mit dem hochmütigen Mönch, der nicht nur parteilich, sondern auch eifersüchtig auf die Gunstbezeigungen war, welche sich Dirrag von seiner Geliebten erschlichen hatte. Ihre Reize waren ein Gut, das seiner Meinung nach für ihn allein geschaffen war, so daß er meinte, es sei ein offenkundiger Diebstahl an ihm begangen worden, für den er eine exemplarische Strafe zu erreichen hoffte. Sein Nebenbuhler sollte geröstet werden, denn nur so konnte sein Groll und sein Rachegelüst gestillt werden.

Thérèse verschafft sich selbst fleischliches Vergnügen

Wie ich bereits sagte, ging ich nach Hause, sobald Pater Dirrag das Zimmer von Mademoiselle Eradice verlassen hatte. Kaum war ich in meinem Zimmer, so warf ich mich auf die Knie und bat Gott um die Gnade, ebenso behandelt zu werden wie meine Freundin. Mein Geist war in einem Aufruhr, der dem Wahnsinn nahekam, ein inneres Feuer verzehrte mich. Bald saß ich, bald stand ich, bald lag ich auf den Knien, doch nirgendwo konnte ich es aushalten. Ich warf mich auf mein Bett. Das Eindringen jenes roten Gliedes in Mademoiselle Eradicens Schamteile ging mir nicht aus dem Sinn, ohne daß ich eine bestimmte Vorstellung von Lust oder gar Verbrechen damit verband. Endlich versank ich in eine tiefe Träumerei, und mir schien, als dränge eben dieses Glied, von jedem anderen Gegenstand losgelöst, auf die gleiche Weise in mich ein. Unwillkürlich nahm ich dieselbe Stellung ein, in der ich Eradice gesehen hatte, und ebenso unwillkürlich glitt ich in meiner Erregung auf dem Bauch nach unten, bis der Bettpfosten, der sich zwischen meinen Schenkeln befand, mich aufhielt und jenen Teil berührte, wo ich ein unerklärliches Jucken verspürte. Der Stoß, den ich durch den Pfosten erhielt, bereitete mir einen leichten Schmerz, der mich aus meiner Träumerei weckte, ohne jedoch das Jucken zu vermindern. Um mich aus meiner Lage zu befreien, mußte ich meinen Hintern heben. Durch diese Bewegung kam es, daß sich der Pfosten an meiner Möse rieb, was mir ein eigentümliches Kitzeln verursachte. Ich machte eine zweite Bewegung, dann eine dritte und so weiter, die eine noch größere Wirkung hatten: plötzlich geriet ich in eine Art von Raserei. Ohne meine Stellung zu verändern und ohne an etwas zu denken, bewegte ich meinen Hintern mir unerhörter Behendigkeit an dem wohltätigen Pfosten. Bald entrückte mich ein Übermaß an Lust, ich verlor die Besinnung und sank in tiefen Schlaf.

Nach zwei Stunden erwachte ich, immer noch meinen teuren Pfosten zwischen den Schenkeln, mit entblößtem Hintern auf dem Bauch liegend. Diese Stellung überraschte mich: ich erinnerte mich an das Vorgefallene nur wie an ein Traumbild. Da ich jedoch ruhiger geworden war und das Ausfließen des himmlischen Taus meinen Geist freier gemacht hatte, dachte ich über alles nach, was mit mir selber geschehen war, ohne daß ich zu einem vernünftigen Schluß kommen konnte. Der Körperteil, der sich an dem Pfosten gerieben hatte, sowie die Innenseite meiner Oberschenkel, die ihn umschlungen hatten, taten mir entsetzlich weh. Dem Verbot meines ehemaligen Klosterbeichtvaters zum Trotz wagte ich hinzusehen. Dagegen konnte ich mich nicht entschließen, mit der Hand diesen Teil zu berühren; dies war mir zu streng untersagt worden.

Ihre Mutter versöhnt sie mit Madame C. und Abbé T.

Als ich diese Untersuchung gerade beendete, kam die Dienerin meiner Mutter und sagte mir, Madame C. und Abbé T. seien im Hause und würden zum Essen bleiben, und meine Mutter befehle mir, herunterzukommen, um ihnen Gesellschaft zu leisten. Ich ging hinunter.

Ich hatte Madame C. schon seit einiger Zeit nicht mehr gesehen. Obgleich sie sehr freundlich gegen meine Mutter war, der sie große Dienste erwiesen hatte, und als sehr fromme Frau galt, hatte ich sie wegen ihrer deutlichen Abneigung gegen die Grundsätze und mystischen Ermahnungen des Paters Dirrag nicht mehr besucht, um meinem Beichtvater nicht zu mißfallen: in diesem Punkt war er unnachgiebig; er wollte nicht, daß seine Herde sich mit denen der anderen Beichtväter, seiner Konkurrenten, vermischte. Zweifellos fürchtete er vertrauliche Mitteilungen und Aufklärungen. Kurzum, es war eine Vorbedingung, auf die Hochwürden sehr pochte und die von allen seinen Beichtkindern streng eingehalten wurde.

Unterdessen setzten wir uns zu Tisch. Die Mahlzeit war fröhlich. Ich fühlte mich viel besser als gewöhnlich: meine Mattigkeit war einer lebhaften Stimmung gewichen, und ich hatte keine Rückenschmerzen mehr. Ich war wie ausgewechselt. Anders als am Tisch von Priestern und Betschwestern wurde an diesem nicht über seine Nächsten gelästert. Abbé T., der viel Geist und noch mehr Lebenserfahrung hatte, erzählte uns tausend hübsche Geschichten, die niemandes Ruf schadeten und das Herz der Tischgäste fröhlich stimmten.

Nachdem wir Champagner getrunken und den Kaffee eingenommen hatten, zog mich meine Mutter beiseite und machte mir lebhafte Vorwürfe, daß ich mich seit einiger Zeit so wenig um die Freundschaft und das Wohlwollen von Madame C. bekümmert hätte.

»Sie ist eine liebenswürdige Dame«, sagte sie zu mir, »der ich das Ansehen verdanke, das ich in dieser Stadt genieße. Ihre Tugend und ihr aufgeklärter Geist tragen ihr die Achtung und die Ehrerbietung aller ein. Wir brauchen ihren Beistand. Ich wünsche und befehle Ihnen, meine Tochter, daß Sie nach Kräften dazu beitragen, ihn uns zu erhalten.«

Ich antwortete meiner Mutter, sie möge nicht daran zweifeln, daß ich mich ihrem Willen blindlings unterwerfen würde. Ach! die arme Frau ahnte nicht, welche Art von Belehrungen ich von dieser Dame erhalten sollte, die sich in der Tat des allerbesten Rufs erfreute.

Wir begaben uns wieder zu der Gesellschaft. Einen Augenblick später trat ich an Madame C. heran und entschuldigte mich bei ihr, daß ich ihr so lange nicht meine Aufwartung gemacht hätte. Ich bat sie, diese Verfehlung wiedergutmachen zu dürfen, und versuchte sogar, ihr die Gründe darzulegen, die daran schuld waren. Aber Madame C. ließ mich nicht ausreden und sagte gütig zu mir:

»Ich weiß alles, was Sie mir sagen wollen. Halten wir uns nicht mit Dingen auf, die nicht hierhergehören: jeder glaubt seine Gründe zu haben, und vielleicht sind sie alle gut. Eines aber ist gewiß: ich werde Sie stets mit großem Vergnügen bei mir sehen. Und um Sie davon zu überzeugen«, setzte sie hinzu, indem sie die Stimme erhob, »nehme ich Sie mit, damit Sie heute abend bei mir soupieren. Sie erlauben es doch?« fragte sie meine Mutter. »Unter der Bedingung, daß Sie und der Herr Abbé mit von der Partie sind. Sie haben jetzt beide zu tun, und wir lassen Sie Ihren Geschäften nachgehen. Ich dagegen werde mit Mademoiselle Thérèse spazierengehen. Sie wissen ja, wann und wo wir uns treffen.«

Meine Mutter war entzückt. Die Grundsätze des Paters Dirrag waren ganz und gar nicht nach ihrem Geschmack: sie hoffte, die Ratschläge von Madame C. würden mich von meinen Neigungen zum Quietismus abbringen, dessen man ihn verdächtigte. Vielleicht handelten sie sogar im Einverständnis. Wie dem auch sei, der Erfolg übertraf bald alle ihre Erwartungen.

Thérèse berichtet Madame C., was sie bei Mademoiselle Eradice gesehen, welche Vergnügen sie nach ihrer Rückkehr genossen hat und welche Schmerzen ihr davon geblieben sind

Madame C. und ich gingen also hinaus. Aber wir hatten noch keine hundert Schritte gemacht, als meine Schmerzen so stark wurden, daß ich mich kaum noch aufrechthalten konnte. Ich machte furchtbare Verrenkungen. Madame C. bemerkte es und fragte mich:

»Was haben Sie, meine liebe Thérèse? Mir scheint, Sie fühlen sich unwohl.«

Zwar sagte ich ihr, es sei nichts, aber Frauen sind von Natur aus neugierig: sie stellte mir tausend Fragen, die mich in Verlegenheit brachten, was ihr nicht entging.

»Sollten Sie etwa«, sagte sie, »zu unseren berühmten Stigmastisierten gehören? Sie können sich ja kaum noch auf den Beinen halten und sind ganz aus der Fassung. Kommen Sie mit mir in meinen Garten, mein Kind, dort können Sie sich beruhigen.«

Er war nicht weit entfernt, und sobald wir dort ankamen, setzten wir uns in ein reizendes kleines Gartenhäuschen am Meer.

Nach einigen allgemeinen Reden fragte mich Madame C. von neuem, ob ich wirklich Wundmale hätte und wie es mir unter der geistlichen Führung des Paters Dirrag ergehe.

»Ich kann Ihnen nicht verhehlen«, setzte sie hinzu, »daß ich über derlei Wunder sehr erstaunt bin und den brennenden Wunsch habe, mit eigenen Augen zu sehen, ob es sie wirklich gibt. Also, meine liebe Kleine, verbergen Sie mir nichts: erklären Sie mir, wie und wann diese Wunden erschienen sind. Sie können sicher sein, daß ich Ihr Vertrauen nicht mißbrauchen werde, und ich denke, Sie kennen mich gut genug, um nicht daran zu zweifeln.«

Frauen sind nicht nur neugierig, sie reden auch gerne. Auch ich litt ein wenig an diesem Fehler. Zudem hatten mir einige Gläser Champagner den Kopf erhitzt. Ich hatte große Schmerzen. Es bedurfte nicht viel, um mich zum Sprechen zu bringen. Zunächst antwortete ich natürlich, ich hätte nicht das Glück, zu diesen Erwählten des Herrn zu gehören, aber ich hätte gerade an diesem Morgen die Wundmale von Mademoiselle Eradice gesehen, und der hochwürdige Pater Dirrag hätte sie in meiner Gegenwart besichtigt. Durch weitere eindringliche Fragen veranlaßte mich Madame C., ihr nach und nach alles zu sagen: ich berichtete ihr nicht nur, was ich bei Eradice gesehen hatte, sondern auch, was mir in meinem Zimmer widerfahren war und welche Schmerzen dies zur Folge hatte.

Während dieser ganzen eigentümlichen Erzählung war Madame C. so klug, sich nicht die geringste Überraschung anmerken zu lassen: sie lobte alles und veranlaßte mich, ihr alles zu sagen. Wenn ich in Verlegenheit war, weil mir die Worte fehlten, um das Gesehene zu erklären, forderte sie von mir Beschreibungen, deren Unzüchtigkeit im Munde eines einfältigen Mädchens meines Alters sie sicherlich sehr belustigte. Niemals sind vielleicht so viele Schändlichkeiten mit solcher Ernsthaftigkeit vorgetragen und angehört worden.

Als ich mit meinem Bericht fertig war, schien Madame C. in ernste Gedanken versunken zu sein. Sie gab nur einsilbige Antworten auf einige Fragen, die ich ihr stellte. Als sie wieder zu sich kam, sagte sie mir, daß alles, was sie gehört habe, recht sonderbar sei und große Aufmerksamkeit verdiene, aber bevor sie mir sagen könne, wie sie darüber denke und wie ich mich verhalten solle, müsse ich zuerst daran denken, meine Schmerzen zu lindern und zu diesem Zweck die durch den Bettpfosten wundgeriebenen Körperteile mit heißem Wein behandeln.

»Hüten Sie sich, mein liebes Kind«, sagte sie, »von dem, was Sie mir anvertraut haben, Ihrer Mutter oder sonst einem Menschen etwas zu sagen, und noch weniger dem Pater Dirrag. In alldem ist Gutes wie Böses. Kommen

Sie morgen früh gegen neun Uhr zu mir, dann werde ich Ihnen mehr sagen. Rechnen Sie auf meine Freundschaft: die Vortrefflichkeit Ihres Herzens und Ihres Charakters hat mich ganz für Sie eingenommen. Da sehe ich Ihre Mutter kommen, wir wollen ihr entgegengehen und von etwas anderem sprechen.«

Eine Viertelstunde später kam Abbé T. In der Provinz ißt man früh zu Abend: es war halb acht, es wurde aufgetragen, und wir setzten uns zu Tisch.

Während der Mahlzeit konnte Madame C. nicht umhin, einige satirische Bemerkungen über Pater Dirrag zu machen. Der Abbé schien überrascht zu sein, und er tadelte sie sanft.

»Warum«, fuhr er fort, »soll sich nicht jeder so verhalten dürfen, wie es ihm gefällt, vorausgesetzt, er verstößt nicht gegen die bestehende Ordnung? Bisher können wir bei Pater Dirrag nichts erkennen, was ihr zuwiderläuft! Gestatten Sie mir also, Madame, Ihre Meinung so lange nicht zu teilen, bis das Urteil, das Sie über den Pater aussprechen, durch tatsächliche Ereignisse gerechtfertigt ist.«

Um nicht antworten zu müssen, wechselte Madame C. geschickt das Thema. Gegen zehn Uhr standen wir vom Tisch auf. Madame C. sagte dem Abbé etwas ins Ohr, und er brachte meine Mutter und mich nach Hause.

Porträts von Madame C. und Abbé T.

Da Sie, mein lieber Graf, wissen müssen, wer Madame C. und Abbé T. waren, ist es wohl an der Zeit, daß ich sie Ihnen kurz schildere.

Madame C. stammt aus einer adligen Familie. Als sie fünfzehn Jahre alt war, hatten ihre Eltern sie gezwungen, einen alten Seeoffizier von sechzig Jahren zu heiraten. Dieser starb fünf Jahre nach der Heirat und hinterließ Madame C. mit einem Knaben schwanger, dessen Geburt sie beinahe das Leben gekostet hätte. Dieses Kind starb nach drei Monaten, und durch seinen Tod wurde Madame C. Erbin eines beträchtlichen Vermögens. Die hübsche Witwe, die im Alter von zwanzig Jahren ihre eigene Herrin war, wurde bald von allen Freiern der Provinz umworben. Aber sie erklärte so deutlich ihre Absicht, sich nie wieder in eine Gefahr zu begeben, der sie bei der Geburt ihres ersten Kindes wie durch ein Wunder entronnen sei, daß selbst die eifrigsten die Partie aufgaben.

Madame C. hatte viel Geist, sie war fest in ihren Gefühlen und überließ sich ihnen erst nach reiflicher Prüfung. Sie las viel und unterhielt sich gerne über die abstraktesten Themen. Ihr Benehmen war tadellos. Als treue Freundin zeigte sie sich gefällig, sooft sie nur konnte. Meine Mutter hatte es zu ihrem Vorteil erfahren. Madame C. war sechsundzwanzig Jahre alt. Ich werde später noch Gelegenheit haben, Ihnen ihre äußere Erscheinung zu beschreiben.

Der Abbé T., der besondere Freund und zugleich Beichtvater von Madame C., war ein höchst verdienstvoller Mann. Er war vier- oder fünfundvierzig Jahre alt, klein, aber gut gewachsen, mit offenen, geistvollen Gesichtszügen, sorgfältig auf die Anstandsregeln seines Standes bedacht; die gute Gesellschaft, deren Zierde er war, liebte und umwarb ihn. Er war sehr geistreich und besaß ausgedehnte Kenntnisse. Seine allgemein anerkannten Vorzüge hatten ihn zu dem Amt verholfen, das er bekleidete und das ich hier verschweigen muß. Er war der Beichtvater und Freund vieler verdienstvoller Leute beiderlei Geschlechts, so wie Pater Dirrag der Beichtvater der berufsmäßigen Betschwestern sowie aller Enthusiasten, Quietisten und Fanatiker war.

Madame C. schickt Thérèse zu Abbé T. in die Beichte

Am nächsten Morgen ging ich zur vereinbarten Stunde wieder zu Madame C.

»Nun, meine liebe Thérèse«, sagte sie, als ich eintrat, »wie geht es Ihren armen geschundenen kleinen Teilen? Haben Sie gut geschlafen?«

»Es geht mir viel besser, Madame«, sagte ich, »ich habe getan, was Sie mir vorgeschrieben haben. Alles wurde gut angefeuchtet. Es hat mir Erleichterung verschafft, aber ich hoffe doch, daß ich Gott nicht beleidigt habe.«

Madame C. lächelte, und nachdem sie mir Kaffee eingeschenkt hatte, sagte sie:

»Was Sie mir gestern erzählt haben, ist wichtiger, als Sie denken. Ich glaubte, mit Abbé T. darüber sprechen zu müssen, der Sie im Augenblick in seinem Beichtstuhl erwartet. Ich verlange von Ihnen, daß Sie ihn aufsuchen und ihm Wort für Wort alles wiederholen, was Sie mir gesagt haben. Er ist ein Ehrenmann und wird Ihnen guten Rat geben, denn solchen brauchen Sie. Ich denke, er wird Ihnen eine neue Verhaltensregel vorschreiben, die für Ihr Seelenheil und für Ihre Gesundheit nötig ist. Ihre Mutter würde vor Kummer sterben, wenn sie erführe, was ich weiß; denn ich kann Ihnen nicht verhehlen, daß das, was Sie bei Mademoiselle Eradice gesehen haben, abscheulich ist. Gehen Sie, Thérèse, schenken Sie Herrn T. volles Vertrauen, Sie werden es nicht zu bereuen haben.«

Ich brach in Tränen aus und verließ am ganzen Leib zitternd ihr Haus, um Herrn T. aufzusuchen, der sich, sobald er meiner ansichtig wurde, in seinen Beichtstuhl begab.

Die heilsamen Ratschläge, die dieser Beichtvater Thérèse gibt

Ich verbarg Herrn T. nichts, der mich bis zum Ende anhörte und mich nur wenige Male unterbrach, um sich bestimmte Einzelheiten, die er nicht verstand, erklären zu lassen.

»Sie haben mir erstaunliche Dinge berichtet«, sagte er dann. »Pater Dirrag ist ein Betrüger, ein Unglücklicher, der sich von der Gewalt seiner Leidenschaften hinreißen läßt, er läuft ins Verderben und wird auch Mademoiselle Eradice ins Verderben stürzen. Gleichwohl sind sie eher zu beklagen als zu tadeln. Wir haben nicht immer die Kraft, der Versuchung zu widerstehen, oft werden Glück und Unglück unseres Lebens durch zufällige Umstände entschieden. Achten Sie also darauf, solche Gelegenheiten zu vermeiden: stellen Sie den Verkehr mit Pater Dirrag und allen seinen Beichtkindern ein, ohne böse von ihnen zu reden. Das verlangt die Nächstenliebe. Besuchen Sie recht häufig Madame C., sie ist Ihnen freundschaftlich gesonnen und wird Ihnen nur gute Ratschläge geben.

Und nun, mein Kind, wollen wir von jenem heftigen Jucken sprechen, das Sie oft in jenem Körperteil spüren, der sich an Ihrem Bettpfosten gerieben hat: dies sind Bedürfnisse des Temperaments und ebenso natürlich wie Hunger und Durst. Man soll sie weder hervorrufen noch anstacheln, aber wenn Sie sich lebhaft von ihnen bedrängt fühlen, so ist nichts dagegen einzuwenden, wenn Sie mit Ihrer Hand oder Ihrem Finger diesen Teil durch die ihm notwendige Reibung Erleichterung verschaffen. Ich verbiete Ihnen indes ausdrücklich, Ihren Finger in die Öffnung zu stecken, die sich dort befindet: vorläufig brauchen Sie nur zu wissen, daß der Mann, den Sie einmal heiraten werden, Ihnen daraus einen Vorwurf machen könnte. Doch da dies im übrigen, ich wiederhole es Ihnen, ein Bedürfnis ist, das die unwandelbaren Gesetze der Natur in uns erregen, haben wir aus der Hand der Natur auch das von mir genannte Mittel empfangen, um dieses Bedürfnis zu befriedigen. Und da wir sicher sind, daß das Naturgesetz von Gott erlassen wurde, dürfen wir auch nicht fürchten, Gott zu beleidigen, wenn wir durch Mittel, die er selbst uns gegeben hat, unsere Bedürfnisse befriedigen, besonders wenn diese Mittel die gesellschaftliche Ordnung nicht stören. Ganz anders ist es mit dem, meine liebe Tochter, was zwischen Pater Dirrag und Mademoiselle Eradice vorgegangen ist: dieser Pater hat sein Beichtkind getäuscht; er hat sie der Gefahr ausgesetzt, Mutter zu werden, indem er den angeblichen Strick des heiligen Franziskus durch das natürliche Glied des Mannes ersetzte, das der Fortpflanzung dient. Hierdurch hat er gegen das Naturgesetz gesündigt, das uns vorschreibt, unseren Nächsten zu lieben wie uns selbst. Liebt er seinen Nächsten, wenn er, wie er es getan hat, Mademoiselle Eradice in die Gefahr bringt, ihren Ruf zu verlieren und ihr Leben lang entehrt zu sein? Sie haben gesehen, wie der Pater sein Glied in die Schamteile seines Beichtkindes einführte und wie er es bewegte: diese Handlungen, die zur Fortpflanzung des Menschengeschlechts gehören, sind nur im Stand der Ehe erlaubt. An einem Mädchen vorgenommen, können sie den Frieden der Familien stören und dem öffentlichen Interesse schaden, das man stets achten muß. Solange Sie also nicht durch das Sakrament der Ehe gebunden sind, hüten Sie sich, von irgendeinem Mann eine solche Handlung an sich geschehen zu lassen, in welcher Stellung sie auch vorgenommen werden mag. Ich habe Ihnen ein Mittel genannt, das Ihre Begierden lindern und das Feuer, das sie entfacht, abkühlen wird. Dieses Mittel wird auch bald dazu beitragen, Ihre schwache Gesundheit wiederherzustellen, und Ihrem Körper seine Fülle zurückgeben. Dann wird Ihr liebenswürdiges Gesicht unfehlbar Liebhaber anlocken, die Sie verführen wollen. Seien Sie auf der Hut und vergessen Sie nicht die Lehren, die ich Ihnen erteile. Doch genug für heute«, setzte dieser verständige Beichtvater hinzu, »in acht Tagen werden Sie mich um dieselbe Stunde hier wiederfinden. Denken Sie jedoch daran, daß alles, was im Beichtstuhl gesagt wird, für das Beichtkind ebenso heilig sein muß wie für den Beichtvater und daß es eine große Sünde ist, irgend jemandem auch nur den kleinsten Umstand davon zu offenbaren.«

Thérèse macht eine glückliche Entdeckung, als sie ihr Geschlechtsteil badet

Die Vorschriften meines neuen Beichtvaters entzückten meine Seele. Ich sah in ihnen eine Wahrheit, einen untrüglichen Beweis, ein Prinzip von Nächstenliebe, die mir die Lächerlichkeit all dessen zu Bewußtsein brachten, was ich bisher vernommen hatte.

Nachdem ich den ganzen Tag darüber nachgedacht hatte, schickte ich mich an, meine wunden Körperteile abermals zu baden. Da ich weder Blicke noch Berührungen mehr fürchtete, hob ich meine Kleider hoch, setzte mich auf den Rand meines Bettes und spreizte die Schenkel, so weit ich konnte, und untersuchte aufmerksam jenen Teil, der uns zu Frauen macht. Ich schob die Schamlippen ein wenig auseinander und suchte mit dem Finger die Öffnung, in die Pater Dirrag bei Eradice ein so dickes Instrument gesteckt hatte; ich entdeckte diese Öffnung, konnte aber nicht glauben, daß es die gleiche war. Ihre Kleinheit ließ mich in Ungewißheit, und ich versuchte, den Finger hineinzustecken, als ich mich plötzlich an das Verbot von Herrn T. erinnerte. Schnell zog ich den Finger wieder heraus. Als ich diese Spalte hinaufstrich, traf ich auf eine kleine Erhebung, die mich erschauern ließ. Ich hielt inne, rieb sie und fand mich bald auf dem Gipfel der Wonne. Welch glückliche Entdeckung für ein Mädchen, das einen solch überschäumenden Lebenssaft in sich barg, der ihre Ursache ist!

Fast sechs Monate lang schwamm ich in einem Meer von Wollust, ohne daß mir etwas begegnete, was erwähnt zu werden verdient.

Meine Gesundheit war völlig wiederhergestellt. Mein Gewissen war ruhig dank meinem neuen Beichtvater, der mir weise Ratschläge gab, die den menschlichen Leidenschaften angemessen waren. Ich sah ihn regelmäßig jeden Montag im Beichtstuhl und täglich bei Madame C. Ich wich dieser liebenswürdigen Frau nicht mehr von der Seite. Die Finsternis meines Geistes zerstreute sich, und allmählich lernte ich, folgerichtig zu denken und zu urteilen. Es gab für mich keinen Pater Dirrag, keine Eradice mehr.

Welch große Lehrmeister sind doch das Beispiel und die Vorschriften für die Bildung von Herz und Geist! Wenn es auch wahr ist, daß sie uns nichts geben und daß ein jeder die Keime all dessen in sich trägt, wozu er fähig ist, so ist zumindest gewiß, daß sie dazu dienen, diese Keime zu entwickeln und uns die Gedanken und Gefühle erkennen zu lassen, für die wir empfänglich sind, die jedoch ohne das Beispiel und ohne Belehrungen in ihren Fesseln und Hüllen gefangen blieben.

Unterdessen betrieb meine Mutter weiterhin ihren Großhandel, jedoch mit schlechtem Erfolg. Sie hatte viele Außenstände, und der Bankrott eines Pariser Händlers drohte sie zu ruinieren. Nachdem sie sich Rat geholt hatte, entschloß sie sich zu einer Reise in diese herrliche Stadt. Meine zärtliche Mutter liebte mich zu sehr, als daß sie mich während eines so langen Zeitraums, der sich in die Länge ziehen konnte, aus den Augen verlieren wollte: es wurde beschlossen, daß ich sie begleite. Ach! die arme Frau ahnte nicht, daß sie dort ein so trauriges Ende finden sollte und daß ich in den Armen meines geliebten Grafen die Quelle meines Glücks finden würde.

Es wurde festgelegt, daß wir in einem Monat abreisen und daß ich die Zeit bis dahin bei Madame C. auf ihrem Landgut verbringen sollte, das eine knappe Meile vor der Stadt lag. Der Abbé kam jeden Tag dorthin und übernachtete auch dort, wenn seine Pflichten es ihm erlaubten. Beide überhäuften mich mit Zärtlichkeiten, und man scheute sich nicht, in meiner Gegenwart recht freie Reden zu halten und über Gegenstände der Moral, der Religion und der Metaphysik in einer Weise zu sprechen, die stark von den Grundsätzen abwichen, die man mir beigebracht hatte. Ich bemerkte, daß Madame C. mit meiner Art des Denkens und Urteilens zufrieden war und sich ein Vergnügen daraus machte, mich allmählich, von einer Schlußfolgerung zur andern, zu klaren und eindeutigen Beweisen zu führen. Doch manchmal gewahrte ich zu meinem Kummer, daß Abbé T. ihr ein Zeichen gab, in gewissen Dingen nicht zu weit zu gehen. Diese Entdeckung kränkte mich: ich beschloß, alles daran zu setzen, um zu erfahren, was man vor mir verbergen wollte. Bisher hatte ich nicht den geringsten Verdacht, daß gegenseitige Zärtlichkeit sie verband. Bald blieb mir nichts mehr zu wünschen übrig, wie Sie gleich hören werden.

Sie werden sehen, mein lieber Graf, aus welcher Quelle ich die moralischen und metaphysischen Grundsätze schöpfte, die Sie so gut ausgebildet haben und die mich darüber aufgeklärt haben, was wir in dieser Welt sind, und die mir die Ruhe eines Lebens sichern, dessen ganze Freude Sie sind.

Thérèse versteckt sich in einem Wäldchen, wo sie das Liebesverhältnis von Madame C. und Abbé T. entdeckt

Es war damals die schönste Sommerzeit. Madame C. stand für gewöhnlich gegen fünf Uhr morgens auf und ging in einem kleinen Wäldchen am Ende ihres Gartens spazieren. Mir war aufgefallen, daß auch Abbé T. sich dorthin begab, wenn er die Nacht auf dem Land verbrachte, daß sie sich nach ein oder zwei Stunden in Madame C.s Schlafzimmer begaben und daß beide dann erst um acht oder neun Uhr im Hause zu sehen waren.

Ich beschloß, vor ihnen in das Wäldchen zu gehen und mich dort so zu verstecken, daß ich sie hören konnte. Da ich nicht die leiseste Ahnung von ihrem Liebesverhältnis hatte, dachte ich nicht, daß mir etwas entgehen könnte, wenn ich sie nicht sähe. Ich erkundete also die Örtlichkeiten und suchte mir einen Platz aus, der für mein Vorhaben günstig zu sein schien.

Beim Abendessen kam das Gespräch auf die Wirkungen und Erzeugnisse der Natur.

»Aber was ist denn diese Natur?« fragte Madame C. »Ist sie ein besonderes Wesen? Sollte nicht alles von Gott geschaffen sein? Wäre sie etwa eine untergeordnete Gottheit?«

»Es ist wirklich nicht vernünftig von Ihnen, so zu reden«, erwiderte Abbé T. lebhaft, wobei er ihr zublinzelte. »Ich verspreche, Ihnen morgen früh auf unserem Spaziergang zu erklären, welchen Begriff man von der gemeinsamen Mutter des Menschengeschlechts haben muß. Heute ist es zu spät, um diesen Gegenstand zu behandeln. Sehen Sie nicht, daß er Mademoiselle Thérèse langweilen würde? Sie ist todmüde. Lassen Sie sich raten, meine Damen, und gehen Sie zu Bett. Ich werde noch meine Gebete verrichten und dann Ihrem Beispiel folgen.«

Der Vorschlag des Abbés wurde angenommen: jeder zog sich in sein Zimmer zurück.

Am andern Tag begab ich mich schon bei Tagesanbruch in mein Versteck. Es lag in dem Gebüsch hinter einem mit Hagebuchensträuchern eingefaßten kleinen Platz, der mit grünen Holzbänken und einigen Statuen geschmückt war. Nachdem ich eine Stunde lang ungeduldig gewartet hatte, kamen meine Helden und setzten sich auf eben die Bank, hinter der ich versteckt war.

»Ja«, sagte der Abbé, »sie wird wirklich jeden Tag hübscher, ihre Brüste sind so groß geworden, daß sie durchaus die Hand eines ehrenwerten Geistlichen ausfüllen würden; ihre Augen sind von einer Lebhaftigkeit, die dem Feuer ihres Temperaments entspricht, denn Temperament hat sie sehr viel, die kleine Spitzbübin Thérèse! Stell dir vor, meine Erlaubnis, sich mit dem Finger Erleichterung zu verschaffen, macht sie sich in der Weise zunutze, daß sie es jeden Tag wenigstens einmal tut! Gib zu, daß ich ein ebenso guter Arzt wie gelehriger Beichtvater bin. Ich habe sie an Leib und Seele geheilt.«

»Aber Abbé«, versetzte Madame C., »bist du bald fertig mit deiner Thérèse? Sind wir hierhergekommen, um uns über ihre schönen Augen und ihr Temperament zu unterhalten? Ich glaube, Herr Spaßvogel, Sie hätten nicht übel Lust, ihr die Mühe zu ersparen, die sie sich macht, indem sie Ihr Rezept selber anwendet. Im übrigen weißt du, daß ich sehr gutmütig bin, und ich würde gerne zustimmen, wenn ich darin nicht eine Gefahr für dich sähe. Thérèse hat Geist, aber sie ist zu jung und weiß noch nicht genug von der Welt, als daß du es wagen könntest, dich ihr anzuvertrauen. Ich habe bemerkt, daß sie sehr neugierig ist. Sie kann wohl später einmal brauchbar für uns werden, und ohne die Nachteile, von denen ich eben sprach, würde ich nicht zögern, sie als Dritte in unsere Vergnügungen einzubeziehen. Denn es ist ja wirklich töricht, auf unsere Freunde eifersüchtig zu sein oder sie um ihr Glück zu beneiden, solange dieses Glück dem unsrigen nichts wegnimmt.«

Definition der lächerlichen Eifersucht

»Sie haben vollkommen recht, Madame«, sagte der Abbé. »Eifersucht und Neid sind zwei Leidenschaften, die ganz umsonst all diejenigen quälen, die nicht vernünftig denken können. Dennoch ist zwischen Neid und Eifersucht ein Unterschied zu machen. Der Neid ist eine Leidenschaft, die dem Menschen angeboren ist und zu seinem Wesen gehört: schon die Kinder in der Wiege sind neidisch auf das, was man anderen Kindern gibt. Nur die Erziehung kann die Wirkungen dieser Leidenschaft mildern, die wir von der Natur ererbt haben. Ganz anders ist es mit der Eifersucht, insofern sie sich auf die Freuden der Liebe bezieht. Diese Leidenschaft ist eine Folge unserer Eigenliebe und des Vorurteils. Wir kennen ganze Völker, wo die Männer ihren Gästen den Genuß ihrer Frauen anbieten, wie wir den unsrigen den besten Wein unseres Kellers anbieten. Ein solcher Insulaner liebkost den Liebhaber, der seine Frau in Armen hält; seine Landsleute spenden ihm Beifall und beglückwünschen ihn. Ein Franzose macht im gleichen Fall ein schiefes Gesicht, jeder zeigt mit dem Finger auf ihn und lacht ihn aus. Ein Perser erdolcht den Liebhaber und die Geliebte, und alle spenden diesem Doppelmord Beifall.

Es liegt also klar zutage, daß die Eifersucht keine Leidenschaft ist, die wir von der Natur ererbt haben: sie entsteht erst durch die Erziehung, durch das Vorurteil des Landes. Schon als Kind liest und hört ein Mädchen in Paris, daß die Untreue eines Liebhabers für sie demütigend sei. Und einem jungen Mann versichert man, eine untreue Gattin oder Geliebte verletze die Eigenliebe und entehre den Liebhaber oder den Gatten. Aus diesen Grundsätzen, die sie sozusagen mit der Muttermilch saugen, erwächst die Eifersucht, dieses Ungeheuer, das die Menschen ganz umsonst wegen eines Übels quält, das nichts Wirkliches an sich hat.

Unterscheiden wir indessen zwischen Unbeständigkeit und Untreue. Ich liebe eine Frau, von der ich geliebt werde, ihr Charakter ist dem meinen gleichgestimmt; ihre Erscheinung, ihr Behagen beglücken mich. Sie verläßt mich: in diesem Fall ist der Schmerz nicht mehr die Wirkung des Vorurteils, er ist berechtigt, denn ich verliere ein wirkliches Gut, ein Vergnügen, an das ich mich gewöhnt habe und von dem ich nicht sicher bin, ob ich es mit all seinen Freuden wiederfinden kann. Aber welcher Nachteil könnte aus einer vorübergehenden Untreue erwachsen, die nur das Werk der Lust, des Temperaments, zuweilen der Dankbarkeit ist und zu der ein zärtliches und für den Kummer oder die Freude anderer empfängliches Herz sich verleiten läßt? Wahrhaftig, man muß schon sehr töricht sein, wenn man sich wegen etwas beunruhigt, was man mit Recht einen *Schlag ins Wasser* nennt und was für uns weder im guten noch im bösen Bedeutung hat.«

»Oh! ich sehe, worauf Sie hinauswollen«, unterbrach Madame C. den Abbé. »Das soll mir ganz leise zu verstehen geben, daß Sie, aus Gutmütigkeit oder um Thérèse eine Freude zu machen, gewillt wären, ihr eine kleine Lektion in Wollust zu erteilen, ihr ein kleines Liebesklistier zu verabreichen, das nach Ihren Worten für mich weder im guten noch im bösen Bedeutung hätte. Nun, mein lieber Abbé, ich stimme mit Freuden zu: ich liebe euch alle beide, ihr beide werdet bei diesem Versuch gewinnen, bei dem ich nichts verlieren kann. Warum sollte ich mich widersetzen? Wenn ich mich deswegen beunruhigte, so würdest du mit Recht daraus schließen, daß ich nur mich selber liebe, daß mir nur meine eigene Befriedigung am Herzen liegt und sie sogar auf Kosten derer zu vermehren wünsche, die du anderswo finden kannst. Aber das ist nicht wahr: ich weiß mir mein Glück unabhängig von allem zu verschaffen, was dazu beitragen kann, das deine zu erhöhen. Also kannst du, mein lieber Freund, ohne zu fürchten, mir zu mißfallen, nach besten Kräften Thérèsens Möse zerzausen; das wird dem armen Mädchen sehr wohltun. Aber, ich wiederhole es, hüte dich vor Unvorsichtigkeit . . .«

»Was für ein Unsinn!« entgegnete der Abbé. »Ich schwöre Ihnen, daß ich nicht an Thérèse denke. Ich wollte Ihnen ganz einfach den Mechanismus erklären, durch den die Natur . . .«

»Nun, sprechen wir nicht mehr davon« erwiderte Madame C. »Aber da Sie die *Natur* erwähnen: du vergißt, wie mir scheint, dein Versprechen, mir auseinanderzusetzen, was diese gute Mutter ist. Laß hören, wie dir diese Erklärung gelingen wird, denn du behauptest ja, alles erklären zu können.«

Die Praktiken des Abbé T., die er allen vernünftigen Männern zur Nachahmung empfiehlt

»Das will ich gerne tun«, antwortete der Abbé. »Aber, meine kleine Mama, du weißt, was ich vorher brauche: ich tauge zu nichts, solange ich nicht das Geschäft verrichtet habe, das meine Phantasie auf das lebhafteste anregt. Meine anderen Gedanken sind nicht klar und werden immer von diesem einen absorbiert oder verwirrt. Ich habe dir ja schon erzählt, wie es mir früher erging, als ich in Paris fast ausschließlich mit Lesen und dem Studium der abstraktesten Wissenschaften beschäftigt war: sobald ich den Stachel des Fleisches verspürte, hatte ich ein kleines Mädchen *ad hoc,* so wie man einen Nachttopf hat, um zu pissen, mit der ich ein- oder zweimal das Geschäft verrichtete, das Sie mich bei Ihnen auf meine Weise leider nicht besorgen lassen wollen. Mit ruhigem Geist und klaren Gedanken ging ich dann wieder an meine Arbeit. Und ich behaupte, daß jeder Gelehrte, jeder Staatsmann, der ein wenig Temperament hat, dieses Heilmittel anwenden sollte, das für die Gesundheit des Körpers ebenso notwendig ist wie für die des Geistes. Mehr noch: ich behaupte, daß jeder Ehrenmann, der seine Pflichten gegen die Gesellschaft kennt, davon Gebrauch machen sollte, um sicher zu sein, daß er nicht zu lebhaft erregt ist und diese Pflichten außer acht läßt, indem er die Frau oder die Tochter seiner Freunde oder Nachbarn verführt.

Hinweise für Frauen, Mädchen und Männer, die gefahrlos durch die Klippen der Leidenschaft gelangen wollen

Nun werden Sie mich vielleicht fragen, Madame«, fuhr der Abbé fort, »was denn die Frauen und Mädchen tun sollen. Wie Sie sagen, haben sie die gleichen Bedürfnisse wie die Männer, sie sind von derselben Beschaffenheit; dennoch können sie sich nicht derselben Hilfsmittel bedienen: das Schamgefühl oder die Furcht vor einem Schwatzhaften, einem Ungeschickten, einem Kindermacher erlaubt ihnen nicht, zu demselben Mittel zu greifen wie die Männer. Und wo sollten sie außerdem Männer finden, werden Sie fragen, die sofort bereit sind, wie Ihr kleines Mädchen *ad hoc?* Nun, Madame, Frauen und Mädchen mögen tun, was Sie tun und was Thérèse tut. Wenn dieses Spiel ihnen nicht gefällt (und es gefällt in der Tat nicht allen), mögen sie sich jenes sinnreichen Instruments bedienen, das man Godemiché nennt: es ist eine recht natürliche Nachbildung der Wirklichkeit. Außerdem kann man die Phantasie zu Hilfe nehmen. Alles in allem, ich wiederhole es, dürfen sich Männer wie Frauen nur solche Vergnügungen verschaffen, welche die Gesellschaftsordnung nicht stören. Wenn daher Frauen sich Genüssen hingeben, die ihnen zusagen, so müssen sie auf die Pflichten, die diese Ordnung ihnen auferlegt, Rücksicht nehmen. Sie mögen dies eine Ungerechtigkeit nennen, aber was Ihnen als besondere Ungerechtigkeit erscheint, sichert das Gemeinwohl, gegen das sich niemand vergehen darf.«

»Oh! jetzt durchschaue ich Sie, Herr Abbé«, erwiderte Madame C., »Sie sagten mir soeben, eine Frau oder ein Mädchen dürfe sich von Männern das Bewußte nicht machen lassen, und ein Ehrenmann dürfe das Gemeinwohl nicht stören, indem er uns zu verführen sucht. Während Sie selber, Sie Lüstling, mich hundertmal gequält haben, um mich so weit zu bringen, und es wäre schon längst geschehen, hätte ich nicht die unbezwingbare Angst, schwanger zu werden. Sie haben also, um Ihren besonderen Wunsch zu befriedigen, unbedenklich gegen das Gemeinwohl gehandelt, das Sie so übermäßig rühmen.«

»Na, da wären wir wieder beim Thema!« versetzte der Abbé. »Mußt du immer wieder das alte Lied singen, meine kleine Mama? Habe ich dir nicht gesagt, daß man bei Anwendung bestimmter Vorsichtsmaßregeln dieses Ungemach vermeiden kann? Hast du mir nicht zugestanden, daß die Frauen nur drei Dinge zu fürchten haben: den Teufel, den Verlust des guten Rufs und die Schwangerschaft? Was den ersten Punkt angeht, bist du wohl beruhigt. Auch glaube ich nicht, daß du von meiner Seite eine Indiskretion oder Unvorsichtigkeit fürchtest, die allein deinem Ruf schaden könnten. Und schließlich wird eine Frau nur durch die Unbesonnenheit ihres Liebhabers Mutter. Nun habe ich dir aber schon mehr als einmal nachgewiesen, daß bei der Beschaffenheit des männlichen Zeugungsapparats nichts leichter zu vermeiden ist. Ich will also noch einmal wiederholen, was wir hierzu gesagt haben. Durch die Vorstellung seiner Einbildungskraft oder durch den Anblick der Geliebten befindet sich der Liebhaber in dem Zustand, der für den Zeugungsakt vonnöten ist: das Blut, die Sinne, der Erektionsnerv haben seinen Dorn dick und steif gemacht. Wenn beide einig sind, nehmen sie die geeignete Stellung ein: der Pfeil des Liebhabers wird in den Köcher der Geliebten gestoßen, durch gegenseitiges Reiben der Geschlechtsteile wird der Samen zum Ausfließen vorbereitet. Die übermäßige Lust entrückt sie, schon will das göttliche Elixier ausströmen. In diesem Augenblick zieht der kluge Liebhaber, der seine Leidenschaften zu beherrschen versteht, den Vogel aus dem Nest heraus, und seine Hand oder die seiner Geliebten bringt mit einigen leichten Bewegungen die Ejakulation zustande. In diesem Fall ist kein Kind zu befürchten. Der unbesonnene und rohe Liebhaber dagegen stößt tief in die Vagina vor, verströmt dort seinen Samen, dieser dringt in den Muttermund und von dort in die Gebärmutter ein, wo die Zeugung erfolgt.

Das ist der mechanische Vorgang beim Liebesgenuß, Madame, den ich auf Ihren Wunsch noch einmal geschildert habe. Sie kennen mich: können Sie glauben, daß ich zu den letztgenannten Unvorsichtigen gehöre? Nein, meine liebe Freundin, hundertmal habe ich die Erfahrung des Gegenteils gemacht. Laß mich sie heute, ich beschwöre dich, mit dir wiederholen. Sehen Sie nur, in welch triumphierendem Zustand mein Schlingel ist . . . Du hältst ihn, ja, drücke ihn fest in deine Hand, du siehst, er bittet um Gnade, und ich . . .«

Madame C. verschafft dem Abbé T. uneigennützige Freuden

»Nicht doch, ich bitte Sie, mein lieber Abbé«, erwiderte Madame C. sogleich, »gar nichts wird er tun, das schwöre ich. Alles, was Sie gesagt haben, kann meine Befürchtungen nicht zerstreuen, und ich würde Ihnen eine Wollust verschaffen, die ich nicht genießen könnte, das ist nicht gerecht. Lassen Sie mich nur machen, ich werde den kleinen Frechdachs schon zur Vernunft bringen. Nun, bist du mit meinen Brüsten und mit meinen Schenkeln zufrieden? Hast du sie genug geküßt und gestreichelt? Warum schiebst du meine Ärmel bis über den Ellbogen hinauf? Der gnädige Herr sieht wohl gerne, wie ein nackter Arm sich bewegt? Mache ich es gut? Du sagst kein Wort! Ah! der Schelm, wie es ihm gefällt!«

Einen Augenblick war alles still. Dann hörte ich plötzlich den Abbé rufen:

»Meine liebe Mama, ich kann nicht mehr! ein bißchen schneller, gib mir doch deine kleine Zunge, ich bitte dich! Ah! . . . es fließt!«

Stellen Sie sich vor, mein lieber Graf, in welchem Zustand ich während dieser erbaulichen Unterhaltung war. Zwanzigmal versuchte ich aufzustehen, um eine Öffnung zu finden, durch die ich die Vorgänge hätte sehen können. Aber immer hielt mich das Rascheln der Blätter zurück. Ich hatte mich gesetzt und streckte mich nach Kräften aus, und um das verzehrende Feuer zu löschen, nahm ich Zuflucht zu meiner gewöhnlichen kleinen Übung.

Abbé T. beweist, daß die mit der Hand gewährten Vergnügen in jeder Hinsicht statthaft sind

Nach einigen Augenblicken, die er zweifellos darauf verwendete, seine Kleider in Ordnung zu bringen, sagte der Abbé:

»Wahrhaftig, meine gute Freundin, wenn ich alles wohl überlege, glaube ich, daß Sie recht hatten, mir den erbetenen Genuß zu versagen. Ich fühlte ein so lebhaftes Vergnügen, einen so heftigen Kitzel, daß ich wohl alles gedankenlos hätte laufen lassen, wenn Sie mir diese Gunst gewährt hätten. Ich muß gestehen, daß wir doch recht schwache Geschöpfe sind und kaum imstande, unseren Willen zu lenken.«

»Das weiß ich alles, mein armer Abbé« erwiderte Madame C., »es ist mir nicht neu. Aber sage mir, verstoßen wir wirklich nicht gegen das Interesse der Gesellschaft, wenn wir uns solchen Genüssen hingeben? Und jener kluge Liebhaber, dessen Vorsicht du lobst, der den Vogel aus dem Nest herauszieht und den Lebensbalsam nach draußen fließen läßt, begeht er nicht ebenfalls ein Verbrechen? Denn wir müssen doch zugeben, daß wir der Gesellschaft ein Mitglied vorenthalten, das ihr nützlich werden könnte.«

»Diese Überlegung«, erwiderte der Abbé, »klingt zunächst ganz richtig, aber Sie werden sehen, meine schöne Dame, daß es ein Scheinargument ist. Es gibt kein menschliches oder göttliches Gesetz, das uns auffordert oder gar zwingt, an der Vermehrung des Menschengeschlechts zu arbeiten. Alle diese Gesetze erlauben Knaben wie Mädchen und einer Menge von faulen Mönchen und überflüssigen Nonnen, im Stand der Ehelosigkeit zu leben; sie gestatten dem verheirateten Manne, seiner schwangeren Frau beizuwohnen, obgleich dabei der Samen ohne Aussicht auf Befruchtung vergossen wird. Man stellt den Zustand der Jungfräulichkeit sogar höher als den der Ehe. Ist es dann aber nicht sicher, daß ein Mann, der mogelt, oder Leute, die wie wir die Freuden des Gänschenspiels genießen, nichts anderes tun als diese Mönche und Nonnen und überhaupt alle, die unverheiratet leben? Diese behalten in ihren Lenden völlig nutzlos einen Samen, den die anderen völlig nutzlos vergießen. Sind nicht die einen wie die anderen gegenüber der Gesellschaft genau in der gleichen Lage? Sie schenken ihr keine neuen Mitglieder. Aber sagt uns nicht die gesunde Vernunft, daß es immer noch besser ist, wenn wir unseren Samen umsonst vergießen und dabei ein Vergnügen haben, das niemandem schadet, als ihn ebenso umsonst, aber obendrein auf Kosten unserer Gesundheit und häufig unseres Lebens in unseren spermatischen Gefäßen aufzubewahren? Sie sehen also, Frau Philosophin, daß unsere Vergnügen der Gesellschaft ebensowenig schaden wie das allgemein anerkannte Zölibat und daß wir so weitermachen können.«

Nach diesen Betrachtungen fühlte sich der Abbé zweifellos verpflichtet, Madame C. gefällig zu sein, denn wenig später hörte ich diese sagen:

»Ah! laß das, garstiger Abbé! nimm deinen Finger heraus, ich bin heute nicht aufgelegt, ich spüre noch die

Nachwehen unserer gestrigen Narrheiten; verschieben wir diese auf morgen. Außerdem weißt du, daß ich es gern bequem habe und dabei auf meinem Bett liegen möchte: diese Bank ist gar nicht bequem. Also mach Schluß, denn jetzt will ich von dir die versprochene Aufklärung über die Frau Natur. Sie sind so ruhig, Herr Philosoph, sprechen Sie, ich höre.«

Definition dessen, was wir unter dem Wort Natur zu verstehen haben

»Über die Frau Natur?« versetzte der Abbé. »Wahrhaftig, von der werden Sie bald ebensoviel wissen wie ich. Sie ist ein imaginäres Wesen, ein inhaltloses Wort. Die ersten Religionsstifter, die ersten Staatsmänner waren in Verlegenheit, wie sie dem Volk den Begriff des sittlich Guten und Bösen nahebringen sollten; darum haben sie ein Wesen erfunden, das zwischen Gott und uns steht, und es zum Urheber unserer Leidenschaften, unserer Krankheiten und unserer Verbrechen gemacht. Denn wie hätten sie ohne dieses Hilfsmittel ihr System mit der unendlichen Güte Gottes in Einklang bringen können? Womit hätten sie unser Verlangen zu stehlen, zu verleumden, zu morden erklären sollen? Warum gibt es so viele Krankheiten und Gebrechen? Was hatte dieser unglückliche Krüppel ohne Beine, der geboren wurde, um sein Leben lang auf der Erde zu kriechen, was hatte er Gott angetan? Ein Theologe antwortet darauf: *es sind die Wirkungen der Natur.* Was aber ist diese Natur? Ist sie ein anderer Gott, den wir nicht kennen? Handelt sie aus sich selber und unabhängig vom Willen Gottes? Nein, sagt der Theologe trocken. Da Gott nicht der Urheber des Bösen sein kann, kann das Böse nur durch die Natur wirken. Welche Ungereimtheit! Muß ich mich über den Stock beschweren, der mich schlägt, oder nicht vielmehr über den, der den Schlag geführt hat? Ist nicht er die Ursache des Schmerzes, den ich empfinde? Warum nicht ein für allemal zugeben, daß die Natur ein Geschöpf der Vernunft ist, ein sinnloses Wort; daß alles von Gott kommt; daß der körperliche Schmerz, der den einen schadet, den anderen glücklich macht; daß alles gut ist; daß es im Hinblick auf die Gottheit nichts Böses auf der Welt gibt; daß alles, was wir *gut* oder *böse* nennen, diese Bezeichnung nur im Verhältnis zur menschlichen Gesellschaft verdient, nicht aber im Verhältnis zu Gott, durch dessen Willen wir notwendigerweise nach den ersten Gesetzen, nach den ersten Grundsätzen der Bewegung handeln, die er in allem Existierenden festgelegt hat? Ein Mensch stiehlt: in bezug auf sich selbst handelt er gut, schlecht hingegen, weil er dadurch die Gesellschaftsordnung verletzt; doch in bezug auf Gott weder gut noch schlecht.

Warum Bösewichte bestraft werden müssen

Allerdings gebe ich zu, daß dieser Mensch bestraft werden muß, wenngleich er aus Zwang gehandelt hat und wiewohl ich überzeugt bin, daß er nicht frei war, sein Verbrechen zu begehen oder nicht zu begehen. Dennoch muß er bestraft werden, weil die Bestrafung eines Menschen, der die bestehende Ordnung stört, über die Sinne ganz mechanisch Eindrücke in der Seele hinterläßt, die böse Menschen davon abhalten, etwas zu tun, was ihnen dieselbe Strafe eintragen könnte, und weil die Strafe, die dieser Unglückliche wegen seiner Verfehlung erleidet, zum allgemeinen Wohl beitragen muß, das in allen Fällen dem Wohle des einzelnen vorzuziehen ist. Ich setze noch hinzu, daß man sogar die Eltern und Freunde sowie alle, die mit einem Verbrecher Umgang hatten, brandmarken muß, um dadurch alle Menschen zu veranlassen, sich gegenseitig Abscheu vor Handlungen und Verbrechen einzuflößen, welche die öffentliche Ruhe stören können. Eine Ruhe, die zu verletzen unsere natürliche Anlage, unsere Bedürfnisse und unser eigenes Wohlbefinden uns unablässig verleiten. Diese natürliche Anlage des Menschen läßt sich nur durch Erziehung oder durch Eindrücke überwinden, die seine Seele im Umgang mit anderen Menschen empfängt, und zwar entweder durch das gute Beispiel oder durch Worte, kurzum, durch äußere Eindrücke, die im Verein mit den inneren Anlagen alle Handlungen unseres Lebens bestimmen. Man muß also die Menschen nötigen, sich gegenseitig zu diesen dem allgemeinen Wohl nützlichen Empfindungen anzuspornen.

Ich glaube, Madame, Sie begreifen jetzt, was man unter dem Wort *Natur* zu verstehen hat. Ich mache mich anheischig, Sie morgen früh mit dem Begriff der Religionen zu unterhalten. Dies ist ein für unser Glück sehr wichtiges Thema; aber heute ist es zu spät, um damit zu beginnen. Ich fühle jetzt das Bedürfnis, meine Schokolade zu trinken.«

»Mir ist es recht«, sagte Madame C., indem sie sich erhob. »Der Herr Philosoph bedarf ohne Zweifel einer körperlichen Stärkung nach den Kräfteverlusten, die ich verursacht habe. Das ist ganz in Ordnung, denn Sie haben wunderbare Dinge getan und gesagt, und Ihre Bemerkungen über die Natur waren vortrefflich. Aber nehmen Sie es mir nicht übel, wenn ich stark daran zweifle, daß Sie mich über das Kapitel der Religionen ebenso aufklären können, das Sie schon mehrere Male mit viel geringerem Erfolg berührt haben. Denn wie sollte man bei einem so abstrakten Gegenstand, wo alles Glaubenssache ist, Beweise anführen können?«

»Das werden wir morgen sehen«, antwortete der Abbé.

»Oh! glauben Sie ja nicht, daß Sie morgen mit Worten davonkommen werden«, erwiderte Madame C. »Wenn es Ihnen beliebt, werden wir frühzeitig in mein Zimmer gehen, wo ich Sie und mein Ruhebett nötig haben werde.«

Wenige Augenblicke später gingen sie beide zum Haus zurück. Ich folgte ihnen auf einer schattigen Allee. Ich blieb nur kurz in meinem Zimmer, um mich umzuziehen, und begab mich dann sofort in die Gemächer von Madame C., da ich fürchtete, der Abbé könnte doch mit dem Artikel der Religionen beginnen, den ich unbedingt hören wollte. Seine Worte über die Natur hatten mich beeindruckt: ich sah klar und deutlich, daß Gott und die Natur ein und dasselbe sind oder daß die Natur nur durch Gottes unmittelbaren Willen wirkt. Daraus zog ich meine kleinen Schlüsse und begann vielleicht zum ersten Mal in meinem Leben zu denken.

Abbé T. verschafft seinerseits Madame C. uneigennützige Vergnügen

Ich zitterte, als ich zu Madame C. ins Zimmer trat. Mir schien, als wüßte sie von der Hinterlist, die ich gegen sie begangen hatte, und von den verschiedenen Gedanken, die mich aufwühlten. Abbé T. sah mich aufmerksam an. Ich glaubte mich verloren. Aber bald hörte ich ihn halblaut zu Madame C. sagen:

»Sehen Sie nur, wie hübsch Thérèse ist! Sie hat bezaubernde Farben, ihre Augen funkeln, und ihre Gesichtszüge werden jeden Tag geistvoller.«

Ich weiß nicht, was Madame C. antwortete. Beide lächelten. Ich tat, als hätte ich nichts gehört, und wich ihnen den ganzen Tag nicht von der Seite.

Als ich am Abend auf meinem Zimmer war, entwarf ich meinen Plan für den nächsten Morgen. Aus Angst, nicht rechtzeitig aufzuwachen, schlief ich überhaupt nicht. Gegen fünf Uhr sah ich Madame C. in das Wäldchen gehen, wo Herr T. sie bereits erwartete. Nach dem, was ich tags zuvor gehört hatte, mußte sie bald in ihr Schlafzimmer zurückkehren, wo sich das Ruhebett befand, das sie erwähnt hatte. Ich zögerte nicht, in das Zimmer zu schlüpfen und mich im Bettgäßchen zu verstecken, wo ich mich am Kopfende auf den Fußboden setzte und mich mit dem Rücken an die Wand lehnte. Vor mir hatte ich den Bettvorhang, den ich nötigenfalls ein wenig öffnen konnte, um das in der entgegengesetzten Ecke des Zimmers stehende Ruhebett zu überblicken; es konnte kein Wort gesprochen werden, ohne daß ich es hörte.

Ich begann ungeduldig zu werden und fürchtete schon, daß mein Plan fehlgeschlagen sei, als meine beiden Akteure eintraten.

»Küsse mich, wie es sich gehört, mein lieber Freund«, sagte Madame C., indem sie sich auf ihr Ruhebett sinken ließ. »Die Lektüre deines garstigen *Pförtners der Kartäuser* hat mich in Flammen gesetzt: seine Porträts sind kraftvoll, sie haben einen Ausdruck von Wahrheit, der mich entzückt. Wenn es weniger unflätig wäre, so wäre es in seiner Art ein unnachahmliches Buch. Stecke ihn mir heute hinein, Abbé, ich flehe dich an. Ich sterbe vor Verlangen, und ich bin bereit, es zu wagen.«

»Ich aber nicht«, versetzte der Abbé, »und zwar aus zwei guten Gründen: erstens liebe ich Sie und bin zu anständig, um Ihren guten Ruf zu gefährden und mich Ihren gerechten Vorwürfen wegen einer solchen Unvorsichtigkeit auszusetzen. Zweitens ist der Herr Doktor, wie Sie sehen, heute nicht eben in glänzender Verfassung; ich bin kein Gascogner, und . . .«

»Ich sehe es sehr gut«, erwiderte Madame C., »dieser letzte Grund ist so zwingend, daß Sie es wirklich nicht nötig gehabt hätten, sich den ersten als Verdienst anzurechnen. Aber setze dich wenigstens neben mich«, fügte sie hinzu, indem sie sich wollüstig auf dem Bett ausstreckte, »und singen wir, wie du sagst, die kleine Messe.«

»Ah! von ganzem Herzen, meine liebe Mama!« erwiderte der Abbé, und er begann, kunstgerecht Madames Busen zu entblößen.

Dann hob er ihren Rock und ihr Hemd bis zum Nabel hoch und öffnete ihre Schenkel, wobei er ihre Knie etwas anhob, so daß ihre Absätze sich ein wenig ihrem Hintern näherten und einander fast berührten.

In dieser Stellung küßte der Abbé abwechselnd alle Schönheiten seiner strengen Geliebten, die unbeweglich dalag und von den Wonnen zu träumen schien, deren Vorboten sie bereits nahen fühlte. Ihre Augen waren halb geschlossen, die Spitze ihrer Zunge erschien auf dem Rand ihrer purpurnen Lippen, und alle Muskeln ihres Gesichts zuckten in wollüstiger Erregung.

»Hör doch mit deinen Küssen auf«, sagte sie. »Siehst du denn nicht, daß ich auf dich warte? Ich kann nicht mehr . . .«

Der gefällige Beichtvater ließ sich das nicht zweimal sagen. Er sank zwischen Madame C. und der Wand auf das Ruhebett, schob seine linke Hand unter den Kopf der zärtlichen C. und drückte ihn, wobei er sie mit den wollüstigsten Zungenbewegungen auf den Mund küßte. Seine andere Hand war mit der Hauptsache beschäftigt: sie liebkoste höchst kunstfertig jenen Teil, der unser Geschlecht auszeichnet und der bei Madame C. sehr reichlich von wunderbar schwarzen, lockigen Haaren umgeben ist. Hier spielte der Finger des Abbés die interessanteste Rolle.

Nie war ein Gemälde in einem günstigeren Licht erschienen. Das Ruhebett stand so, daß ich von meinem Platz aus das Vlies von Madame C. vor Augen hatte. Unter demselben zeigten sich zum Teil ihre beiden Hinterbacken, die sich leicht von oben nach unten bewegten — ein Zeichen des inneren Aufruhrs. Ihre Schenkel, die schönsten, rundesten und weißesten, die man sich ausmalen kann, vollzogen mit den Knien eine andere kleine Bewegung von rechts nach links und umgekehrt, die ohne Zweifel ebenfalls zur Wonne des vornehmsten Teils beitrug, der hier gefeiert wurde und dessen Bewegungen der im Vlies verschwundene Finger des Abbés getreulich folgte.

Thérèse vergißt die Verbote ihres Beichtvaters und verliert ihre Jungfräulichkeit

Es wäre vergeblich, mein lieber Graf, wollte ich Ihnen berichten, was ich damals dachte: ich fühlte nichts, weil ich zuviel fühlte. Mechanisch äffte ich einfach nach, was ich sah, meine Hand verrichtete denselben Dienst wie die des Abbés, ich ahmte alle Bewegungen meiner Freundin nach.

»Ah! ich sterbe!« rief sie plötzlich. »Steck ihn hinein, mein lieber Abbé, ja . . . ganz tief, ich beschwöre dich. Stoß fest zu, stoß zu, Kleiner. Ah! welche Lust! ich zerfließe . . . ich . . . ver. . .gehe!«

Und da ich immer alles nachahmte, was ich sah, ohne an das Verbot meines Beichtvaters zu denken, steckte ich mir ebenfalls den Finger hinein. Der leichte Schmerz, den ich verspürte, hielt mich nicht zurück, ich stieß, so fest ich nur konnte, und erreichte den Höhepunkt der Wollust.

Ihre verliebte Erregung hatte sich beruhigt, und trotz meiner unbequemen Lage wäre ich fast eingeschlafen, als ich hörte, daß sich Madame C. dem Ort näherte, wo ich mich versteckt hielt. Ich glaubte schon, entdeckt zu sein, aber ich kam mit dem Schrecken davon. Sie zog die Klingelschnur und verlangte nach Schokolade, die sie zusammen tranken, wobei sie die Freuden rühmten, die sie soeben genossen hatten.

Untersuchung der Religionen im Lichte der Vernunft

»Warum nur sind diese Freuden nicht ganz und gar unschuldig?« sagte Madame C. »Denn Sie mögen noch so oft sagen, daß sie das Interesse der Gesellschaft nicht beeinträchtigen, daß wir durch ein Bedürfnis dazu getrieben werden, das für bestimmte Temperamente ebenso natürlich ist und ebenso notwendig gestillt werden muß wie Hunger und Durst ... Sie haben zwar vortrefflich bewiesen, daß wir nur nach dem Willen Gottes handeln, daß die Natur ein sinnloses Wort ist und nur die Wirkung der Ursache, die Gott ist. Aber was halten Sie von der Religion? Sie verbietet uns die Freuden der Fleischeslust außerhalb des Standes der Ehe. Ist auch sie ein sinnloses Wort?«

»Wie, Madame«, antwortete der Abbé, »erinnern Sie sich denn nicht daran, daß wir nicht frei sind, daß alle unsere Handlungen notwendigerweise vorbestimmt sind? Und wenn wir nicht frei sind, wie können wir dann sündigen? Aber da Sie es wünschen, wollen wir uns das Thema der Religion ernsthaft vornehmen. Ihre Verschwiegenheit und Ihre Vorsicht sind mir bekannt, und ich fürchte um so weniger, mich zu erklären, als ich vor Gott beschwören kann, daß ich aufrichtig versucht habe, die Wahrheit von der Täuschung zu unterscheiden. Hören Sie also die Zusammenfassung meiner Arbeiten und Überlegungen zu diesem wichtigen Thema.

Gott ist gut, sage ich. Seine Güte ist mir Gewähr, daß er mich nicht täuschen wird, wenn ich eifrig zu erkennen suche, ob er einen wirklichen Kult von mir verlangt, und daß es mir gelingen wird, diesen Kult zu erkennen, denn sonst wäre Gott ungerecht. Er hat mir die Vernunft gegeben, damit ich mich ihrer bediene und mich von ihr leiten lasse. Wozu könnte ich sie besser verwenden?

Wenn ein aufrichtiger Christ seine Religion nicht prüfen will, warum sollte dann (wie er es verlangt) ein aufrichtiger Mohammedaner die seine prüfen? Beide glauben, daß ihre Religion ihnen von Gott offenbart worden ist, die eine durch Jesus Christus, die andere durch Mohammed.

Unser Glaube stammt nur daher, daß Menschen uns gesagt haben, Gott habe bestimmte Wahrheiten offenbart. Doch andere Menschen haben den Anhängern anderer Religionen dasselbe gesagt. Welchen soll man glauben? Um das zu wissen, müssen wir also prüfen, denn alles, was von den Menschen stammt, muß unserer Vernunft unterworfen werden.

Alle Stifter der verschiedenen Religionen, die auf der Erde verbreitet sind, haben sich gerühmt, daß Gott sie ihnen offenbart habe. Welchen soll man glauben? Untersuchen wir also, welche die wahre ist. Da jedoch von Kindheit an und durch die Erziehung alles aus Vorurteilen besteht, müssen wir, um zu einem gesunden Urteil zu kommen, damit beginnen, dem lieben Gott alle Vorurteile zum Opfer zu bringen, und hierauf mit der Fackel der Vernunft eine Frage beleuchten, von der in unserem Leben und in alle Ewigkeit unser Glück oder Unglück abhängt.

Ich stelle zunächst fest, daß es vier Weltteile gibt und daß höchstens der zwanzigste Teil von einem dieser vier Teile katholisch ist; alle Bewohner der anderen Teile behaupten, daß wir einen Menschen, daß wir Brot anbeten und die Gottheit vervielfachen, daß sich ferner fast alle Kirchenväter in ihren Schriften widersprochen haben, was beweise, daß sie nicht von Gott inspiriert worden seien.

Alle Veränderungen in der Religion, die seit Adams Zeiten von Moses, von Salomon, von Jesus Christus und später von den Kirchenvätern vorgenommen worden sind, beweisen, daß alle diese Religionen nur das Werk von Menschen sind. Gott aber verändert sich niemals! Er ist unwandelbar.

Gott ist allgegenwärtig. Dennoch sagt die Heilige Schrift, daß Gott Adam im irdischen Paradies suchte:

*Adam ubi es?** Sie erzählt, daß Gott dort spazierenging, daß er sich mit dem Teufel über Hiob unterhielt.

Die Vernunft sagt mir, daß Gott keiner Leidenschaft unterworfen sein kann. Doch im sechsten Kapitel der Genesis läßt man Gott sagen, daß er es bereue, den Menschen geschaffen zu haben, und es heißt, daß sein Zorn nicht unwirksam gewesen ist. In der christlichen Religion erscheint Gott so schwach, daß er den Menschen nicht nach seinem Willen lenken kann: er bestraft ihn durch Wasser, dann durch Feuer — der Mensch bleibt immer derselbe; er schickt Propheten — wieder bleiben die Menschen dieselben; er hat einen einzigen Sohn, er schickt ihn zu ihnen — doch die Menschen ändern sich nicht. Wie lächerlich macht die christliche Religion ihren Gott!

Jeder gibt zu, daß Gott weiß, was in Ewigkeit geschehen wird. Aber Gott weiß erst dann, so sagt man, was aus unseren Handlungen folgen muß, nachdem er vorausgesehen hat, daß wir seine Gnade mißbrauchen und eben diese Handlungen begehen würden. Aus dieser Kenntnis folgt gleichwohl, daß Gott, als er uns erschuf, bereits wußte, daß wir unfehlbar verdammt und ewig unglücklich sein werden.

In der Heiligen Schrift lesen wir, daß Gott Propheten geschickt hat, um die Menschen zu warnen und sie zu einer Änderung ihres Verhaltens zu bewegen. Doch Gott, der alles weiß, wußte auch, daß die Menschen sich nicht ändern würden. Die Heilige Schrift nimmt also an, daß Gott ein Betrüger ist. Lassen sich diese Ideen mit unserer Überzeugung von Gottes unendlicher Güte in Einklang bringen?

Man gibt Gott, der allmächtig ist, einen gefährlichen Gegner in der Gestalt des Teufels, der ihm gegen seinen Willen unaufhörlich drei Viertel von der kleinen Zahl der Menschen raubt, die er auserwählt und für die sein Sohn sich geopfert hat, ohne sich um den Rest des Menschengeschlechts zu bekümmern. Was für klägliche Ungereimtheiten!

Nach der christlichen Religion sündigen wir nur, weil wir in Versuchung geführt werden; der Versucher, sagt

* Adam, wo bist du? (1. Mose 3,9).

man, ist der Teufel. Gott brauchte den Teufel nur zu vernichten, und wir wären gerettet: er ist also sehr ungerecht oder sehr ohnmächtig!

Eine recht große Anzahl der Diener der katholischen Religion behauptet, daß Gott uns Gebote gibt, versichert jedoch gleichzeitig, daß wir sie nicht befolgen können ohne die Gnade, die Gott nur wenigen, ihm angenehmen Menschen erweist, und daß Gott gleichwohl diejenigen bestraft, die sie nicht befolgen! Welch ein Widerspruch! Welch ungeheuerliche Gottlosigkeit!

Gibt es etwas Elenderes als die Behauptung, daß Gott rachsüchtig, neidisch, zornig ist; etwas Jämmerlicheres als den Anblick von Katholiken, die ihre Gebete an die Heiligen richten, als wären diese Heiligen allgegenwärtig wie Gott, als könnten diese Heiligen in den Herzen der Menschen lesen und ihre Stimme hören?

Welch lächerliches Gerede, daß wir alles zum größeren Ruhme Gottes tun müssen! Kann denn Gottes Ruhm durch die Einbildungskraft oder die Handlungen der Menschen vermehrt werden? Können sie überhaupt etwas an ihm vermehren? Ist er sich nicht selbst genug?

Wie haben die Menschen sich einbilden können, daß die Gottheit sich mehr geehrt und befriedigt fühle, wenn sie einen Hering statt einer Lerche essen, eine Zwiebelsuppe statt einer Specksuppe, eine Scholle statt eines Rebhuhns, und daß diese Gottheit sie in Ewigkeit verdammen würde, wenn sie an bestimmten Tagen der Specksuppe den Vorzug geben?

Schwache Sterbliche! Ihr glaubt, Gott beleidigen zu können! Könntet ihr auch nur einen König, einen Fürsten beleidigen, wenn diese vernünftig wären? Sie würden eure Schwäche und Ohnmacht verachten. Man spricht von einem rächenden Gott und sagt euch, die Rache sei ein Verbrechen. Welch ein Widerspruch! Man versichert euch, die Vergebung einer Beleidigung sei eine Tugend, und man wagt euch zu sagen, Gott räche sich für eine ungewollte Beleidigung durch ewige Qualen!

Wenn es einen Gott gibt, so sagt man, gibt es auch einen Kult. Indessen muß man zugeben, daß es vor Erschaffung der Welt einen Gott, aber keinen Kult gab. Überdies gibt es seit Erschaffung der Welt Tiere, die Gott keinen Kult weihen. Wenn es keine Menschen gäbe, so gäbe es doch stets einen Gott, Geschöpfe und keinen Kult. Die Menschen leiden an der fixen Idee, die Handlungen Gottes nach ihren eigenen beurteilen zu wollen.

Die christliche Religion gibt einen falschen Begriff von Gott, denn nach ihrer Lehre ist die menschliche Gerechtigkeit ein Ausfluß der göttlichen Gerechtigkeit. Nach der menschlichen Gerechtigkeit aber müßten wir die Handlungen tadeln, die Gott gegen seinen Sohn, gegen Adam, gegen die Völker, denen niemals seine Lehre gepredigt worden ist, gegen die Kinder, die vor der Taufe sterben, begangen hat.

Nach der christlichen Religion müssen wir nach höchster Vollkommenheit streben. Nach ihr ist der Stand der Jungfräulichkeit vollkommener als der Stand der Ehe. Daraus geht klar hervor, daß die Vollkommenheit der christlichen Religion auf die Auslöschung des Menschengeschlechts abzielt. Wenn die Bemühungen und Reden der Priester Erfolg hätten, so würde in sechzig oder achtzig Jahren das Menschengeschlecht vernichtet sein. Kann eine solche Religion von Gott kommen?

Gibt es etwas Aberwitzigeres, als daß man durch Priester, durch Mönche, durch andere Personen für sich zu Gott betet? Man macht sich von Gott einen Begriff wie von einem König.

Welcher Irrsinn zu glauben, Gott habe uns geschaffen, damit wir nichts anderes tun, als was gegen die Natur ist und was uns in dieser Welt unglücklich machen kann, und man fordert von uns, allem zu entsagen, was die Sinne und die Begierden befriedigt, die er uns gegeben hat! Ein Tyrann könnte nicht schlimmer sein, der uns vom Augenblick der Geburt bis zu unserer Todesstunde mit seinem Grimm verfolgt!

Um ein vollkommener Christ zu sein, muß man unwissend sein, blindlings glauben, auf alle Freuden, auf Ehre und Reichtum verzichten, seine Eltern und Freunde verlassen, seine Jungfräulichkeit bewahren, mit einem Wort, alles tun, was gegen die Natur ist. Dennoch handelt diese Natur sicherlich nach Gottes Willen. Welche Widersprüche unterstellt die Religion einem Wesen, das unendlich gerecht und gut ist!

Da Gott der Schöpfer und Herr aller Dinge ist, müssen wir diese zu dem Zweck verwenden, für den er sie bestimmt hat, und uns ihrer gemäß der Absicht bedienen, die er bei ihrer Erschaffung hatte. Sowohl durch die Vernunft wie durch die inneren Gefühle, die er uns eingepflanzt hat, ist es uns möglich, seine Absicht und sein Ziel zu erkennen und sie mit dem Interesse der menschlichen Gesellschaft in dem von uns bewohnten Land zu vereinbaren.

Der Mensch ist nicht zum Müßiggang geschaffen: er muß sich mit etwas beschäftigen, das seinem eigenen Vorteil dient, ohne dem Gemeinwohl zu schaden. Gott hat nicht das Glück einzelner gewollt, er will das Glück aller. Wir müssen uns also gegenseitig alle nur möglichen Dienste erweisen, vorausgesetzt, daß diese Dienste nicht den einen oder anderen Zweig der bestehenden Gesellschaft zerstören: dieser Gesichtspunkt muß alle unsere Handlungen leiten. Wenn wir bei allem, was wir sind und tun, dies im Auge behalten, erfüllen wir unsere Pflichten. Alles übrige sind Hirngespinste, Trugbilder, Vorurteile.

Ursprung der Religionen

Alle Religionen sind ohne jede Ausnahme Menschenwerk. Es gibt unter ihnen keine einzige, die nicht ihre Märtyrer, ihre angeblichen Wunder gehabt hätte. Was beweisen unsere Wunder mehr als die der anderen Religionen?

Die Religionen gründeten zunächst auf der Furcht: Donner, Gewitter, Stürme, Hagelschläge zerstörten die Früchte und das Getreide, wovon die ersten Menschen, die auf der ganzen Erde verbreitet waren, sich ernährten. Ihr Unvermögen, sich vor solchen Ereignissen zu schützen, zwang sie, sich mit Gebeten an eine Macht zu wenden, die sie als die stärkere erkannten und von der sie glauben, sie sei gewillt, sie zu quälen. Später traten in verschiedenen Jahrhunderten und verschiedenen Gegenden ehrgeizige Männer, umfassende Geister, große Politiker auf, die sich die Leichtgläubigkeit der Völker zunutze machten und von Göttern predigten, die oftmals seltsam, phantastisch und tyrannisch waren; sie setzten Kulte ein, gründeten Gesellschaften, deren Oberhäupter und Gesetzgeber sie werden konnten. Sie erkannten, daß es zur Aufrechterhaltung dieser Gesellschaften notwendig war, daß jedes einzelne Mitglied oftmals seine Leidenschaften, seine besonderen Freuden dem Glück der anderen opferte. Daher bestand auch die Notwendigkeit, für einen Ausgleich zu sorgen: sie mußten Belohnungen in Aussicht stellen und mit Strafen drohen, um die einzelnen zu solchen Opfern zu bewegen. Diese Politiker erfanden also die Religionen. Alle versprechen Belohnungen und drohen mit Strafen, die einen großen Teil der Menschen dazu bewegen, ihrer natürlichen Neigung zu widerstehen, sich das Gut, die Frau, die Tochter des Nächsten anzueignen, sich zu rächen, zu verleumden und den Ruf des Nächsten zu beflecken, damit der eigene um so glänzender erscheine.

Ursprung des Ehrbegriffs

Später wurde zu den Religionen noch die Ehre erfunden. Dieser Begriff, ebenso trügerisch wie sie und ebenso nützlich für das Glück der Gesellschaften wie für das jedes einzelnen, wurde ersonnen, um nach denselben Grundsätzen eine Anzahl anderer Menschen in denselben Schranken zu halten.

Das Leben der Menschen wird mit einem Würfelspiel verglichen

Zweifeln wir nicht daran: es gibt einen Gott, der alles erschaffen hat und in Bewegung hält. Dazu gehören auch wir, und wir handeln nur im Einklang mit der ersten Bewegung, die Gott hervorgerufen hat. Alles hängt miteinander zusammen und ist notwendig, nichts geschieht durch Zufall. Drei Würfel, die ein Spieler wirft, müssen unfehlbar soundso viele Augen ergeben; ihre Anzahl hängt davon ab, wie die Würfel im Becher lagen und mit welcher Kraft sie geworfen wurden. Alle Handlungen unseres Lebens ähneln einem solchen Würfelspiel. Ein Würfel trifft auf einen anderen und teilt ihm eine notwendige Bewegung mit, und aus soundso vielen Bewegungen geht mit physikalischer Notwendigkeit eine bestimmte Anzahl von Augen hervor. Ebenso wird der Mensch durch seine erste Bewegung, seine erste Handlung unabweisbar zu einer zweiten und dritten bestimmt usw. Denn wenn man sagt, daß der Mensch etwas will, weil er es will, so sagt das gar nichts; damit würde man annehmen, daß das Nichts eine Wirkung hervorbringt. Offensichtlich wird der Mensch durch einen Grund, eine Ursache dazu bestimmt, etwas zu wollen, und von Ursache zu Ursache, die einander bedingen, wird der Mensch sein Leben lang gezwungen, dieses oder jenes zu tun, und am Ende läuft alles auf ein Würfelspiel hinaus.

Laß uns Gott lieben, nicht weil er es von uns verlangt, sondern weil er unendlich gut ist, und laß uns nur die Menschen und ihre Gesetze fürchten. Laß uns diese Gesetze achten, weil sie für das Wohl der Allgemeinheit, zu der jeder von uns gehört, notwendig sind.

Dies alles, Madame, was ich Ihnen aus Freundschaft über die Religionen gesagt habe, ist die Frucht zwanzigjähriger Arbeiten, Nachtwachen und Betrachtungen, während derer ich aufrichtig versucht habe, die Wahrheit von der Lüge zu unterscheiden.

Laß uns also, meine liebe Freundin, aus dem Gesagten den Schluß ziehen, daß die Freuden, die wir beide genießen, rein und unschuldig sind, denn sie beleidigen weder Gott noch die Menschen, da wir sie geheimhalten und stets die Regeln des Anstands beachten. Wenn wir diese beiden Bedingungen nicht erfüllten, würden wir allerdings Ärgernis erregen und uns der Gesellschaft gegenüber schuldig machen: unser Beispiel könnte junge Herzen verführen, die durch ihre Familien, durch ihre Geburt dazu bestimmt sind, dem Gemeinwohl nützliche Aufgaben zu erfüllen, die sie vielleicht vernachlässigen würden, um sich vom Strudel der Vergnügungen fortreißen zu lassen.«

Madame C. versucht Abbé T. zu überzeugen, daß er seine Erkenntnisse um des öffentlichen Wohls willen publik machen muß

»Aber«, erwiderte Madame C., »wenn unsere Freuden unschuldig sind, wie ich jetzt einsehe, warum sollten wir im Gegenteil nicht die ganze Welt lehren, sie ebenfalls zu genießen? Warum sollte man die Frucht Ihrer metaphysischen Betrachtungen nicht unseren Freunden und Mitbürgern mitteilen, da doch nichts besser geeignet ist, zu ihrer Ruhe und ihrem Glück beizutragen? Haben Sie mir nicht hundertmal gesagt, daß es kein größeres Vergnügen gibt, als Menschen glücklich zu machen?«

Gründe des Abbé T., dies nicht zu tun

»Ich habe zwar die Wahrheit gesprochen, Madame«, versetzte der Abbé. »Aber hüten wir uns, den Dummen Wahrheiten zu enthüllen, die sie nicht fühlen und die sie mißbrauchen würden. Nur Leute, die zu denken verstehen und ihre Leidenschaften so im Gleichgewicht halten, daß sie von keiner unterjocht werden, dürfen diese Wahrheit kennen. Solche Männer und Frauen sind sehr selten: unter hunderttausend Menschen gibt es kaum zwanzig, die gewohnt sind zu denken, und unter diesen zwanzig werden Sie kaum vier finden, die wirklich selbständig denken oder sich nicht von irgendeiner vorherrschenden Leidenschaft fortreißen lassen. Darum muß man mit solchen Wahrheiten, wie wir sie heute untersucht haben, äußerst vorsichtig umgehen. Da nur wenige Menschen die Notwendigkeit erkennen, sich um das Glück seiner Nachbarn zu bekümmern, um sich dadurch das Glück zu sichern, das man für sich selber begehrt, darf man nur wenigen die Unzulänglichkeit der Religionen nachweisen, denn diese sind noch immer wirksam und veranlassen eine große Zahl von Menschen, unter dem Schleier der Religion ihre Pflichten zu erfüllen und die Regeln zu beachten, die im Grunde nur dem Wohl der Gesellschaft dienen, aus Furcht vor Strafen und in der Hoffnung auf ewige Belohnungen, welche die Religion ihnen verheißt. Eben diese Furcht und diese

Hoffnung lenken die Schwachen: deren Zahl ist groß. Rücksicht auf das Gemeinwohl und menschliche Gesetze leiten die denkenden Menschen: deren Zahl ist wahrhaftig sehr klein.«

Als Abbé T. geendet hatte, dankte ihm Madame C. mit Ausdrücken höchster Zufriedenheit:

»Du bist verehrungswürdig, mein lieber Freund«, sagte sie, indem sie ihm um den Hals fiel. »Wie glücklich bin ich, einen Mann zu kennen und zu lieben, der so klar denkt wie du! Sei versichert, daß ich dein Vertrauen niemals mißbrauchen werde und deine starken Grundsätze stets genau befolgen will.«

Nach etlichen Küssen, die sie erneut austauschten und die mich sehr langweilten, weil ich mich in einer recht unbehaglichen Lage befand, gingen mein frommer Beichtiger und seine gelehrige Schülerin in den Saal hinunter, wo wir gewöhnlich zusammenkamen. Ich lief schnell in mein Zimmer und schloß mich ein. Einen Augenblick später rief man mich im Auftrag von Madame C. Ich ließ ihr ausrichten, ich hätte die ganze Nacht nicht geschlafen und bäte, mich noch einige Stunden ruhen zu lassen. Ich verwandte die Zeit darauf, alles Gehörte aufzuschreiben.

Thérèse geht mit ihrer Mutter nach Paris, die dort aus Kummer stirbt

Unsere Tage verflossen in dieser ländlichen Ruhe unter gegenseitigen Freundschaftsbezeigungen, als plötzlich eines Morgens meine Mutter kam und mir sagte, daß unsere Reise nach Paris für den nächsten Tag festgesetzt sei. Meine Mutter und ich dinierten noch einmal bei der liebenswürdigen Madame C., von der ich unter einem Strom von Tränen Abschied nahm. Diese bewundernswerte, in ihrer Art vielleicht einzigartige Frau überhäufte mich mit Zärtlichkeiten und gab mir die weisesten Ratschläge, ohne mich mit kleinlichen und überflüssigen Ermahnungen zu erdrücken. Abbé T. war in eine benachbarte Stadt gefahren, wo er acht Tage zu verbringen gedachte. Ich sah ihn nicht mehr. Wir kehrten nach Volnot zurück, um dort zu übernachten. Alle Vorbereitungen zu unserer Reise waren getroffen. Am nächsten Tag setzten wir uns in einen Wagen, der uns nach Lyon brachte, von wo wir mit der Post nach Paris fuhren.

Wie ich bereits erwähnte, hatte sich meine Mutter zu dieser Reise entschlossen, weil ein Kaufmann aus ihrer Bekanntschaft ihr eine beträchtliche Summe schuldete, von deren Bezahlung unser ganzes Vermögen abhing. Zudem hatte meine Mutter Schulden, ihr Handelsgeschäft ging nicht recht. Vor der Abreise hatte sie alle ihre Geschäfte einem mit uns verwandten Advokaten übergeben, der sie vollends zugrunde richtete. Eines Tages erfuhr meine Mutter, daß zu Hause alles gepfändet worden war, und um das Unglück vollzumachen, verkündete man ihr am selben Tag, daß ihr Pariser Schuldner, von seinen vielen Gläubigern zu heftig bedrängt, einen betrügerischen Bankrott gemacht hatte. Keiner vermag so vielen Kümmernissen auf einmal standzuhalten: meine Mutter erlag ihnen; innerhalb von acht Tagen raffte ein bösartiges Fieber sie hinweg.

So stand ich also mitten in Paris, auf mich selbst angewiesen, ohne Verwandte, ohne Freunde; ich war hübsch, wie man mir sagte, besaß mannigfache Kenntnisse, hatte jedoch keine Lebenserfahrung.

Vor ihrem Tod hatte mir meine Mutter eine Geldbörse gegeben, worin ich vierhundert Louisdor fand. Da ich überdies mit Wäsche und Kleidern recht gut versehen war, hielt ich mich für reich. Dennoch war mein erster Gedanke, in ein Kloster einzutreten und Nonne zu werden. Doch als ich daran dachte, was ich früher in einer solchen Stätte erlitten hatte und zudem die Ratschläge einer neben mir wohnenden Dame hörte, mit der ich eine flüchtige Bekanntschaft angeknüpft hatte, gab ich diese unselige Absicht auf.

Thérèse schließt Freundschaft mit Madame Bois-Laurier, einer ehemaligen Kurtisane

Diese Dame, die Bois-Laurier hieß, wohnte neben meinem Zimmer in einem Hotel garni. Sie war so freundlich, mich während des ersten Monats nach dem Tod meiner Mutter fast nie allein zu lassen, und ich schulde ihr ewige Dankbarkeit für ihre Bemühungen, mich in meinem Kummer zu trösten. Madame Bois-Laurier war, wie Sie inzwischen erfahren haben, eine jener Frauen, welche die Not in ihrer Jugend gezwungen hatte, die unkeuschen Gelüste eines ausschweifenden Publikums zu befriedigen; wie so viele andere spielte sie später unter einem anderen Namen die Rolle einer ehrbaren Frau mit Hilfe einer Leibrente, die sie sich mit den Ersparnissen ihrer ersten Arbeit gekauft hatte.

Allmählich aber wich der Kummer, der mich verzehrte, ernsten Überlegungen. Die Zukunft machte mir angst. Ich entdeckte mich meiner Freundin, weihte sie in meine finanziellen Verhältnisse ein und sagte ihr, wie entsetzlich mir meine Lage zu sein schien. Sie besaß einen gesunden Verstand, den die Erfahrung noch gefestigt hatte.

»Wie unvernünftig Sie sind«, sagte sie eines Morgens zu mir, »daß Sie sich so sehr um eine Zukunft sorgen, die für die Ärmsten ebenso unsicher ist wie für die Reichsten, die aber gerade Ihnen weniger gefährlich dünken sollte als anderen! Kann ein Mädchen mit den Vorzügen, dem Wuchs, dem Gesicht, wie Sie sie haben, je in Verlegenheit geraten, wenn sie sich nur ein wenig klug zu benehmen weiß? Nein, Mademoiselle, beunruhigen Sie sich nicht: ich werde für Sie finden, was Sie brauchen, vielleicht sogar einen guten Ehemann, denn mir scheint, sie möchten es unbedingt mit der Ehe versuchen. Ach, mein armes Kind! Sie wissen ja gar nicht, was Sie da wünschen. Nun, lassen Sie mich nur machen: eine Frau von vierzig Jahren, welche die Erfahrung einer Fünfzigjährigen hat, weiß, was einem Mädchen wie Ihnen ansteht. Ich werde Ihnen eine Mutter sein, und unter meinem Schutz werden Sie in die große Welt eintreten. Gleich heute werde ich Sie meinem Oheim B. vorstellen, der mich besuchen wird. Er ist ein reicher Finanzier, ein Ehrenmann, und wird bald eine gute Partie für Sie finden.«

Ich fiel der Bois-Laurier um den Hals und dankte ihr von ganzem Herzen, und ich gestehe aufrichtig, daß der zuversichtliche Ton, in dem sie zu mir sprach, mich überzeugte, daß mein Glück gemacht sei.

Wie töricht ist doch ein Mädchen ohne Erfahrung, aber mit viel Eigenliebe! Die Lehren des Abbé T. hatten mir zwar die Augen geöffnet über die Rolle, die wir auf der Welt gegenüber Gott und den Gesetzen der Menschen zu spielen haben, doch von den Gepflogenheiten der Welt hatte ich nicht die geringste Ahnung. Alles, was ich sah und hörte, schien mir von der Rechtschaffenheit erfüllt zu sein, wie ich sie bei Madame C. und Abbé T. angetroffen hatte, und nur den Pater Dirrag hielt ich für einen Bösewicht. Ich arme Unschuldige! Wie gröblich ich mich täuschte!

Der Finanzier B. traf gegen fünf Uhr abends bei Madame Bois-Laurier ein. Die ersten Viertelstunden seines Besuchs befaßte man sich ohne Zweifel mit ganz anderen Dingen, als über mich zu sprechen. Die Nichte war zu schlau, um den Oheim nicht in einen Zustand der Ruhe zu versetzen, damit sie von den Wirkungen meiner, wie sie sagte, gefährlichen Reize nichts zu befürchten habe. Die Verrichtung dauerte lange. Gegen sieben Uhr wurde ich Herrn B. vorgestellt, vor dem ich bei meinem Eintreten eine große Verbeugung machte, ohne daß er sich zu erheben geruhte. Immerhin ließ er mich auf einem Stuhl neben dem Lehnsessel Platz nehmen, auf dem er halb saß, halb lag; sein dicker Bauch war nur mit einem Hemd bedeckt, und er empfing mich mit der Miene und den Manieren der meisten Leute seines Standes. Trotzdem fand ich alles wunderbar, sogar das Lob, das er der Festigkeit meines Schenkels zollte, auf den er plötzlich die Hand legte und ihn mit aller Kraft zwickte, so daß ich aufschreien mußte.

»Meine Nichte hat mir von Ihnen erzählt«, sagte er, ohne auf den Schmerz zu achten, den er mir zugefügt hatte. »Donnerwetter! was haben Sie für Augen, was für Zähne, was für einen harten Schenkel! Oh! wir werden noch etwas aus Ihnen machen. Gleich morgen lasse ich Sie mit einem meiner Kollegen speisen, der so viel Gold hat, wie in dieses Zimmer paßt. Ich kenne seine Gemütsart, er wird sich sofort in Sie verlieben. Seien Sie nett zu ihm, ich verbürge mich dafür, daß er ein lustiger Geselle ist. Sie werden mit ihm zufrieden sein. Lebt wohl, meine lieben

Kinder«, setzte er hinzu, indem er aufstand und seine Weste zuknöpfte, »umarmt mich alle beide und seht in mir einen Vater. Und du, liebe Nichte, schicke nach meinem Lusthäuschen und bestelle für morgen das Essen.«

Als unser Finanzmann fort war, sagte Madame Bois-Laurier zu mir, wie entzückt sie sei, daß er mich nach seinem Geschmack gefunden habe.

»Er ist ein Mann ohne Umstände«, sagte sie, »ein hochherziger Mensch und ein treuer Freund. Lassen Sie mich nur machen, ich bin Ihnen aufrichtig zugetan. Folgen Sie nur meinen Ratschlägen: seien Sie vor allem nicht zimperlich, ich bürge Ihnen für Ihr Glück.«

Ich soupierte mit meiner neuen Ratgeberin, die geschickt herausfand, wie meine Denkweise war und wie ich bisher gelebt hatte.

Ihre Offenherzigkeit ermunterte auch mich. Ich schwatzte mehr, als ich wollte. Zuerst war sie erschrokken, als sie erfuhr, daß ich noch keinen Liebhaber gehabt hatte, aber sie beruhigte sich bald, als sie meinen Antworten, die sie mir listig entlockte, entnahm, daß ich die Bedeutung der Liebesfreuden kannte und mir schon einen Teil davon verschafft hatte. Die Bois-Laurier küßte und herzte mich und suchte auf alle mögliche Weise mich zu bewegen, bei ihr zu schlafen. Ich dankte ihr jedoch und ging auf mein Zimmer, und alle meine Gedanken kreisten um das glückliche Los, das mir bevorstand.

Von der Nützlichkeit des Bidets

Die Pariserinnen sind lebhaft und zärtlich. Gleich am nächsten Morgen kam meine freundliche Nachbarin zu mir und erbot sich, mich zu frisieren, mir als Kammerzofe zu dienen und mich anzukleiden. Aber da ich noch Trauer um meine Mutter trug, lehnte ich ihr Anerbieten ab und behielt meine kleine Nachtmütze auf. Die neugierige Bois-Laurier trieb tausend Scherze mit mir, prüfte mit Augen und Händen alle meine Reize, bevor sie mir ein Hemd gab, das sie mir eigenhändig überstreifen wollte.

»Aber, kleine Spitzbübin!« sagte sie plötzlich, »ich glaube gar, du ziehst dein Hemd an, bevor du deine

Muschi geputzt hast! Wo ist denn dein Bidet?«

»Ich weiß wirklich nicht, was Sie damit sagen wollen.«

»Wie«, sagte sie, »kein Bidet? Laß nur ja niemanden hören, daß dir ein Möbel fehlt, das für ein Mädchen von gutem Ton ebenso notwendig ist wie ein sauberes Hemd. Für heute will ich dir gerne meines leihen, aber spätestens morgen mußt du dir ein Bidet anschaffen.«

Das der Bois-Laurier wurde also gebracht. Ich mußte mich darauf setzen, und trotz all meinem Sträuben wusch diese diensteifrige Frau unter lautem Lachen eigenhändig meine *Muschi*, wie sie sich ausdrückte. Auch Lavendelwasser blieb ihr nicht erspart. Ich ahnte nicht, was für ein Fest ihr zugedacht war und warum sie diese gründliche Waschung vornahm.

Thérèse wird von der Bois-Laurier in ein Lusthäuschen gebracht, wo sie nur knapp einer Vergewaltigung durch einen Finanzier entgeht

Gegen Mittag brachte uns ein rechtschaffener Kutscher zu dem Lusthäuschen, wo Herr B. uns mit seinem Kollegen und Freund R. erwartete. Dieser war ein Mann von achtunddreißig bis vierzig Jahren mit einem leidlichen Gesicht; er war reich gekleidet, zeigte gern seine Ringe, seine Tabakdosen und andere kostbare Futterale und tat sich überhaupt wichtig. Dennoch geruhte er, sich mir zu nähern, meine Hände zu fassen und mir aufmerksam ins Gesicht zu sehen.

»Donnerwetter, ist sie hübsch!« rief er aus, »auf meine Ehre, sie ist reizend, ich will sie zu meiner kleinen Frau machen.«

»O Monsieur!« erwiderte ich, »Sie erweisen mir zuviel Ehre, und wenn . . .«

»Nein, nein«, versetzte er, »kümmern Sie sich um nichts, ich werde alles so einrichten, daß Sie zufrieden sind.«

Man sagte, es sei angerichtet, und wir setzten uns zu Tisch. Die Bois-Laurier, die den bei solchen Mahlzeiten üblichen Ton kannte, war bezaubernd. Sie versuchte, auch mich zu ermuntern, aber ich fühlte mich ganz fehl am Platze; ich sagte kein Wort, oder wenn ich einmal sprach, so erschienen meine Ausdrücke den beiden Finanziers so abgeschmackt, daß die erste Begeisterung von Herrn R. verflog: er sah mich mit großen Augen an, die verrieten, was er von mir hielt. Doch etliche Gläser Champagner glichen in Herrn R.s Phantasie das Mißbehagen aus, das die Unergiebigkeit meiner Unterhaltung ihm verursacht hatte.

Er wurde zudringlicher und ich fügsamer. Seine Ungezwungenheit imponierte mir. Seine diebischen Hände flatterten überall umher, und aus Furcht, gegen die Gebräuche zu verstoßen, die ich für allgemein üblich hielt, wagte ich nicht, ihn zurückzuweisen. Ich glaubte mich um so mehr dazu berechtigt, den Dingen ihren Lauf zu lassen, als ich auf einem Sofa am andern Ende des Zimmers Herrn B. sah, der sich noch weit ungezwungener mit den Reizen seiner Nichte beschäftigte. Jedenfalls erwehrte ich mich der kleinen Angriffe des Herrn R. so schlecht, daß er nicht daran zweifelte, auch mit ernsthafteren Dingen Erfolg zu haben. Er schlug mir vor, mich mit ihm auf ein Bett zu setzen, das dem Sofa gegenüberstand.

»Recht gern, Monsieur«, sagte ich einfältig, »dort werden wir bequemer sitzen, denn ich fürchte, Ihre augenblickliche Stellung zu meinen Füßen würde Sie zu sehr ermüden« (er hatte sich nämlich vor mir niedergekniet).

Sogleich steht er auf und trägt mich zu dem kleinen Bett.

Hierbei bemerkte ich, daß Herr B. und seine Nichte den Raum verließen. Ich wollte aufstehen und ihnen folgen, aber der dreiste R., der mir mit wenigen Worten sagte, er liebe mich bis zum Wahnsinn und wolle mein Glück machen, hatte mir mit der einen Hand das Hemd bis zum Gürtel hochgeschoben und holte mit der anderen ein steifes, kraftvolles Glied aus seiner Hose hervor. Sein Knie befand sich zwischen meinen Schenkeln und drückte sie so weit wie nur möglich auseinander; er schickte sich an, seine tierische Lust zu stillen, als mein Blick auf das Ungeheuer fiel, das mich bedrohte, und ich gewahrte, daß es fast genauso aussah wie der Wedel, womit Pater Dirrag den unreinen Geist aus dem Leib seiner Beichtkinder zu vertreiben pflegte. In diesem Augenblick erinnerte ich mich an die mit einer solchen Handlung verbundenen Gefahren, die mir Abbé T. vor Augen geführt hatte. Meine Gefügigkeit wandelte sich sofort in Zorn; ich packte den frechen R. an seiner Halsbinde und hielt ihn mit ausgestrecktem Arm von mir ab, so daß er außerstande war, die gewünschte Stellung einzunehmen. Und während ich vor Angst und Überraschung auf das Haupt des Feindes starrte, von dem durchbohrt zu werden ich fürchtete, rief ich aus Leibeskräften Madame Bois-Laurier zu Hilfe, die, ob sie nun mit R.s Absichten im Einverständnis war oder nicht, nicht umhin konnte, herbeizueilen und sein Benehmen zu tadeln. Wütend über den Schimpf, den Herr R. mir angetan hatte, war ich drauf und dran, ihm die Augen auszukratzen; ich warf ihm in den härtesten Ausdrücken seine Frechheit vor. Herr B. hatte sich der Bois-Laurier angeschlossen. Mit vereinten Kräften konnten sie mich kaum davon abhalten, mich ihren Armen zu entwinden und über R. herzufallen, als dieser, nachdem er in aller Ruhe das kritische Instrument wieder an seinem Ort verstaut hatte, das Schweigen durch ein unbändiges Gelächter brach.

»Sackerlot, die kleine Landpomeranze!« sagte er mit gekünstelter Heiterkeit, »gestehen Sie, ich habe Ihnen eine Heidenangst gemacht. Sie haben also allen Ernstes geglaubt, ich wollte . . .? Oh! wie sonderbar ist doch so ein Mädchen vom Lande, das keine Ahnung hat, wie es in der feinen Welt zugeht! Stell dir vor, mein lieber B.«, fuhr er fort, »ich habe das Fräulein auf das Ruhebett gelegt, ich hob ihre Röcke hoch und zeigte ihr meinen . . . Und da hat sich die kleine Zimperliese doch eingebildet, es sei etwas Unschickliches dabei! Sie poltert los, ihr kommt herein. Das ist die ganze Geschichte, die diesem schönen Kind solche Krämpfe beschert, wie ihr seht. Ist das nicht zum Totlachen?« setzte er hinzu, wobei er von neuem losprustete. »Aber hören Sie, Bois-Laurier!« fuhr er plötzlich mit großem Ernst fort, »ich bitte Sie, mich nicht mehr mit solchen dummen Gänsen zusammenzubringen; ich bin weder ein Schulmeister noch ein Lehrer in guten Manieren, und Sie tun gut daran, dem Fräulein Lebensart beizubringen, bevor Sie es Leuten wie B. und mir vorstellen.«

Ich gestehe, daß mir bei dieser seltsamen Rede die Luft wegblieb. Ich hörte R. mit offenem Mund zu, ich sah ihn mit weitaufgerissenen Augen an und sagte kein Wort.

B. verschwand mit R., ohne daß ich etwas davon bemerkte, und wie eine Idiotin lag ich in den Armen der Bois-Laurier, die ebenfalls zwischen den Zähnen einige Worte murmelte, die mir zu verstehen geben sollten, daß ich nicht ganz ohne Schuld sei. Wir stiegen in unseren Fiaker und fuhren wieder nach Hause.

Bald überwältigte mich der Aufruhr meiner Sinne. Bei unserer Ankunft vergoß ich einen Strom von Tränen. Meine keusche Begleiterin, die in großer Unruhe war, was ich wohl von dem Erlebten denken mochte, wich mir nicht von der Seite. Sie suchte mir einzureden, daß die Männer immer neugierig seien und wissen wollten, wie weit ein Mädchen, das sie zu heiraten gedächten, in den Freuden der Liebe bewandert wäre. Die Schlußfolgerung dieser schönen Rede lautete, daß die Klugheit mir hätte gebieten müssen, mich unwissender zu stellen, und sie sähe mit Bedauern, daß meine Lebhaftigkeit mich vielleicht um mein Glück gebracht hätte. Ich antwortete ihr hitzig, ich sei kein Kind mehr und wisse genau, was der unwürdige R. mit mir habe machen wollen. Und ich setzte ziemlich schroff hinzu, daß mich auch das größte Vermögen niemals zu diesem Preis verlocken könne. Und von meiner Erregung fortgerissen, erzählte ich hierauf, was ich bei Pater Dirrag und Mademoiselle Eradice gesehen hatte, und von den Lehren, die mir zu diesem Thema von Abbé T. und Madame C. erteilt worden waren. Kurzum, die listige Bois-Laurier verstand es, mir meine ganze Geschichte zu entlocken. Nun schlug sie einen ganz anderen Ton an: da sie gesehen hatte, wie wenig vertraut ich mit den Sitten und Bräuchen war, war sie um so mehr überrascht über meine Kenntnisse in Moral, Metaphysik und Religion.

Die Bois-Laurier hatte ein vortreffliches Herz.

»Wie entzückt es mich«, sagte sie, indem sie mich innig umarmte, »ein Mädchen wie dich zu kennen! Du hast mir die Augen geöffnet und mir Geheimnisse enthüllt, die das Unglück meines Lebens waren. Unaufhörlich mußte ich über mein früheres Verhalten nachdenken, und das raubte mir die Ruhe. Wer hätte mehr als ich die Strafen zu fürchten, mit denen man uns für Verbrechen droht, die, wie du mir nachgewiesen hast, unfreiwillig sind? Der Anfang meines Lebens war ein einziges Gewebe von Greueln. Aber welche Überwindung es meine Eigenliebe auch kostet, ich schulde dir Vertrauen für Vertrauen, Belehrung für Belehrung. So höre denn, meine liebe Thérèse, die Erzählung meiner Abenteuer, sie wird dich über die Launen der Männer belehren, die du kennen solltest, denn sie werden ebenfalls dazu beitragen, dich in der Überzeugung zu bestärken, daß Laster und Tugend tatsächlich von Temperament und Erziehung abhängen.

Und sogleich begann sie mit ihrer Geschichte.

Ende des ersten Teils

ZWEITER TEIL

DIE GESCHICHTE VON MADAME BOIS-LAURIER

»Du siehst in mir, meine liebe Thérèse, ein eigentümliches Wesen: ich bin weder Mann noch Frau, weder Mädchen noch Witwe, noch Ehefrau. Ich war eine gewerbsmäßige Dirne, und ich bin noch Jungfrau. Nach diesen einleitenden Worten hältst du mich wahrscheinlich für verrückt. Ein wenig Geduld, ich bitte dich: du wirst des Rätsels Lösung erfahren. Die Natur, die mir gegenüber sehr launisch war, hat den Weg der Freuden, die aus einem Mädchen eine Frau machen, durch unüberwindliche Hindernisse versperrt: ein kräftiges Häutchen verschließt den Zugang so genau, daß auch der schlankeste Pfeil, den Amor je in seinem Köcher hatte, das Ziel nicht hat erreichen können. Und was dich noch mehr überraschen wird, man hat mich nie überreden können, mich einer Operation zu unterziehen, die mich zu den Wonnen der Liebe befähigt hätte, obgleich man mir, um meinen Widerwillen zu überwinden, fortwährend unzählige Mädchen als Beispiel anführte, die sich dieser Prüfung unterzogen hatten. Seit meiner zartesten Kindheit zum Beruf der Kurtisane bestimmt, war dieses Gebrechen, das mir in diesem schandbaren Gewerbe den Erfolg zu versagen schien, im Gegenteil die Hauptursache meines Glücks. Wenn ich dir sagte, daß meine Abenteuer dich über die Launen der Männer belehren würden, so wollte ich damit nicht von den verschiedenen Stellungen sprechen, die sie in ihrer Wollust in nahezu unendlicher Anzahl erfinden, um die Vereinigung mit den Frauen zu vollziehen. Alle diese verschiedenen Liebesstellungen sind von dem berühmten Pietro Aretino — der im 16. Jahrhundert lebte — so eingehend behandelt worden, daß heutzutage nichts mehr darüber zu sagen bleibt. Es handelt sich also bei dem, was ich dir beibringen will, nur um jene seltsamen Neigungen, jene wunderlichen Gefälligkeiten, die manche Männer von uns verlangen und die ihnen, ob durch Vorliebe oder durch gewisse Mißbildungen, den vollkommenen Genuß ersetzen. Ich komme jetzt zur Sache.

Ich habe weder meinen Vater noch meine Mutter gekannt. Eine Frau aus Paris namens Lefort, die in bürgerlichen Verhältnissen lebte und die mich wie ihre Tochter aufgenommen hatte, nahm mich eines Tages geheimnisvoll beiseite und sagte mir folgendes (ich war damals fünfzehn Jahre alt):

›Sie sind nicht meine Tochter, und es ist an der Zeit, daß ich Sie über Ihren Stand aufkläre. Als sechsjähriges Kind hatten Sie sich in den Straßen von Paris verirrt; ich habe Sie in mein Haus aufgenommen, aus Barmherzigkeit bis zum heutigen Tag genährt und gekleidet, ohne daß ich je entdecken konnte, wer Ihre Eltern sind, sosehr ich mich darum bemüht habe.

Sie werden bemerkt haben, daß ich nicht reich bin, obwohl ich nichts versäumt habe, um Ihnen eine gute Erziehung zu geben. Doch jetzt ist es an Ihnen, das Werkzeug Ihres Glückes zu sein. Damit es Ihnen gelingt, habe ich Ihnen nur noch folgendes vorzuschlagen: Sie sind gut gewachsen, hübsch und stärker entwickelt, als ein Mädchen Ihres Alters es gewöhnlich ist. Der Herr Präsident von ***, mein Gönner und Nachbar, ist in Sie verliebt, er hat sich entschlossen, Ihnen zu Gefallen zu sein und auf anständige Weise für ihr Auskommen zu sorgen, unter der Voraussetzung, daß Sie ihm alle Gefälligkeiten erweisen, die er von Ihnen verlangt. Was also, Manon, soll ich ihm in Ihrem Namen sagen? Ich darf Ihnen jedoch nicht verschweigen, daß Sie, falls Sie nicht uneingeschränkt das Angebot annehmen, das Ihnen zu machen er mich beauftragt hat, noch heute mein Haus verlassen müssen, da ich nicht imstande bin, Sie noch länger zu ernähren und zu kleiden.‹

Diese niederschmetternde Eröffnung und besonders ihr Schluß ließen mich vor Schreck erstarren. Ich brach in Tränen aus: es gab kein Erbarmen, ich mußte mich entscheiden. Nach einigen Vorreden versprach ich, alles zu tun, was man von mir verlangte, worauf Madame Lefort mir versicherte, sie werde stets ihre Sorge und den süßen Namen Mutter für mich bewahren.

Am nächsten Morgen belehrte sie mich ausführlich über die Pflichten des Berufes, den ich ergreifen sollte, und besonders über das Betragen, das ich gegenüber dem Herrn Präsidenten an den Tag zu legen hätte. Hierauf mußte ich mich nackt ausziehen, und sie wusch mich von oben bis unten, kämmte und frisierte mich und zog mir Kleider an, die viel sauberer waren als die, welche ich für gewöhnlich trug.

*Ihr erstes Abenteuer mit dem Präsidenten von ****

Um vier Uhr nachmittags wurden wir bei dem Herrn Präsidenten vorgelassen. Er war ein großer dürrer Mann, dessen gelbes, runzliges Gesicht in einer sehr langen und sehr breiten viereckigen Perücke verschwand. Diese achtenswerte Persönlichkeit ließ uns Platz nehmen und sagte dann in ernstem Ton zu meiner Mutter:

›Da haben wir also die kleine Person, um die es geht? Sie ist recht nett: ich hatte Ihnen ja immer gesagt, daß sie hübsch und stattlich zu werden versprach. Und bis jetzt wurde das Geld nicht schlecht angelegt. Aber sind Sie auch sicher, daß sie noch ihre Jungfernschaft hat? Sehen wir doch einmal nach, Madame Lefort.‹

Sogleich befahl mir meine Mutter, mich rücklings auf den Rand eines Bettes zu legen, hob mein Hemd hoch und schickte sich an, meine Schenkel zu spreizen, als der Herr Präsident in barschem Ton sagte:

›Nicht doch, Madame! Die Frauen haben immer die Manie, die Vorderseite zu zeigen. Nein! Drehen Sie sie um.‹

›Oh! gnädiger Herr, ich bitte Sie um Verzeihung!‹ rief meine Mutter aus, ›ich glaubte, Sie wollten sehen, wie ... Los, stehen Sie auf, Manon. Setzen Sie ein Knie auf diesen Stuhl und beugen Sie den Oberkörper so weit nach vorne, wie Sie können.‹

Gleich einem Schlachtopfer tat ich mit niedergeschlagenen Augen alles, was man mir befahl. Meine würdige Mutter hob mir in dieser Stellung die Kleider bis zu den Hüften hoch, und als der Herr Präsident herangetreten war, spürte ich, daß sie die Lippen meiner . . . öffnete, in die der gnädige Herr den Finger steckte, jedoch vergeblich einzudringen suchte.

›Sehr gut‹, sagte er zu meiner Mutter, ›ich bin zufrieden: ich sehe, daß sie ganz gewiß Jungfrau ist. Und jetzt sorgen Sie dafür, daß sie unbeweglich in dieser Stellung bleibt, und geben Sie ihr mit der Hand einige leichte Schläge auf die Hinterbacken.‹

Der Befehl wurde ausgeführt. Ihm folgte ein tiefes Schweigen. Meine Mutter hielt mit der linken Hand meine Röcke und mein Hemd hoch, während sie mir mit der rechten leicht auf den Hintern schlug. Da ich neugierig war, was der Präsident unterdessen tat, drehte ich ein wenig den Kopf zur Seite: ich sah, daß er zwei Schritte von meinem Hintern entfernt auf dem Boden kniete und mit der einen Hand sein Lorgnon auf mein Gesäß gerichtet hielt, während er mit der anderen Hand zwischen seinen Schenkeln etwas Schlaffes und Schwarzes schüttelte, das er trotz allen Bemühungen nicht aufzurichten vermochte. Ich weiß nicht, ob er mit seinem Geschäft zu Ende kam oder nicht; doch endlich, nachdem ich eine Viertelstunde in dieser Stellung verbracht hatte, die ich kaum mehr aushalten konnte, stand der gnädige Herr auf und wankte auf seinen schmächtigen alten Beinen zu seinem Lehnstuhl. Er gab meiner Mutter eine Börse, in der sie, wie er sagte, die versprochenen hundert Louisdor finden würde. Und nachdem er mich mit einem Kuß auf die Wange beehrt hatte, sagte er mir, er werde dafür Sorge tragen, daß es mir an nichts fehle, vorausgesetzt, daß ich artig wäre, und er würde Bescheid geben, sobald er mich brauche.

Als meine Mutter und ich wieder zu Hause waren, dachte ich ebenso ernsthaft über alles nach, was ich in den letzten vierundzwanzig Stunden erlebt hatte, wie Sie es nach Mademoiselle Eradicens Geißelung durch Pater Dirrag taten. Ich rief mir alles in Erinnerung, was seit meiner Kindheit im Hause von Madame Lefort gesagt und getan worden war, und ich nahm alle meine Gedanken zusammen, um zu einem vernünftigen Schluß zu kommen, als meine Mutter hereinkam und meinen Träumereien ein Ende setzte.

›Ich habe dir nichts mehr zu verbergen, meine liebe Manon‹, sagte sie, indem sie mich umarmte, ›da du jetzt an den Pflichten eines Gewerbes teilhast, das ich mit einigem Anstand seit zwanzig Jahren ausübe. Höre also gut zu, was ich dir noch zu sagen habe, und befolge gelehrig meine Ratschläge, um das Unrecht, das der Präsident dir antut, wiedergutzumachen. Auf seinen Befehl hin habe ich dich vor acht Jahren entführt. Er hat mir seit jener Zeit eine sehr bescheidene Rente gezahlt, die ich ganz auf deine Erziehung verwendet habe. Er versprach mir, einer jeden von uns hundert Louisdor zu geben, sobald ihm dein Alter gestatte, dir deine Jungfernschaft zu nehmen. Doch ist es unsere Schuld, wenn der alte Wüstling die Rechnung ohne den Wirt gemacht hat, wenn sein verrostetes, verrunzeltes und verbrauchtes Werkzeug ihm nicht mehr erlaubt, dieses Abenteuer zu bestehen? Freilich hat er mir nur die hundert Louisdor gegeben, die mich betreffen. Aber mach dir keine Sorgen, meine liebe Manon, ich werde dafür sorgen, daß du weit mehr verdienst. Du bist jung, hübsch und nicht bekannt. Um dir eine Freude zu machen, werde ich die ganze Summe darauf verwenden, dich schön herauszuputzen, und wenn du dich von mir leiten läßt, werde ich dich allein soviel verdienen lassen wie vormals zehn oder elf meiner jungen Freundinnen.

Nach vielen weiteren Reden dieser Art, denen ich entnahm, daß meine gute Mama die hundert Louisdor, die der Präsident ihr gegeben hatte, sich selber aneignete, schlossen wir einen Vertrag, wonach sie mir dieses Geld vorstrecken und von dem Ertrag meiner ersten Arbeit abziehen sollte und daß wir dann den Gewinn unseres Geschäfts gewissenhaft teilen würden.

Die Lefort besaß in Paris eine unerschöpfliche Menge guter Bekanntschaften. In weniger als sechs Wochen wurde ich mehr als zwanzig Freunden von ihr vorgestellt, die einer nach dem andern bei dem Versuch scheiterten, die Erstlinge meiner Jungfernschaft zu pflücken. Da Madame Lefort ihre Geschäfte zum Glück sehr ordentlich führte, ließ sie sich klugerweise das Vergnügen dieser aussichtslosen Arbeit im voraus bezahlen. Eines Tages glaubte ich sogar, daß ein dicker Doktor der Sorbonne, der für seine aufgewandten zehn Louisdor durchaus etwas haben wollte, bei der Mühe, mich zu entjungfern, sterben würde.

Die Bois-Laurier wird nacheinander mehr als fünfhundert Personen vorgestellt, die sich alle umsonst bemühen, sie zu entjungfern

Diesen zwanzig Athleten folgten im Laufe von fünf Jahren mehr als fünfhundert andere. Geistliche, Offiziere, Advokaten und Finanzleute ließen mich abwechselnd die ausgesuchtesten Stellungen einnehmen. Vergebliche Mühe: das Opfer wurde am Eingang des Tempels dargebracht, oder die Spitze des Messers brach ab, so daß das Opfer unversehrt blieb.

Das Gerücht von der unüberwindlichen Jungfernschaft der Bois-Laurier dringt bis zur Polizei

Endlich erregte die Beständigkeit meiner Jungfernschaft zuviel Aufsehen und kam der Polizei zu Ohren, die dem Fortgang der Versuche Einhalt gebieten wollte. Ich wurde rechtzeitig gewarnt, und Madame Lefort und ich waren der Meinung, die Vorsicht erfordere es, für eine Weile aus Paris zu verschwinden.

Nach drei Monaten legte sich der Aufruhr. Ein Beamter derselben Polizei, Gevatter und Freund von Madame Lefort, übernahm es für eine Summe von zwölf Louisdor, die wir ihm zahlten, die Gemüter zu beruhigen. Mit neuen Plänen kehrten wir nach Paris zurück.

Meine Mutter, die mich lange gedrängt hatte, mich einer Operation zu unterziehen, hatte ihre Meinung geändert. Nun sah sie in meiner Mißbildung einen unwandelbaren Schatz, der einen großen Ertrag brachte, ohne der Pflege zu bedürfen und ohne daß man irgendwelche Gewächse zu befürchten hatte: keine Kinder, keinen geistlichen Schnupfen. Was meine eigenen Freuden betrifft, so hielt ich mich, meine liebe Thérèse, notgedrungen an diejenigen, mit denen du dich aus Gründen der Vernunft zu begnügen weißt.

Wir schlugen indes neue Wege ein und richteten uns nach ganz neuen Grundsätzen. Als wir aus unserer freiwilligen Verbannung zurückkehrten, nahmen wir zuallererst eine andere Wohnung und zogen, ohne dem Präsidenten ein Wort davon zu sagen, in den Faubourg Saint-Germain.

Die Bois-Laurier schließt Bekanntschaft mit einer Baronin, die ihr einen reichen Amerikaner als Liebhaber beschafft

Die erste Bekanntschaft, die ich dort machte, war die einer gewissen Baronin, die in ihrer Jugend zusammen mit ihrer Schwester, einer Gräfin, erfolgreich dem Vergnügen junger Lebemänner gedient hatte und nun dem Haus eines reichen Amerikaners vorstand; sie ließ ihm die Überreste ihrer verblühten Reize zuteil werden, die er weit über ihren Wert bezahlte. Ein anderer Amerikaner, sein Freund, sah mich und verliebte sich in mich: wir verständigten uns. Ich vertraute ihm meine Lage an, und das Geständnis entzückte ihn, statt ihn abzustoßen. Der arme Mann kam aus den Händen des berühmten Doktor Petit: er fühlte, daß er in den meinigen keinen Rückfall zu befürchten hatte.

Mein neuer Liebhaber aus Übersee hatte das Gelübde getan, sich auf die Freuden der Hand zu beschränken, wobei er jedoch eine wunderliche Gewohnheit hatte. Seine Vorliebe bestand darin, daß ich mich bis zum Nabel entblößt neben ihn auf das Sofa setzen mußte, und während ich den Schößling der Wurzel des Menschengeschlechts ergriff und sanft schüttelte, mußte ich es zulassen, daß eine Zofe, die er mir beigegeben hatte, mir einige Haare von meinem Vlies abschnitt. Ohne diese absonderliche

Vorbereitung hätte wohl die Kraft von zehn Armen wie den meinen nicht ausgereicht, das Ding meiner Mannsperson aufzurichten, geschweige denn ihm auch nur einen Tropfen Elixier zu entlocken.

Die seltsame Neigung dieses Amerikaners beim Liebesspiel. Die eigentümlichen Wirkungen der Musik

Ein solch wunderlicher Mann war auch der Liebhaber von Minette, der dritten Schwester der Baronin. Dieses Mädchen hatte schöne Augen, war groß und recht gut gewachsen, aber häßlich, schwarz, dürr, mürrisch und kokettierte mit Geist und Gefühlen, wiewohl sie weder den einen noch die anderen besaß. Die Schönheit ihrer Stimme hatte ihr nacheinander eine Menge Bewunderer eingetragen. Der, den sie damals gerade hatte, konnte nur von diesem Talent erregt werden, und allein die Klänge der melodischen Stimme dieses weiblichen Orpheus vermochten das Glied dieses Liebhabers aufzurichten und ihm die höchste Wonne zu bereiten.

Eines Tages, nachdem wir drei ein üppiges Mahl eingenommen hatten, bei dem auch gesungen wurde, hatte man über die Mißbildung meiner . . . gescherzt, und wir hatten alle nur denkbaren Tollheiten geredet und getrieben. Wir wälzten uns auf einem großen Bett. Unter allen zur Schau gestellten Reizen wird der Anblick der meinigen für bewundernswert erklärt. Der Liebhaber gerät in Fahrt, er zieht Minette auf den Rand des Bettes, schürzt ihre Röcke, dringt in sie ein und bittet sie zu singen. Die gefügige Minette stimmt nach einem kleinen Vorspiel eine Melodie im Dreivierteltakt an. Der Liebhaber legt los und stößt zu, seine Lippen scheinen den Takt zu schlagen, während die Stöße seines Hinterns das Tempo bestimmen. Auf demselben Bett liegend, sehe und höre ich zu und lache dabei Tränen. Alles ging gut, bis die wollüstige Minette, die an der Sache Gefallen zu finden beginnt, falsch singt, aus dem Takt kommt und sich um einen halben Ton vertut.

›Ah! Hündin!‹ ruft augenblicklich unser eifriger Anhänger der guten Musik, ›du hast mir das Ohr zerrissen, dein falscher Ton ist mir durch Mark und Bein gedrungen. Sieh nur‹, sagt er, indem er sich zurückzieht, ›was er angerichtet hat.‹

Ach, der arme Teufel war in die weiche Tonart abgesunken, der Taktstock war nur noch ein schlaffer Fetzen.

Meine verzweifelte Freundin unternahm unglaubliche Anstrengungen, ihren Mitspieler wiederzubeleben, aber die zärtlichsten Küsse, die wollüstigsten Berührungen wurden vergeblich verschwendet. Sie vermochten dem ermatteten Teil seine Spannkraft nicht zurückgeben.

›Ah! mein lieber Freund!‹ rief sie aus, ›verlaß mich nicht! Nur meine Liebe zu dir, nur die Lust hat meine Stimme verdorben. Willst du mich in diesem glücklichen Augenblick im Stich lassen? Manon! meine liebe Manon! hilf mir, zeig ihm deine kleine Muschi, sie wird ihm das Leben zurückgeben, es mir selber zurückgeben, denn ich sterbe, wenn er es nicht zu Ende bringt! Leg sie aufs Bett, mein lieber Bibi‹, sagte sie zu ihrem Liebhaber, ›und laß sie die wollüstigste Stellung einnehmen, wie zuweilen meine Schwester, die Gräfin. Manons Freundschaft bürgt mir dafür, daß sie uns den Gefallen tun wird.‹

Während dieser ganzen eigentümlichen Szene hatte ich immerzu gelacht, bis mir der Atem ausging. Denn hat man jemals gesehen, daß einer singt, während er dieses Geschäft betreibt, und daß mit einem solchen Instrument der Takt geschlagen wird? Und hat man sich jemals vorstellen können, daß ein einziger falscher Ton einen Mann plötzlich in sich zusammenfallen läßt?

Was der Liebhaber einer dritten Schwester der Baronin unternimmt, um seine erloschene Manneskraft wiederherzustellen

Ich begriff sehr wohl, daß sich die Schwester der Baronin zu allem hergab, was ihrem Liebhaber einfallen mochte, weniger aus Wollust, als um ihn durch ihre Gefälligkeiten, die sie sich teuer bezahlen ließ, an sich zu binden. Aber ich wußte noch nicht, welche Rolle die Gräfin dabei spielte, deren Stelle zu vertreten man mich bat. Bald wurde ich aufgeklärt. Sie hatte folgendes zu tun:

Die beiden Liebenden legen mich auf den Bauch, unter den sie zwei oder drei Kissen schieben, so daß mein Hintern aufragt. Dann schürzen sie mir die Röcke bis über die Hüften, wobei mein Gesicht am Kopfende des Bettes liegt. Minette streckt sich auf dem Rücken aus, legt ihren Kopf zwischen meine Schenkel, so daß mein Vlies ihre Stirn berührt und ihr gewissermaßen als Toupet dient. Bibi hebt Minette die Röcke und das Hemd hoch, legt sich auf sie und stützt sich auf seine Arme. Bedenke, meine liebe Thérèse, daß Herr Bibi in dieser Stellung, vier Fingerbreit vor seiner Nase, die Aussicht auf das Gesicht seiner Geliebten, auf mein Vlies, auf meinen Hintern und so weiter hatte. Diesmal kam er ohne Musik aus: er küßte ohne Unterschied alles, was er vor sich hatte, Gesicht, Arsch, Mund, ohne etwas zu bevorzugen, ihm war alles einerlei. Sein Pfeil, von Minettes Hand geführt, fand bald seine frühere Festigkeit wieder und kehrte in seine Herberge zurück. Und nun ging es mächtig los: der Liebhaber stieß zu, Minette fluchte, biß und bewegte ihren Hintern mit unglaublicher Gelenkigkeit. Ich selber lachte weiterhin Tränen, während ich kein Auge von dem Geschäft wandte, das hinter meinem Rücken vor sich ging. Nachdem sie recht lange gearbeitet hatten, gerieten die beiden Liebenden endlich außer sich und schwammen in einem Meer der Glückseligkeit.

Die Bois-Laurier wird einem Prälaten vorgestellt, der sein Zimmer mit Matratzen auspolstern läßt

Einige Zeit darauf wurde ich mit einem Bischof bekannt gemacht, dessen Manie sehr viel geräuschvoller war und für den Ruf seiner Beischläferin ebenso gefährlich wie für das beste Trommelfell. Stell dir vor, daß Seine Gnaden, ob nun aus Vorliebe oder wegen eines Fehlers seiner Organisation, sobald er den Hohepriester der Lust nahen fühlte, anfing zu brüllen und aih! aih! schrie, und zwar um so lauter, je größer die Lust war, die ihn überkam, so daß man die Stärke des Kitzels, den der dicke Bischof verspürte, an dem Kraftaufwand hätte messen können, womit er aih! aih! brüllte. Ein Lärm, den man bei Hochwürdens Erguß im Umkreis von tausend Schritt hätte hören können, wäre sein Kammerdiener nicht so umsichtig gewesen, Türen und Fenster der bischöflichen Wohnung mit Matratzen auszupolstern.

Sie wird zu einem angesehenen Mann geschickt, der eine ganz besondere Manie hat

Ich würde niemals ein Ende finden, wollte ich dir alle wunderlichen Neigungen und Eigentümlichkeiten schildern, die ich bei Männern angetroffen habe, ganz abgesehen von den verschiedenen Stellungen, die sie beim Koitus von den Frauen verlangen.

Eines Tages wurde ich durch eine kleine Hintertür zu einem namhaften und sehr reichen Mann geführt, dem seit fünfzig Jahren jeden Morgen ein anderes Mädchen einen ähnlichen Besuch abstattete. Er öffnete mir selbst die Tür zu seiner Wohnung. Da man mir gesagt hatte, welche Etikette ich bei diesem alten Wüstling zu beachten hätte, zog ich, sobald ich eingetreten war, Kleid und Hemd aus. Und völlig nackt bot ich ihm, der mit ernster Miene in einem Lehnstuhl saß, mein Hinterteil zum Kuß.

›Nun lauf aber schnell, mein Mädchen‹, sagte er, wobei er in der einen Hand sein Gemächte hielt, das er mit aller Kraft schüttelte, und in der anderen ein Rutenbündel, mit dem er meinen Hintern bedrohte.

Ich beginne zu laufen, er folgt mir: fünf- bis sechsmal laufen wir durch das Zimmer, wobei er wie ein Teufel schreit: ›Lauf doch, du Luder! So lauf doch!‹

Endlich sinkt er erschlafft in seinen Lehnstuhl. Ich ziehe mich wieder an, er gibt mir zwei Louisdor, und ich gehe.

Ein weiterer wunderlicher Fall

Ein anderer setzte mich bis zum Gürtel entblößt auf den Rand eines Stuhls. In dieser Stellung mußte ich mich mit dem Kopf eines Godemichés reiben, um mich zu erregen, was ich aus Gefälligkeit, manchmal auch mit Vergnügen tat. Er selbst saß in derselben Haltung mir gegenüber am andern Ende des Zimmers und besorgte mit der Hand das gleiche Geschäft, wobei er mit den Augen alle meine Bewegungen verfolgte und besonders darauf bedacht war, seine Verrichtung erst dann zu beenden, wenn er gewahrte, daß mein schmachtender Gesichtsausdruck den Gipfel der Wollust ankündigte.

Ein alter Arzt läßt sich von der Bois-Laurier auspeitschen, um seine Manneskraft wiederherzustellen

Ein dritter (ein alter Arzt) gab kein Zeichen von Männlichkeit, wenn ich ihm nicht hundert Peitschenhiebe auf das Gesäß versetzte, während eine meiner Gefährtinnen, die mit nacktem Busen vor ihm kniete, mit ihren Händen den Erektionsnerv dieses modernen Äskulap bearbeitete, aus dem endlich die Lebensgeister entwichen, die sich, durch die Geißelung in Bewegung gebracht, in der unteren Region versammelt hatten. Auf diese Weise setzten meine Gefährtin und ich ihn durch verschiedene Verrichtungen instand, den Lebensbalsam zu vergießen. Und der Doktor versicherte uns, mit dieser Technik könne man einen ausgezehrten Mann, ja einen Impotenten wiederherstellen und in die Lage versetzen, eine bislang unfruchtbare Frau zu schwängern.

Die Manie eines von Ausschweifungen ausgezehrten Galans

Ein vierter (ein durch Ausschweifungen ausgezehrter Galan) ließ mich nebst einer meiner Gefährtinnen zu sich kommen. Wir fanden ihn in einem Kabinett, das ganz mit Spiegeln verkleidet war, so daß man von einem mit rotem Samt überzogenen Ruhebett aus, das in der Mitte des Zimmers stand, alles sehen konnte.

›Sie sind reizende, anbetungswürdige Damen‹, sagte der Galan sehr freundlich zu uns. ›Sie werden es mir indessen nicht verargen, wenn ich nicht die Ehre habe, Sie zu ... Wenn es Ihnen recht ist, wird einer meiner Kammerdiener, ein schöner und kräftiger Junge, die Ehre haben, Sie zu amüsieren. Was wollen Sie, meine schönen Kinder!‹ setzte er hinzu, ›man muß seine Freunde mit allen ihren Fehlern zu lieben wissen, und ich habe den Fehler, daß ich nur dann Lust empfinde, wenn ich mir die Lust derer vorstelle, die ich andere genießen sehe. Außerdem befaßt sich doch jedermann mit diesem Geschäft. Nun, wäre es nicht erbärmlich, daß Leute wie ich einen plumpen, häßlichen Bauern nachäffen?‹

Nach dieser mit honigsüßer Stimme gesprochenen Vorrede ließ er seinen Kammerdiener hereinkommen, der in Turnierkleidung, einem fleischfarbenen kurzen Satinjäckchen, erschien. Meine Gefährtin wurde auf das Ruhebett gelegt und von dem Kammerdiener ordentlich aufgeschürzt, der mir dann behilflich war, meinen Oberkörper bis zum Gürtel zu entkleiden. Dies alles wurde sorgfältig und bedächtig ausgeführt. Der Herr saß in einem Lehnstuhl und sah zu, wobei er sein schlaffes Instrument in der Hand hielt. Der Kammerdiener dagegen, der seine Hose bis zu den Knien herabgelassen und sein Hemd heraufgerollt hatte, ließ uns ein höchst prachtvolles Werkzeug sehen. Er wartete, um zur Tat zu schreiten, nur noch auf die Befehle seines Herrn, der ihm endlich sagte, er könne beginnen. Alsbald klettert der Kammerdiener auf meine Gefährtin, dringt in sie ein und bleibt dann unbeweglich. Auch seine Hinterbacken rühren sich nicht.

›Machen Sie sich die Mühe, Mademoiselle‹, sagte unser Galan, ›und stellen Sie sich auf die andere Seite des Bettes und kitzeln Sie dieses riesige Paar Hoden, die zwischen den Schenkeln meines Mannes hängen, der, wie Sie sehen, ein braver Lothringer ist.‹

Als ich diesem Wunsch nachgekommen war — wie ich dir schon sagte, war ich vom Gürtel an aufwärts nackt —, sagt der Anordner des Festes zu seinem Kammerdiener, er könne loslegen. Sofort beginnt dieser mit einer wunderbaren Beweglichkeit seiner Hinterbacken zu stoßen. Meine Hand folgt ihrer Bewegung und läßt die beiden ungeheuren Warzen nicht los. Der Herr sieht in seine Spiegel, die ihm verschiedenartige Bilder zeigen, je nachdem, von welcher Seite die Dinge zurückgeworfen werden. Es gelingt ihm, sein Instrument steifzukriegen, und er schüttelt es kräftig. Er fühlt, daß der Augenblick der Wollust naht.

›Du kannst zu Ende kommen‹, sagt er zu seinem Kammerdiener.

Dieser verdoppelt seine Stöße. Endlich geraten beide in Ekstase und verströmen den göttlichen Saft.

Abenteuer dreier Kapuziner bei einer Lustpartie mit der Bois-Laurier

Liebe Thérèse (fuhr die Bois-Laurier nach einer Weile fort), das erinnert mich an ein vergnügliches Abenteuer, das ich am gleichen Tag mit drei Kapuzinern hatte. Es wird dir eine Vorstellung davon geben, wie genau sich diese guten Patres an ihr Keuschheitsgelübde halten.

Nachdem ich das Haus des erwähnten Galans verlassen und mich von meiner Gefährtin verabschiedet hatte, begegnete ich, gerade als ich um die Ecke bog, um in einen auf mich wartenden Fiaker zu steigen, der Dupuis, einer Freundin meiner Mutter und würdigen Nebenbuhlerin derselben in ihrem Gewerbe, das sie jedoch in einem weniger lauten Kreise ausübte.

›Ah! meine liebe Manon!‹ sagte sie, ›ich bin entzückt, dich zu treffen! Wie du weißt, habe ich die Ehre, fast alle Mönche von Paris zu bedienen. Ich glaube, diese Hunde haben sich heute verabredet, mich rasend zu machen: sie sind alle geil. Seit heute Morgen habe ich in verschiedenen Zimmern und Stadtvierteln von Paris neun Mädchen für sie ins Feld geschickt, und seit vier Stunden renne ich herum und finde keine zehnte für drei ehrwürdige

Kapuziner, die immer noch in einem verschlossenen Fiaker vor meinem kleinen Haus warten. Manon, du mußt mir den Gefallen tun und mitkommen: es sind gutmütige Kerle, sie werden dich amüsieren.‹

Vergebens sagte ich der Dupuis, sie wisse doch, daß ich kein Braten für Mönche sei, weil diese Herren sich nicht mit Phantasievergnügungen und mit Handarbeit zufrieden gäben, sondern im Gegenteil Mädchen brauchten, deren Türen weit offen ständen.

›Herrjeh!‹ erwiderte die Dupuis, ›wie schön, daß du dich um das Vergnügen dieser Schelme sorgst! Aber es genügt, daß ich ihnen ein Mädchen verschaffe; es ist ihre Sache, was sie damit anfangen. Sieh nur, hier sind sechs Louisdor, die sie mir in die Hand gedrückt haben; drei davon sind für dich. Willst du mitkommen?‹

Die Neugier bestimmte mich ebensosehr wie der Eigennutz. Wir stiegen in meinen Fiaker und fuhren zu dem kleinen Haus der Dupuis in der Nähe von Montmartre.

Kurz darauf traten unsere drei Kapuziner ein. Sie waren an einen solchen Leckerbissen, wie ich es zu sein schien, nicht gewöhnt und stürzten wie drei ausgehungerte Doggen auf mich zu. Ich stand gerade an einem Stuhl, auf den ich einen Fuß gesetzt hatte, um mein Strumpfband festzubinden. Der eine, der einen roten Bart hatte und ekelhaft aus dem Mund roch, drückte mir einen Kuß auf den Mund und versuchte sogar, mit seiner Zunge zu scharwenzeln. Ein zweiter faßte mir mit seiner Hand grob an die Brüste. Der dritte hatte mir von hinten das Hemd hochgehoben, und ich fühlte sein Gesicht an meinem Hintern, ganz dicht am Löchlein. Etwas Rauhes, wie Roßhaar, befand sich zwischen meinen Beinen und durchstöberte die Vorderpartie. Ich greife mit der Hand danach. Was bekomme ich zu fassen? Den Bart des Paters Hilaire, der mich, als er sich gepackt und am Kinn gezogen fühlte, kräftig in eine meiner Hinterbacken beißt, damit ich loslasse. Tatsächlich lasse ich den Bart los, und ein gellender Schrei, den der Schmerz mir entreißt, erschreckt glücklicherweise die Zügellosen und befreit mich für einen Augenblick aus ihren Klauen. Ich setze mich auf ein Ruhebett, neben dem ich stand. Doch kaum hatte ich Zeit gehabt, mich zu sammeln, als sich drei riesige Instrumente auf mich richteten.

›Ah! ehrwürdige Väter‹, rief ich aus, ›einen Augenblick Geduld, ich bitte euch: laßt uns ein wenig Ordnung in unser Vorhaben bringen. Ich bin nicht hierhergekommen, um die Vestalin zu spielen: sagen Sie mir also, mit wem von euch dreien soll ich . . .‹

›Mit mir!‹ riefen sie alle auf einmal, ohne mich ausreden zu lassen.

›Mit euch Milchbärten?‹ sagte einer von ihnen mit näselnder Stimme. ›Ihr wagt es, eurem Superior Pater Ange den Vorrang streitig zu machen, der früher Guardian von *** und Fastenprediger von *** war? Wo bleibt denn die Subordination?‹

›Du meine Güte, doch nicht bei der Dupuis‹, versetzte einer der beiden im gleichen Ton, ›hier ist Pater Anselme genausoviel wert wie Pater Ange.‹

›Du lügst‹, erwiderte letzterer, indem er dem ehrwürdigen Pater Anselme einen Faustschlag mitten ins Gesicht gab.

Dieser, der durchaus kein Krüppel war, springt auf Pater Ange los. Sie packen sich, balgen sich, wälzen sich auf dem Boden, bearbeiten sich mit Fäusten und Zähnen. Ihre Kutten, die über ihre Köpfe gerutscht waren, legen ihre erbärmlichen Werkzeuge bloß, die jetzt nicht mehr strotzen, sondern schlaff wie Waschlappen sind. Die Dupuis eilt herbei, um sie zu trennen; es gelingt ihr nur, indem sie einen großen Eimer kalten Wassers über die Schamteile dieser beiden Jünger des heiligen Franziskus gießt.

Während des Kampfes verlustierte sich Pater Hilaire durchaus nicht mit Nebensächlichkeiten. Da ich halbtot vor Lachen rücklings auf das Bett gesunken war, stöberte er in meinen Reizen und versuchte, die Auster zu essen, um die seine beiden Gefährten sich prügelten. Überrascht von dem Widerstand, auf den er stößt, hält er inne, um den Engpaß aus der Nähe zu betrachten. Er öffnet die Muschel ein wenig: sie ist versperrt. Was tun? Von neuem versucht er einzudringen: vergebliche Liebesmüh. Nach verstärkten Anstrengungen ist er auf das demütigende Hilfsmittel angewiesen, die Auster, die er nicht zu schlürfen vermag, anzuspucken.

Auf die Wut der Mönche folgte mit einemmal Stille. Pater Hilaire bittet um einen Augenblick Ruhe: er setzt die beiden Kämpfenden von meiner Mißbildung und der unüberwindlichen Schranke in Kenntnis, die den Zugang zum Ort der Wonne versperrt. Die alte Dupuis bekam heftige Vorwürfe zu hören, die sie scherzend abwehrte. Und als erfahrene Frau versuchte sie, für Ablenkung zu sorgen, indem sie eine ganze Ladung Burgunderflaschen kommen ließ, die auch bald geleert wurden.

Unterdessen nehmen die Werkzeuge unserer Patres wieder ihre frühere Festigkeit an. Die dem Bacchus geweihten Trankopfer werden von Zeit zu Zeit durch Huldigungen an Priapus unterbrochen. So unvollkommen diese auch waren, unsere Raufbolde schienen sich damit zufriedenzugeben, und bald dienten meine Hinterbacken, bald deren Vorderseite als Altar für ihre Opfergaben.

Es dauerte nicht lange, bis eine ungeheure Heiterkeit sich der Gemüter bemächtigte. Wir legen unseren Gästen Wangenrot und Schönheitspflästerchen auf. Jeder von ihnen zieht eines meiner Kleidungsstücke an, so daß ich bald aller Hüllen beraubt und völlig nackt bin, nur mit einem Kapuzinermantel bedeckt, ein Aufzug, in dem sie mich bezaubernd finden.

›Seid ihr nicht überglücklich‹, rief die Dupuis, die halb betrunken war, ›eine so reizende Muschi zu sehen, wie die bezaubernde Manon sie hat?‹

›Nein, zum Henker!‹ erwiderte Pater Ange in bacchischem Ton. ›Ich bin nicht hierhergekommen, um eine Muschi zu sehen, sondern um eine Fotze zu ficken! Ich habe redlich bezahlt, und dieser Schwanz, den ich in der Hand halte, wird verflucht nochmal nicht nach Hause gehen, bevor er gefickt hat, und sei's den Teufel!‹

Hör gut zu«, unterbrach sich die Bois-Laurier, »die Szene ist originell. Nur muß ich dich (vielleicht etwas spät) darauf aufmerksam machen, daß ich die kräftigen Ausdrücke nicht mildern kann, ohne der Szene ihre Würze zu nehmen.«

Die Bois-Laurier hatte ihre Erzählung in zu elegantem Stil begonnen, um sie nicht ebenso enden zu lassen. Ich lächelte, und sie setzte den Bericht ihres Abenteuers fort:

»›Und sei's den Teufel!‹ wiederholte die Dupuis, indem sie von ihrem Stuhl aufstand und in demselben näselnden Ton sprach wie der Kapuziner. ›Wohlan! ficke‹, sagte sie, indem sie ihre Kleider bis zum Nabel hochhob. ›Sieh dir diese ehrwürdige Fotze an, sie ist so gut wie zwei. Ich bin ein wahres Satansweib. Fick mich also, wenn du es wagst, damit du für dein Geld was hast.‹

Zur gleichen Zeit packt sie den Pater Ange am Bart und zieht ihn auf sich, wobei sie sich auf das Ruhebett sinken läßt. Der Pater läßt sich von der Begeisterung seiner Proserpina keineswegs aus der Fassung bringen und schickt sich an, sie zu durchbohren, was er kurz darauf auch tut.

Kaum hatte die sechzigjährige Dupuis das Reiben einiger Stöße des Paters verspürt, als jenes köstliche Vergnügen, das seit fünfundzwanzig Jahren kein Sterblicher ihr zu bereiten sich erkühnt hatte, sie ganz außer sich brachte, so daß sie bald einen anderen Ton anschlug:

›Ah! mein Papa‹, sagte sie, indem sie sich wie eine Rasende gebärdete, ›mein lieber Papa! Fick mich doch ... bereite mir Lust ... ich bin erst fünfzehn Jahre alt, mein Freund. Ja, siehst du? ich bin erst fünfzehn ... Fühlst du es? ... Nur zu, mein kleiner Cherubim! ... Du schenkst mir das Leben wieder ... du tust ein verdienstvolles Werk ...‹

In den Pausen zwischen diesen zärtlichen Ausrufen küßte die Dupuis ihren Kämpfer, sie zwickte ihn, sie biß ihn mit den beiden einzigen Zahnstummeln, die sie noch im Mund hatte.

Der Pater indes, der von Wein übervoll war, zappelte bloß, und als der Wein zu wirken begann, da bemerkte die Galerie, die aus den ehrwürdigen Patres Anselme und Hilaire und mir selbst bestand, daß Pater Ange an Boden verlor und seine Bewegungen nicht mehr regelmäßig waren.

›Ah! du Hundsfott!‹ rief plötzlich die sachkundige Dupuis, ›ich glaube gar, du schlaffst ab ... Du Hund, wenn du mir solchen Schimpf antätest ...‹

In diesem Augenblick dreht sich dem Pater infolge der Aufregung der Magen um, und die Überschwemmung ergießt sich über das Gesicht der unglücklichen Dupuis, als sie gerade bei einem ihrer verliebten Ausrufe den Mund weit geöffnet hat, und der Alten, die sich von diesem ekligen Ausfluß angeekelt fühlt, wird ebenfalls speiübel, und sie zahlt es dem Angreifer mit gleicher Münze heim.

Niemals habe ich ein abscheulicheres und zugleich lächerlicheres Schauspiel gesehen! Der Mönch sackt zusammen und fällt auf die Dupuis; diese macht die größten Anstrengungen, um ihn auf die Seite zu wälzen, endlich gelingt es ihr. Beide schwimmen im Unrat, ihre Gesichter sind unkenntlich. Die Dupuis, deren unterdrückter Zorn nun losbricht, fällt mit den Fäusten über Pater Ange her. Die beiden Zuschauer und ich mußten so unbändig lachen, daß wir nicht die Kraft hatten, ihnen zu Hilfe zu kommen. Schließlich eilten wir herbei und trennten die Kämpfenden. Pater Ange schläft ein, die Dupuis reinigt sich. Als die Nacht hereinbricht, zieht sich jeder zurück und geht friedlich nach Hause.«

Abhandlung über die Anhänger abartiger Freuden, wo bewiesen wird, daß sie weder zu bedauern noch zu tadeln sind

Nach dieser schönen Erzählung, über die wir herzlich lachen mußten, fuhr die Bois-Laurier folgendermaßen fort:

»Ich will nicht von der Neigung jener Ungeheuer sprechen, die nur an abartigen Freuden Gefallen finden, ob nun als *Handelnde* oder als *Duldende*. Italien bringt heutzutage weniger solche Menschen hervor als Frankreich. Bekannt ist, daß ein liebenswerter und reicher adliger Herr, der von diesem Wahn befallen war, in seiner Hochzeitsnacht mit einer reizenden Gattin die Ehe nur vollziehen konnte, indem er seinen Kammerdiener zu Hilfe nahm, dem er befahl, ihm mitten in der Verrichtung dasselbe von hinten zu besorgen, was er seiner Frau von vorne machte.

Allerdings machen sich die Herren Päderasten über unsere Beschimpfungen lustig und verteidigen ihre Neigung auf das lebhafteste, indem sie behaupten, daß ihre Gegner nach denselben Grundsätzen handeln wie sie. ›Wir alle‹, sagen diese Ketzer, ›suchen den Genuß auf dem Wege, auf dem wir ihn zu finden glauben. Der Geschmack leitet unsere Gegner genauso wie uns. Nun werden Sie aber zugeben, daß es uns nicht freisteht, diesen oder jenen Geschmack zu haben. Wenn jedoch ein Geschmack verbrecherisch ist, so wird man einwenden, wenn er die Natur beleidigt, muß man ihn verwerfen. Durchaus nicht: warum soll man nicht seinem Geschmack folgen, wenn es um die Lust geht? Es gibt keine strafbaren Gelüste. Außerdem ist es falsch, daß die abartige Liebe der Natur zuwiderläuft, da gerade die Natur uns die Neigung zu dieser Lust eingibt. Aber man kann sein Geschlecht nicht fortpflanzen, wirft man erneut ein. Welch erbärmlicher Einwand! Wo sind denn die Menschen, ob sie nun diesen oder jenen Geschmack haben, die sich der Fleischeslust hingeben, um Kinder zu zeugen?‹

Kurzum«, fuhr die Bois-Laurier fort, »die Herren Päderasten führen tausend gute Gründe an, um uns einzureden, daß sie weder zu beklagen noch zu tadeln seien. Wie dem auch sei, ich hasse sie, und ich muß dir noch einen recht drolligen Streich erzählen, den ich einmal einem dieser abscheulichen Feinde unseres Geschlechts gespielt habe.

Wie die Bois-Laurier einem dieser Menschen einen derben Verweis erteilte

Ich war benachrichtigt worden, daß er mich besuchen würde, und wenngleich ich schon von Natur aus eine gewaltige Furzerin bin, hatte ich mir vorsichtshalber den Bauch mit Kohlrüben vollgeschlagen, um auch wirklich imstande zu sein, ihn meinem Plan gemäß zu empfangen. Er war ein widerlicher Mensch, den ich nur aus Gefälligkeit gegen meine Mutter ertrug. Jedesmal, wenn er in unsere Wohnung kam, beschäftigte er sich zwei Stunden damit, meine Hinterbacken zu untersuchen, sie zu öffnen und wieder zu schließen, den Finger in das Loch zu führen, in das er zu gerne etwas anderes gesteckt hätte, wenn ich mir das nicht deutlich verbeten hätte. Mit einem Wort, ich verabscheute ihn. Er kommt um neun Uhr abends. Ich muß mich bäuchlings auf den Rand eines Bettes legen, und nachdem er mir sorgfältig Röcke und Hemd hochgehoben hat, bewaffnet er sich nach seiner löblichen Gewohnheit mit einer Kerze, um den Gegenstand seiner Verehrung zu betrachten. Darauf hatte ich nur gewartet. Er setzt ein Knie auf den Boden, und als er sich mit dem Licht und seiner Nase nähert, lasse ich einen kräftigen Wind fahren, den ich seit zwei Stunden mühsam zurückgehalten hatte. Er entwich mit einem Heidenlärm aus seinem Gefängnis und blies die Kerze aus. Der Neugierige fährt zurück, wobei er sicherlich eine entsetzliche Grimasse schneidet. Die seinen Händen entglittene Kerze wird wieder angezündet. Ich benutze das Durcheinander und laufe unter schallendem Gelächter in ein Nebenzimmer, in das ich mich einschließe und aus dem mich weder Bitten noch Drohungen herauslocken konnten, bis mein Angeblasener aus dem Hause war.«

Über dieses letzte Abenteuer mußte ich so unbändig lachen, daß Madame Bois-Laurier nicht weitererzählen konnte. Zur Gesellschaft lachte auch sie aus ganzem Herzen, und wir hätten so bald nicht aufgehört, hätte man nicht die Ankunft zweier Herren aus ihrer Bekanntschaft gemeldet. Sie hatte gerade noch Zeit, mir zu sagen, daß diese Unterbrechung ihr sehr leid tue, da sie mir bisher nur die schlechte Seite ihrer Geschichte erzählt habe, durch die ich wohl eine recht schlechte Meinung von ihr bekommen hätte, aber sie hoffe, mir bald auch die gute Seite zu zeigen und mir zu berichten, wie eifrig sie die erste Gelegenheit ergriffen habe, um aus dem schändlichen Leben herauszukommen, zu dem die Lefort sie bewogen habe.

Ich muß allerdings der Bois-Laurier Gerechtigkeit widerfahren lassen: mit Ausnahme meines Abenteuers mit Herrn R., an dem beteiligt gewesen zu sein sie stets abgestritten hatte, hatte sie sich während der Zeit unserer Bekanntschaft nichts zuschulden kommen lassen. Fünf oder sechs Freunde waren ihre ganze Gesellschaft, außer mir sah sie kein anderes weibliches Wesen, denn sie haßte die Frauen. Unsere Gespräche vor der Welt waren sehr anständig: sie hatten nichts von der Ausgelassenheit derer, die wir seit unseren gegenseitigen Vertraulichkeiten unter vier Augen führten. Alle Männer, mit denen sie verkehrte, waren gescheite Leute. Man spielte kleine Gesellschaftsspiele, worauf man fast jeden Abend bei ihr soupierte. Nur Herr B., ihr angeblicher Oheim, durfte sich unter vier Augen mit ihr unterhalten.

Wie ich bereits sagte, waren zwei Herren gemeldet worden. Sie traten ein. Wir spielten eine Partie Quadrille und soupierten dann in fröhlicher Stimmung. Die Bois-Laurier, die sich in reizender Laune befand und mich vielleicht nicht allein lassen wollte, damit ich nicht über mein Abenteuer vom Vormittag nachdachte, zog mich in ihr Bett. Ich mußte bei ihr schlafen. Man heult eben mit den Wölfen: wir sagten und trieben allerlei Tollheiten.

*Thérèse lernt in der Oper den Grafen von *** kennen, der heute ihr Liebhaber ist*

Am Tag nach dieser ausgelassenen Nacht sprach ich zum erstenmal mit Ihnen, mein lieber Graf. Welch ein glücklicher Tag! Ohne Sie, ohne Ihre Ratschläge, ohne die zärtliche Freundschaft und die glückliche Sympathie, die uns von Anfang an verband, wäre ich unmerklich in mein Verderben gerannt. Es war an einem Freitag. Wie ich mich erinnere, waren Sie im Amphitheater der Oper, dicht unter der Loge, darin die Bois-Laurier und ich saßen. Unsere Augen begegneten sich durch Zufall, aber sie blieben mit Bewußtsein aneinander haften. Einer Ihrer Freunde, der am selben Abend bei uns zu Tisch sein sollte, begab sich zu uns: wenig später sprachen Sie ihn an. Man neckte mich mit meinen Moralbegriffen. Sie schienen neugierig zu sein, mehr darüber zu erfahren, und waren entzückt, als Sie sie ganz ergründet hatten. Die Übereinstimmung Ihrer Gefühle mit den meinigen weckte meine Aufmerksamkeit. Ich hörte und sah Sie mit einem Vergnügen, das mir bisher unbekannt war. Die Lebhaftigkeit dieses Vergnügens belebte mich, machte mich geistreich und entwickelte Gefühle in mir, von denen ich noch nichts gewußt hatte. Dies ist eine Wirkung der Sympathie der Herzen: es ist, als dächte man mit dem Organ desjenigen, der diese Sympathie erregt. In demselben Augenblick, wo ich zur Bois-Laurier sagte, sie solle Sie einladen, mit uns zu soupieren, machten Sie Ihrem Freund denselben Vorschlag. Wir verabredeten uns. Als die Oper aus war, stiegen wir alle vier in Ihren Wagen und fuhren zu Ihrem kleinen Palais, wo wir uns nach einer Partie Quadrille, bei der wir für die Fehler, die wir in unserer Zerstreutheit begingen, reichlich zahlen mußten, zu Tisch setzten und soupierten. Mit Bedauern sah ich Sie das Haus verlassen, aber ich fand angenehmen Trost darin, daß Sie mich baten, mich hin und wieder besuchen zu dürfen, und zwar in einem Ton, der mich überzeugte, daß Sie die Absicht hatten, es auch wirklich zu tun.

Als Sie gegangen waren, fragte die neugierige Bois-Laurier mich aus und versuchte nach und nach herauszufinden, worüber wir beide uns nach dem Essen unter vier Augen unterhalten hatten. Ich sagte ihr unumwunden, daß Sie dem Anschein nach wissen wollten, welche Angelegenheit mich nach Paris geführt hätte und hier festhielte, und ich gab zu, Ihr Benehmen hätte mir soviel Vertrauen eingeflößt, daß ich Ihnen ohne Zögern fast mein ganzes Leben und meine augenblickliche Lage erzählt hätte. Ferner sagte ich, daß meine Lage Sie allem Anschein nach gerührt hätte, und Sie hätten mir zu verstehen gegeben, daß Sie mir beweisen könnten, welche Gefühle ich Ihnen eingeflößt habe.

»Du kennst die Männer nicht«, erwiderte die Bois-Laurier, »die meisten sind Verführer und Betrüger, die ein Mädchen seinem traurigen Schicksal überlassen, nachdem sie seine Leichtgläubigkeit ausgenutzt haben. Damit will ich nicht sagen, daß ich dem Grafen persönlich einen solchen Charakter unterstelle, im Gegenteil, alles an ihm verrät, daß er ein denkender und anständiger Mensch ohne Vorurteile ist, der aus Vernunft und Neigung handelt.«

Nachdem mir die Bois-Laurier noch einige weitere Reden gehalten hatte, die mich lehren sollten, die verschiedenen Charaktere der Männer zu erkennen, gingen wir zu Bett, wo unsere Tollheiten an die Stelle vernünftiger Überlegungen traten.

Madame Bois-Laurier beendet ihre Geschichte und berichtet Thérèse, wie sie sich von ihrem ausschweifenden Leben zurückzog

Als wir am andern Morgen erwachten, sagte die Bois-Laurier:

»Gestern habe ich dir, meine liebe Thérèse, fast alles Elend meines Lebens erzählt, du hast die schlechte Seite der Medaille gesehen; habe nun die Geduld, mich weiter anzuhören, und du wirst auch die gute Seite kennenlernen.

Schon seit langem war mein Herz zermartert, und ich seufzte über das unwürdige, erniedrigende Leben, in das die Armut mich gestürzt hatte und worin die Gewohnheit und die Ratschläge der Lefort mich festhielten, als diese Frau, die es verstanden hatte, eine Art von mütterlicher Autorität auf mich auszuüben, erkrankte und starb. Da jeder mich für ihre Tochter hielt, blieb ich unangefochten im Besitz ihres Erbes. Dieses belief sich — teils in barem Geld, teils in Möbeln, Geschirr und Wäsche — auf eine Summe von sechsunddreißigtausend Livres. Ich behielt, was zu einer anständigen Einrichtung notwendig ist, wie du sie heute siehst, verkaufte alles Überflüssige, und innerhalb eines Monats brachte ich meine Angelegenheiten soweit in Ordnung, daß ich mir eine Leibrante von dreitausendvierhundert Livres erwerben konnte. Tausend Livres schenkte ich den Armen und reiste dann nach Dijon, in der Absicht, mich dort zurückzuziehen und bis ans Ende meiner Tage ein ruhiges Leben zu führen.

Unterwegs jedoch wurde ich in Auxerre von den Pocken befallen, die mein Gesicht so veränderten, daß ich nicht wiederzuerkennen war. Dieses Ereignis und die schlechte Pflege, die ich während meiner Krankheit in der Provinz erhielt, in der ich mich niederlassen wollte, veranlaßten mich, meinen Entschluß zu ändern. Mich dünkte auch, daß ich, wenn ich nach Paris zurückkehrte und mich von den beiden Stadtvierteln fernhielte, wo ich während der beiden ersten Abschnitte meines Lebens gewohnt hatte, ruhig in einem anderen Viertel leben könnte, ohne erkannt zu werden. Seit einem Jahr bin ich also wieder hier. Herr B. ist der einzige, der weiß, wer ich bin. Er ist einverstanden, daß ich mich für seine Nichte ausgebe, weil ich dafür sorge, für eine vornehme Dame zu gelten. Und du, Thérèse, bist die einzige Frau, der ich mich anvertraut habe, weil ich fest davon überzeugt bin, daß eine Person mit deinen Grundsätzen außerstande ist, das Vertrauen einer Freundin zu mißbrauchen, die du dir durch die Güte deines Charakters und die Redlichkeit deiner Gefühle gewonnen hast.«

Ende der Geschichte der Bois-Laurier

FORTSETZUNG DER GESCHICHTE VON THÉRÈSE

Als Madame Bois-Laurier geendet hatte, versicherte ich ihr, sie könne sich auf meine Verschwiegenheit verlassen, und dankte ihr von ganzem Herzen, daß sie zu meinen Gunsten die natürliche Abneigung überwunden habe, einem anderen Menschen die Verirrungen ihrer Vergangenheit anzuvertrauen.

Inzwischen war es fast Mittag geworden. Die Bois-Laurier und ich waren noch bei diesem Austausch von Artigkeiten, als man mir meldete, daß Sie mich zu sehen wünschten. Mein Herz erbebte vor Freude. Ich stand auf, ich flog Ihnen entgegen, wir speisten zusammen zu Mittag und verbrachten den übrigen Tag gemeinsam.

Drei Wochen flossen sozusagen dahin, ohne daß wir uns trennten und ohne daß ich merkte, daß Sie die Zeit dazu benutzten, herauszufinden, ob ich Ihrer würdig sei. Denn meine Seele war berauscht von der Freude, Sie zu sehen, und ließ kein anderes Gefühl in mir zu, und obgleich ich keinen anderen Wunsch hatte, als Sie mein Leben lang zu besitzen, kam es mir niemals in den Sinn, einen Plan zu verfolgen, um mir dieses Glück zu sichern.

Doch die Bescheidenheit Ihrer Reden und die Besonnenheit Ihres Benehmens erschreckten mich. Wenn er mich liebte, so sagte ich zu mir, würde er mich lebhaft umwerben, wie ich es bei anderen sehe, die mir versichern, daß sie mich über alles lieben. Das beunruhigte mich. Damals wußte ich noch nicht, daß vernünftige Menschen auch in der Liebe vernünftig und leichtsinnige Menschen immer und überall leichtsinnig sind.

*Der Graf von *** schlägt Thérèse vor, sie mit auf seine Ländereien zu nehmen und dort auszuhalten*

Nach einem Monat endlich, lieber Graf, sagten Sie mir eines Tages recht lakonisch, meine Lage habe Sie schon seit dem ersten Tag unserer Bekanntschaft beunruhigt, mein Gesicht, mein Charakter, mein Vertrauen zu Ihnen hätten Sie bestimmt, auf Mittel zu sinnen, um mich aus dem Labyrinth herauszuführen, in dem ich mich zu verirren drohte.

»Vermutlich«, setzten Sie hinzu, »erscheine ich Ihnen recht kalt, Mademoiselle, für einen Mann, der Ihnen versichert, daß er sie liebt. Indes ist nichts so gewiß; noch größer freilich ist meine Leidenschaft, Sie glücklich zu machen.«

Ich wollte Sie unterbrechen, um Ihnen zu danken.

»Dazu ist jetzt keine Zeit, Mademoiselle«, erwiderten Sie. »Haben Sie die Güte, mich bis zu Ende anzuhören. Ich habe zwölftausend Livres Rente: ich kann Ihnen, ohne mich in Verlegenheit zu bringen, zweitausend auf Lebenszeit aussetzen. Ich bin Junggeselle und habe den festen Vorsatz, mich niemals zu verheiraten, und bin entschlossen, die große Welt zu verlassen, deren Ungereimtheiten mir zur Last zu fallen beginnen, und mich auf ein schönes Landgut zurückzuziehen, das ich vierzig Meilen von Paris entfernt besitze. In vier Tagen reise ich ab. Wollen Sie mich als Freundin dorthin begleiten? Vielleicht werden Sie sich später entschließen, als meine Geliebte mit mir zusammenzuleben. Das wird davon abhängen, ob Sie Vergnügen daran finden, mir Vergnügen zu bereiten. Freilich wird dieser Entschluß nur dann gute Folgen haben, wenn Sie innerlich fühlen, daß er zu Ihrem Glück beitragen kann.«

Definition von Vergnügen und Glück: beides hängt von der Art der Gefühle ab

»Es ist eine Torheit zu glauben«, setzten Sie hinzu, »daß man es in der Hand hat, durch die Art und Weise seines Denkens glücklich zu werden. Es ist bewiesen, daß man nicht denkt, wie man will. Um glücklich zu werden, muß sich jeder die Art von Vergnügen verschaffen, die seiner Natur und seinen Leidenschaften entspricht, indem er die Vorteile oder Nachteile des Genusses dieser Vergnügen gegeneinander abwägt und darauf achtet, diese Vorteile und Nachteile in Hinsicht auf das öffentliche Wohl zu betrachten.

Um glücklich leben zu können, muß der Mensch darauf bedacht sein, zum Glück der anderen beizutragen. Er muß ein rechtschaffener Mensch sein

Es steht fest, daß der Mensch aufgrund seiner vielfältigen Bedürfnisse ohne die Mithilfe unzähliger anderer Personen nicht glücklich sein kann; daher muß jeder darauf bedacht sein, nichts zu tun, was das Glück seines Nachbarn beeinträchtigen könnte. Wer von diesem Weg abweicht, flieht das Glück, das er sucht. Woraus sich mit Gewißheit schließen läßt, daß der erste Grundsatz, den ein jeder befolgen soll, um auf dieser Welt glücklich leben zu können, darin besteht, ein rechtschaffener Mensch zu sein und die Gesetze der Menschen zu beachten, durch welche die gegenseitigen Bedürfnisse der Gesellschaft gleichsam zusammengehalten werden. Es ist offenkundig, sagte ich, daß diejenigen, die sich von diesem Grundsatz entfernen, nicht glücklich sein können: die Strenge der Gesetze, der Haß und die Verachtung ihrer Mitbürger verfolgen sie.

Denken Sie also, Mademoiselle, über alles nach, was Ihnen zu sagen ich die Ehre hatte. Gehen Sie mit sich zu Rate und sehen Sie zu, ob Sie glücklich sein können, indem Sie mich glücklich machen. Ich verlasse Sie jetzt. Morgen werde ich wiederkommen, um Ihre Antwort zu empfangen.«

Ihre Worte hatten mich erschüttert. Ich fühlte ein unaussprechliches Vergnügen bei dem Gedanken, zu den Freuden eines Mannes, der so dachte wie Sie, beitragen zu können. Zugleich erkannte ich das Labyrinth, das mich bedrohte und vor dem Ihre Großmut mich bewahren wollte. Ich liebte Sie. Doch wie mächtig, wie schwer zu besiegen sind die Vorurteile! Der Stand eines ausgehaltenen Mädchens, der mir mit Schande behaftet zu sein schien, machte mir angst. Auch fürchtete ich, ein Kind zu bekommen: meine Mutter und Madame C. wären bei der Niederkunft beinahe gestorben. Da ich überdies gewohnt war, mir selbst eine Art von Wollust zu verschaffen, die, wie man mir gesagt hatte, der Lust gleichkomme, die uns die Umarmungen eines Mannes bereiten, konnte ich das Feuer meines Temperaments abkühlen; in dieser Hinsicht hatte ich keine Wünsche, weil den Begierden sofort die Befriedigung folgte. Was mich bestimmen konnte, war also nur die Aussicht auf ein baldiges Elend oder das Verlangen, mich glücklich zu machen, indem ich zu Ihrem Glück beitrug. Der erste Grund berührte mich kaum, der zweite gab den Ausschlag.

*Thérèse begleitet den Grafen von *** als dessen Freundin auf seine Ländereien*

Mit welcher Ungeduld erwartete ich ihre Rückkehr, sobald ich mich entschlossen hatte! Am nächsten Tag kamen Sie, ich stürzte mich in Ihre Arme:

»Ja, Monsieur, ich bin die Ihre!« rief ich, »schonen Sie die Zärtlichkeit eines Mädchens, das Sie anbetet. Ihre Gefühle geben mir die Gewißheit, daß Sie auf die meinigen niemals Zwang ausüben werden. Sie kennen meine Befürchtungen, meine Schwächen, meine Gewohnheiten. Lassen Sie die Zeit und Ihre Ratschläge wirken. Sie kennen das menschliche Herz und die Macht der Empfindungen über den Willen. Benutzen Sie Ihre Vorzüge, um in mir die Eigenschaften zu wecken, die Ihrer Meinung nach am geeignetsten sind, mich vorbehaltlos zu Ihren Freuden beitragen zu lassen. Schon jetzt bin ich Ihre Freundin . . .«

Ich erinnere mich, daß Sie mich in diesem süßen Herzenserguß unterbrachen. Sie versprachen mir, niemals Zwang auf meinen Geschmack und meine Neigungen auszuüben. Alles wurde abgemacht. Am nächsten Tag teilte ich der Bois-Laurier mein Glück mit; sie brach in Tränen aus, als sie von mir Abschied nahm. Und wir reisten endlich an dem von Ihnen festgelegten Tag zu Ihrem Landgut ab.

An diesem anmutigen Ort angekommen, war ich über die Veränderung meiner Lage kaum verwundert, weil mein Geist einzig damit beschäftigt war, Ihnen zu gefallen.

Sie gewährt dem Grafen nur die Vergnügen der Hand

Zwei Monate verflossen, ohne daß Sie mich mit Begierden bedrängten, die Sie unmerklich in mir zu wecken suchten. Ich kam allen Ihren Wünschen entgegen, ausgenommen denen des höchsten Genusses, dessen Wonnen Sie mir beständig rühmten; ich konnte mir jedoch nicht denken, daß sie lebhafter sein sollten als die Freuden, an die ich gewöhnt war und an denen teilzunehmen ich Ihnen anbot. Dagegen schauderte mich beim Anblick des Pfeils, mit dem Sie mich zu durchbohren drohten. Wie wäre es möglich, sagte ich zu mir, daß ein so langes und dickes Ding mit einem so ungeheuren Kopf in einem Raum Aufnahme fände, in den ich kaum den Finger zu stecken vermag? Überdies fühlte ich, daß ich sterben müßte, wenn ich Mutter würde.

»Ah! mein lieber Freund«, fuhr ich fort, »lassen Sie uns dieser verhängnisvollen Klippe ausweichen. Lassen Sie mich machen.«

Ich liebkoste, ich küßte, was Sie Ihren *Doktor* nennen. Ich bewegte ihn so lange, bis ich Ihnen gleichsam gegen Ihren Willen den göttlichen Saft raubte und Sie zur Wollust führte, und Ihre Seele wurde wieder ruhig.

Gedanken über die Eigenliebe: diese entscheidet über alle Handlungen unseres Lebens

Ich bemerkte, daß Sie sich, sobald der Stachel des Fleisches stumpf geworden war, meine Vorliebe für moralische und metaphysische Betrachtungen zunutze machten, um mich durch die Kraft Ihrer Argumente zur Einwilligung in Ihre Wünsche zu bewegen.

»Die Eigenliebe«, sagten Sie eines Tages zu mir, »bestimmt alle Handlungen unseres Lebens. Unter Eigenliebe verstehe ich jene innere Befriedigung, die wir empfinden, wenn wir dieses oder jenes tun. Ich liebe Sie zum Beispiel, weil es mir Freude macht, Sie zu lieben. Was ich für Sie getan habe, ist Ihnen vielleicht angenehm und nützlich, aber seien Sie mir dafür nicht zu Dank verpflichtet: nur die Eigenliebe hat mich dazu bestimmt, weil ich mein Glück darin finde, zu dem Ihrigen beizutragen; und aus demselben Grunde werden Sie mich nur dann vollkommen glücklich machen, wenn Ihre Eigenliebe ihre besondere Befriedigung dabei findet. Jemand gibt oft den Armen ein Almosen, er bringt sich sogar in Verlegenheit, um ihr Los zu erleichtern: seine Handlungsweise nützt dem Wohl der Gesellschaft und ist darum lobenswert, aber was ihn selbst angeht, so verdient er durchaus kein Lob, denn er hat ein Almosen gegeben, weil sein Mitleid mit diesen Unglücklichen ihm Schmerz bereitete und es ihm weniger unangenehm war, sein Geld an sie zu verschenken, als diesen durch das Mitleid hervorgerufenen Schmerz länger zu ertragen. Vielleicht schmeichelte ihm auch der selbstgefällige Gedanke, als ein mildtätiger Mensch zu gelten, so daß auch in diesem Fall die innere Befriedigung, die ihn bestimmte, nur Eigenliebe ist. Alle Handlungen unseres Lebens werden von zwei Grundsätzen geleitet: uns mehr oder weniger Lust zu verschaffen und mehr oder weniger Schmerz zu vermeiden.

Erläuterung über die Unfähigkeit der Seele, in einer bestimmten Weise zu handeln oder zu denken

Ein anderes Mal erweiterten Sie die kurzen Belehrungen, die ich von Abbé T. erhalten hatte, und erklärten mir:

»Er hat Ihnen gesagt, wir seien ebensowenig frei, auf diese oder jene Weise zu denken, diesen oder jenen Willen zu haben, wie wir frei sind, Fieber zu haben oder nicht. Wir sehen in der Tat durch klare und einfache Beobachtungen, daß die Seele selber gar nichts vermag, daß sie nur gemäß den Empfindungen und Fähigkeiten des Körpers handelt; daß die Ursachen, die eine Störung in den Organen hervorrufen können, auch die Seele verwirren und den Geist beeinträchtigen; daß eine Veränderung an einem Gefäß, an einer Faser im Gehirn den intelligentesten Menschen der Welt schwachsinnig machen kann. Wir wissen, daß die Natur stets auf die einfachste Weise und nach einem sich gleichbleibenden Grundsatz verfährt. Da es nun augenscheinlich ist, daß wir bei bestimmten Handlungen nicht frei sind, sind wir es bei keiner.

Hinzu kommt, daß alle Seelen gleich sein würden, wenn sie rein geistig wären. Wenn nun diese untereinander gleichen Seelen die Fähigkeit hätten, selber zu denken und zu wollen, so würden sie in gleichen Fällen auf die gleiche Weise denken und sich entschließen. Dies geschieht jedoch nicht. Infolgedessen werden sie durch etwas anderes bestimmt, und dieses andere kann nur die Materie sein, denn selbst die Gläubigsten kennen nur Geist und Materie.

Überlegungen zu der Frage, was der Geist ist

Aber fragen wir doch einmal diese gläubigen Menschen, was der Geist ist. Kann er existieren und doch an keinem Ort sein? Wenn er an einem Ort ist, muß er Raum einnehmen; wenn er Raum einnimmt, ist er ausgedehnt; wenn er ausgedehnt ist, hat er Teile, und wenn er Teile hat, ist er Materie. Also ist der Geist eine Chimäre, oder er bildet einen Teil der Materie.

Aus dieser Überlegung kann man mit Gewißheit schließen: erstens, daß die Art unseres Denkens von der Beschaffenheit unseres Körpers und von den Ideen abhängt, die wir täglich durch den Tastsinn, das Gehör, das Gesicht, den Geruch und den Geschmack empfangen; zweitens, daß das Glück oder Unglück unseres Lebens von dieser Veränderung der Materie und von diesen Ideen abhängt, so daß die großen Geister und Denker sich gar nicht genug Mühe geben können, Ideen zu verbreiten, die geeignet sind, in wirksamer Weise zum öffentlichen Wohl beizutragen und im besonderen zum Wohl der Personen, die sie lieben. Und wie müssen erst Väter und Mütter in dieser Hinsicht auf das Wohl ihrer Kinder, Erzieher und Lehrer auf das ihrer Schüler bedacht sein!«

Wette des Grafen mit Thérèse

Schließlich begannen Sie, mein lieber Graf, meiner ständigen Weigerung müde zu werden, als Sie den Einfall hatten, aus Paris Ihre Sammlung galanter Bücher und galanter Gemälde kommen zu lassen. Da ich an diesen Büchern und noch mehr an den Bildern Gefallen fand, verfielen Sie auf zwei Mittel, mit denen Sie Erfolg hatten.

»Sie lieben also, Mademoiselle Thérèse«, sagten Sie scherzend, »galante Bücher und Bilder? Ich bin darüber entzückt: Sie sollen das Pikanteste bekommen, was es gibt. Aber treffen wir ein Abkommen, wenn es Ihnen beliebt: ich bin bereit, Ihnen leihweise meine Bücher und Bilder für ein Jahr in Ihr Zimmer bringen zu lassen, sofern Sie sich verpflichten, vierzehn Tage lang Ihre Hand nicht an jenen Körperteil zu legen, der heute von Rechts wegen mein Eigentum sein sollte, und daß Sie aufrichtig dem *Manuelismus* entsagen. Pardon wird nicht gewährt, denn es ist nur recht und billig, daß jeder von uns den Vertrag verbindlich erfüllt. Ich habe gute Gründe, dies Entgegenkommen von Ihnen zu verlangen. Wählen Sie: ohne diese Abmachung gibt es keine Bücher, keine Bilder.«

Ich zögerte nicht lange: ich gelobte Enthaltsamkeit für vierzehn Tage.

»Das ist noch nicht alles«, fuhren Sie fort. »Stellen wir uns gegenseitige Bedingungen: es ist unbillig, daß Sie um des Anblicks dieser Bilder oder um der flüchtigen Lektüre der Bücher willen ein solches Opfer bringen. Schließen wir eine Wette ab, die Sie ohne Zweifel gewinnen werden: ich wette meine Bibliothek und meine Bilder gegen Ihre Jungfernschaft, daß Sie die vierzehn Tage Enthaltsamkeit, die Sie mir versprochen haben, nicht durchhalten werden.«

»Wahrhaftig, Monsieur«, antwortete ich etwas pikiert, »Sie haben eine recht sonderbare Vorstellung von meinem Temperament und trauen mir recht wenig Selbstbeherrschung zu.«

»O bitte, Mademoiselle«, entgegneten Sie, »keinen Disput. Darin habe ich mit Ihnen kein Glück. Im übrigen fühle ich, daß Sie den Zweck meines Vorschlags gar nicht ahnen. Hören Sie mich an. Ist es nicht wahr, daß bei jedem Geschenk, das ich Ihnen mache, Ihre Eigenliebe verletzt ist, weil Sie es von einem Mann erhalten, den Sie nicht so zufrieden machen, wie er es sein könnte? Nun, die Bibliothek und die Bilder, die Sie so sehr lieben, werden Sie nicht zum Erröten bringen, denn Sie werden Ihnen deshalb gehören, weil Sie sie gewonnen haben.«

»Mein lieber Graf«, erwiderte ich, »Sie stellen mir Fallen, aber ich warne Sie, Sie werden selber ihr Opfer sein. Ich nehme die Wette an!« rief ich. »Und ich verpflichte mich überdies, alle Vormittage nur damit zu verbringen, Ihre Bücher zu lesen und Ihre bezaubernden Bilder zu betrachten.«

Über die Wirkungen von Gemälden und Büchern

Alles wurde auf Ihr Geheiß in mein Zimmer gebracht. Ich verschlang mit den Augen oder vielmehr durchflog in den ersten vier Tagen die Geschichte des *Pförtners der Kartäuser*, die Geschichte der *Pförtnerin der Karmeliterinnen*, *Die Akademie der Damen*, *Die geistlichen Lorbeeren*, *Thémidore*, *Frétillon* usw. und viele andere Bücher dieser Art, von denen ich mich nur losriß, um gierig die Bilder zu betrachten, auf denen die wollüstigsten Stellungen mit einem Kolorit und einer Kraft des Ausdrucks wiedergegeben waren, daß ein Feuer der Leidenschaft durch meine Adern strömte.

Am fünften Tag geriet ich in eine Art von Ekstase, nachdem ich eine Stunde lang gelesen hatte. Auf meinem Bett liegend, dessen Vorhänge auf allen Seiten geöffnet waren, hatte ich freien Ausblick auf zwei Bilder: *Das Fest des Priapus* und *Die Liebe des Mars und der Venus*. Von den Stellungen, die darauf abgebildet waren, wurde meine Phantasie so erhitzt, daß ich Laken und Decken von mir warf, und ohne daran zu denken, ob meine Zimmertür gut verschlossen war, begann ich, alle diese Stellungen nachzuahmen. Jede Gestalt weckte in mir das Gefühl, das der Maler hineingelegt hatte. Ein Liebespaar auf der linken Seite des Bildes vom Priapusfest entzückte und berauschte mich wegen der Übereinstimmung des Geschmacks der jungen Frau mit dem meinen. Mechanisch griff meine rechte Hand nach der Stelle, auf der die Hand des Mannes lag, und ich war im Begriff, meinen Finger hineinzustekken, als die Überlegung mich zurückhielt. Ich erkannte die Täuschung, und die Erinnerung an die Bedingungen unserer Wette zwang mich, von meinem Vorhaben abzulassen.

Ich glaubte nicht im entferntesten, daß Sie Zeuge meiner Schwäche waren, wenn diese süße Neigung der Natur denn eine Schwäche ist. Doch wie verrückt war ich, große Götter, daß ich den unbeschreiblichen Wonnen eines wirklichen Genusses widerstand! Dies sind die Wirkungen des Vorurteils: es ist unser Tyrann. Andere Teile dieses Bildes erregten abwechselnd meine Bewunderung und mein Mitleid. Schließlich warf ich die Augen auf das zweite. Welche Wollust in der Haltung der Venus! Wie sie streckte ich mich lässig aus. Die Schenkel ein wenig gespreizt, die Arme wollüstig geöffnet, bewunderte ich die glänzende Haltung des Gottes Mars. Das Feuer, von dem seine Augen und besonders seine Lanze belebt zu sein schienen, drang mir ins Herz. Ich wälzte mich auf dem Laken, meine Hinterbacken bewegten sich wollüstig, als wollten sie dem Sieger den Kranz reichen.

»Wie!« rief ich aus, »die Götter selbst schwelgen in einem Glück, das ich verschmähe! Ah! teurer Geliebter! ich widerstehe nicht länger. Erscheine, Graf, ich fürchte deinen Stachel nicht mehr, du kannst deine Geliebte durchbohren, du kannst sogar die Stelle wählen, wo du zuschlagen willst; alles ist mir recht; zuversichtlich und ohne einen Laut werde ich deine Stöße erdulden. Und damit dein Triumph sicher sei — sieh her! mein Finger ist drin.« Laut werde ich deine Stöße erdulden. Und damit dein Triumph sicher sei — sieh her! mein Finger ist drin.«

Der Graf gewinnt die Wette und erobert endlich Thérèse

Welche Überraschung! Welch glücklicher Augenblick! Plötzlich erschienen Sie, stolzer und glänzender als Mars auf jenem Bild. Ein leichter Schlafrock, der Sie bedeckte, war im Nu ausgezogen.

»Ich besaß zuviel Zartgefühl«, sagten Sie, »um den ersten Vorteil auszunutzen, den du mir botest: ich war an deiner Tür und habe alles gesehen und gehört, aber ich wollte mein Glück nicht dem Gewinn einer listigen Wette verdanken. Ich erscheine nur deshalb, meine liebenswürdige Thérèse, weil du mich gerufen hast. Bist du entschlossen?«

»Ja, Geliebter!« rief ich aus. »Ich bin ganz dein. Stoß zu, ich fürchte deine Schläge nicht mehr.«

Augenblicklich sanken Sie in meine Arme. Ohne zu zögern, ergriff ich den Pfeil, der mir bisher so furchterregend vorgekommen war, und führte ihn selber an die Öffnung, die er bedrohte. Sie stießen ihn hinein, ohne daß ihre wiederholten Stöße mir den leisesten Schrei entlockten. Da ich ganz von dem Gedanken an die Lust erfüllt war, nahm ich den Schmerz gar nicht wahr.

Schon schien der Sinnestaumel die Philosophie des Mannes, der sich selbst beherrscht, verbannt zu haben, als Sie mit halberstickter Stimme zu mir sagten:

»Ich werde nicht von meinem vollen Recht Gebrauch machen, Thérèse. Du fürchtest, Mutter zu werden, also will ich dich schonen. Die höchste Wonne naht, lege von neuem die Hand auf deinen Besieger, sobald ich ihn herausziehe, und hilf ihm mit ein paar Bewegungen ... es ist soweit, mein Mädchen, ich ... sterbe ... vor ... Lust ...«

»Ah! auch ich sterbe!« rief ich. »Mir schwinden die Sinne, ich ... ver ... gehe ...«

Unterdessen hatte ich den Pfeil gepackt und drückte ihn leicht mit meiner Hand, die ihm als Köcher diente und in der er die letzte Wegstrecke zum Ziel der Wollust zurücklegte. Dann begannen wir von neuem, und unsere Freuden währen nun schon zehn Jahre in der gleichen Form, ohne Mißklang, ohne Kinder, ohne Unruhe.

Dies, mein lieber Wohltäter, war es wohl, was Sie von mir verlangten, als Sie mich baten, Einzelheiten über mein Leben zu schreiben. Wie viele Dummköpfe werden — sollte dieses Manuskript jemals im Druck erscheinen — gegen die Unzucht und gegen die moralischen und metaphysischen Grundsätze zetern, die es enthält! Diesen Dummköpfen, diesen schwerfälligen Maschinen, diesen Automaten, die nur mit dem Organ anderer zu denken gewöhnt sind, die etwas nur darum tun, weil man ihnen sagt, sie müssen es tun, diesen würde ich antworten, daß alles, was ich geschrieben habe, auf Erfahrung und vorurteilsloser Vernunft beruht.

Interessante Überlegung Thérèsens, um zu beweisen, daß die in ihrem Buch niedergelegten Grundsätze zum Glück der Menschen beitragen müssen

Ja, ihr Unwissenden! die Natur ist eine Chimäre, alles ist das Werk Gottes. Er gab uns das Bedürfnis zu essen, zu trinken und alle Freuden zu genießen. Warum sollten wir also erröten, wenn wir seine Absichten erfüllen? Warum sollten wir uns fürchten, zum Glück der Menschen beizutragen, indem wir ihnen mannigfaltige Speisen vorsetzen, die geignet sind, die verschiedenen Gelüste mit Sinnlichkeit zu befriedigen? Warum sollte ich befürchten, Gott und den Menschen zu mißfallen, indem ich Wahrheiten verkünde, die nur aufklären, ohne zu schaden?

Sie gibt eine Zusammenfassung all dessen, was es enthält

Ich wiederhole es euch also, schwarzgallige Zensoren: wir denken nicht, wie wir wollen. Die Seele hat keinen Willen, sie ist nur durch die Sinnesempfindungen, nur durch die Materie bestimmt. Die Vernunft klärt uns auf, aber sie bestimmt uns nicht. Die Eigenliebe, die Hoffnung auf Vergnügen oder der Wunsch, Mißvergnügen zu vermeiden, sind die Triebfedern aller unserer Entschließungen. Das Glück hängt von der Beschaffenheit unserer Organe ab, von der Erziehung, von den äußeren Einflüssen, und die menschlichen Gesetze sind so beschaffen, daß der Mensch nur glücklich sein kann, wenn er sie beachtet und ein rechtschaffenes Leben führt. Es gibt einen Gott, und wir müssen ihn lieben, weil er ein unendlich gutes und vollkommenes Wesen ist. Der vernünftige Mensch, der Philosoph, muß durch gute Sitten zum allgemeinen Wohl beitragen. Es gibt keinen Gottesdienst, Gott genügt sich selbst: die Kniebeugungen, die Grimassen und die Einbildungskraft der Menschen können seinen Ruhm nicht vermehren. Moralisch gut oder böse ist etwas nur in Hinsicht auf den Menschen, niemals in Hinsicht auf Gott. Wenn körperliches Leiden den einen schadet, so ist es anderen nützlich: der Arzt, der Anwalt, der Finanzier leben von den Leiden anderer, alles ist miteinander verbunden. Die Gesetze, die jedes Land hat, um die Bande der Gesellschaft enger zu knüpfen, müssen geachtet werden, und wer sie übertritt, muß bestraft werden, denn wie das gute Beispiel Menschen mit schlechten Anlagen und bösen Absichten zurückhält, so trägt mit Recht die Bestrafung eines Übeltäters zur allgemeinen Ruhe bei. Könige, Fürsten, Beamte, verschiedene obrigkeitliche Personen, welche die Pflichten ihres Standes erfüllen, müssen geliebt und geachtet werden, weil ein jeder von ihnen zum Wohle aller handelt.

ENDE

Anmerkung der Übersetzerin

Der Aufrichtigkeit halber muß ich gestehen, daß ich Heinrich Conrad, der zu Anfang dieses Jahrhunderts erstmals eine Übersetzung von *Thérèse philosophe* anfertigte, in mein Herz geschlossen und mich nicht gescheut habe, des öfteren auf seinen Text zurückzugreifen.

INHALT

Denkende Wollust, der einhundertachtunddreißigste Band der Anderen Bibliothek, ist im Juni 1996 im Eichborn Verlag, Frankfurt am Main, erschienen.

Dieses Buch enthält zwei französische Romane aus dem achtzehnten Jahrhundert und einen Essay von Robert Darnton.

Denkende Wollust oder Die sexuelle Aufklärung der Aufklärung von Robert Darnton, erstmals unter dem Titel *Sex for Thought* 1994 in der *New York Review of Books* gedruckt, wurde von Jens Hagestedt im selben Jahr ins Deutsche übersetzt und in *Lettre International* veröffentlicht. Der Aufsatz erscheint hier in einer überarbeiteten Fassung.

Die Geschichte des Dom Bougre, Pförtner der Kartäuser von Jean-Charles Gervaise de Latouche ist zum ersten Mal im Jahre 1740 oder 1741, vermutlich in Paris, erschienen. Der Originaltitel lautet *Histoire de Dom B . . . Portier des Chartreux, écrite par lui-même.* Jean-Baptiste d'Argens' Roman *Thérèse philosophe, ou Mémoires pour servir à l'Histoire du P. Dirrag, & de Mademoiselle Éradice* stammt aus dem Jahr 1748. Beide Bücher weisen fiktive Druckorte auf. Die Verfasser bleiben anonym. Die Zuschreibungen an die genannten Autoren folgen der Tradition; sie können sich nur auf Indizien stützen. Eva Moldenhauer hat die beiden Romane neu übersetzt. Die Übersetzung folgt in weiten Teilen der französischen Wiederauflage der beiden Romane: *Dom Bougre* in *L'Enfer de la Bibliothèque Nationale,* Band 3: *Œuvres anonymes du XVIIIe siècle (I)* © Librairie Arthème Fayard 1985, *Thérèse philosophe* in *L'Enfer de la Bibliothèque Nationale,* Band 5: *Œuvres anonymes du XVIIIe siècle (III)* © Librairie Arthème Fayard 1986. Die Gedichte in *Dom Bougre* werden in der deutschen Fassung von Lothar Klünner zitiert, nach einer früheren Übersetzung, die unter dem Titel *Saturnin* erschienen ist (München: Rogner und Bernhard 1971).

Das Lektorat dieses Bandes lag in den Händen von Ulrike Streubel.

Dieses Buch wurde in der Buchdruckerei Greno in Nördlingen aus der Korpus Old Style Monotype gesetzt und auf einer Condor-Schnellpresse gedruckt. Das holz- und säurefreie mattgeglättete 100 g/qm Bücherpapier stammt aus der Papierfabrik Niefern. Den Einband besorgte die Buchbinderei G. Lachenmaier in Reutlingen.

1. bis 8. Tausend, Juni 1996. Einmalige, limitierte Ausgabe im Buchdruck vom Bleisatz.

ISBN 3-8218-4138-9. Printed in Germany.

Von jedem Band der ANDEREN BIBLIOTHEK gibt es eine Vorzugsausgabe mit den Nummern 1–999.